中国少数民族文学家族研究之余氏家族系列

母进炎 主编

中国少数民族杰出文学家族研究

——以余氏家族为对象

母进炎 翟显长 著

科学出版社

北京

U0604048

内 容 简 介

　　本书运用多学科理论，将贵州彝族土司余氏家族作为重点考察对象，详论该家族的源流、联姻、境遇、家学渊源、文学创作、文化转型与文化传承等问题，进而剖析了"大屯文化现象"，并择要述及北方文化圈与南方文化圈其他几个少数民族杰出文学家族。如鲜卑族元氏家族、蒙古族法式善家族，纳西族木氏家族、回族丁氏家族、土家族田氏家族。本书材料丰富，点面结合，既有理论阐述又有田野考察，观点和结论持之有故，这对于我国近年来少数民族文学家族的研究是一种新的尝试和拓展。

　　本书可作为高等学校、研究机构和社会爱好者从事民族研究、土司研究、文学家族研究和地域文化研究等方面的参考读物。

图书在版编目（CIP）数据

中国少数民族杰出文学家族研究：以余氏家族为对象 / 母进炎，翟显长著. —北京：科学出版社，2017.7
　（中国少数民族文学家族研究之余氏家族系列/母进炎主编）
　ISBN 978-7-03-053409-5

　Ⅰ. ①中… Ⅱ. ①母… ②翟… Ⅲ. ①彝族–少数民族–作家–家族–研究–成都 Ⅳ. ①K825.6 ②K820.9

　中国版本图书馆 CIP 数据核字（2017）第 133141 号

责任编辑：王洪秀 / 责任校对：王晓茜
责任印制：张欣秀 / 封面设计：铭轩堂

科 学 出 版 社 出版
北京东黄城根北街 16 号
邮政编码：100717
http://www.sciencep.com
北京京华虎彩印刷有限公司 印刷
科学出版社发行　各地新华书店经销
*
2017 年 7 月第 一 版　开本：720×1000　B5
2017 年 7 月第一次印刷　印张：22 3/4
字数：420 000
定价：88.00 元
（如有印装质量问题，我社负责调换）

本书为国家社科基金项目"中国少数民族杰出文学家族研究"（12XZW034）最终成果

本书由贵州工程应用技术学院资助出版

本书由贵州省中国语言文学省级重点支持学科资助出版

中国少数民族文学家族研究的拓展

李云兵[①]

　　母进炎、翟显长两位学者的著作是国家社科基金项目（12XZW034）的最终研究成果。在著作即将出版之际，母进炎教授让我写个序，我有幸成为第一位读者。我不是这方面的专家，有些勉为其难，但对我来说是一个很好的学习机会，我从头到尾作了仔细阅读。如果说母进炎教授的《百年家学　数世风骚——大屯余氏彝族诗人家族研究》是中国少数民族文学家族研究的开山之作的话，那么，其新作《中国少数民族杰出文学家族研究——以余氏家族为对象》则是一部中国少数民族文学家族研究的拓展之作，前后两者有承接关系。母进炎、翟显长两位学者首倡少数民族文学家族、少数民族杰出文学家族研究，著作梳理了中国少数民族杰出文学家族的分布、类型、基本状貌以及中国少数民族杰出文学家族的兴衰及其历史文化背景，以南北文化圈为基点，考察了北魏漠北鲜卑族后裔元氏家族、清朝漠南蒙古族后裔法式善家族、明清东南沿海闽东南泉州陈埭回族丁氏家族、明清滇西北丽江纳西族木氏家族、明清鄂西容美土家族田氏家族等中国少数民族杰出文学家族的发展历史、家学传统、文学创作与影响、文学理论、家族文学与地域文学的关系，重点从文学家族和家族文学双重视角研究了明清以来黔西北毕节大屯彝族余氏家族的源流、世系、婚姻、家学传统、家族文学创作与影响、文学理论、家族文学与地域文学的互动关系，其研究框架、研究思路、研究方法新颖，是对中国少数民族文学家族研究的拓展，有较高的学术价值和实践意义。这部著作将成为研究中国其他少数民族家族和少数民族文学家族必须倚重的重要文献。

　　中国古代汉文文献已出现"世家""家庭""家族""宗族"的概念，"世家"常用于正史文献，作为传记体例指称政治显赫之人并推及其身世，如《史记·陈涉世家》。与此相匹配，作为传记体例指称政治显赫之人或群体并推及其生平者，

① 该文作者为中国社会科学院民族学与人类学研究所民族语言研究室主任，研究员、博士后。

用"列传"或"传"，如《史记·屈原列传》、《史记·西南夷列传》、《清史稿·鄂尔泰传》等等。"家庭""家族""宗族"都是以血缘为纽带建立起来的社会群体。中国古代汉文文献中，"家"即"家庭"，最早见于《后汉书·郑均传》，指以血缘与婚姻为纽带建立起来的直系血缘群体。"宗族"出现很早，先秦、秦汉文献所在多见，而在秦汉魏晋南北朝正史中出现的频率更高。"宗族"有狭义与广义之分，狭义指同一始祖上至高祖下至玄孙的五世六亲的父系血缘群体，广义则泛指五世六亲内外父系血缘群体。"家族"最早见于西汉文献《管子》，比"宗族"出现晚且于文献很罕见，从秦汉魏晋南北朝正史对"家族"的资料看，大体都与刑法有关，"家族"的范围都在五世六亲以内。因而"宗族"在五世六亲以内可以与"家族"换称，或即因为"宗族"在五世六亲以内可以与"家族"换称，许多学者将同一始祖的父系血缘群体统称为"家族"，甚或认为"家族"又称"宗族"。实际情况是，秦汉魏晋南北朝传世文献显示，"家族"只能是五世六亲以内的"宗族"互相换称，不能与"宗族"五世六亲以外互相换称。道理很简单，"宗族"与"家族"是内涵相近、外延不同的两个概念。"宗族"是大概念，既可以涵盖五世六亲以内的同一始祖的父系血缘群体，也可以涵盖五世六亲以外的同一始祖的父系血缘群体。"家族"是小概念，只能涵盖五世六亲以内的同一始祖的父系血缘群体，不能涵盖五世六亲以外的同一始祖的父系血缘群体。如前述，可以认为"宗族"是"家庭"的扩充，包括父系同宗的亲属；"家族"更由"宗族"扩充，包括"父族""母族""妻族"的亲属；"宗族"特指家族范畴以外的那部分父系血缘群体。"宗族"为同姓，而"家族"则未必为同姓。母进炎、翟显长两位学者对黔西北毕节大屯彝族余氏的源流、世系、婚姻、家学传统、文学创作与影响、文学理论、家族文学与地域文学的互动关系的研究，大体上就是建立在"家庭""宗族""家族"的相互关系的基础之上的，这对黔西北毕节大屯彝族余氏文学家族而言是比较切合实际的，但相较著作里梳理的元氏文学家族、法式善文学家族、丁氏文学家族、木氏文学家族、田氏文学家族以及其他少数民族家族、少数民族文学家族而言，用"宗族"可能会更切合实际，因为其中未必涉及文学家族以及家族中的"母族""妻族"，而只涉及"父族"。

　　中国传统社会经历了从商周时期世卿世禄的宗法组织形态，经秦汉魏晋之宗族社会结构的重建，最终向宋明以后宗族祠堂式的族长的族权式大家族组织形式发展。总的说来，随着战国时期先秦宗法社会结构的瓦解，秦汉社会有一个宗族重建的过程，西汉武帝以后的选官制度为累世经学者提供了经学入仕的条件，继而四世三公式的官位世袭为世族的稳定存在与发展提供了制度上的保障，使他们得以重建宗族的势力，到汉末终于完成了秦汉宗族社会结构的重建工作，魏晋的九品中正制更使这种宗族把持政权制度化，进而形成士庶天隔的新的士族社会结构。从唐以后，随着科举考试成为中国古代社会最主要的选官制度，宗族社会结构失去了最重要的制度支持而逐步瓦解。但是，失去了政治体制的支持，中国古代社会政治已不可能再次重建宗族政治体制，于是宗族势力调转方向，走向民间，成为宋明以后把持中国乡土社会的最牢固的力量。这种力量一定程度上就是家族力量并表现为家族制，它实际上仍依赖于社会形态和政治体制，在政治体制的支持下，出现官、血缘家族和政治等级三位一体的士族、家族、豪族、望族。而在边远的少数民族地区，隋唐宋时期实行"以夷治夷"的羁縻州制，这种政治体制逐渐演变为萌发于宋、成熟于元、兴盛于明、衰落于清、结束于民国的土司制。土司制是羁縻州制的延伸，土司官的任用与少数民族的乡土力量有密切的关系，士族、豪族、望族或小族可以充任不同级别的土司官。土司官世袭衣禄，有管理地方及统兵等特权，一般而言首任土司官是因军功或事功而获得的，但若无军情或事情，真正连续受朝廷重视并充任土司官四五代以上的并不多见，大多只是世袭衣禄或食封贵族而已，他们绝大多数已远离政治权力中心，如果说要想回到政治权力中心，只有做出新的选择，这种选择基本就是通过参加科举考试获取功名以达到"学而优则仕"的目的。母进炎、翟显长两位学者所揭示的黔西北毕节大屯彝族余氏文学家族的发展历程再现了土司制度在黔西北的发展史，并进一步分析了余氏家族由军功世袭调转到衣禄世袭的原因，认为推动文学家族前进的动力主要是社会的稳定、经济的繁荣、文化的累积、政策的进步、学术的交流、家族的传统，这是很有道理的。但不可忽视家族转型最根本的原因是政治体制支持的散失和政治权利的被渐次剥夺，导致了土司制度的崩溃，这对中国少数民族土司家族具有普遍性意义，也是研究少数民族家族、少数民族文学家族、少数民族杰出文学家族必须关注的。

不管是汉族家族的研究，还是少数民族家族的研究，通常关注的是家族、宗族的发展、繁衍与扩布，往往以家谱、族谱、宗谱呈现家族、宗族的源流与世系，家族、宗族的杰出成员以其年谱呈现其事迹。家族研究强调的是血缘纽带及其家学传统，很少考虑政治背景、政治文化、政治制度、政治体制的问题，亦很少考虑家族与地缘、地域及其文化的关系。母进炎、翟显长两位学者倡导的少数民族文学家族、少数民族杰出文学家族的研究，既考虑了家族的传统研究，又考虑了文学的研究，在家族研究方面强调了源流、世系、婚姻、家学传统、文学创作与影响，在文学研究方面强调了家族的文学创作与影响、文学理论研究、家族文学与地域文学的关系。文学家族与家族文学相互关联、相辅相成，这不能不说是文学家族研究的新尝试和新进展。然而，如果以少数民族家族为研究对象就容易忽略文学家族的文学特质，如果以少数民族家族文学为研究对象，则容易偏离家族研究的初衷。如何把少数民族文学家族的研究与少数民族家族文学的研究有机结合起来，是将来研究其他少数民族文学家族、少数民族杰出文学家族需要进一步思考的理论问题。

在中国历史上，家族的形成具有明显的时代特征、地缘界限和空间领域，就少数民族家族而言，表现为时代附庸、地缘政治和非主流文化。元明清时期少数民族地区的土司制度是封建王朝的附庸，土司官及其家族、宗族偏寓于边远地区，远离政治中心，其文化根植于传统原生态文化且根深蒂固，与主流文化格格不入。然而，衣食无虞的土司官世袭家族，是一定地缘内、一定空间领域里的士族、豪族、望族、食封贵族，其子弟为保全尊严与尊贵，在"戴着镣铐跳舞"的过程中，会自觉和不自觉地学习、模仿主流文化并基于传统文化创造出既有别于原生态文化，又与主流文化有一定距离的新文化，并以此影响和引领一定地缘内、一定空间领域里的其他文化，从而彰显其自身的民族特质，这种现象完全符合母进炎、翟显长两位学者倡导的少数民族文学家族、少数民族杰出文学家族。我以为，随着时代的发展和社会的进步，家族制、宗族制早已不复存在，当今对少数民族文学家族、少数民族杰出文学家族的研究，最重要的目的在于还原土司制度背景下少数民族文学家族、少数民族杰出文学家族的发展史，揭示少数民族文学家族、少数民族杰出文学家族的当代意义；对于当今对少数民族家族文学的研究，最重要的目的是在充分借鉴汉族家族文学研究成果和经验的基础上，从民族特质出发，重视少数民族家族文学材料的占有和运用，探讨少数民族家族文学产生及其与地域文学、汉族家族文学、中国古代文学的关系，以充实中国古代文学史，以呈现中国少数民族文学史，揭示少数民族家族文学对当代民族文学繁荣的意义。这应该就是母进炎、翟显长两位学者倡导的少数民族文学家族、少数民族杰出文学家族研究的终极目的。期待以后有更多更好的研究成果，以建立理论体系和学术话语体系，并推动中国少数民族家族，特别是中国少数民族文学家族的系列研究。

以此共勉并为序。

2016 年 12 月 12 日

目　　录

第一章
绪　论

文学是人类共同的精神财富，人类因为有文学遗产的流传而辉映千古。中国古代从帝王到"圣人"，从普通文人到山野村夫，抑或僧侣方士，都不乏文学创作的记录。随着社会的发展，人类文明程度不断提升，文学在社会生活中的地位逐步提高，三国时代达到了顶峰。曹丕是第一个也是唯一将文学地位提高到巅峰的封建帝王。他认为："盖文章，经国之大业，不朽之盛事。年寿有时而尽，荣乐止乎其身，二者必至之常期，未若文章之无穷。是以古之作者，寄身于翰墨，见意于篇籍，不假良史之辞，不托飞驰之势，而声名自传于后。"[1]日本平安时代前期的汉学家、政治家小野岑守（777—830）受嵯峨天皇之命编撰的《凌云集》，其序中引用了曹丕《典论·论文》这段话中的前五句。[2]平安时代的另一位杰出汉诗作家、文章博士藤原敦光在他的《白居易祭文》中，高度评价中国唐代大诗人白居易："惟公天地淳粹，岳渎精神。德辉之照世也，台彩早入孕；词华之轶人也，风骚更比高。诚是一代之诗伯，万叶之文将也"[3]。可见中国古代杰出文学家的世界影响。曹丕不仅从理论上认识到了文学的重要作用，而且还以其百余篇杰出诗赋而成为邺下文人集团的首领之一。更值得称道的是，曹氏家族作为建安文学的劲旅，以其特殊地位开启了文学的自觉时代，使当时和后世家族文学源源不断。少数民族文学家族的出现则稍晚一些，一般认为是北朝时代，一些少数民族

---

① ［三国］曹丕：《典论·论文》，上海：商务印书馆，1929年《四部丛刊》影印本六臣注《文选》卷52。
② 曹顺庆主编：《东方文论选》，成都：四川人民出版社，1996年版第663页。
③ 曹顺庆主编：《东方文论选》，成都：四川人民出版社，1996年版第685页。

杰出文学家族的文学创作延续到了现当代，这种延续性文学史上并不多见，马克思在《神圣家族》中说："古往今来每个民族都在某些方面优越于其他民族"①。同理，这也可说明少数民族文学家族的可贵之处。

文学作品的创造者是文学家，文学家作为自然人首先产生于家族，然后才作为社会人与其他人产生广泛联系，构成他的社会关系。罗时进说："文学，是文学家的产儿，是文化中最富于生命意识和感性活力的部分。如果要追究其'根性'的话，就不但要从地域自然环境及其风俗中寻'根'，而且应注意文学家所生长的家族环境。从一定意义上说，在地域和家族二者之中，家族更具有核心的地位。对于文学家而言，家族是其被直接孕育并与之血脉通联的母体。因此，文学研究必当重视家族问题，至少在研究古代宗法社会背景下的文学家、文学作品时，将家族作为一个重要的参照系，应有其毋庸置疑的正当性。"②这一观点无疑是正确的。

历史证明，世界上每个民族都有某种为该民族所有、为其他民族所无的特质，文学创作也是这样。少数民族杰出文学家族与汉族杰出文学家族一样，都具有高超的文学创作才能。例如，北魏时期漠北鲜卑族拓跋氏（元氏）家族后裔仅元好问就创作汉诗 1360 余首、词 377 首。云南丽江木氏家族，明代以来共创作诗、词、赋 1700 多首，散文几十篇，其中木增一人就创作了汉语古典诗词 500 首以上。著名诗人杨慎亲自辑其 123 首诗歌为《雪山诗选》并作序，高度评价木增诗歌。木增的散文集《云薖淡墨》被《四库全书》列入子部，足见其影响之大。福建陈埭丁氏回族家族有文学家 17 人，共创作诗文集 33 部、小说 1 部。少数民族的书面文学创作形式也是百花齐放，概括起来，大致有 4 种类型：一是用本民族文字创作；二是用汉文创作；三是用汉文翻译；四是汉文和本民族语共用（汉字记音、本民族语记内容）。③

由于汉文化在中国历史上长期处于强势地位，某种程度上遮蔽了少数民族文化的光辉，文学领域也同样存在这种情况。学术界近 30 年来的研究显然没有充分地认识到这些现象。因此我们认为，考察中国少数民族文学家族的起源与发展、分布和特征以及生成要素，寻求一些杰出文学家族个案以资借鉴，在当今的文学研究领域还是一个较为薄弱的环节，因此本书的意义显而易见。选择余氏家族作

---

① 马克思、恩格斯：《马克思恩格斯全集》，北京：人民出版社，1957 年版第 2 卷第 194 页。
② 罗时进：《地域·家族·文学——清代江南诗文研究》，上海：上海古籍出版社，2010 年版第 3 页。
③ 关于少数民族书面创作类型，参见祝注先主编之《中国少数民族诗歌史》，北京：中央民族大学出版社，1994 年版第 1-3 页。

为考察中心，是基于这个家族在西南地区乃至全国少数民族发展史上具有突出的文学创作业绩（尤其是汉语古诗文方面），产生了较大的社会影响。在本书列举的4大文化圈中的6个少数民族杰出文学家族中，余氏即为其中之一。这个家族与其他几个家族的不同之处在于：其他几个家族的文化传播、文化影响基本限于国内，止于清代，而余氏家族的文化交流和影响及于海内外，其文化传承和汉语古诗词创作延续到了当代。

第一节 主要概念阐释

一、少数民族

"少数民族"是一个现代概念，在中国由来已久，孙中山写于 1924 年 1 月 23 日的《中国国民党第一次全国代表大会宣言》和写于 1924 年 1 月至 8 月的《三民主义》，都曾使用"少数民族"的概念。民国年间的学术著作鲜有提及"少数民族"这个概念，而当代学者已经沿用了几十年，包括一些专门研究中国民族史、中国少数民族文学史的有较大影响的学术著作。[①]梁庭望在《20 世纪的中国少数民族文学研究》一文中认为："为消除历史上封建统治阶级的民族歧视压迫政策下产生的对各兄弟民族的侮辱性称谓，鉴于汉族以外各族人口较少，中国共产党遂采用'少数民族'一词来称呼汉族以外的中国境内各民族。"[②]

《辞海》1980 年版对少数民族如此界定："多民族国家内人口居于少数的民族。我国长期以来就是统一的多民族国家。除人口最多的汉族外，有蒙古、回、藏、维吾尔、苗、彝、壮、布依、朝鲜、满、侗、瑶、白、土家、哈尼、哈萨克、傣、黎、傈僳、佤、畲、高山、拉祜、水、东乡、纳西、景颇、柯尔克孜、土、达斡尔、仫佬、羌、布朗、撒拉、毛南、仡佬、锡伯、阿昌、普米、基诺、塔吉克、怒、乌孜别克、俄罗斯、鄂温克、崩龙、保安、裕固、京、塔塔尔、独龙、鄂伦春、赫哲、门巴、珞巴等五十多个少数民族。"[③]另有 39 个未识别民族。由

---

① 例如王钟翰主编的《中国民族史》绪论部分就多次提到"少数民族"这一概念，并以此观照全书。第 23 页中说："从古代到近代的少数民族莫不具有强烈的少数民族意识，自认为有别于汉族和其他民族。"马学良等主编的《中国少数民族文学史》（3 卷本，中央民族大学出版社 2001 年版），从原始社会时期一直写到社会主义社会时期。其导言云："少数民族文学既包括各民族在不同历史时期用自己民族语言所创作的作品，也包括各民族作者用汉语汉文所创作的作品。"
② 梁庭望：《20 世纪的中国少数民族文学研究》，《中南民族学院学报》（人文社会科学版）2001 年第 1 期。
③ 《辞海》（缩印本），上海：上海辞书出版社，1980 年版第 1113 页。

于汉族以外的 55 个民族相对于汉族人口较少，习惯上被称为"少数民族"。

据中华人民共和国国家统计局 2011 年 4 月 28 日公布的第六次人口普查数据，全国总人口为 1339724852 人（含大陆 31 个省、自治区、直辖市和现役军人人口）。①大陆 31 个省、自治区、直辖市和现役军人人口中，汉族人口为 1225932641 人，占 91.51%；各少数民族人口为 113792211 人，占 8.49%。同 2000 年第五次全国人口普查相比，汉族人口增加 66537177 人，增长 5.74%；各少数民族人口增加 7362627 人，增长 6.92%。这些数据显示，少数民族人口正在不断增长，他们在我国物质文明、精神文明、政治文明和生态文明建设中起到了重要作用。

二、家族、文学家族、杰出文学家族、少数民族杰出文学家族

家族，又称"世家""宗族""户族"②，大约产生于旧石器时代中晚期，我国春秋战国时期的几部儒家经典对家族情况有一些记载，如《孟子·滕文公下》："仲子，齐之世家也。"③《礼记·大传》："同姓从宗，合族属。"④《尔雅》："父之党为宗族。"⑤汉代开始，"世家""宗族""户族"概念使用渐多，如东汉班固的《汉书·食货志下》："世家子弟富人或斗鸡走狗马，弋猎博戏，乱齐民。"颜师古注引如淳曰："世家，谓世世有禄秩家也。"班固的《白虎通义·宗族》、唐代柳芳的《氏族论》、南宋郑樵的《通志·氏族略》等。不过，"世家"特指世代显贵的家族，"家族""宗族""户族"泛指普通家族。《史记》中的"世家"有两层含义：有时指用以记载王侯家世的传记体例（八体之一），这是"世家"的衍生义，不在我们的讨论范围；有时专指世代显贵家族，如孔子世家、齐世家、赵世家等。古代能够进行学术研究和文学艺术创作的家族往往地位较高，因此称文学家族为文学世家也是可以的。

《辞海》1980 年版解释"家族"一词为："以婚姻和血缘关系结成的社会单

---

① 数据来源于国务院人口普查办公室、国家统计局人口和就业统计司编之《中国 2010 年人口普查资料》，北京：中国统计出版社，2012 年版。
② 这几个概念细分起来是有区别的。例如"宗族"是"家庭"的扩充，包括父系同宗的亲属，"家族"更由"宗族"扩充，包括"父族""母族""妻族"的亲属，"宗族"特指家族范畴以外的那部分父系血缘群体，"宗族"为同姓，而"家族"则未必为同姓。
③ ［清］阮元校刻：《十三经注疏》影印本，北京：中华书局，1980 年版第 2715 页。
④ ［汉］郑玄注、孔颖达疏：《礼记正义》，《十三经注疏》标点本，北京：北京大学出版社，1999 年版第 1002 页。
⑤ ［晋］郭璞注、（宋）刑昺疏：《尔雅注疏》标点本，北京：北京大学出版社，1999 年版第 122 页。

位。在原始群的杂交时期，尚未产生家族。随母权制氏族公社的形成，乃有母系大家族，即男子居住女方，世系依母系计（群婚时代知母而不知父）。至父权制氏族公社时代，则出现了父系大家族，即女子居住男方，世系依父系计（过渡到一夫一妻制）。"①1996 年版《现代汉语词典》解释"家族"一词为："以血统关系为基础而形成的社会组织，包括同一血统的几辈人。"②张剑根据冯尔康等人的观点，阐释"家庭""家族""宗族"几个概念的区别在于："家庭主要包括五服之内共祖共财者（一般为直系），家族主要包括共祖不共财的若干家庭的总体，宗族包括五服以外的同姓共祖者。"③"家族是建立在血缘关系基础上的包含父子、兄弟、夫妇——五代以内的血亲族人——五代以外的血亲族人——祖宗等多层级的结构共同体"④。

事实上的家族起源于原始社会母权制氏族公社时代。1861 年瑞士法学家 J.J.巴霍芬在《母权论》一书中首先提出了"母权"一词，论证了家庭史上母权制的存在。在中国，"家族"与"世家"概念均出现于春秋战国时代，是家族制度形成初期的产物。《管子·匡君·小匡》云："公修公族，家修家族，使相连以事，相及以禄，则民相亲矣。"这是政治家管仲向齐桓公所述的爱民之道。如何使民众相亲相爱？管仲认为建立利害相关、荣辱与共的家族是一个好办法。"世家"一词，最早出自《孟子·滕文公下》："仲子，齐之世家也。"在礼崩乐坏、诸侯争霸天下的时代，家族显然起着稳固社会基础的重要作用。

谈到家族，必然会涉及"血缘"与"血统"两个概念。现代社会学理论认为：血缘关系是以血统或生理的联系为基础形成的人际关系，或者是指在婚姻和血缘基础上形成的人际关系。血统指不间断继承同一祖先血缘的子孙群体，强调直系亲族，通常以姓氏的继承表现出来。对血统的记录叫做家谱，对血统的研究称为族谱学或家谱学。血统是由血缘形成的系统，是在血缘关系的基础上进一步概括提升的人类学研究范畴，而血缘是指动植物的基因遗传关系，属于自然科学范畴。血统有时指民族或种族的系统（这一意义不在本研究讨论范围）。婚姻关系可能会改变下一辈血统的同一性，如不同民族通婚生育的子女。然而需要考虑的是，婚姻是维系血统的纽带，没有婚姻关系家族就不会得以繁衍。那么，以婚姻关系嫁、娶的女性是否算本家族的一员？我们认为，血统既然是一种最亲密的"人际关

① 《辞海》（缩印本），上海：上海辞书出版社，1980 年版第 1023 页。
② 中国社会科学院语言研究所词典编辑室：《现代汉语词典》，北京：商务印书馆，1996 年版第 607 页。
③ 张剑：《家族文学研究的分层与守界原则》，《华南师范大学学报》（社会科学版），2011 年第 6 期。
④ 张剑：《宋代家族与文学——以潼州晁氏为中心》，北京：人民出版社，2006 年版。

系", 当然家族中无论嫁或娶的女性就是本家族的一员。区别在于嫁出之女有血统关系, 娶来之女属家族成员, 但没有血统关系, 其下一代才既属家族也具血统。

一般认为, 中国的文学家族是从中古前期 (魏晋时代) 延续到近现代的一种文化现象, [1]即世界历史纪年的 3～20 世纪初期。当代社会, 随着家族观念的弱化, 文学不再家族化, 文学家族濒临消逝的境地, 极少数文学家族因为文学创作后继有人, 仍顽强地延续下来。因此可以说, 中国文学家族从正式形成到衰亡至少经历了 1800 年的漫长历史。

文学家族的产生与文化学术中心的下移有密切关系。中国文化学术中心的下移是伴随着礼崩乐坏的春秋时代到来的, 首先下移于士阶层, 再移于家族。"士阶层是宗法封建等级制度瓦解过程中产生的新人, 他们身份自由, 具有独立人格、独立意志、自己的价值标准, 能够自由地思想。他们的这些品格特点是身处宗法等级关系中的人不具备的。士的特殊品格使他们成为春秋战国时期中国社会最积极的成员, ……因此诸子百家大多是从他们之中涌现出来的。"[2]汉末战乱, 学术中心下移于家族, 从刘宋时期开始, 文学从经学附庸之中独立出来, 文学家族渐盛。陈寅恪在《隋唐制度渊源略论稿》中说: "公立学校之沦废, 学术之中心移于家族, 太学博士之传授变为家人父子之事业, 所谓南北朝之家学者是也。又学术之传授既移于家族, 则京邑与学术之关系不似前此之重要。当中原扰乱京洛丘墟之时, 苟边隅之地尚能维持和平秩序, 则家族之学术亦得藉以遗传不坠。"[3]陈寅恪的论断不仅说明了学术下移于家族的原因, 而且认为在和平秩序下的边鄙之地, 家族学术亦能持续传承。

"文学家族 (世家)" 这个概念大致是近 30 年来学术界才提出的。李真瑜 1986 年 1 月 28 日发表于《光明日报》上的《明代一个引人注目的文学世家》认为, 文学世家 "是由同属于一个家族的几代文人构成的文学家群体"[4], 在这一论点基础上, 后来他又对文学世家的形成条件作了论述, 认为 "'同属于一个家族'和'几代文人'是构成一个文学世家的两个基本条件, 将这种文学家群体明显区别于别种文学家群体, 成为一种特殊的文学家群体。也就是说其在文脉之外还存

---

[1] 中国文学家族 (世家) 的源头可能更早一些, 由司马迁《史记·孔子世家》的记载可以见到文学世家的影子, 其传赞云: "孔子布衣, 传十余世, 学者宗之。自天子王侯, 中国言六艺者折中于夫子, 可谓至圣矣!"
[2] 马振铎、徐远和、郑家栋:《儒家文明》, 北京: 中国社会科学出版社, 1999 年版第 27 页。
[3] 陈寅恪:《隋唐制度渊源略论稿》, 载《陈寅恪集》, 北京: 生活·读书·新知三联书店, 2001 年版第 23 页。
[4] 李真瑜:《明代一个引人注目的文学世家》,《光明日报》1998 年 1 月 28 日。

在着血缘纽带，这种血缘纽带与家族在文化上形成的文化链密切关联，使作家彼此间有一种无法割断的联系"①。梅新林认为，"文学世家通常是指在直系血缘关系中出现两代及以上知名文学家的家族"②；李小凤认为，文学家族"指以文学为家学传承主体的一姓家族及其姻亲所构成的……文学家群体"③。综合上述几种说法，我们认为：文学家族是指以直系血统关系（五服之内，即高祖父、曾祖父、祖父、父亲、自身五代）为基础形成的同一宗族若干家庭的文学创作或研究群体，这个群体既包括同宗同姓的文学家，也包括因婚姻关系进入该家族的他姓文学家，有延续两代及以上的文学创作或文学研究传统。

"家族文学"概念 1999 年见于马宝记的《南朝彭城刘氏家族文学研究（上）》④，但是未见到作者对这个概念的阐释。尝试论之，家族文学指家族成员世代相续的文学成果，既包括感性的文学作品，也包括理性的文学理论研究。家族文学专集的出现是其成果的明显标志。

"文学家族"与"家族文学"两个概念的根本区别在于：前者侧重于创作主体（作家、文学理论家），后者侧重于载体（文学作品、理论研究成果）。就外延而论，"家族文学，既包括家族作为一个整体呈现出来的文学实绩和特色，又包括具体家族成员丰富多彩的文学创作"⑤。因而，文学家族研究的对象主要是家族（包括源流、世系、婚姻、家学传统、家族文学创作和影响等；家族文学研究的对象主要是家族文学创作与文学理论研究、家族文学与地域文学的互动关系等。二者在内容上互有交叉，但是立足点和侧重点不一样。

"少数民族家族文学"概念 1998 年由陈友康提出⑥，他认为，汉文学史上"一门能文"现象在其他民族中也存在，且以云南为例，提出"古代少数民族中的家族文学现象，并对其产生原因和特质进行初步探讨"。至于"少数民族文学家族"概念，2012 年之前还没有人提出过。目前学界对少数民族文学家族的研究还很不充分，但其"视角和价值具有双重性，既是对中国古代文学史的充实，也是对中国多民族文学史的历史呈现。在充分借鉴汉族家族文学研究成果和经验的基础上，少数民族家族文学需要在材料的占有和运用、家族文学生产、与汉族家族文学的

---

① 李真瑜：《文学世家的文化意涵与中国特色——以明清吴江沈氏文学世家个案为例》，《社会科学辑刊》2004 年第 1 期。

② 梅新林：《文学世家的历史还原》，《中国社会科学》2011 年第 1 期。

③ 李小凤：《回族文学家族的文化特征及内涵——以陈埭丁氏家族为例》，《伊斯兰文化》2011 年第 1 期。

④ 马宝记：《南朝彭城刘氏家族文学研究（上）》，《许昌师专学报》（社会科学版）1999 年第 4 期。

⑤ 张剑：《宋代家族与文学——以澶州晁氏为中心》，北京：人民出版社，2006 年版。

⑥ 陈友康：《古代云南少数民族的家族文学》，《云南民族学院学报》（哲学社会科学版）1998 年第 4 期。

关系等方面给予足够重视，从而凸显自身的民族特质"①。

"杰出文学家族""少数民族杰出文学家族"这两个概念迄今似无他人提出和阐释过，我们尝试阐释之：杰出文学家族当指那些在文学创作或文学理论方面卓有建树，作家多、造诣高、影响大的家族。少数民族杰出文学家族，从作者身份来说，其族别必须是少数民族（包括历史上比较明确的族群）；从作品特色来说，应当具有本民族特色（即使是用其他语种如汉语进行创作，其文学创作内容也应该如此）；从家族文献留存来说，应当有家族文学作品或文学理论研究专集流传；从成就、延续性和影响来说，应当高于一般的少数民族文学家族。再具体言之，少数民族杰出文学家族当有百年以上的文学创作或研究史，有百年以上的文化传播史，有三代及以上的文学家群体，被正史或其他重要史籍记载过，有世代相续的家集流传。有必要说明，历史上有的汉族文学家族虽未延续至 3 代，但是因其在全国乃至世界产生的重大影响，不得不承认其为杰出文学家族，如三国时期的曹操家族，著名的文学家只有两代（曹操及其子曹植和曹丕），宋代的苏轼家族也只有两代文学家（苏洵及其子苏轼和苏辙）。

三、家族文学与地域文学的联系与区别

家族文学的基本特征是其亲缘性与地域性。亲缘关系是构成家族文学的根本要素，地域是家族赖以生存的土壤，也是家族文学产生的土壤。地域对家族文学产生直接的影响，但是一些杰出文学家族反过来可以影响地域文学，如苏轼家族之于眉山文学乃至巴蜀文学，顾宪成家族之于无锡文学乃至江南文学。家族文学拥有特殊的创作群体，保持了家族内部的传承性和家族个性，地域文学的创作群体则不限于家族，且带有鲜明的地域特征，是某一地域的家族文学和非家族文学的总汇。一般来说，同一家族成员的文学创作既具有家族个性，也具有地域个性。根据张剑、吕肖奂的研究，"中国文学乃至文化中的地域意识，可以说是到宋代才普遍自觉而加强的。因为从宋代开始，一些党派、学术流派、文学流派，开始被时人有意识地冠以地域之名——如蜀党、洛党、朔党等，反映出政治党争中的地域意识；又如关学、洛学、闽学、婺学、湖湘之学、浙东功利之学等，反映出学术流派极强的地域意识；而江西诗派、永嘉四灵等，则反映出文学流派的地域意识"②。

---

① 李小凤：《少数民族家族文学研究的兴起与路径思考》，《北方民族大学学报》（哲学社会科学版）2015年第 2 期。

② 张剑、吕肖奂：《两宋地域文化与家族文学》，《江海学刊》2007 年第 5 期。

魏晋以来，家族与学术、宗教、文学产生了密切联系，进而出现了各种类型的家族，有偏于学术研究的经学-文学家族、史学-文学家族、小学-文学家族，有偏于艺术创作的艺术-文学家族等，也有综合性的文学家族。但无论何种类型的文学家族，都始终与其所生存的地域保持着天然的联系。因此，地域文学必然包含家族文学在内，家族文学应该彰显地域文学特性，二者构成你中有我、我中有你的关系。当然，家族文学除了应该具有地域性外，还要体现其家族性、民族性特质，否则家族文学就无异于地域文学了。汉代至清代，家族文学与地域文学的联系越来与密切，陈寅恪认为，汉代学校制度废止后，博士传授风气随之消失，"学术中心移于家族，而家族复限于地域，故魏、晋、南北朝之学术、宗教皆与家族、地域两点不可分离。"[①]

第二节　中国少数民族杰出文学家族的基本状貌和生成要素

一、中国少数民族杰出文学家族的分布及类型

（一）中国少数民族杰出文学家族的地理分布

文学家族的地理分布来自于文化的地域差别。袁行霈认为："中国文化的地域性，主要表现为南北两个地区的差异。东部和西部虽然也有差异，但相对来说不那么显著。文物考古的大量资料已经证明：黄河流域的中原文化和江汉流域的荆楚文化，是互相关联而又各具特色的两种文化。孔孟思想源于北方邹鲁，老庄思想源于南方荆楚，先秦哲学思想的地域性已经引起注意。文学也是如此。中国文学在民族统一性之中又呈现出一定的地域性，这是很值得注意的现象。"[②]"明清两代，国家统一，文学的地域性不如先秦、南北朝、元朝那么明显，但仍有所表现。"[③]事实上，国家的统一并不能完全消除地域文化（文学）的差异，也没有必要消除。在中国辽阔的版图上，不仅南北文化至今存在差异，东西两部的文化差异至今也是很明显的，东部文学与西部文学的风格不可等同看待。因此本书分四大文化圈从宏观上考察中国少数民族杰出文学家族整体情况。

---

① 陈寅恪：《隋唐制度渊源略论稿》，引自《陈寅恪集》，北京：生活·读书·新知三联书店，2001 年版第 20 页。
② 袁行霈：《中国文学概论》，台北：台湾五南图书出版有限公司，2009 年版第 41–42 页。
③ 袁行霈：《中国文学概论》，台北：台湾五南图书出版有限公司，2009 年版第 50 页。

1. 四大文化圈中少数民族杰出文学家族的分布状况

文化圈（Cultural circle）是社会学与文化人类学描述文化分布的概念之一，它涉及的地域范围比文化区和文化区域更为广泛。文化圈概念由文化人类学家利奥·弗罗贝尼乌斯（Leo Frobenius，1873—1938）首先提出，弗里兹·格雷布纳（Fritz Graebner，1877—1934）在 1911 年出版的《民族学方法论》一书中使用文化圈概念作为研究民族学的方法论。他认为，文化圈是一个空间范围，在这个空间内分布着一些彼此相关的文化丛或文化群。从地理空间角度看，文化丛就是文化圈。

关于中国古代文化圈的划分，中外学者有许多划分法，英国学者李约瑟在《中国科学技术史》中分为北方文化、西北文化、西方文化、南方文化和东南文化 5 类；中国学者李桂海分为河谷型、草原型、山岳型和海洋型 4 类；徐亦亭分为中原华夏农业文化区域、东南百越稻作文化区域、南方山地游耕文化区域、西部和北方游牧文化区域 4 类。考虑到地域的古今延续性和变异性，本研究中我们参照李约瑟及《中华人民共和国年鉴》中的"区域地理"部分，将本书涉及的中国少数民族杰出文学家族的分布划为北方文化圈、南方文化圈、西北文化圈、青藏文化圈如图 1-1、表 1-1 所示：

图 1-1　中国四大文化圈示意图

表 1-1 中国少数民族杰出文学家族地理分布表[①]

区域名称	地域界限及少数民族分布概况	家族名称
北方 文化圈	秦岭-淮河一线以北,大兴安岭、乌鞘岭以东地区,东临渤海和黄海。包括东北三省、黄河中下游五省二市的全部或大部分,以及甘肃东南部,内蒙古、江苏、安徽北部。面积约占全国的20%,人口约占全国的40%,其中汉族占绝大多数,少数民族中人口较多的,有居住在东北的满族、朝鲜族,居住在内蒙古的蒙古族等。	1. 漠北元氏家族(北魏时期鲜卑族); 2. 漠南法式善家族[②](蒙古族)。
南方 文化圈	秦岭-淮河一线以南地区,西面为青藏高原,东与南面临东海和南海,大陆海岸线长度约占全国的2/3以上。包括长江中下游六省一市,南部沿海和西南四省、市大部分地区。面积约占全国的25%,人口约占全国的55%,汉族占大多数。区内少数民族有30多个,人数5000多万,主要分布在桂、云、贵、川、湘、琼等地,人数较多的为壮、苗、彝、土家、布依、侗、白、哈尼、傣、黎等族。	1. 云南丽江木氏家族(纳西族); 2. 福建陈埭丁氏家族(回族); 3. 湖北容美田氏家族(土家族); 4. 贵州毕节余氏家族(彝族)。
西北 文化圈	西北地区深居内陆,位于大兴安岭以西,昆仑山—阿尔金山—祁连山和长城以北,包括内蒙古自治区、新疆维吾尔自治区、宁夏回族自治区和甘肃省的西北部。这一地区国境线漫长,与俄罗斯、蒙古、哈萨克斯坦等国相邻。本区面积广大,约占全国面积的30%,人口约占全国的4%,是地广人稀的地区。西北地区是中国少数民族聚居地区之一,少数民族人口约占总人口的1/3,主要有蒙古族、回族、维吾尔族、哈萨克族等。	略阳临渭(今甘肃秦安)符氏家族(东晋时期氐族)
青藏 文化圈	青藏地区位于中国西南部,横断山脉以西,喜马拉雅山以北,昆仑山和阿尔金山、祁连山以南,包括青海、西藏和四川西部。面积约占全国的25%,人口不足全国的1%。这里是中国藏族聚居的地区。西藏自治区同缅甸、印度、不丹、尼泊尔等国相邻。	

需要说明的是,文化圈划分不完全等于地理圈划分,交融现象是存在的。例如北方文化圈与西北文化圈、青藏文化圈、南方文化圈的交界处,青藏文化圈与西北文化圈、南方文化圈的交界处,南方文化圈与青藏文化圈及北方文化圈的交界处,其地域文化必然互相影响。文学也是这样。

由上表可见,我国少数民族文学家族主要分布于北方文化圈和南方文化圈,西北文化圈很少,青藏文化圈难以找出。

[①] 表1-1中关于中国地域四大区划分及民族、人口数量等情况,参照《中华人民共和国年鉴》"区域地理"部分。

[②] 法式善家族祖籍在漠南察哈尔部,1260年其始祖福乐因战功随忽必烈进入大都为官。历史上蒙古民族察哈尔部繁衍生息至今已300余年,明朝末年,察哈尔部是漠南(今内蒙古以南一带)诸蒙古部落中较为强大的一支。

2. 北方文化圈和南方文化圈中少数民族杰出文学家族较多的主要原因

首先，北方文化圈和南方文化圈具有较大的政治优势。政治优势与京城所在地有密切关系。历史上的封建王朝建都地点为：北京（明清）、西安（汉唐）、南京（南朝各代）、杭州（南宋）、洛阳（北朝各代）、沈阳（后金、清朝入关前）、广州（南粤王）、成都（蜀、后蜀）、洱海（南诏国）、大理（大理国）、兰州（西夏）。由此可见，除了汉唐、西夏政权建都于西北地区外，其余封建王朝都建都于今北方地区和南方（江南）地区。尤其是北京，元、明、清三代建都于此长达600余年，形成了稳定的政治中心地位。封建时代，政治中心也必然会促进文化的繁荣。我们知道，科举考试殿试地点都在京城，是高级知识分子云集之地，京城也自然成为文化中心。政治中心的作用还在于掌控国家机器，升降全国县级以上官员，调配全国武装力量，这是非政治中心不可比拟的。

其次，北方文化圈和南方文化圈具有较大的经济优势。从历史上看，黄河流域是中华民族的主要发祥地，是中国开发最早的地区，人口集中，经济文化发达，成为最早的经济中心。魏晋南北朝时期，由于中原地区持续动荡，形成了移民大浪潮。移民浪潮的动向虽然不一，但首选的正是距中原最近的河北。河北地处大平原，自然条件良好，经过大批移民的开发而成为北方的经济重心。

安史之乱后，北方由于藩镇割据、契丹崛起和南下而备受影响，生产力遭到破坏，而南方相对安定，于是北方人口开始大量向南迁移，并带去先进的生产技术，自此，经济重心开始向南转移。整个五代时期，我国的经济重心继续南移，南方日益成为全国经济的先进地区，人口数量超过了北方。两宋时期，最终完成南移，江南的农业生产已经超过北方，完全取代了北方经济重心的地位。至元朝，为解决南粮北运问题，朝廷大力兴办漕运和海运。南宋是中国古代经济重心南移最终完成的时期。明清时期，南方经济中心的地位得到巩固和发展。

最后，北方文化圈和南方文化圈具有较大的文化优势。中国文化起源于夏商时期的河南安阳一带，辐射及河北、湖北、山西、山东等地。周代及春秋战国时期，黄河流域成为中国文化最发达的地区。春秋战国时代的诸子百家中，儒家学派代表人物孔子为鲁国陬邑（今山东曲阜）人，孟子为鲁国邹（今山东邹城）人，荀子为赵国郇邑（今山西安泽）人。他们都属于北方文化圈。道家学派代表人物中，老子是楚苦县历乡曲仁里（今河南省周口市鹿邑县太清宫镇）人，庄子是宋国蒙（今河南商丘市）人。墨家学派代表人物墨翟是鲁国（今山东省）人。法家学派代表人物商鞅是韩国（今河南郑州新郑市）人。兵家学派代表人物孙武是齐国（今山东临淄）人，孙膑是齐国阿鄄（今山东甄城县）人。农家学派代表人物许行是鲁国（今山东）西南人。名家学派代表人物公孙龙是魏国（今河南省）北部人。阴阳家学派代表人物邹衍是齐国（今山东临淄）人。杂家学派代表人物吕不韦是卫国濮阳（今河南省濮阳市）人。可以毫不夸张地说，诸子百家代表人物几乎都出于北方文化圈。

南方文化圈中，闽台文化、荆楚文化、吴越文化、巴蜀文化和夜郎文化在种类上超过了西北文化圈和青藏文化圈。当然，西北文化、青藏文化也有北方文化和江南文化不可替代的方面，正如伊斯兰文化之于道教文化，藏文化之于彝文化、苗文化，《木兰辞》之于《西洲曲》，不胜枚举。有学者统计，宋、元、明、清 4 朝，中国文化呈南强北弱的态势。明代的学术鸿儒黄河流域只占 16.7%，南方为 83.3%；清代对文化学术有影响的大家北方只占 16.3%，南方达到了 83.7%。其中决定性的因素便是经济。①

（二）中国少数民族杰出文学家族的类型

根据类型学原理，本研究对少数民族杰出文学家族类型主要采用多维度划分法，因为"任何一个要素都是多维度的，而且一种指标在一个特定的案例中是单维度的，但是在另一种案例中就并非如此，当然也可能是异质性的案例或者案例的子集"②。参照梅新林在《文学世家的历史还原》中的划分标准③，根据少数民族家族成员的文化兴趣和研究领域，中国少数民族杰出文学家族可划分为两大类：学术-文学家族；艺术-文学家族。

学术-文学家族的特征是：以学术研究为家族传统，以文学创作为吟咏性情的主要方式，长于汉语诗词歌赋、散文或小说创作，学术研究与文学创作相得益彰。少数民族杰出文学家族中的学术-文学家族成员虽然也能够进行书法、绘画等艺术作品创作，但其书画成就和影响仅限于本地。如福建陈埭丁氏家族、云南丽江木氏家族、贵州毕节余氏家族等。

艺术-文学家族的特征是：以艺术创作为家族传统，以文学创作为吟咏性情的主要方式，长于汉语诗词歌赋、散文或小说创作，文学创作和艺术创作相得益彰。

---

① 王骥：《中国文化中心的历史地理变迁》，《地理教学》2005 年第 10 期。
② （美）戴维·科利尔，乔迪·拉波特，詹森·西奈特原著，汪仕凯译：《使类型学更有效：概念形成、测量与精确分析》。所引部分载《比较政治学前沿》2014 年第 1 期。
③ 梅新林：《文学世家的历史还原》，《中国社会科学》2011 年第 1 期。梅文根据时代政治文化制度演变特征将文学世家（家族）划分为"经学-文学世家""门阀-文学世家""科宦-文学世家"3 类。

一般来说，少数民族杰出文学家族中的艺术-文学家族以文学、艺术创作见长，学术研究则在其次。例如清代的法式善家族长于汉语诗歌创作，法式善诗书画兼擅。

总体上说，少数民族杰出文学家族受汉族文化传统影响，前一类家族学术研究以史学为主，长于汉语诗词歌赋创作，个别成员长于小说创作，有的家族出现了自然科学研究与文学创作兼擅的文学家，如福建陈埭丁氏家族第 15 世丁拱辰。后一类家族不以学术研究见长，文学创作以汉语诗词歌赋或散文为主，艺术创作偏于书法、国画。两类文学家族的共同之处在于，都以文学创作吟咏性情，才调高雅，闻名遐迩；家风优良，家学深厚，注重文化传承。不同之处只是兴趣爱好的差别而已。两类少数民族杰出文学家族存在交叉现象，即不同家族成员中的某些共同爱好使他们的创作、研究出现了趋同性，正是这种趋同性给地域文化交流创造了空间，从而推动其发展。少数民族杰出文学家族也遵从相同文化圈的共同特征，例如"南方民族群体……具有共同的图腾，共同的始祖，共同的祖先发源地，共同的传统节日活动，共同的生活习俗。这形成了他们维护共同联系的纽带，也构成他们进行群体性文化活动的大环境和滋生、传播群体性文艺作品的土壤"[1]。

文学家族的社会影响不可低估，无论是哪一类文学家族，尤其是在中国宗法制社会，除了国家机构，家族就是社会的基本单元，实质上担负着传承文化、培养人才的重任，因此一些卓越的文化（文学）家族历来受到景仰。司马迁在其《史记·孔子世家》赞语中说道："诗有之：'高山仰止，景行行止。'虽不能至，然心乡（通'向'）往之。余读孔氏书，想见其为人。适鲁，观仲尼庙堂车服礼器，诸生以时习礼其家，余祗回（一作'低回'）留之不能去云。天下君王至于贤人众矣，当时则荣，没则已焉。孔子布衣，传十余世，学者宗之。自天子王侯，中国言《六艺》者折中于夫子，可谓至圣矣！"[2]

二、中国少数民族杰出文学家族的基本状貌

（一）北方文化圈中的少数民族杰出文学家族

钱穆把人类文化分为三大类：游牧文化、农耕文化、商业文化，并认为："游

---

① 刘亚虎：《中国南方少数民族文学文化的特质及其与汉族文学的关系》，《社会科学战线》1999 年第 4 期。
② 一般认为，孔子家族只能算是文化家族，这种说法无疑是正确的，但并不影响孔子的文学家身份。例如经孔子最后编订的《诗经》成为我国最早的诗歌总集，其影响至今不衰，孔子与其弟子所著《论语》是语录体散文典范，几乎都被写进了我国高等院校中国文学史教材。

牧文化发源在高寒的草原地带，农耕文化发源在河流灌溉的平原，商业文化发源在滨海地带以及近海之岛屿。三种自然环境，决定了三种生活方式，三种生活方式，形成了三种文化型。此三型文化，又可分为两类。游牧、商业文化为一类，农耕文化为又一类。游牧、商业起于内不足，内不足则需向外寻求，因此而为流动的、进取的。农耕可以自给，无事外求，并必继续一地，反复不舍，因此而为静定的、保守的。草原与海滨地带，其所凭以为滋生之地者不仅感其不足，抑且深苦其阻害，于是而遂有强烈之战胜与克服欲。"[①]

10～12世纪时，居住在蒙古地区的蒙古各部落，由于所处自然环境不同，与周围民族关系各异，其经济发展水平也不一致，大致可分为"森林狩猎民"和"草原游牧民"两种类型[②]。因此那时的蒙古族是狩猎文化和游牧文化的创造者之一，狩猎文化具有一定的稳定性，而游牧文化以流动性为根本特点，但游牧民族中部分人通过科举考试进入朝廷或地方政府，或因战功显赫在朝廷为官，政治地位显著提高，文明程度不断提升，其流动性又逐步变为稳固性，例如元代和清代一些处于统治阶层的蒙古族、满族。

1. 漠北鲜卑族元氏家族

北方文化圈地域广博，包括今东北三省、黄河中下游五省二市的全部或大部分，以及甘肃东南部，内蒙古、江苏、安徽北部。这里需要特别关注的是漠北、漠南两大文化区。16世纪末叶，蒙古地区分为漠南、漠北、漠西3大部分，在内蒙古与外蒙古之间，横亘着一片大沙漠，史书上称为漠北、漠南。漠北多河，如色楞格河、鄂尔泽河、鄂嫩河，均东流注入黑龙江。自清朝起，漠南地区称为内蒙古，漠北地区称为外蒙古，内外蒙古事务归理藩院管理。1921年11月25日外蒙古宣布脱离中华民国独立，1924年11月26日蒙古人民党宣布废除君主立宪制，成立蒙古人民共和国，1992年改制，国号为蒙古国。

漠北之名，自汉代以后常称之，亦作"幕北"。《汉书·王莽传》："又令匈奴却塞于漠北，责单于马万匹，牛三万头，羊十万头，及稍所略边民生口在者皆还之。"[③]漠北地区是游牧文化的发祥地之一，鲜卑族即起源于此。该族族源属东胡部落，兴起于大兴安岭山脉，是中国古代游牧民族之一，其先世是商代东胡族的一支，秦汉时从大兴安岭一带南迁至西拉木伦河流域，曾归附东汉。匈奴西迁后尽有

---

① 钱穆：《中国文化史导论·弁言》，上海：生活·读书·新知三联书店上海分店，1988年版第2页。
② 这一分类源于王钟翰的《中国民族史》（增订本），北京：中国社会科学出版社，1994年版。
③ 《汉书》卷99中《王莽传》，北京：中华书局，2000年版第3038页。

其故地，留在漠北的匈奴 10 多万户均并入鲜卑，势力逐渐强盛。《后汉书·乌桓鲜卑列传》云："鲜卑者，亦东胡之支也，别依鲜卑山，故因号焉。其言语习俗与乌桓同。唯婚姻先髡头，以季春月大会于饶乐水上，饮宴毕，然后配合。又禽兽异于中国者，野马、原羊、角端牛，以角为弓，俗谓之角端弓者。""自匈奴遁逃，鲜卑强盛，据其故地，称兵十万，才力劲健，意智益生。加以关塞不严，禁网多漏，精金良铁，皆为贼有；汉人逋逃，为之谋主，兵利马疾，过于匈奴。"（图 1-2）①

图 1-2　漠北、漠南文化区示意图②

　　鲜卑族是一个内涵相当复杂的民族共同体，各部之间很不平衡。按其发源地和后来迁徙分布及与其他诸族、部落的融合情况，大致可分为东部鲜卑、北部鲜卑和西部鲜卑，总人口数达 200 多万人。东部鲜卑经过檀石槐、轲比能等部落联盟时期，后来发展成为慕容氏、段氏、宇文氏；北部鲜卑主要是指拓跋鲜卑；西部鲜卑主要由河西秃发氏、陇右乞伏氏以及青、甘吐谷浑组成，其中慕容氏、乞伏氏、秃发氏在南北朝十六国时期分别在中原和河陇地区建立前燕、后燕、西燕、南燕、西秦、南凉。拓跋氏建立代国，后又建立北魏，并统一北方，兼并其他鲜卑诸部；宇文氏建立北周；吐谷浑在今甘南、四川西北及青海等地区建立国家，

---

①《后汉书》卷 90《乌桓鲜卑列传》，北京：中华书局，2000 年版第 2019、2023 页。
② 图片来源：以 360 图片为基图，加以漠南、漠北文化区文字标注。

一直延续到隋唐之后。王钟翰先生认为："隋、唐以降，鲜卑作为政治和民族实体，虽已不复存在，但其后裔在两朝中均居于重要地位。隋、唐建国者杨、李二家是鲜卑化的汉人，其母妻为汉化的鲜卑人。"[①]

元氏出自拓跋姓，为鲜卑族后裔，其郡望在颍川郡、雁门郡。《魏书·帝纪》记载："昌意少子，受封北土，国有大鲜卑山，因以为号。其后，世为君长，统幽都之北，广漠之野，畜牧迁徙，射猎为业，淳朴为俗，简易为化，不为文字，刻木纪契而已，世事远近，人相传授，如史官之纪录焉。黄帝以土德王，北俗谓土为拓，谓后为跋，故以为氏。"[②]公元386年，拓跋珪趁前秦四分五裂之际在牛川重建代国，定都盛乐（今内蒙古呼和浩特市和林格尔县），改国号为"魏"，史称"北魏"。398年，道武帝拓跋珪迁都平城（今山西大同市），太和十八年（494）春，孝文帝拓跋宏下诏迁都于洛阳，太和二十年（496）又下诏改拓跋姓为元姓。[③]洛阳是秦朝的郡级行政区，最早由战国韩宣王置，以境内有河、雒、伊三川而得名。秦庄襄王元年（前249）复置，治雒阳（今洛阳市东北），辖境相当于今河南黄河以南，灵宝以东的伊、洛流域和北汝河上游地区。元氏家族虽然自汉代起大多迁居河南一带，但其文化根脉仍然是在漠北文化区。

北魏诸帝，除太武帝拓跋焘灭佛外，其余多崇佛。北魏政权与佛教的关系，我们从云冈石窟的凿建即可看出。北魏道武帝崇尚武功，太武帝则倡导儒学，主张整饬风化。在夺取政权与巩固政权阶段，鲜卑族统治者不仅重视武功游牧，也很注重文治，这种价值取向有利于产生杰出文学家族。历史上鲜卑族有不少杰出文学家，如陈寅恪在《李白氏族之疑问》中就认为李白是鲜卑族后裔[④]。

元氏既为皇族，虽经多次内乱、战祸和天灾，几次迁徙，依然子孙繁盛，名人辈出，北朝以来涌现了17位文学家，都有诗文集传世，是一个杰出的文学家族。该家族中的主要文学家有元宏、元延明、元德秀、元结、元稹、元好问等，杰出文学家为元结、元稹、元好问。

元宏（467—499），即北魏孝文帝，我国古代少数民族杰出政治家、文学家之一。他一生勤学，"雅好读书，手不释卷。《五经》之义，览之便讲。学不师受，探其精奥。史传百家，无不该涉。善谈庄、老，尤精释义。才藻富赡，好为文章，诗赋铭颂，任兴而作。有大文笔，马上口授，及其成也，不改一字。自太和十年

---

① 王钟翰：《中国民族史》（增订本），北京：中国社会科学出版社，1994年版第187页。

② 《魏书》卷1《帝纪·序纪》，北京：中华书局，2000年版，第1页。

③ 《魏书》卷7下《高祖纪》："二十年春正月丁卯，诏改姓为元氏。"北京：中华书局，2000年版第121页。

④ 《清华学报》第10卷第1期，1935年1月。

以后诏册，皆帝文也。自余文章，百有余篇"①。有《后魏孝文帝集》39卷。

元延明（484—531），安丰王拓跋猛之子。北魏著名藏书家、文学家、数学家。博览群书，著诗赋、赞颂、铭诔300余篇，另撰有《三礼宗略》、《诗礼别义》、《毛诗谊府》、《帝王世纪注》、《列仙传》、《古今乐事》、《九章》12图以及《器准》9篇，皆流传于世。《魏书·文成五王列传》记载："子延明，袭。世宗时，授太中大夫。延昌初，岁大饥，延明乃减家财，以拯宾客数十人，并赡其家。至肃宗初，为豫州刺史，甚有政绩，累迁给事黄门侍郎。延明既博极群书，兼有文藻，鸠集图籍万有余卷。性清俭，不营产业。与中山王熙及弟临淮王彧等，并以才学令望有名于世。虽风流造次不及熙、彧，而稽古淳笃过之。"②

元德秀（695—754），字紫芝，进士，河南人，北魏昭成帝之孙常山王拓跋遵的后裔，孝文帝时易姓为元。曾为河南鲁山县令，人称"元鲁山"，不近女色，终身不娶。祖居太原（今山西省太原市），后隐居于河南嵩县陆浑元里村，59岁卒于鲁山，李华为其撰碑文，颜真卿书，李阳冰篆额。元德秀是唐代著名教育家、文学家、音乐家，道德高尚，学识渊博，为政清廉，誉满天下，有文集10卷传世。《旧唐书》将其与李华、萧颖士、崔颢、王昌龄、孟浩然、王维、李白、杜甫、李商隐、温庭筠、司空图等27名文学家列入《文苑传下》，言其"琴觞之余，间以文咏，率情而书，语无雕刻。所著《季子听乐论》《蹇士赋》，为高人所称"。③

唐代著名文学家李华作《元鲁山墓碣铭（并序）》（见《全唐文》卷320），较为全面评述了元德秀，现摘录部分于后：

> 公讳德秀，字紫芝，延州使君之子。后魏七叶，易为元，公其裔也。世有明哲，承而述之，幼挺全德，长为律度。神体和，气貌融，视色知教，不言而信。《大易》之易简，黄老之清净，惟公备焉。延州即世之后，昆弟凋落，慈亲羸老，无小无大，仰饴于公。及应府贡，如京师，不忍离亲，躬负安舆，往复千里。以才行第一，进士登科。……历官俸禄，悉以经营葬祭，衣食孤遗。代下之日，柴车而返。南游陆浑，考一亩之宅，发八筩之直，惟匹帛焉。居无扃钥、墙藩之禁，达生齐物，从其所好。时属歉岁，涉旬无烟，弹琴读书，不改其乐。好事者携酒食以馈之，陶陶然脱遗身世。涵泳道德，拔清尘而栖颢气，中古以降，公无比焉。知我或希，晦而不耀故也。是宜为国老，更论道佐世，而羔雁不至，殁

---

① 《魏书》卷7《高祖纪》，北京：中华书局，2000年版第126页。
② 《魏书》卷20《文成五王列传》，北京：中华书局，2000年版第356页。
③ 《旧唐书》卷190，北京：中华书局，2000年版第3438页。

于空山，可胜恸耶！所著文章，根元极则《道演》，寄情性则《于荐于》，思善人则《礼咏》，多能而深则《广吴公子观乐》，旷达而妙则《现题》，穷于性命则《寒士赋》，可谓与古同辙、自为名家者也。

李华专门作《三贤论》，把元德秀和萧颖士、刘迅并称为"唐朝三贤"。根据《唐书》、《唐摭言》、《唐才子传》等文献记载，元德秀归隐陆浑后，常与其好友和门人赋诗唱和，作品很多，但大都失传。流传至今的仅《归隐》诗一首："缓步巾车出鲁山，陆浑佳处恣安闲。家无仆妾饥忘爨，自有琴书兴不阑。"（见《全唐诗补遗》）

元结（719—772），字次山，号漫叟、聱叟，鲜卑族后裔，原姓拓跋，北魏孝文帝改革时始易姓为元。河南鲁山人，中唐时期著名文学家，曾为著作郎、道州刺史。《新唐书》载："元结，后魏常山王遵十五代孙。曾祖仁基，字惟固，从太宗征辽东，以功赐宜君田二十顷，辽口并马牝牡各五十，拜宁塞令，袭常山公。祖亨，字利贞，美姿仪。……父延祖，三岁而孤，……卒年七十六，门人私谥曰太先生。"[①]

元氏家族成员有互相学习的传统。据《新唐书》记载，元结17岁时，"折节向学"[②]，拜元德秀为师，历时10年，在治学和为人方面受到元德秀很大影响。天宝六年（747），元结到长安应举，因李林甫玩弄权术，应举者悉数落第，遂归隐商余山。天宝十二年，元结再次应进士举，登第。安禄山反，他率族人南奔，避难于猗玗洞（在今湖北大冶），始称"猗玗子"，后因"直荒浪其性情，诞漫其所为"，故自称"浪士"。（见《新唐书·元结传》所载《自释》）

元结著作有《异录》、《元子》、《文编》、《猗玗子》、《浪说》、《漫记》等，均已亡佚。现存文集已非原编，其常见者有《四部丛刊》影印明正德郭勋刻本《唐元次山文集》10卷，附"拾遗"及"补"不计卷；明陈继儒鉴定本《唐元次山文集》10卷。另有"拾遗"及"拾遗补"各1卷，又有淮南黄氏刊本《元次山集》12卷（后2卷亦为"拾遗"及"拾遗补"），原刻未见。今有石竹山房翻印孙望校点《元次山集》，即以《四部丛刊》本为底本，所编诗选《箧中集》尚存。

元结作为唐代著名诗人、散文家，在文学上造诣很高。他继承《诗经》、乐府传统，主张诗歌为政治教化服务，"极帝王理乱之道，系古人规讽之流"，认为文学应当"道达情性"，"救时劝俗"。他的诗歌内容富有现实性，除少数四言、

---

① 《新唐书》卷143《元结传》，北京：中华书局，2000年版第3676–3677页。

② 《新唐书》卷143《元结传》："结少不羁，十七乃折节向学，事元德秀。"北京：中华书局，2000年版第3677页。

骚体与七古、七绝外，主要是五言古风，质朴淳厚，笔力遒劲。元结的散文，特别是那些杂文体散文，或直抒胸臆，或托物刺讥，都出于愤世嫉俗，忧道悯人，揭露人间诈伪，鞭挞黑暗现实。元结其他散文如书、论、序、表、状之类，也都刻意求古，意气超拔，和当时文风不同。后人对元结评价很高，唐代裴敬把他与陈子昂、苏源明、萧颖士、韩愈并提，又有人把他看作韩柳古文运动的先驱。

元稹（779—831），字微之，《新唐书·元稹传》称其为河南河内人，曾任河南尉、监察御史、尚书左丞、武昌节度使等职。六世祖元岩是隋朝兵部尚书。按照卞孝萱《元稹年谱》的说法，元稹为北魏宗室鲜卑族拓跋部后裔，是昭成皇帝什翼犍之十四世孙。[①]北魏孝文帝推行汉化政策，迁都洛阳，元稹祖先随之南迁，定居洛阳。《全唐文》卷 372 柳芳《姓系论》云："代北则为虏姓，元、长孙、宇文、于、陆、源、窦首之。虏姓者，魏孝文帝迁洛，有八氏十姓，……出于帝宗属，或诸国从魏者，……并号河南洛阳人。"元稹《夏阳县令陆翰妻河南元氏墓志铭》云："我始祖有魏昭成皇帝，后嗣失国，今称河南洛阳人焉。"元稹父元宽，母郑氏。元稹前夫人韦丛生五子，存一女，名保子，适韦绚；安仙嫔生三子，子荆，女樊、降真，皆夭折；后夫人裴淑生三女一子。有三女：小迎、道卫、道扶，元稹卒时犹未成年。（据卞孝萱《元稹年谱》）

《旧唐书》卷 166《元稹传》载：[②]

> 稹八岁丧父。其母郑夫人，贤明妇人也；家贫，为稹自授书，教之书学。稹九岁能属文。十五两经擢第。二十四调判入第四等，授秘书省校书郎。二十八应制举，才识兼茂，明于体用科，登第者十八人，稹为第一。……稹聪警绝人，年少有才名，与太原白居易友善。工为诗，善状咏风态物色，当时言诗者称元白焉。自衣冠士子，至闾阎下俚，悉传讽之，号为元和体。江南人士，传道讽诵，流闻阙下，里巷相传为之纸贵。……稹自御史府谪官，于今十余年矣，闲诞无事，遂专业于诗章，日益于滋，有诗句千余首。……穆宗皇帝在东宫，有妃嫔左右尝诵稹歌诗以为乐曲者，知稹所为，尝称其善，宫中呼为元才子。

以上记载对元稹少年时代的学习情况，青年时代及以后的交游、诗歌创作、文学影响等情况作了粗略的勾勒。贞元十九年（805），25 岁的元稹与白居易同科（拔萃科）及进士第，并结为终生诗友。他早年和白居易共同倡导"新乐府"，是

---

① 卞孝萱：《元稹年谱》，济南：齐鲁书社，1980 年版第 3 页。

② 《旧唐书》卷 168《元稹传》，北京：中华书局，2000 年版第 2947、2950–2951 页。

新乐府运动的中坚力量，与白居易齐名，世称"元白"。其诗辞浅意哀，犹孤凤悲吟，动人肺腑。元稹以诗的成就最大，其乐府诗多受张籍、王建影响，而其"新题乐府"则直接缘于李绅。有传奇《莺莺传》，又名《会真记》，为后来《西厢记》故事所本。有《元氏长庆集》60 卷，补遗 6 卷，存诗 830 余首，收录诗赋、诏册、铭谏、论议等共 100 卷。

元好问（1190—1257），字裕之，号遗山，太原秀容（今山西忻县）人，金朝文学成就最高的作家，中国少数民族杰出文学家。系鲜卑族拓跋氏后裔，历金朝内乡令、南阳令、尚书省掾、左司都事、尚书省左司员外郎等职。《金史》元德明、元好问父子传[①]载：

> 元德明，系出拓拔魏，太原秀容人。自幼嗜读书，口不言世俗鄙事，乐易无畦畛，布衣蔬食处之自若，家人不敢以生理累之。累举不第，放浪山水间，饮酒赋诗以自适。年四十八卒。有《东岩集》三卷。子好问，最知名。好问字裕之。七岁能诗。年十有四，从陵川郝晋卿学，不事举业，淹贯经传百家，六年而业成。下太行，渡大河，为《箕山》、《琴台》等诗。礼部赵秉文见之，以为近代无此作也。于是名震京师。中兴定五年第，历内乡令。正大中，为南阳令。天兴初，擢尚书省掾，顷之，除左司都事，转行尚书省左司员外郎。金亡，不仕。为文有绳尺，备众体。其诗奇崛而绝雕刿，巧缛而谢绮丽。五言高古沈郁。七言乐府不用古题，特出新意。歌谣慷慨，挟幽、并之气。其长短句，揄扬新声，以写恩怨者又数百篇。兵后，故老皆尽，好问蔚为一代宗工，四方碑板铭志尽趋其门。其所著文章诗若干卷、《杜诗学》一卷、《东坡诗雅》三卷、《锦機》一卷、《诗文自警》十卷。晚年尤以著作自任，以金源氏有天下，典章法度几及汉、唐，国亡史作，己所当任。时金国实录在顺天张万户家，乃言于张，愿为撰述，既而为乐夔所沮而止。好问曰："不可令一代之迹泯而不传。"乃构亭于家，著述其上，因名曰"野史"。凡金源君臣遗言往行，采掫所闻，有所得辄以寸纸细字为记录，至百余万言。今所传者有《中州集》及《壬辰杂编》若干卷。年六十八卒。纂修《金史》，多本其所著云。

有关文献显示，元好问始祖出于鲜卑族拓跋氏，随北魏孝文帝迁都洛阳，改姓元。远祖元结（字次山），唐代开元、天宝间著名文人。祖父元滋善曾任铜山令，

---

① 见《金史》卷 126《元德明元好问传》，北京：中华书局，2000 年版第 1833–1834 页。

"生三子：长德明，号东岩，尝读书东山福田精舍，累举不第，以诗酒自适，先生贵后，赠中顺大夫，此所谓东岩府君也。次格，官陵川令，以遗山贵，赠明威将军，所谓陇城府君也。季升，字德清，以兄陇城荫，补承奉班，亦无子。德明生三子，长好古，字敏之，没于贞祐二年元兵屠城之难。次好谦，字益之。季即先生出继叔父陇城君"①。元德明屡试不第，著有《东岩集》3 卷。

元好问出生 7 个月即过继叔父元格为子。②元格为地方官，有良好的教育条件，元好问 4 岁开始读书，7 岁能诗，11 岁时元格移官冀州，延聘学士路铎教元好问为文。14 岁又随继父移官陵川，受业于当时大学者郝天挺③，奠定了坚实的学术基础。元好问所撰《唐诗鼓吹》10 卷，其师郝天挺作注。

元好问 21 岁时叔父病逝于陇城任所，他才结束游走各地的生活，扶柩返回忻州原籍。25 岁时，蒙古兵南下，秀容受到兵火蹂躏，元好问兄惨遭杀害，他和家人只得远离家乡，避乱于河南。在此期间，他写下不少描述战乱、抒发悲愤的诗作，受到礼部尚书、著名诗人赵秉文青睐，于是声名大噪。元好问的文学成就和影响有以下方面：

诗歌 1360 余首，题材丰富，风格多样。"五言高古沈（沉）郁。七言乐府不用古题，特出新意。歌谣慷慨，挟幽、并之气。"（《金史·元好问传》）

词 377 首，为金朝一代之冠，足与两宋词家媲美。清代况周颐《蕙风词话》云：

> 元遗山以丝竹中年，遭遇国变，崔立采望，勒授要职，非其意指。卒以抗节不仕，憔悴南冠二十余稔。神州陆沉之痛，铜驼荆棘之伤，往往寄托于词。《鹧鸪天》三十七阕，泰半晚年手笔。其《赋隆德故宫》及《宫体》八首、《薄命妾辞》诸作，蕃艳其外，醇至其内，极往复低徊、掩抑零乱之致。而其苦衷之万不得已，大都流露于不自知。此等词宋名家如辛稼轩固尝有之，而犹不能若是其多也。遗山之词，亦浑雅，亦博大。有骨干，有气象。以比坡公，得其厚矣，而雄不逮焉者。豪而后能雄，遗山所处，不能豪，尤不忍豪。④

① 缪钺：《元遗山年谱汇纂》，南京：钟山书局，1935 年版。另见《国风》第 7 卷 3、5 专号。
② 《元遗山集》卷 37《南冠录引》："予以始生之七月，出继叔氏陇城府君。"
③ 《金史》卷 127《隐逸传》："郝天挺，字晋卿，泽州陵川人。早衰多疾，厌于科举，遂不复充赋。太原元好问尝从学进士业。贞祐中，居河南。为人有崖岸，耿耿自信，宁落魄困穷，不肯一至豪富之门。年五十，终于舞阳。"
④ [清] 况周颐著，王幼安校订：《蕙风词话》卷 3，北京：人民文学出版社，1960 年版。

元代郝经在《祭遗山先生文》中说，元好问"乐章之雅丽，情致之幽婉，足以追稼轩"（《陵川集》）。张炎说："元遗山极称稼轩词，及观遗山词，深于用事，精于炼句，有风流蕴藉处，不减周、秦。如双莲、雁邱等作，妙在模写情态，立意高远，初无稼轩豪迈之气。岂遗山欲表而出之，故云尔。"（《词源·杂论》）

文章 26 卷，众体悉备，继承韩、欧传统，风格清新雄健，语言平易自然。名篇如《杜诗学引》、《杨叔能小亨集引》、《送秦中诸人引》、《两山行记》、《希颜墓铭》、《答聪上人书》、《张萱四景宫女》、《题闲闲书赤壁赋后》等。

笔记小说集《续夷坚志》，所记皆金泰和、贞祐间神怪故事，其《狐锯树》、《包女得嫁》和《戴十妻》等，为金代现存的优秀短篇小说。

《元遗山先生全集》有清光绪读书山房重刊本，包括诗文 40 卷、年谱 3 种、词和小说各 4 卷。《四部丛刊》影印明弘治本《遗山先生文集》为诗文集。诗集单行的有明汲古阁本、潘是仁辑校本、清康熙华氏刊本等。词集《遗山乐府》有明吴讷《百家词》本、双照楼《景刊宋金元明本词四十种》，据明弘治高丽晋州刊本影印，《全金元词》中所收最为齐备。人民文学出版社 1958 年出版有清代施国祁《元遗山诗集笺注》，麦朝枢校本。

元好问的文学和史学成就受到当时和后人高度评价。元人郝经《遗山先生墓铭》云："当德陵之末，独以诗鸣。上薄风雅，中规李杜，粹然一出于正，直配苏黄氏。……汴梁亡，故老皆尽，先生遂为一代宗匠，以文章伯独步几三十年。"[1]清人施国祁《元遗山诗集笺注》："遗山先生诗文大家，杰出金季，为一代后劲。上接杜韩，中揖欧苏，下开虞宋，其精光浩气，有决不可磨灭者，是以历朝传刻不绝。"[2]清人刘熙载《艺概·词曲概》："金元遗山诗兼杜韩苏黄之胜，俨有集大成之意。"[3]现代著名学者缪钺《元遗山年谱汇纂》中对元好问有一段评论："金自大定、明昌以遗，文风蔚起，遂于末造，笃生遗山，卓为一代宗师。其诗嗣响子美，方轨放翁，古文浑雅，乐府疏快。国亡以文献自任，所著《壬辰杂篇》虽失传，而元人纂修《金史》，多本其书，故独称雅正。诗文史学，萃于一身，非第元明之后无与颉颃，两汉以来，固不数数觏也。"[4]

值得一提的是，元好问还注重诗教，有以诗择妹夫的佳话。元人蒋子正《山

---

[1] ［元］郝经：《遗山先生墓铭》，引自曾永义编《元代文学批评资料汇编》上集，台湾：成文出版社有限公司，1978 年 9 月版第 109 页。

[2] ［清］施国祁：《元遗山诗集笺注》，北京：人民文学出版社，1989 年版。

[3] ［清］刘熙载：《艺概》，上海：上海古籍出版社，1978 年版。

[4] 缪钺：《元遗山年谱汇纂》，南京：钟山书局，1935 年版。另见《国风》第 7 卷 3、5 号专号。

房随笔》云："元遗山，北方文雄也。其妹为女冠，文而艳。张平章当揆，欲娶之。使人属裕之，辞以可否在妹，以为可则可。张喜，自往访之，觇其所向。至则方自手补天花板，辍而迎之。张询近日所作，应声答曰：'补天手段暂施张，不许纤尘落画堂。寄语新来双燕子，移巢别处觅雕梁。'张悚然而出。"

2. 漠南蒙古族法式善家族

漠南，指蒙古高原大沙漠以南的地区。即大漠（戈壁沙漠）以南，地域大概为今中国内蒙古自治区，历史上为蒙古族聚居的地方，与漠北蒙古（喀尔喀蒙古）相对。

蒙古族族称较早记载于《旧唐书》和《契丹国志》。"蒙古"一词的来源有多种说法：或谓源于山名，其义为"银"；或谓源于居住在蒙古高原一部落分支，意为"孱弱"和"淳朴"；或谓因成吉思汗"剿定诸国故曰蒙，取居中驭外之义故曰古"；或谓"永恒的河"或"永恒的部族"之义；或谓"以蒙部为总中心的永恒天族"之义；或谓"勇悍无畏"之义。①

蒙古族族源主要有东胡说、突厥说、匈奴说、白狄说等。王钟翰先生认为最有说服力的还是东胡说。理由是：

第一，据有关学者研究，东胡后裔诸族语言与蒙古语有共同祖源。例如《南齐书·魏虏传》就有 13 个鲜卑官职名称，都带有蒙古语式的后缀"真"。鲜卑人包括东部鲜卑和拓跋鲜卑，他们的语言是蒙古语。鲜卑在历史上消失以后，接着出现的契丹语与蒙古语也很相近，敦煌藏文卷中记载"其语言与吐谷浑大体相通"。可见其相互间有着共同的渊源关系。拉施特《史集》也说："所有的（哈剌契丹）部落都是游牧民，与蒙古游牧民有亲属关系。他们的语言、外貌和风俗习惯彼此相似。"

第二，从历史事实看，有较可靠的文献依据。据《史集》记载，蒙古人最初居于名叫额尔古涅昆的陡峻山岭中，后来因嫌道路拥塞，便鼓风烧山，用铁水熔铸出一条路，从此人们便纷纷奔向草原。据汉籍文献所载，额尔古涅昆即指额尔古纳河流域的山地。它就是早期蒙古人生息繁衍的地区。新、旧《唐书》记载，当时其众大部分分布于今呼伦湖（俱轮泊）周围及额尔古纳河流域一带，与《史集》所载正好互相印证。

第三，另据研究证实，"蒙古"一词，是"忙豁勒"的音变。源于《旧唐书·室

① 关于蒙古族的族称、族源、居住地，主要参见王钟翰《中国民族史》（增订本），北京：中国社会科学出版社，1994 年版第 586–587 页。

韦传》的"蒙兀室韦"（《新唐书·室韦传》作"蒙瓦"）。"蒙兀"的唐代读音是 Mung-nget，唐人用 t 尾韵译写他族语带 l、r 尾音的音节，因此"蒙兀"即是"蒙古名称 Mongghol 的正规译音"，它在宋、辽、金时期的汉籍文献中，曾分别被译为"萌古""朦骨""蒙古里""萌古斯""萌古子""盲骨子""萌骨"等。至《炀王江上录》始被称为"蒙古"。"蒙古"二字，实系"女真语重译"，后成吉思汗建国，号称"大蒙古国"。于是"蒙古"一词便以蒙古人自称而为世人所知。

据蒙古人传说，蒙古部先世原居住于额尔古纳河流域山野森林中，以狩猎为生。从有关记载考察，蒙古人离开额尔古纳河山林走向游牧生活，约于公元 8 世纪以后。据说他们都根源于孛儿帖赤那和豁埃马阑勒这两个部落。离开山林后，便驻居于斡难河（鄂嫩河）上源的不儿罕山（今蒙古国境内肯特山），迅速繁衍出众多氏族和部落。这些氏族和部落，按其血亲关系分成两大支：尼伦蒙古和迭儿列斤（勤）蒙古。

蒙古族在我国之外的主要聚居地是蒙古国。我国境内的蒙古族，百分之七十以上分布在内蒙古自治区，其余在新疆、甘肃、青海和东北等地的巴音郭楞、博尔塔拉、海西、甘南 4 个蒙古族自治州和布克赛尔、肃北、河南、阜新、喀喇沁左旗、前郭尔罗斯、杜尔伯特等 7 个蒙古族自治县，此外在宁夏、河北、河南、四川、云南、北京等地也有少数聚居或散居。

蒙古族是元代在马背上夺取天下、定鼎中原的游牧民族之一，是游牧文化熏陶下成长起来的民族。由于政治统治的需要，1260 年忽必烈把统治中心从漠北的和林迁到燕京（后称大都，即今北京）。1271 年建立元朝和统一全国后，忽必烈把被占领的地区分为许多块领地，由蒙古人直接管理，没有被分封的地方，也派蒙古族人担任军政首领。于是蒙古族的分布范围由蒙古高原扩大到全国各地及中亚一些地区。

蒙古族杰出文学家族以法式善家族为代表。法式善（1753—1813）是清代乾、嘉时期享有盛名的诗人、诗论家，是使用汉文著述的蒙古族杰出学者，在推动蒙古古代文论和中国古代文论的发展方面颇有建树，同时在促进民族文化交流和发展方面也作出了卓越贡献。

法式善原姓伍尧氏，名运昌，字开文，别号时帆、梧门、陶庐、小西涯居士。曾官翰林院侍讲学士、国子监祭酒，乾隆帝盛赞其才，赐名"法式善"，即满语"奋发有为"之意。法式善是清朝内务府正黄旗蒙古人，祖籍察哈尔，始祖福乐"以军功从龙入关，隶内务府正黄旗"，曾祖六格和祖父平安均为书生，父祖辈在清廷供职，但职位不高。《清史稿·列传二百七十二·文苑二》载：

> 法式善，字开文，蒙古乌尔济氏，隶内务府正黄旗。乾隆四十五年进士，授检讨，迁司业。五十年，高宗临雍，率诸生七十余人听讲，礼成，赏赉有差。本名运昌，命改今名，国语言"竭力有为"也。由庶子迁侍读学士，大考降员外郎，阿桂荐补左庶子。性好文，以宏奖风流为己任。顾数奇，官至四品即左迁。其后两为侍讲学士，一以大考改赞善，一坐修书不谨贬庶子，遂乞病归。
>
> 所居后载门北，明李东阳西涯旧址也。构诗龛及梧门书屋，法书名画盈栋几，得海内名流咏赠，即投诗龛中。主盟坛坫三十年，论者谓接迹西涯无愧色。著《清秘述闻》《槐厅载笔》《存素堂诗集》。平生于诗所激赏者，舒位、王昙、孙原湘，作三君子咏以张之。然位艳昙狂，惟原湘以才气写性灵，能以韵胜，著《天真阁集》。

关于法式善的姓氏，有 3 种说法：蒙乌吉氏、伍尧氏、孟氏。持第一种说法的有阮元（《吴门先生年谱》）、王昶（《湖海诗传》）等人，持第二种说法的有赵怀玉（《御园织染局司库伍尧君家传》）、王芑孙（《内务府司库广公墓志铭》）等人，持第三种说法的有翁方纲（《陶庐杂录》）等人，但此说早已被否定。3 种说法中，以第二种说法最为准确。[①]

法式善之孙来秀在进士硃卷中记载其家世为：

五世祖——六格；高祖——平安；曾祖——和顺；祖——法式善；父——桂馨

据有关文献记载，法式善生父广顺于乾隆二十五年（1760）中举，雅好辞章，"夜半忽起，所笔疾书，得偈五首"。乾隆十八年（1753），法式善生于京城西安门养蜂坊。他幼时聪颖，7 岁从师读书能对对联，8 岁可辨四声，11 岁时父亲去世，随庶母韩太淑人居于外祖家。虽拜过几位老师，但均因家境窘迫，时日很短，主要靠有才华的庶母韩太淑人抚养教育。"太淑人每日灯下必严核，读书未尝或弛也。"（《梧门先生年谱》）16 岁时法式善进入咸安宫肄业，20 岁时开始在西华门外南池子寺庙中读书。

---

① 关于法式善三个姓氏的说法，参见李淑岩《法式善生平若干问题考论》，见《古籍整理研究学刊》2013年第 7 期。另外，法式善在其《重修族谱序》中曾说："吾家先世虽繁衍，然莫详其世系。我曾祖修族谱时，惟记有元以来历三十五世之语，而未载世居何地，相沿为蒙乌尔吉氏。法式善官学士时，高宗纯皇帝召对询及家世，谕云：'蒙乌尔吉者统姓耳。天聪时，有察哈尔蒙古来归隶满洲都统内府正黄旗包衣，为伍尧氏，汝其裔乎？盖蒙乌尔吉远宗统姓，而伍尧则本支专姓也。今族中惟知乌尔吉而不知伍尧。'"《八旗满洲姓氏通谱》载蒙古姓氏 200 余种，唯独没有"乌吉"姓，而乾隆年间所修《清通志》载录了蒙古八旗姓氏，其中有伍尧氏，"世居察哈尔地方"。可见法式善家族并非为乌吉氏，而是伍尧氏。

博学多才的法式善曾参与编纂《四库全书》、《全唐文》、《国朝文颖》、《熙朝雅颂集》（续编）等，是我国蒙古族中唯一参加编纂《四库全书》的人。有不同版本的各种著述 92 卷，包括诗话、诗歌、随笔、人物年谱、史实述闻、书目等内容，涉及文学理论、文学创作、史学理论、艺术创作、文献目录学等方面。在文学创作方面，法式善著有《存素堂诗稿》2 卷、《存素堂诗续集》1 卷、《存素堂诗二集》8 卷、《存素堂诗初集》24 卷；《存素堂文集》4 卷、《存素堂文续集》2 卷。文学理论方面，法式善有诗学论著《八旗诗话》1 卷、《梧门诗话》16 卷。法式善在翰林院供职期间，曾从翰林院所藏《永乐大典》中抄录宋元人集 130 家。

法式善是清中叶著名的少数民族诗人，曾主盟诗坛 30 余年。其诗论受到王士禛"神韵说"影响而专主"性情说"。他在《梧门诗话》中说：

> 随园论诗专主"性灵"。余谓"性灵"与"性情"相似而不同远甚。……取性情者发乎情，止乎礼义，而泽之以《风》、《骚》、汉、魏、唐、宋大家。……若易情为灵，凡天事稍优者皆枵腹可办，由是街谈俚语无所不可，苟秽轻薄流弊将不可胜言矣。余深是之。[1]

由此可见，法式善主张的"性情"是有限度的，是"发乎情止乎礼义"的儒家所倡导的"情"，与王士禛倡导的性灵说有较大差距。

法式善诗歌创作取法王维、孟浩然、韦应物、柳宗元，从题材到风格以自然为归，尤工五言。其诗歌题材广泛，有唱和诗、题画诗、怀人诗、山水诗、田园诗、咏怀诗、论诗诗、咏物诗等，诗风清峭、淡雅。散文则学习欧阳修，文风简明、温雅。

法式善的写景诗清丽秀逸，想象奇特。例如《游黑龙潭至大觉寺》："路转画眉山，一村湾复湾。人家松树底，酒旆夕阳间。牛拣碧阴卧，燕冲微雨还。道人灌园罢，叉手药畦闲。"第 3 句到第 6 句仿佛一幅夕阳映照下的山居图，恬静优雅，温馨可人。《观泉》："我闻玉泉名，未见玉泉水。何年苍雪僧，剔自松根里。白云一夜飞，秋雨忽然止。居人饮一勺，往往天浆比。朝涵石气清，暮泻山光紫。岂知在山时，泠泠清若此。"诗人对玉泉水的来历极尽想象之能事，将一个美妙的传说不知不觉地植入诗中，令人神往。其咏物诗气象浑穆。《肃武亲王墓前古松歌》是一首长篇歌行体咏物诗，作者借题发挥，情景交融："独有坟旁老松树，郁勃时藉风悲号。枝干周围六十丈，礌砢未肯扶摇上。俨然广厦万间庇，岂藉飞涛半空响。松山战罢搜松材，此树曾盟带砺来。盘拏直学虬龙走，灵爽将疑幢盖

---

[1] [清] 法式善：《梧门诗话》卷 7，见张寅彭、强迪艺《梧门诗话合校》，南京：凤凰出版社，2005 年版。

开。中间却有凌云势，兀傲不受鬼神制。百尺以上若楼耸，五步之内已绿闭。偃塞略比梅花枝，人世炎凉总不知。偶遭风雪皮肉坏，苍髯翠鬣仍支离。"

法式善之父、母、孙均能为诗。其父秀峰有《夜步》、《赠僧》、《秋景玉泉山即事》等收入《熙朝雅颂集》中。其母韩氏是汉军正黄旗韩锦之女，"五岁读宋五子书①，十三通经史"，有《雁字诗》30 首、《带绿草堂诗集》传世。其孙来秀（1819—1911），字实甫，号子俊，又号鉴吾、行一，道光三十年（1850）进士。一说，来秀生父为世泰，生母为伍尧氏。继父桂馨是进士，官中书舍人，曾与法式善吟诗唱和，嘉庆二十二年（1817）去世。另一说认为"来秀并非桂馨亲生，……系法式善的长女、桂馨的大姐（富察氏所出）之子，即富察氏过继了大姑姐的儿子为子，取名来秀"。②来秀曾官山东曹州知府，升盐运使，也是著名的蒙古族汉文诗人，著有《扫叶亭咏史诗》4 卷、《江南词》等。

法式善家族具有丰富的藏书和良好的读书环境，有浓厚的汉文化氛围。《清史稿·法式善》记载："所居在地安门北明西崖李东阳旧址也。背城面市，一亩之宫，有诗龛及梧门书屋，室中收藏万卷，间以法书名画，外则莳竹数百竿，寒声疏影，翛然如在岩谷间。"

法式善也是著名书画家。他擅长楷书、行书和隶书，楷书宗赵孟頫。绘画工山水，亦擅长人物、花鸟，并达到了相当的高度。笔意似罗聘，传世名作有《诗龛图》，卷尾有自题行楷《诗龛图记》，张问陶等为之跋。其《峦岣绎秋图》现存日本。

（二）南方文化圈中的少数民族杰出文学家族

南方文化圈，指秦岭-淮河一线以南地区，包括今长江中下游 6 省 1 市，南部沿海和西南 4 省、市大部分地区。南方多青山绿水，江河湖泊密布；地貌复杂，既有丘陵地带，也有平原高原；气候较北方温和，土地肥沃，自古适于农耕、渔业和商业。长江流域（包括主流和支流）的富庶、天府之国的繁盛、云贵高原的奇险，孕育了独特的吴文化、粤文化、闽文化、赣文化、湘文化、夜郎文化和海洋文化。明清时期少数民族杰出文学家族主要有云南丽江纳西族木氏家族、福建泉州陈埭回族丁氏家族、湖北容美土家族田氏家族、贵州毕节彝族余氏家族。

---

① 宋五子书：指北宋 5 位理学家周敦颐、邵雍、张载、程颐、程颢的著作。
② 参见李淑岩《法式善生平若干问题考论》，《古籍整理研究学刊》2013 年第 7 期。

1. 云南丽江纳西族木氏家族

纳西族主要聚居于云南省丽江市古城区、玉龙纳西族自治县、维西、香格里拉（中甸）、宁蒗县、永胜县及四川省盐源县、木里县和西藏自治区芒康县盐井镇等。1954 年经国家认定纳西族为统一族称，2010 年第六次人口普查数为 326295 人。汉文献中对纳西族的称谓有"麽些""摩梭"或"摩些（suō）"，藏语称纳西族为"姜"或"卓"。据史学家考证，纳西族原是中国西北古羌人的一个支系，大约在公元 3 世纪迁徙到丽江地区定居下来，"13 世纪时纳西族在生产上已经由畜牧业为主改为以农业为主了"①。

《元史·世祖本纪》记载，元宪宗三年（1253），朝廷军队于"冬十月丙午，过大渡河，又经行山谷二千余里，至金沙江，乘革囊及筏以渡。摩娑蛮主迎降，其地在大理北四百余里"②。《明史·云南土司传》③载：

> 丽江，南诏蒙氏置丽水节度。宋时么些蛮蒙醋据之。元初，置茶罕章宣慰司。

> 至元中，改置丽江路军民总管府，后改宣抚司。

> 洪武十五年置丽江府。十六年，蛮长木德来朝贡马，以木德为知府，罗克为兰州知州。十八年，巨津土酋阿奴聪叛，劫石门关，千户浦泉战死。吉安侯陆仲亨率指挥李荣、郑祥讨之，贼战败，遁入山谷，捕获诛之。时木德从征，又从西平侯沐英征景东、定边，皆有功，子世袭。二十四年，木德死，子初当袭。初守巨津州石门关，与西番接境。既袭职，英请以初弟亏为千夫长，代守石门，从之。三十年改为丽江军民府，……永乐十六年，检校庞文郁言，本府及宝山、巨津、通安、兰州四州归化日久，请建学校，从之。正统五年，赐知府木森诰命，加授大中大夫资治少尹，以征麓川功也。……嘉靖三十九年，知府木高进助殿工银二千八百两，诏加文职三品服色，给诰命。四十年又进木植银二千八百两，诏进一级，授亚中大夫，给诰命。（万历）三十八年，知府木增以征蛮军兴，助饷银二万余两，乞比北胜土舍高光裕例加级。部覆赐三品服色，巡按御史劾其违越，请夺新恩，从之。四十七年，增复输银一万助辽饷。泰昌元年，录增功，赏白金表里，其子懿及舍目各赏银币有差。天启二

---

① 王钟翰：《中国民族史》，北京：中国社会科学出版社，1994 年版第 896 页。
② 《元史》卷 4《本纪第四》，北京：中华书局，2000 年版第 40 页。
③ 《明史》卷 314《云南土司列传》，北京：中华书局，2000 年版第 5424–5425 页。

年，增以病告，加授左参政致仕。五年，特给增诰命，以旌其忠。云南诸土官，知诗书好礼守义，以丽江木氏为首云。

由正史可见，木氏家族历来以战功得到朝廷嘉奖升迁职务。根据记载，该家族在丽江的统治起于洪武十六年（1383），首任知府为木德。另据《木氏宦谱》[①]《木氏历代宗谱》等文献记载，"叶古年"（唐武德年间木氏家族始祖）以前，木氏计有11代，之后有6代，至唐武德年间已传18世，后又"六传至秋阳"。《木氏历代宗谱碑》总共镌录了木氏家族41代人的姓名、官爵、妻室和子女等情况。明太祖洪武年间，纳西族酋长阿甲阿德因军功被朱元璋钦赐为木姓，旋授丽江府知府。木增时代是丽江木氏的极盛时代，占有庄奴500余户，2344人[②]。至木懿时已危机四伏：府库空虚，矿产枯竭，明清易代，边境多事。到雍正元年改土归流时，木氏家族终结了近500年的土司政权。

木氏家族自明洪武十六年以来，有18人相继担任丽江府知府。任职最长的是木嵚（43年），其次为木初（28年）、木公（28年）、木增（26年）、木懿（25年），任职最短的是木青（仅2年）。受封官衔最高的是木增（左、右布政使司布政使，从二品），其次是木嵚（太中大夫、资治少尹，从三品），再次为木公（知府、中宪大夫，正四品）。

木氏土司对保卫明王朝、稳定地方安宁做出了重要贡献，多次受到明王朝的嘉奖擢升。极盛时期的木氏家族统治势力扩展到西藏芒康、四川巴塘和里塘等地，成为川滇黔交界地区发展最快、统治时间最长的土司家族。

木氏家族留下了许多珍贵的历史档案，已发掘、整理的有：石刻档案《丽江木氏勋祠碑记》、《建木氏勋祠自记》、《白山岩脚摩崖》、《释理达禅定处摩崖》、《木公传记碑》、《石鼓碣》、《木青传记碑》、《木氏历代宗谱碑》等；纸本档案《木氏宦谱》、《木氏宦谱图像世系考》、《丽江木氏六公传并忠孝纪》、《皇明恩伦录》、《丽江府改设流官疏》、《木琼承袭亲供册》等。[③]这些档案，最早的是嘉靖七年（1528）的《丽江木氏勋祠碑记》、《建木氏勋祠自记》，最晚的是民国十八年（1929）的《木琼承袭亲供册》。如此重视家族档案建设的少数民族家族，全国罕见。

在繁忙的政事之余，木氏家族成员潜心探索诗文写作和书法艺术，诗歌创作方面取得了突出的成就，木公、木增成为该家族的杰出文学家。木氏家族现存诗文集有：

① 《木氏宦谱》，昆明：云南美术出版社，2001年版张志淳序抄本影印。

② 乾隆《丽江府志》卷7、《续文献通志》卷19。

③ 参见陈子丹：《丽江木氏土司档案文献概述》，《少数民族档案》1994年第3期第24、25页。

木泰（1455—1502）：《两关使节》，仅存诗 1 首。

木公（1494—1553）：《雪山始音》诗 211 首、《隐园春兴》诗 100 首、《庚子稿》诗 199 首、《万松吟卷》诗 138 首、《玉湖游录》诗 62 首、《仙楼琼华》诗 94 首。

木高（1515—1568）：有诗作数十篇，仅存摩崖诗词 4 首。

木东（1534—1579）：有诗作，仅流传 2 句。

木青（1569—1597）：有《玉水清音》，仅存诗 5 首。

木增（1587—1646）：有《芝山云薖集》（诗、赋、词）553 首，存诗 20 首，《山中逸趣》（诗、赋）194 首，《木生白啸月堂空翠居集》诗 151 首，《云薖淡墨集》文 8 卷，《隐居十记》文 10 篇。总其上述，木增有诗文集 5 部，现存散文 15 篇，赋 7 篇，诗词约 500 首。木增的文学创作量居于该家族之首。

木靖（1627—1671）：仅存诗 1 首《雪山》，传诵不衰。①

文学创作之外，木公善书法，流传草书作品 2 幅，载于《云南历代书法选》。

藏书万卷，广泛结交海内文化名人，开阔文化视野，崇尚、传承汉文化，提升家族影响力，是木氏家族的传统。木氏家族结交的文化名人主要有张志淳、李元阳、杨慎、董其昌、周延儒、张邦纪、傅宗龙、唐泰、徐霞客、杨汝成、闪仲俨、杨方盛、赵士春、毛晋、陈继儒等。他们或为木氏家族成员诗文集作序，或评点其诗文，或与作者唱和。例如杨慎流放滇南，自称"博南山人""金马碧鸡老兵"。乾隆《丽江府志》载："（木）增又好读书传，极群籍，家有万卷楼。与杨慎、张含（注：张志淳之子）唱和甚多。"杨慎为木公《万松吟卷》作序，并亲自辑其多部诗集中的诗为《雪山诗选》，在序中高度评价木公诗"足以传矣"。董其昌曾改阅批点过木增的《芝山云薖集》。徐霞客到丽江总共 15 日，与木增结下了深厚情谊，并为木增《芝山云薖集》作跋。《徐霞客游记》中现存近 2000 字篇幅记载其到丽江后的见闻，尤其是与木增的交往。徐霞客盛赞"木氏居此二千载，宫室之丽，拟于王者"②。

木氏家族不仅在国内产生了较大影响，在国外也有一定影响。③20 世纪初年，

---

① 关于木氏家族诗文集情况，主要参见王水乔《云南丽江木氏主要事迹及其著述考》，《文献》1992 年第 2 期；余海波、余嘉华《明代纳西族文化的奇葩——丽江木氏土司著作》，《古籍整理研究学刊》2002 年第 1 期。

② 徐霞客《滇游日记六》："盖丽江土著，官姓为木，民姓为和，更无别姓者。其子即迎余之人，其父乃曾奉差入都，今以居积番货为业。坐余楼上，献酪为醴，余不能沾唇也。时才过午，通事即往复命，余处其家待之。……木氏居此二千载，宫室之丽，拟于王者。"

③ 这一部分主要参考余海波、余嘉华所撰《木氏土司与丽江》（云南民族出版社 2002 年版）相关部分。

法国汉学家、法兰西科学院院士埃玛纽埃尔-爱德华·沙畹（Emmanuel-èdouard Chavannes，1865—1918）于 1899 年到中国考察，1912 年在巴黎大学文学院《通报》第 13 卷发表《有关丽江的史地文献》，其中专门评介《木氏宦谱》的文字长达 78 页，并附有木氏土司画像 26 幅。1913 年，法国学者巴克（M.Jaques Bacot）到丽江旅行，曾请人为之抄录《木氏家谱》，临摹画像，并发表于他的《么些研究》中。研究成果最丰富的是美籍奥地利学者约瑟夫·洛克（Joseph Charles Francis Rock，1884—1962），他于 1922 年 5 月到丽江考察，1949 年 8 月离开，撰写了《纳西语英语百科词典》《中国西南纳些古王国》（该书 1947 年由哈佛大学出版社出版）。《中国西南纳些古王国》详细考释了《木氏宦谱及图谱》《木氏历代宗谱碑》，还附有木增的 2 幅书法作品、1 幅木府忠义石牌坊照片。

2. 福建陈埭回族丁氏家族

福建泉州陈埭丁姓回族是阿拉伯穆斯林后裔，入籍中国至今已 700 余年。该家族正式形成于明代初年，[①]其先世为"外来客"，一说为赛典赤瞻思丁的后裔。始祖丁谨（1251—1293）于南宋咸淳年间（1265—1274）往返于姑苏与泉州之间经商，后卜居城南文山里，是一位地道的穆斯林商人。北宋元祐二年（1087），朝廷在泉州设立市舶司，五年置来远驿，每年有几百艘商船出入泉州港，数十个国家和地区与泉州有贸易往来，自此泉州成为"海上丝绸之路"的起点。丁氏家族以敏锐的眼光看到了家族发展的重要商机，决意长期居住于此，并于明代永乐年间修建了丁氏家族祠堂。

明代以降百年间是丁氏家族的鼎盛时期，然而成化十一年（1475），丁氏家族遭遇了一场不白之冤——撒戍之诬[②]，双方争讼于郡邑 18 年未果。丁氏祖坟地被仇家侵占，祭田荡尽，直至弘治五年（1492）才得以昭雪。正是这样一场几乎为家族的灭顶之灾，使丁氏由经商转而务农，韬光养晦，并扳宋代尚书右丞汉族丁度为祖，以致今天丁氏族属、祖籍、郡望等曾产生争议。至抗日战争结束时，丁氏家族在陈埭繁衍 22 代 2 万余人，分布于全国各地的丁氏族人也有 2 万余人，由陈埭移居台湾、菲律宾等地的丁氏族人 2 万余人。1979 年，国家确认陈埭丁姓为

---

① 参见陈国强：《福建陈埭回族的形成与发展》，《民族研究》1991 年第 4 期。
② 《陈埭丁氏回族宗谱》记载："成化十有一年，家有丁升曾争财之讼，里猾曾细养求贿不得，诬我姓撒，脱南隅河南彰德卫戍，易姓丁。维时所司版籍坏，吾故藏占籍帖莫符，争论一十有八年不决。吾家所遗祭田荡尽，继敛私赏以充，而家为窘。"见庄景辉编校之《陈埭丁氏回族宗谱》"雪戍说"，香港绿叶教育出版社，1996 年版第 30 页。

回族。

750 年来，福建陈埭丁氏家族文化名人辈出，文学创作成就斐然，仅明清两代就有进士 12 人，举人 21 人，贡生 26 人，秀才 105 人，是明代泉州少有的 3 世连登进士第的杰出文化世家。文学创作方面，陈埭丁氏家族共有文学家 17 人，杰出者至少也有 3 人，其中 1 人在全国产生了较大影响。有家族诗文集 30 部，小说 1 部，还有部分学术著作。

八世丁仪（1472—1521），字文范，号汾溪，明弘治十八年（1505）进士，官至四川按察佥事。有诗集《归囊遗稿》1 卷传世。

九世丁自申（1521—？），字鹏岳，号槐江，嘉靖二十九年（1550）进士，官梧州知府。著有《三陵集》14 卷、《三陵稿》12 卷、《三陵续稿》3 卷及《古文披玉编》。

十世丁日近，万历十七年（1589）进士，官南京户部主事。有《午亭诗文集》。

十世丁日造，丁自申之子，字肖梧。有《朝野萃言》、《六书考》。

十世丁衍夏（1516—1597），有《感纪旧闻》、《三十六洞志》。

十一世丁启浚（1569—1636），丁日造之子，万历二十年（1592）进士，官刑部左侍郎。有《平圃文集》、《哲初诗集》、《诗集》、《香雨堂诗文集》。

丁天僖（亦作"禧"），明崇祯十三年（1640）武进士，有《草泽散人序》。

族人丁启溥，有《蕊编》2 卷、《山水音集》2 卷。

族人丁楝，有诗文集 6 卷。

十三世丁炜（1627—1697），字澹汝，号雁水，官至湖广按察使，清初著名回族文学家，闽诗派重要成员和"金台十子"之一。有《问山诗集》10 卷、《问山文集》8 卷、《瑶华诗集》3 卷、《紫云词》1 卷、《涉江集》1 卷。生平事迹《清史稿》有载。

丁焯，丁炜弟，字韬汝，生卒年不详。曾为副贡生，官至理藩院知事。有《沧露诗集》《沧露词》。

丁文麟，字天瑞，康熙壬午（1702）举人，有《定夫稿》。

丁玘，字季常，有《田寮诗文集》。

丁莲，字青岩，清康熙五十二年（1713）进士。有《易经萃解》12 卷、《聚景堂文集》、《大小题制义》6 卷及《鳌峰讲义》。

十五世丁拱辰（1800—1875），又名君轸，字淑原，号南星。鸦片战争时，编著《演炮图说》并制成象限仪 1 台送给林则徐，后应钦差大臣赛鹤丁之聘，到桂林制造军器。著《演炮图说后编》2 卷及《增补则克录》，1863 年著《西洋军火图编》6卷12万言150图，编《西洋火车火轮船图说》。丁拱辰不仅是一位军事技术学家，而且是一位文学家，曾撰写小说《蕊镜西厢》等。

十七世丁嗣曾，清嘉庆丁卯（1807）举人，有《循陔公诗集》。

丁报珠（丁炜之女），字含章，有《含章诗集》1卷，惜未字而殁。

丁氏家族的文学成就和文学影响颇大。作为穆斯林家族，有如此众多的家族成员学习、创作和研究汉语古诗词文，是地域文化的一个奇迹。丁氏家族在全国产生较大影响的杰出文学家是丁炜，有《问山诗集》10卷702首、《问山文集》8卷93篇、《紫云词》1卷192首、《涉江词》1卷（已佚）。清代的一些历史文献对其文学创作情况均有记载，当时文坛名士王士祯、朱彝尊等人对其有过高度评价，为其诗集作序者也多为海内名宿。

1676年，文坛泰斗王士祯为50岁的丁炜选诗刊行，名为《问山诗集》，清咸丰四年（1854），王士祯、朱彝尊还将丁炜词编为《紫云集》，朱彝尊亲自为该词集作序，可见其对丁炜之赏识。为《问山诗集》作序的还有莆田林尧英、宁都魏禧、龙眼钱澄之、秀水朱彝尊、莱阳宋琬、华亭沈荃、鄂渚余国柱、尧峰汪琬，均为当时名宿。

丁炜被王士祯列为"金台十子"（又作"京师十子""辇下十子"）之一，也能说明其影响。清初诗坛上，云间派、娄东派、神韵派、虞山派、金台十子、西泠十子等文学流派共同形成了诗坛的繁荣局面，康熙十四年（1675）前后，宋荦、王又旦、曹贞吉、颜光敏、叶封、田雯、谢重辉、丁炜、曹禾、汪懋麟等10人被王士祯誉为"金坛十子"，王士祯还把丁炜的诗选入《十子诗略》，事见其《居易录》卷5：

> 丙辰、丁巳间，商丘宋荦牧仲（巡抚江西右副都御史）、邰阳王又旦幼华（后官户科给事中）、安丘曹贞吉升六（徽州府同知）、曲阜颜光敏修来（礼部考功郎中）、黄冈叶封井叔（工部主事）、德州田雯子纶（巡抚贵州右佥都御史）、谢重辉千仞（刑部员外郎）、晋江丁炜雁水（湖广按察使）及门人江阴曹禾颂嘉（国子祭酒）、江都汪懋麟季用（刑部主事），皆来谈艺，予为定《十子诗》刻之。①

柯愈春《清人诗文集总目提要》载："《问山集》十八卷，丁炜撰。炜生年不详，卒于康熙三十五年（1696年）。字澹如，号雁水，又号问山，福建晋江人，顺治间以诸生从军，官至湖广按察使，康熙二十八年以目疾寓金陵就医，归乡后

---

① [清] 王士祯：《居易录》卷5，文渊阁《四库全书》第869册第363页。

七年卒。王士禛选《海内十子诗》，以炜与宋荦、王又旦等同列，于康熙十五年刻《问山诗集》二卷，末附《问山诗余》。"①袁行云《清人诗集叙录》评价丁炜的诗歌总体特色"纯乎唐音"，部分五古、七古、七律"雄浑澹宕，兼而得之"②。朱彝尊评价丁炜诗歌"直者不抗，绮者不靡，约言之，而可思；长言之，而可歌"（《问山诗集序》）。尤其是清代文坛巨匠王士禛在《渔洋诗话》中对丁炜诗歌的评价，奠定了丁炜在清代诗坛上的地位：

> 闽诗派，自林子羽、高延礼后，三百年间，前为郑继之，后惟曹能始，能自见本色耳。丁雁水炜亦林派之铮铮者，其五言佳句颇多。如"青山秋后梦，黄叶雨中诗"，"莺啼残梦后，花生独吟时"，"花柳看憔悴，江山待被出"，皆可吟讽。③

丁炜也是一位文学理论家，论诗讲求法度与神韵，反对因袭模拟。他主张诗歌创作要做到"意在汉魏，力守三唐"。《清史稿·文苑传》言其"以为诗贵合法，然法胜则离；贵近情，然情胜则俚。故其为诗，力追三唐、汉、魏，无诡薄之失"。

丁炜词兼有豪放与婉约风格，如这首豪放词《酹江月——赤壁怀古用坡公韵》：

> 扁舟西上，纵览遍、吴国山川云物。巉石崩崖，是昔日、鏖战燔余赤壁。废垒鸦啼，惊涛鲸吼，喷薄翻层雪。抗衡强魏，至今犹想英杰。 当日破郢长驱，旌旗蔽日，戈舰乘流发。试问东风未便时，割据谁分存灭。公瑾雄姿，阿瞒老手，胜负分毫发。高歌凭吊，飞磷应泣残月。

朱彝尊评论此词曰："疏越激昂，音节独畅，试以铜琶铁棹高唱一阕，当令坡公掀髯。"当然，朱彝尊更为欣赏的是《紫云词》中那些"欢愉之辞"：

> 昌黎子曰："欢愉之言难工，愁苦之言易好。"斯亦善言诗矣。至于词，或不然。大都欢愉之辞，工者十九。而言愁苦者，十一焉耳。故诗际兵戈倐扰流离琐尾而作者愈工。词则宜于宴嬉逸乐，以歌咏太平。此学士大夫并存焉而不废也。晋江丁君雁水，以按察司佥事分巡赣南道，构覽园于官廨，且于层波之阁，八景之台，携宾客，倚声酬和，所成《紫云词》，流播南北，盖兼宋元人之长，将与诗并传无疑已。赣州控百粤三楚七闽之隘，曩时兵戈未息，士之栖于山泽者，见之吟卷，每多幽忧凄戾之音，海内言诗者称焉。今则兵戈尽偃，又得君抚循而煦育之，诵其

---

① 柯愈春：《清人诗文集总目提要》，北京：北京古籍出版社，2002 年版第 260 页。

② 袁行云：《清人诗集叙录》，北京：文化艺术出版社，1994 年版第 352 页。

③ ［清］王夫之等编：《清诗话·渔洋诗话》，上海：上海古籍出版社，1963 年 9 月版第 216 页。

乐章，有歌咏太平之乐，孰谓词之可偏废与？[①]

丁炜的文学成就自清初以来就得到人们公认。当时的文坛名家王士禛、朱彝尊、沈德潜、宋琬、汪琬等人推重丁炜，或为其选编文学作品，或为其文集作序，或评价其作品，或推荐其进入有影响的文学圈如"金台十子"，使其声名流布海内。沈德潜《清诗别裁集》收录其诗 3 首，徐世昌《晚晴簃诗汇》卷 32 收录其诗 10 首（五律、七律各 5 首），康熙年间，聂先、曾王孙以"百名家词钞"编印绿荫堂善本《紫云词》。

当代著名史学家、北京大学教授邓之诚《清诗纪事初编》卷 8 著录丁炜《问山诗集》10 卷、《文集》8 卷。小传曰："丁炜，字澹汝，号雁水。晋江人，……事具清史列传文苑传。撰《问山诗集》十卷。编迄于己巳。文集八卷。缺叶映榴传。与目不符。诗摹唐贤。音调谐和。文亦修洁。王士禛论诗以炜与金台十子之列。丙辰所刻《问山诗集》二卷。附有《问山诗余》。"[②]

丁炜的文学成就被载入地方史籍、词典或文学史著。如道光《晋江县志·人物志·文苑传》载："丁炜刻意为诗，力追唐宋诸家，济南王阮亭亟称之。"《辞源》"丁炜"条云："作诗追求唐人风格，为王士禛、朱彝尊等所推重，诗集都经王士禛和施闰章评定。"中国当代几部影响广泛的大词典如《中国文学大辞典》、《中国词学大辞典》、《中国少数民族文化大辞典·西北地区卷》、《中国少数民族史大辞典》、《中国历史人物辞典》、《汉英中国文学词典》中均有"丁炜"词条。朱昌平、吴建伟《中国回族文学史》（阳光出版社 2012 年版）第 33 章为"丁炜的诗词和散文"，著者分 3 节介绍丁炜及其世家、丁炜的诗歌创作、丁炜的词作成就、丁炜的散文创作及文学主张。

3. 湖北容美土家族田氏家族

湖北容美田氏土司家族，是一个杰出的土家族文学家族。若从元至大三年（1310）建立黄沙寨千户到容美宣慰司，直至改土归流之雍正十三年（1735），田氏家族在湖北容美的统治时期为 425 年，共世袭 15 代 23 位王。据《清史稿》载：

唐元和元年，田行皋从高崇文讨平刘辟，授施溱溶万招讨把截使，仍知四州事。宋有田思政，元有田乾亨。明洪武三年，田光宝以元所授诰敕诣行在请换，乃命光宝仍为宣慰使。传至田既霖，清顺治间归附，仍授宣慰使。子甘霖袭。甘霖字特云，著《合浦集》。甘霖子舜年，字九峰，受

---

① [清] 朱彝尊：《紫云词序》，见《曝书亭全集》卷 40，四部备要本。
② 邓之诚：《清诗纪事初编》，上海：上海古籍出版社，2012 年版。

吴逆伪承恩伯敕，后缴。奉檄从征有劳绩，颇招名流习文史，刻有《廿一史纂》。日自课，某日读某经、阅某史至某处，刻于书之空处，用小印志之。有《白鹿堂集》、《容阳世述录》。子明如袭职。以放肆为赵申乔劾奏，奉旨原宥。雍正十一年，再与迈柱严参，明如移驻平山寨拟抗拒，为石梁长官司张彤砫催迫，明如自尽。改土归流，改司为鹤峰州，隶宜昌府。①

有研究者认为，若认定田氏之远祖为元和元年之田行皋，则因年代久远，缺乏文献印证。又据《明武宗实录》卷187载，正德十五年（1520）六月甲戌，"湖广容美宣抚司同知田世瑛奏'获镇南军民府古印，为始祖田思政开熙二年（1367）颁给，乞改升宣抚司为军民府。'"由此判定田思政为容美田氏始祖较妥。②从田思政到末代土司田明如，田氏土司家族至少维系了370余年。

田氏土司所辖土地面积，元末约2000平方千米，明末清初鼎盛时期达7000平方千米以上，包括今恩施土家族苗族自治州鹤峰县的大部分地区，巴东县野三关以南的大部分地区，恩施市、建始县清江以南的部分地区，五峰县、长阳县的大部分地区和湖南省石门县、桑植县与之接壤的部分地区。至清雍正年间改土归流，其控制土地缩小在"四关四口"（东百年关、洞口，西七峰关、三岔口中，南大崖关、三路口，北邬阳关、金鸡口）之内，总面积亦在4000平方千米上下。

鹤峰曾是容美土司府所在地，治所在今鹤峰县城，现已不存。容美土司另建有别府多处，留下了众多遗址，包括爵府遗址、司署遗址、天牢及跑马场遗址、竹坝子坪聚落遗址、躲避峡平步桥和古城墙遗址、万全洞、情田洞、万人洞遗址以及九峰桥、细柳城遗址、紫云宫遗址、古墓葬、官坡园碑刻等50多处。2006年，容美土司遗址被列为全国重点文物保护单位。田氏家族有出色的文学成就。清康熙年间汇成的家族诗文集《田氏一家言》③保存了5代9位作家的12部诗文集：即田玄《秀碧堂诗集》、田霈霖《镜池阁诗集》、田既霖《止止亭诗集》、田甘霖《敬简堂诗集》（2部）、田舜年《白鹿堂诗集》（2部）、《白鹿堂文集》（2部）、田九龄《紫芝亭诗集》、田宗文《楚骚馆诗集》、田圭《田信夫诗集》。这些诗文集

① 见《清史稿》卷512《列传》299"土司"条。
② 参见吴柏森：《容美田氏世系事迹述略》，《湖北三峡学院学报》1999年第1期。
③《田氏一家言》由田九龄《紫芝亭诗集》、田宗文《楚骚馆诗集》、田玄《秀碧堂诗集》、田圭《田信夫诗集》、田商霖《田珠涛诗集》（附于《田信夫诗集》后）、田沛霖《镜池阁诗集》、田既霖《止止亭诗集》、田甘霖《敬简堂诗集》、田舜年《白鹿堂诗集》等汇编而成，今大多散佚，仅存诗354题503首。该书最初为抄本，王绍曾《清史稿艺文志拾遗》"丛书部"之"氏族类"著录《田氏一家言》8种17卷，田舜年编，康熙年间刻本。

已残缺不全。和其他文学家族相比，容美土司家族除了诗歌创作，还热衷于传播通俗文学，在土司府组织观看戏剧演出，甚至有家族成员参加演出。清代，戏曲兴盛，昆曲、秦腔，特别是南戏、柳子戏①经常在容美鹤峰演出，孔尚任的传奇《桃花扇》更是盛演不衰。鹤峰戏楼很多，演员阵容庞大而技艺精湛。

田氏家族作家群自明代嘉靖至清代康熙 200 年间共创作诗歌 3000 多首，结成 9 部诗文集和 1 部家族文学总集《田氏一家言》。

田九龄（1530—?）字子寿，是田氏家族的开山诗人。《宜昌府志》载："容美司以诗名家，自子寿始。"《长乐县志》卷 13 言其"天资洒落出尘俗外，性耽书史，喜郊游，足迹遍两都。所交与唱和者多当时名士"。田九龄原有诗文 20 卷 2600 余首，因毁于兵燹和内乱，康熙年间其第五世侄孙田舜年多方搜求，才得第七卷、第八卷各半，"淘其太染时调"者，存诗 113 首（七言律诗 58 首、七言绝句 47 首、五言绝句 8 首），以原名《紫芝亭诗集》刻刊于《田氏一家言》中。清人张旋均编纂《湖北先贤诗佩》，收有田九龄 3 首佚作，三峡大学吴柏森从《华容县志》中收有田九龄几首佚作。田九龄现存诗歌总共约 127 首。聪颖好学，转益多师，博览强记，倾心仰慕汉文化，广泛结交名士，是田九龄的最大长处，其现存诗中赠答唱和类近 50 首，涉及 40 多人。

田九龄曾拜当时的华容县名士孙斯亿为师，大大提高了文学创作水平，为创立田氏诗派奠定了基础。孙斯亿（1529—1590），字兆儒，号云梦山人，明代诗人。一生博览群书，著书立说，遍游海内名山大川数十年，广泛结交天下贤豪之士，与弇州王世贞、鄂东吴国伦、姑苏皇甫汸、西湖徐子与、豫章余德甫、淮河陈玉叔、平江艾和甫等交往甚密，自称"所历天下郡国十之五、所探名山水十之七、所交天下贤豪士大夫十之九"。孙斯亿"学无所不窥，自经籍子史外，逮天官、形家、国纪、家乘、稗官、二氏（按，指佛道两家）之说，靡不通晓"，著有《鸣铗集》、《浮湘稿》、《中州北游稿》等数十卷，协助钟崇文（明隆庆岳州府知府）纂修《岳州府志》18 卷，现藏天一阁。

田九龄比孙斯亿仅年轻一岁，但每以"云梦师""兆儒师"相称。自田九龄拜师孙斯亿之后，田氏家族有两个显著的变化：一是与华容孙氏家族成了世交，包括田氏家族的田宗文、田舜年、田玄和孙氏家族的孙斯传、孙羽侯、孙谷，以及得到孙氏家学真传进入仕途的明末太史、文学家严首升等人保持了密切的联系；

---

① 柳子戏：地方戏曲之一，流行于山东、河南、苏北、冀南、皖北一带。山东曲阜、泰安、临沂及豫东、苏北等地叫"弦子戏"，黄河以北叫"北调子"或"糠窝窝"。柳子戏主要由俗曲和柳子两部分组成，俗曲部分比重较大，现存的 200 多个传统剧目中，由俗曲联成的约占二分之一。

二是孙斯亿引荐田九龄等结识了当时众多的文化名人，如"后七子"王世贞、吴国伦等。这两个变化，促进了田氏家族诗文创作的水准提升、田氏诗派的形成和鄂西土家族从封闭走向开放的意识。

田九龄诗歌取得了突出的艺术成就。吴国伦为田九龄《紫芝亭诗集》作序，称其诗"冲融大雅，声调谐和，殆与七子相近"（《紫芝亭诗集小叙》引），严首升①称其诗"风骨内含，韵度外朗，居然大雅元音。虽间落时蹊，未去陈言，而造诣深厚之力，不可诬也"。田九龄诗歌题材丰富，怀古与咏物占了很大比重。怀古诗如《长门怨》："金屋流尘黯黯生，寒蛩四壁起秋声。谁怜一片长门月，不似昭阳分外明。"诗人以"金屋藏娇"的典故，咏叹一位失宠者的哀怨，具有广泛的共鸣意蕴。田九龄的咏物诗也很有特色，如这首《牡丹》："红紫纷纷缀绮时，名花何自后春期。霓裳仙子长御醉，锦帐佳人迥自持。风叶舞翻飞燕掌，朝华光灿宓妃姿。惟应国色天香在，不许狂蜂狎蝶窥。"作者用博喻手法写出了牡丹花的高雅华贵，不容亵渎。田九龄诗歌偶有某种道风禅韵，如"昆仑玄圃漫悠哉"的求仙意念，"处处烟波泛短艘"的生活意趣，"真人曾未竺西游"的尘世慨叹。②

田宗文，字国华，生卒年不详，大约生活于嘉靖至万历晚期。有《楚骚馆诗集》流传。清人张旋均《湖北先贤诗佩》中说田宗文"遗诗二百首，华容友人孙羽侯序之"，祝注先考《田氏一家言》，田宗文诗仅85首。③田楚产在《楚骚馆诗集》跋中说田宗文"尤耽诗，冥搜玄索，追踪先哲，轶驾时流，其志伟，其养粹，翩翩乎风人韵士也"。田宗文的诗题材比较窄狭，多为思亲怀故、游仙览胜之作，但多情景交融。如这首《艾和甫先生谪西宁有赠》："逐客飘零万里游，西风黄叶陇山秋。白云不尽思亲泪，落日长悬去国愁。汗血马牵胡大宛，葡萄人醉汉凉州。知君更有刘琨兴，啸月悲笳满戍楼。"

田玄（1590—1646），字太初，号墨颠。明天启五年（1625）承袭湖北容美宣抚使，为9世土司。田玄能文能武，有"上马击狂胡，下马草军书"之风。后因参加镇压李自成、张献忠起义和为朝廷剿"匪"有功，明王朝"优诒褒之，乃赐国初旧职，自宣抚使职进为军民宣慰使"（《田氏世家》九）。田玄在位22年，是

---

① 严首升（1607～1682），明末清初学者，字颐，又字平子、平翁，号确斋，湖南华容人。入清后削发为僧。贡生，授太史，著有《濑园诗初集》3卷、《濑园诗后集》《濑园文集》20卷、《濑园诗话》3卷、《濑园遗集》12集、《谈史》6卷以及《后三代史》等。曾纂修《华容严氏族谱》和《容美土司田氏族谱》。严首升与容美土司田玄等人交厚。

② 杨宗红、李莉：《谫论土家诗人田九龄诗歌的道风禅韵》，《湖北民族学院学报》（哲学社会科学版）2010年第3期。

③ 祝注先：《明代土家族诗人田宗文和他的〈楚骚馆诗集〉》，《广西民族研究》1987年第3期。

容美田氏文学家族中第一位具有土司身份的诗人，其才名足擅一时，文治不输武功，为家族土司文学开风气之先。

田玄"幼奉庭训，智勇深沉，被服造次，恂恂若书生"，"惟日与诸弟信夫名圭，宾有宋两许、欧河沙数辈，质疑询难，角韵唱和以为常，虽隆冬盛暑，手不释卷"。（鹤峰《田氏族谱》）继位后，诗歌创作不倦，所著《金潭吟》、《意笔笠浦》和《秀碧堂诗集》均刊刻行世，但诗作仅存 13 题 22 首。南明朝廷司业、祭酒、汉族进士文安之曾为其诗集作序，高度赞许其诗："耕烟种瑶草，自得世外芬芳；就涧饭胡麻，已非人间烟火。况复凤将九子，咸有律吕之和；龙导五驹，各有风云之概。摅义愤于彩笔，已见击碎唾壶；出芳句于锦囊，才闻响绝铜钹。即使延陵倾耳，必且羡其遗风；倘逢殷璠搜罗，又应目为间气。此田氏秀碧堂之诗，所谓有其可传，无容自隐者也。"（《秀碧堂诗集序》）田玄诗作虽留存无多，但风格多样，或豪宕凌厉、汪洋恣肆；或寄意婉曲，含蕴深沉。如《春游作歌招欧阳子》[①]：

> 吾辈意气堪千古，不谓朝英暮就腐。我今为赋好春歌，东皇靡丽盈烟浦。好景专待韵人笔，奚翅神工并鬼斧？癖诗癖酒癖烟霞，佳客焉可负贤主？欧阳子，吾与子游，从来相伴楚庄周。何如策非马之马，乘虚无不系之舟。来共溪光泛绿蚁，泉声迎籁和鸣鸠！子有才有学，得山川之艳冶益优。子病渴病愁，得山川之蓄变以瘳。慎勿效水上之慵鸥，骋志于吴桐蜀弦。负此明媚不再之春游，徒使吾对孤榻而长讴。

田玄这首古体杂言诗不拘一格，如高山流水，清雅跌宕，泠然有道骨仙风。严首升评此诗"放荡不羁有仙才"。

寓言诗《百舌鸟误为弋者中伤，哀鸣酸楚，为此惜之并诘》写一只羽毛斑斓、声音甜美的百舌鸟在树上欢快地歌唱春色，一位老者却讨厌它聒噪饶舌，张弓将其射死："二月山花盛，有鸟似仓庚。最得春气早，其鸣颇嘤嘤。……东家一老伧，恶其苦饶舌，张弋以相争。"此诗寓意深刻：拙讷者可以幸免灾祸，巧言者令主子疑其忠而不敢信赖，自然界与人世竟如此相似。刘禹锡有《百舌吟》诗，将谄媚小人比作百舌鸟，田玄诗反其意而用之，构思新颖。在其《又代弋者答》中，作者以诗议论，颇为精辟："一舌犹恶多，况乃百其舌。众音恣变幻，瞬息歌楚浙；无异悬河人，转唇分寒热。尤难五更心，嘹呖苦骚屑。时花吐高艳，嫩条带残雪。春愁如许长，何堪重点缀！"

---

① 陈湘锋、赵平略：《田氏一家言诗评注》，中央民族大学出版社，1999 年版第 225 页。

田圭,字信夫,田楚产次子,田玄胞弟,生卒年不详。著有《田信夫诗集》,今存诗 33 题 44 首。严首升评曰:"予思信夫之寂也,不啻山中海上,而其响应也,直与六朝三唐诸名流竞爽。故其诗蕴藉风流,静深而有致。"(《田信夫诗集序》)田舜年称田圭"喜宾客而耽文雅,诗酒娱情,至死不倦。盖其性平易嬉游,诗亦似之,惟取适兴,不甚矜琢也。"(《田信夫诗集小引》)田圭虽为土司家族成员,但未具司主身份,因此,他有机会了解下层人的贫穷与艰辛,并与自己思想深处的失意和不满共鸣,具有一定的社会意义。一些篇章描写劳动和贫穷,这是当时养尊处优的诗人未曾触及的题材。如《治圃》3 首、《送友人》2 首。

田珠涛,名商霖,田圭之子。其诗艺继承父志,振发家声,与田圭同为"双璧"。著有《田珠涛诗集》,《田氏一家言》存其诗 22 首。田珠涛写得较好的是一些关注民瘼的诗,如《望夫山戏题》3 首。其二云:"俨然面目逐溪湾,盼到山城人未还。多少行舟齐下泪,家家恐有望夫山。"

田甘霖(1612—1675),字特云,号铁峰,田玄第三子,著有《敬简堂诗集》。今存诗 108 题 170 首,是田氏诗人群中存留作品最多的一位。严首升在《田武靖公父子合传》中评价田甘霖的诗"在义山、长吉之间,与时尚迥绝矣"。田甘霖诗得李商隐之沉博藻丽和李长吉之诡谲艰涩,尤以咏物之《四友诗》为最,严首升评价为"四诗俱极缜密,咏物之佳者"。

田舜年(1640—1706),字韶初,号九峰,土司田甘霖之子,约在 36 岁时(1675 年)承袭父职。田舜年著述颇多,计有《二十一史纂要》、《六经撮旨》、《容阳世述录》、《白鹿堂诗集》、《许田射猎传奇》及杂记、奏章等。田舜年广交当时汉人名流,与之多所唱和,并得到他们的好评。如孔尚任言其"颇嗜诗书"(《桃花扇·本末》),"诗文甚富"(《容美土司田舜年遣使投诗赞余〈桃花扇传奇〉依韵却寄》小序);顾彩言其"博洽文史,工诗"(清顾彩《容美纪游》);毛会建言其"盖代才华人磊落"(《寄容美田韵初》);严首升言其"江表声腾振,洛阳价不资"(《赠容美田九峰宣慰》)。

田舜年诗以写景见长,笔触纤细藻绘,语言清新流丽,于吟咏大自然山光水影之际,尽情抒发恬静闲适的襟怀,格调高古,意境悠远,颇有王维韵致。如《山居五首》之二首:

学得寻仙法,无烦一念中。直觉诗难尽,还将画比工。逶迤无事酒,斟酌喜花风。静约烟萝月,残霞未敛红。(其一)带影寻溪上,闲心数泳鱼。选藤充几杖,第石伴图书。小出能频至,孤游胜索居。虽云殊汗漫,

自喜得常如。（其四）

田舜年的诗歌艺术成就甚高。南郡（今湖北江陵）名士伍骘评价说："韶初使君，博极群书，风采如高冈凤，珠玑如万斛泉，重振大雅，苦心构句，烂乎如金谷之芳春，萧然若山阴之欲秋，使人把玩过日，几几海上移情耳。"（《白鹿堂诗集序》）

田舜年没有专门论述诗歌的著述，但留下了 3 篇诗集序跋，即《田氏一家言跋》、《紫芝亭诗集小叙》和《田信夫诗集小引》，大体能说明其诗学观点和审美标准。如《田氏一家言跋》：

> 诗言志也，各言其所言而已。虽高冈之响，必逊凤皇，而睍睆之音，自娱黄鸟。天机所动，将亦有自然之律吕焉。果若人言，绳趋尺步，诗必太（大）历以上，则自有盛唐诸名家在，后起者又何必寻声逐响于千秋之上哉！十五国风，大都井里士女信口赠贻之物，今咸为经，未闻周召、吉甫、正考、奚斯而外，遂无当圣人之采择者。由是而推，则求中原文献于荒裔绝徼，不有如山鸡之羽文采可观、泽雉之性耿介足垂者乎？彼夫虬髯客，不肯从龙而自娱，遐域者谓其一无所长，不可也。四始而后，屈骚宋赋，孤行千古，又岂仅如司马之词传于盛览、盘本（木）之歌入于汉庙而已哉。况风雅一道流行于天壤清庙明堂之上，有传书崇山大谷之间，亦有传人，其势恒足以相垺。眉山之集，流传海外尚已，而属国之使，会同有绎，又往往出其宴享赠答之章，为荐绅先生所嘉叹，编之典籍，侈为美谭。少陵有云"五溪衣服共云山"，此物此志耳。然则四海九州之大，此心此理之同，岂其有畛域之限耶？观《田氏一家言》者，姑无过为分别之见焉。倘有异地而神交，旷世而相感者乎？此非不肖所敢知也，亦曰自言其所言而已。[①]

概括起来，田舜年的诗论观主要是：诗歌可以自由地表达情志，不必以时代、地域和作者身份判定其高下优劣，凡能引起共鸣、传之久远的就是好作品。荒野绝域、社会底层亦有可观之诗，正如十五国风来自民间，照样可以成为经典；屈骚宋赋虽孤行千古，但至今仍有读者；苏轼文章，流传异域，仍被文人在各种场合传为美谈。

---

① 陈湘锋、赵平略：《田氏一家言诗评注》，北京：中央民族大学出版社，1999 年版第 45 页。原文将"大历"写作"太历"，"盘木"写作"盘本"，引用者已在括号中注明。

三、中国少数民族杰出文学家族的兴衰及其历史文化背景

　　总体上说，中国少数民族文学家族形成于北朝，发展于唐宋，兴盛于清代，衰微于近现代。近两千年的历史发展中经历了生成、发展、兴盛与衰微等阶段。这一嬗变过程中，各个少数民族杰出文学家族都认同并接受过汉文化的巨大影响，并善于借鉴汉族的文化传承方式——家族式传承。文学创作活动一旦渗透到家族之中，整个家族的精神面貌为之一变，精神境界迅速提升，即使是居住在偏僻山乡的少数民族文学家族也是这样。然而对异族文化的认同和接受是一个曲折而漫长的过程，受到各种因素的制约，影响少数民族杰出文学家族生成的因素也很多，我们认为主要有以下几个方面。

（一）对汉族传统文化的认同与接受

　　认同（Identification），本为心理学概念，后来广泛用于其他领域。作为心理学概念，指体认与模仿他人或团体之态度行为，使其成为个人人格一部分的心理历程。1897 年，奥地利精神病医师、心理学家、精神分析学派创始人西格蒙德·弗洛伊德（Sigmund Freud）最早提出这一概念。1921 年，弗洛伊德发表了《群体心理学和自我的分析》，专门用一章论述认同的作用。他认为："认同是精神分析已知的与另一人情感联系的最早表现形式。它在俄狄浦斯情结的早期史上起一定的作用。小男孩会表现出对他父亲的特别兴趣：他愿意像他一样长大，并成为像他那样的，处处要取代他的地位。我们可以简单地说，他把他父亲当做典范。这种行为与对他父亲（以及对一般男性）的被动的或女性化的态度毫无关系。恰恰相反，它是典型男子气的。它非常适合俄狄浦斯情结，它有助于为这种情绪开辟道路。"[①]20 世纪 50 年代初期，美国著名精神分析学家埃里克松提出了文化认同（Cultrual identity）理论，认为是指"一个群体中的成员在民族共同体中长期共同生活所形成的对本民族最有意义的事物的肯定性体认"。文化认同是对人的精神存在作出的价值肯定，它主要通过民族本身的特性、习俗以及生活方式，以"集

---

① 弗洛伊德在其 1897 年 2 月 8 日写给弗里斯（Fliess）的第 58 封信中提到了"认同"一词。信中讨论的是癔症的肌肉强直问题，他认为这种症状的发生是和某个死去的人发生认同的结果（Freud, 1897a, p192）。在同年 5 月 2 日的手稿中，他认为一个癔症患者的内疚感来自认同，"和这些道德低下的人的认同让大量超载的内疚感成为可能"。参见李孟潮、王高华：《认同的概念——对弗洛伊德著作中的概念研究》，《上海精神医学杂志》2005 年第 2 期。

体无意识"的方式流传至今，融合了人们的各种认同，从而阻止了不同的认同之间因部分认同的背离或异特性而可能发生的文化冲突。①

文化，是一个国家或民族凝结在物质之中又游离于物质之外，能够被传承的国家或民族的历史地理、风土人情、传统习俗、生活方式、文学艺术、行为规范、思维方式、价值观念等，是人类之间进行交流的普遍认可的一种能够传承的意识形态。一般认为，汉族传统文化（汉文化）即狭义的中国传统文化，它以夏商周 3 代的《诗》、《书》、《礼》、《乐》、《易》、《春秋》为经典，以"六艺"和吉、凶、宾、军、嘉"五礼"以及仁、义、礼、智、信"五常"为核心，具有博大精深的内容。作为少数民族，认同、接受汉民族传统文化很不容易，但存在一定的可能性。

汉文化为何能够被少数民族认同和接受？这是我们要探讨的问题之一。从汉文化长期处于强势地位看，少数民族有不得已而接受的一面，但为何五胡十六国时期，汉人是被统治民族，地位不高，汉文化仍然处于强势地位？为何少数民族建立的政权要提倡学习汉文化，学习儒家思想？王钟翰先生认为，汉族"既有歧视四夷的大民族优越感，又有与各民族杂居共处、婚媾毫无民族限域，宗教与文化兼容并包，'夷而进至中国则中国之'的态度，有利于汉族吸收其他民族的成分而发展自己。自西晋以后，经过南北朝地区性的多民族重新统一，民族的大融合，产生了隋唐更高层次的统一与经济、文化的繁荣"②。这说明历史上那些见识深远的汉民族以广阔的胸襟与少数民族融合，促进了国家的统一、政权的巩固，少数民族同样需要生存发展，也应懂得借鉴、学习他民族先进文化。在这个长期的互动过程中，一些少数民族有识之士逐步认识到，一个在文化上故步自封、抱残守缺的民族必然落后于时代，终将被历史淘汰。

文化（文学）的接受是一个漫长过程，它包含冲突、认同、接受、交流、传播、创造一系列环节。接受美学理论认为，"文学接受作为一种社会文化现象，同社会文化整体之间存在着两方面的关系。首先，从共时性关系来看，个体、群体接受是受到同时代文化整体的制约的，而同时又充实、丰富发展着同时代的文化整体。……其次，从历时性关系来看，文化整体作为历史积淀成的文化传统，是一股强大的无所不在的定势力量，它总是在一定程度上决定和制约着每一个时代读者群体、个体的文学接受活动；反过来，读者群体、个体文学接受活动也不

---

① 参见高英祺、梁玉：《文化认同与跨文化交际》，光明网-光明日报 News.gmw.cn/2014-09/07。
② 王钟翰：《中国民族史》，北京：中国社会科学出版社，1994 年版第 137 页。

同程度地丰富、发展乃至改变着整体文化的传统"。[①]

1. 漠北鲜卑族元氏家族对汉文化的认同与接受

西晋末年，各少数民族纷纷入主中原建立自己的政权，并逐步汉化，"汉化程度最深的是北魏政权"[②]。漠北鲜卑族从北魏建立时期就开始接受汉文化，从拓跋珪、拓跋焘到拓跋宏的百余年间，这个家族不仅在中原建立了鲜卑政权，而且将鲜卑族文化完全融入汉文化，完成了以国家政权推动、民族完全接受汉文化的"整体漂移"，在中国文化史上享有盛誉。毫无疑问，拓跋家族以政权整体推动、民族完全汉化的方式认同和接受汉文化，远远超过任何一个家族。拓跋焘时期制定并推行的汉化政策主要有：

第一，迁都城。为了接受汉族先进文化，加强对黄河流域的控制，孝文帝于太和十八年（494）春正月正式下诏将国都由山西平城迁至河南洛阳。关于孝文帝迁都洛阳的原因，陈寅恪先生曾经指出，其目的在于与南朝争取文化正统地位。迁移都城遭到了朝廷中保守派的竭力反对，但元宏始终坚持迁都，最终完成了这一壮举。我们认为，迁都的意义不仅仅是都城方位的变动，也不仅仅在于洛阳条件的优越，更主要的在于元宏对汉族传统文化的高度认同。洛阳为东汉、魏晋故都，北方汉人有认庙不认神的观念，谁能定鼎嵩洛，谁便是文化正统之所在。翦伯赞、王仲荦等学者认为，孝文帝是一个有作为的政治家，他不仅仅要做"夷狄"君王，还要做中国人的君王，自然要把国都放在中国正统的中心位置更名正言顺。孝文帝曾说："国家兴自北土，移居平城，虽富有四海，文轨未一，此间用武之地，非可文治，移风易俗，幸为甚难。崤函帝宅，河洛王里，因兹大举，光宅中原。"[③]以洛阳为中心的河洛文化，是中华民族文化的核心和源头之一，构成了华夏文明的重要组成部分。从某种意义上说，汉文化的重要源头就在洛阳，因此从夏朝开始先后有 13 个王朝在此定都。

第二，易服装。规定官民改穿汉人服装。太和十八年（494）十二月，定都洛阳刚一个月，孝文帝便下令改革鲜卑族原来的服饰制度（所谓"革衣服之制"）。翌年十二月，孝文帝在光极堂会见群臣时，当场将汉族样式的官服赏赐给群臣。出巡时，见到洛阳街上有的妇女仍着鲜卑族服饰时，孝文帝当即训斥属臣严加管束。

---

① 朱立元：《接受美学》，上海：上海人民出版社，1989 年版第 167、170 页。

② 许永涛：《试论北魏政权的汉化》，《黑龙江史志》2010 年第 5 期。

③《魏书》卷 19 中，《任城王传》，北京：中华书局，2000 年版第 313 页。

第三，讲汉语。孝文帝宣布了几条法令，以汉语为"正音"，称鲜卑语为"北语"，要求朝臣"断诸北语，一从正音"。要求鲜卑族改说汉语，30 岁以上的人改口比较困难，可以暂缓，30 岁以下、现在朝廷做官的，一律改说汉语，违反者要被降职或撤职。

第四，改汉姓。孝文帝于太和二十年（496）春正月"诏改姓为元氏"。诏书中说："北人谓土为拓，后为跋。魏之先出于黄帝，以土德王，故为拓跋氏。夫土者，黄中之色，万物之元也；宜改姓元氏。诸功臣旧族自代来者，姓若重复，皆改之。"[1]孝文帝共将鲜卑族的 100 多个姓氏改成汉姓。

第五，重门第。孝文帝依照魏晋时期的"九品中正制"选拔官吏，用汉族门阀制度的做法来确定鲜卑贵族的门第高下，并按照门第高低来选拔人才，任命官吏。他先将自己皇族的拓跋氏（元氏）定为最高门第，其余贵族改姓后地位也与汉族士族相当，在鲜卑贵族中确立了"以贵袭贵、以贱袭贱"的门阀制度。

第六，通婚姻。根据北魏旧制，"王国舍人皆应娶八族及清修之门"（《资治通鉴》卷 140《齐纪六》），而孝文帝则提倡鲜卑人与汉人通婚，以巩固统治。他自己率先娶汉族大姓卢、崔、郑、王 4 家的女儿为妃，把自己的女儿嫁给汉族大姓，还为自己的 6 个弟弟都娶了汉族地主的女儿为妻。这种姻亲关系，把汉族地主和鲜卑贵族的利益牢固联系在一起，壮大了北魏的统治力量。而且血统的交融，加速了鲜卑的汉化。

第七，改籍贯。凡已迁到洛阳的鲜卑人，一律以洛阳为原籍。目的是进一步学习和采纳汉族的典章制度和生活方式，促进鲜卑族贵族积极接受汉族文化。这一做法客观上促进了鲜卑人对汉文化的认同，争取到汉族地主的支持，有力地推动了政权向汉族王朝统治模式转化。

第八，用汉官。至孝文帝时期，汉官在北魏朝中的人数基本和鲜卑贵族相当。

第九，崇儒道。除了将道教立为国教，还在各地设立乡学，每郡置博士 2 人、助教 2 人、学生 60 人，学习儒家经典和礼仪，并设孔庙，封孔子 28 世孙孔乘为崇圣大夫。

第十，尚节俭。孝文帝主张饮食节俭，不铺张浪费，并身体力行。一次，太官中午所进御膳"裹蒸"（粽子之类）太多，他说："我食之不尽，可四破之，余充晚食。"（《资治通鉴》卷 140《齐纪六》）节俭，本是先秦时期儒家学派荀子和墨家学派墨子的主张，例如荀子主张"节用裕民，而善臧（藏）其余"，墨

---

[1] ［宋］司马光：《资治通鉴》卷 140《齐纪》，北京：中华书局，2011 年版。

子主张"节用"。这些主张不仅影响到孝文帝，今天仍然具有积极意义。

孝文帝拓跋宏竭力推行汉化政策的原因在于：一方面，孝文帝具有远见卓识，认识到鲜卑族用武力征服了汉族及其他少数民族，但却不得不被汉文化所征服，只有吸收汉文化精华，才能促进自身的发展，巩固封建统治。同时汉民族也从中吸收了鲜卑族文化中优秀的部分，使自己的发展更为完善。另一方面，孝文帝青少年时受过良好的汉文化教育。他从小由其祖母冯太后抚养，冯太后是汉族人，知书达理，聪明果断，曾执掌北魏大权20多年，她参照汉族的文化制度，颁布了许多重要的改革措施。儿时受到的熏陶，影响了元宏的整个人生，成为他日后推行全盘汉化政策的内在动力。

2. 内蒙古漠南蒙古族法式善家族对汉文化的认同与接受

法式善家族入关以来，至法式善共历8世，历史并不悠久，声名亦不显赫。然而这个家族入关以后自法式善高祖梦成开始由重视军功转向崇尚举业，锐意仕进，出现了4位举人、3位进士，被誉为"蒙古科举世家"、"文学世家"。其家族主要文化传统是：

第一，要求子孙苦读儒家经典，以科举求取功名，立志成为对国家有用的人。法式善在其《重修族谱序》中说：

> 伏念自世祖从龙入关，至法式善八世矣。世无显官，其进身又多由军职，迨余高祖官内府郎中，始习翰墨，……而余曾祖管领公、祖员外公皆喜读书，勤于职事。余父始以乡科起家，余祖常诚法式善曰："汝聪明，当读圣贤书，勿以他途进。"

第二，延请汉族塾师到家中为族人讲学。法式善出生之前，家中就延请了进士陆镇堂做家庭教师。年方20出头的陆镇堂被法式善祖父"尊之若老宿，且命司库府君以文字相切劇"。陆镇堂曾两度受聘为法式善家塾师，"叔祖及诸叔父仍从学"[①]。

第三，法式善养母韩氏是汉军正黄旗韩锦之女，"五岁读宋五子书，十三通经史"，著有《绿萃堂遗诗》。她亲自严格教育子女，对法式善"戒条甚密，一篇不熟，则不命食，一艺不成，则不命寝"，"每日灯下必严核，读书未尝或驰也"，她本人"亦未尝食，未尝寝"。在学风浓厚的家庭中，法式善从小养成了刻苦用功习惯，打下了扎实的汉学基础。这也正是许多汉族文化之家的

---

① [清] 法式善：《存素堂文集》卷3，1807年扬州绩溪程邦瑞刻。

教育方式。法式善曾以诗歌《过带绿草堂旧居有感》深情回忆母亲对自己的辛勤教育培养：

> 忆我五岁时，读书居草堂。草堂仅三楹，花竹高出墙。后有五亩园，夹道皆垂杨。我幼苦尪弱，晨夕需药汤。我母善鞠我，鞠我我病良。楚骚与陶诗，上口每易忘。老母涕泗横，书卷摊我旁。一灯夜荧荧，落叶钟声长。至今老梧桐，犹剩秋阴凉。转眼五十年，儿今毛鬓苍。徘徊那忍去，几度窥斜阳。故巢燕自飞，残墨污空廊。①

第四，重视家族成员多方面的汉文化才能培养。法式善不仅在文学方面造诣高，在学术、书法、绘画方面也接受了汉文化的熏染。其书法宗赵孟頫，绘画似罗聘。应该说，法式善的书画作品从内容到形式都是传统的汉文化风格。

3. 云南丽江纳西族木氏家族对汉文化的认同与接受

纳西族自元代以来就全面接受汉文化。明代，木氏土司家族学习汉文化达到顶峰，家族成员"在保持纳西东巴文化的同时，广泛吸收汉藏文化，读汉书、说汉话，用汉文进行写作"②。

第一是认同和学习儒家经典和礼仪。《明史·列传·云南土司二》称："云南诸土官中，知诗书好礼守义，以木氏为首。"第二是学习汉语，用汉文写作。第三是深入学习古典诗词写作技巧，尤其是学习唐人诗歌技法。

木氏家族的开山诗人木公尤其钟爱杜甫诗歌，创作也从学杜开始。明嘉靖二年刻印诗集《雪山始音》时，云南著名诗人张志淳在其诗集序中说："间尝问诗，告以始于杜。又问所先？告以近体，可持循以入。无几何，以所为诗数篇至，若有近杜者矣。又无几何，以所为近体二百余篇至，良有似杜者矣。询其使，盖服吾言而静专不渝，纯乎其用心故也。"③张志淳还对木公的一些诗作加以评点。如对《访微君樊雪烦留饮小洞》中"寒枝月挂青猿影，紫蔓风牵小洞阴"联评云："佳，不是今日云南诗。"对《草堂戏简答鹤川吴太守》中"山鸿向人鸣故故，雪水激石声珊珊"联评云："善学杜音。"对《奉题章草溪》一诗评云："似杜，似杜，佳而又佳。"张志淳主张作诗须学杜，木公亦努力实践。当然，木公读诗并不局限于杜甫，《木氏六公传》称其"居尝手（录）王、孟、高、岑诸编，枕籍弗去。"④可见

---

① ［清］法式善：《存素堂诗初集录存》卷23，1807年湖北德安王铺刻。
② 余海波、余嘉华：《明代纳西族文化的奇葩——丽江木氏土司著作》，《古籍整理研究学刊》2002年第1期。
③ 余海波、余嘉华：《木氏土司与丽江》，昆明：云南民族出版社，2002年版第229页。
④ 余海波、余嘉华：《木氏土司与丽江》，昆明：云南民族出版社，2002年版第229页。

木公对唐代田园诗派、边塞诗派诗歌的潜心学习，并取得了突出的成就。追随前七子、主张"文必秦汉，诗必盛唐"的云南著名诗人张含为木公诗集《玉湖游录》作序云："木子之作，讽讽乎充，洋洋乎溢，固得乎唐之风音，而亦有识乎神之所由然耳！"

木氏家族中的木增土司也非常重视并身体力行地在纳西族中倡导汉文化。主要方式是：聘请内地文人到丽江给纳西族子弟传授汉文化，送子弟外出求学，系统接受汉文化教育，同时在丽江建立了玉嵩书院和万卷楼，不惜重金广泛搜集各类书籍。据乾隆《丽江府志》记载："增又好读书传，极群籍，家有万卷楼。与杨慎、张含唱和甚多。"为更好地学习汉文化，木增花巨资在所住府署左旁建了土楼3层，又不惜工本，从内地购进大量书籍，置于3层楼中，楼中善本数以万卷，木增对各种版本的古籍均能备其大要。他曾委托明末著名藏书家、出版家、文学家毛晋将木氏诗文及著述刻印成版片在丽江印刷。天启四年（1642）退隐后，木增在玉龙山西侧的芝山另建别墅为"解脱林"，内设印书堂，刻印木氏家族历代诗文、学术著述以及所藏珍本秘本。

木增不仅有丰富的藏书，而且花很大工夫读书。据其《云薖淡墨》所述，其所读之书有300余种，包括经、史、子、集四部及大量杂书、书画作品，并写下20多万字的读书摘记。

4. 福建陈埭丁氏家族对汉文化的认同与接受

陈埭丁氏家族对汉文化的接受与认同，经历了一个由迫不得已到主动接受的过程。

首先，战乱和排外风气使丁氏家族被迫接受汉文化。元代至正十七年至二十六年（1357—1366），泉州一带爆发持续10年的战乱，史称"亦思巴奚战乱"[①]，对社会稳定和经济发展造成了极大的破坏，房屋、寺庙大量被毁，生灵涂炭，民族仇杀，人口减少，经济衰退。参政陈友定部队在泉州镇压叛乱时进行了3日大屠杀，许多色目人遇害，甚至有汉人因为长着高鼻梁或卷发而被误杀，也有被掘墓鞭尸的。由于战乱和仇杀，外国商人几乎不敢到泉州贸易，番船不敢

---

① 关于"亦思巴奚"的含义，学界说法不一。有人认为来源于波斯语的"民兵"、"骑兵"之意，或是其派生词，也可能是波斯语"义兵"之意，有别于正规部队。参见日本前岛信次《元末泉州的回教徒》，东洋文库英文纪要1974年版第32卷。也有人认为亦思巴奚得名于波斯亦思法罕（伊斯法罕）古城，其参加战乱者大多来自伊斯法罕城。参见庄为玑《元末外族叛乱与泉州港的衰落》，《泉州文史》1980年第4期。还有人认为"亦思巴奚"仅仅是番号，而非名字。参见张星烺《中西交通史料汇编》第四册《古代中国与伊兰之交通》，辅仁大学丛书第一种，1936年。

进泉州港，大量番商外逃，外侨社区解体，泉州港开始走向衰落。陈埭丁氏家族因其回族身份，也遭受了一系列不白之冤：先是被仇家诬指为"撒戍"，后来又因主动告发白莲会而被官府认为是诬告，[①]丁善父子二人被下狱"治罪"多年。这一连串的打击，使得丁氏家族的当家人在明代排外之风盛行的泉州不得不寻求另一条生存之路，即由坐贾泉州城内到卜居于城郊的陈江，由一个地道的商人家族转变为一个以耕读传家的农民家族。这一转变正好契合了儒家崇尚农耕文化的正脉，因为儒家是不主张文化之家经商的。

其次，文化冲突使丁氏家族主动认同和选择汉文化。随着环境的变迁，丁氏家族由先祖时代的游牧文化转向明代初期的商业文化，又因巨大的政治压力转向农耕文化。汉文化是以农耕文化为主体的复合型文化，具有很大的包容性（先秦时期形成的儒、道、法、兵、农、名、墨、阴阳、杂等各家学说都是汉文化的构成部分），其中儒家文化由于受到历代最高统治者的青睐而雄踞主流地位。儒家宗师孔子所高扬的"学而优则仕"旗帜激励着千百年来的农耕子弟，使他们时刻艳羡和努力实现"朝为田舍郎，暮登天子堂"的美好憧憬。丁氏家族也是这样，由读书而考中进士、举人，做了朝廷和地方高官的不少。丁氏家族的文化转型顺应了时代潮流，获得了前所未有的名利，家族中出现了进士12人，举人21人，贡生26人，秀才105人，其中有省部级官员若干人。到了清代，丁氏家族终于改变了明代初期那种隐忍苟活、如履薄冰的生存状况，成为名至实归的文化豪族。

再次，丁氏家族对汉文化的高度认同，还表现在家族一系列的重大决策中。例如：隐藏身份，扳认汉祖；弃商从农，耕读入仕；改造血统，与汉族联姻。其中，隐藏身份、扳认汉祖是生存之需，弃商从农、耕读入仕、与汉族联姻是发展之需。根据庄景辉先生的统计，丁氏家族27代中与汉族联姻50姓434起，占该家族婚姻人数的94.8%，[②]高比例的回汉联姻，不仅使丁氏家族在道德伦理、风俗习惯、审美观念等方面吸纳了汉文化，还引进了汉族的家庭教育方式。

最后，在文学创作方面，丁氏家族也表现出明显的认同接受汉文化倾向。《陈埭丁氏回族宗谱》卷三《汾溪府君行状》记载：（进士丁仪）"为诗，则其

---

① 《陈埭丁氏回族宗谱·府君仁庵公传》载："时海内甫定，尚袭蒙古色目之旧。里社好为白莲会，摇惑众志，官虽厉禁犹弗戢。有司廉公行谊，使纠十乡。公发岸沟诸党触禁，白请以官治之。新令方严，而犯纲者众，致狱岁久不决，奏下刑部，逮公与诸党至京，连及公之长子俱系狱。"
② 庄景辉：《陈埭丁氏回族汉化原因的探讨》，《学术月刊》1997年第9期。

声韵骎骎于大历、元和之间。与方君棠陵、顾君东桥、郑君少谷、董君璜溪，相与唱和，人咸比建安七才子云。"①庄朝宾评价丁自申云："上至秦汉，下逮有宋诸儒氏，莫不折中，根极理奥，而要旨归于六经，盖粹然泽于道也。意指之所趋而题材迥别，超时作而拟之于秦汉。……而自成一家之言。"（《三陵集序》）著名诗人丁炜云："余乃退而肆力谱图，上下唐宋元明所作，于辛、苏、秦、柳、姜、史、高、吴诸名家，尤致专心。"②丁韬汝"五古好三谢，七古歌行好杜与李，兼及苏、黄，近体之高、岑、王、李，出入刘沧、许混间"③。可见，秦汉散文、建安诗歌、唐宋诗词等汉文化经典早已成为丁氏家族文人学习的范例。

5. 湖北容美土家族田氏家族对汉文化的认同与接受

田氏家族对汉文化的认同和接受开始于明正德二年（1507）。但在此之前全国已经形成了明显的氛围。朱元璋为了尽快统一国家，在少数民族地区推行了一系列的文化政策。如洪武初年在湖北施州设立武学（后称卫学）；永乐六年在酉阳宣抚司设立儒学，同年朱元璋下诏曰："'言忠信，行笃敬，虽蛮貊之邦行之矣！'圣人之言，万世可行。"（《明太宗文皇帝实录》卷 68）宣德三年（1428）二月，又制《驭夷篇》曰："四夷非可以中国概论，天地为之区别，夷狄固自为类矣。夷狄非有诗书之教，礼义之习，好则人，怒则兽，其气习素然，故圣人亦不以中国治之。若中国乂安，声教畅达，彼知慕义而来王，斯为善矣。"（《明宣宗实录》卷 38）成化十七年（1481）二月，"乞令土官衙门各边应袭子弟于附近府、县儒学读书，使知忠孝礼义，庶夷俗可变，而争袭之弊可息"（《明宪宗实录》卷 212）。嘉靖元年（1522）十一月，"贵州巡抚都御史杨沐上议，……土官应袭年三十以下者，得入学习礼，不由儒学者，不得起送承袭"（《明世宗实录》卷 20）。

容美田氏土司比较开明开放，历代土司积极学习汉文化，推广、普及汉语汉文，吸引外地文人墨客、技艺商贾以及百工之人进司讲学、游历、经商，提供衣食住行，愿留者分田授室，久居者许以女优相陪等等。这些措施的制定落实，使容美相对聚集了一批精熟汉文化的人才。该家族最初采取了一系列强制措施督促

---

① 庄景辉：《陈埭丁氏回族宗谱》，香港：绿叶教育出版社，1996 年版第 74 页。

② ［宋］丁炜：《紫云词自序》，载庄景辉编校之《陈埭丁氏回族宗谱》，香港：绿叶教育出版社，1996 年版第 354 页。

③ ［宋］丁炜：《弟韬汝、沧霞诗集序》，载庄景辉编校之《陈埭丁氏回族宗谱》，香港：绿叶教育出版社，1996 年版第 355 页。

族人接受汉文化：将家族原来的麦（墨）姓改为田姓，聘请汉族名士进司开馆任教，进行汉语言文字的启蒙教育。田世爵当政以后，规定当地人名称谓均以汉语为准，不仅土司没有土家语名字，就连舍把、旗长等基层官员也很少有土家语名字。他利用各种机会，让官员和土民大量出山学习汉语汉文。田舜年次子田旻曾被送往京师国子监学习，四子琬如、五子琯如均入籍荆州府学。

田世爵大力推广汉语汉文，接受儒家思想，既是顺应当时的文化潮流，也与他的人生经历有关。田世爵为田秀宣抚使的第七子，明弘治十八年（1505），其庶长兄百里俾谋权篡位，弑父杀弟，年幼的田世爵被乳母覃氏夫妇以己子代死救出并哺育成人，俨然上演一出"搜孤救孤"故事。正德二年（1507）田世爵袭职，在位40余载。他总结了历史经验教训，认为乱贼之祸，始于大义不明，因此必须知书识礼。"容美田氏土司积极学习汉文化，忠义节孝的观念深深植入了他们心中。尽管明朝灭亡清朝取而代之已成定局，田既霖出于保全家族的考虑做出了降清的举动，但在其内心深处，仍深深保持着对明王朝的效忠思想。"①也许在讲究民族气节的儒家先哲看来，这是不光彩的一页。

田世爵在普及汉文汉语，提高土民素质的过程中，首先从自己的子女做起。他有8子8女，均严加管教，"有不嗜学者，叱与犬豕同食，以激辱之"（见《田氏世家》五），以此办法激发他们的自尊、自重、自强精神。经过他的严格管教和熏陶，8个儿子都知书达礼，学有所成。

容美土司还非常喜爱戏曲，有的能编能演。清代，戏曲文化发达，剧种众多，有苏腔、昆曲、秦腔等。特别是南剧、柳子戏更具地方特色。土司田舜年酷爱戏剧艺术，他修建有戏厅、戏楼和教坊，还建立了一个声色皆佳的戏班，父子俩能编能演。康熙四十年（1701），田舜年派唐柱臣进京找孔尚任的新剧本《桃花扇》，聘请吴腔、苏腔艺人置装扮演，继之又把孔尚任的挚友顾彩接进庄园，排演他的《南桃花扇》，留顾彩住了5个月，共同进行《桃花扇》的移植改造工作，并在细柳城公演3天。

从学习汉文化过程中接受儒家"三不朽"思想，尤其是以立言为文化根基，成为家族的共同理念。时人评曰："（田氏家族）用武固其家法矣，诸制又见其世尚文艺，如华容平子严君守升所称立言立功者，指不胜屈，盖人人有集，数十世当不诬之誉也。"②

---

① 胡绍华：《论容美土司文学的国家认同意识》，《三峡大学学报》2011年第6期。

② 湖北鹤峰县志办编：《容美土司资料汇编》（内部资料）第292页。

6. 贵州彝族余氏家族对汉文化的认同与接受

黔西北水西时代后期①，汉文化在这个边远之地产生了很大影响。彝族余氏家族是贵州最早认同和接受汉文化的少数民族家族之一。早在明代，为了学习和引进汉族文化，促进彝汉文化交流，余氏家族先祖、贵州宣慰使奢香夫人带头送子弟到京师入太学，学习汉文化，鼓励其参加科举考试。明洪武二十三年（1390）5月，"播州、贵州宣慰使司并所属宣慰抚司官各遣其子来朝，请入太学。上敕国子监官曰：'移风善俗，礼为之本，敷训导民，教为之先，故礼教民于朝廷而后风化达于四海。今西南诸夷土官各遣子弟来朝，求入太学，因其慕义，特允其请。尔等善为训教，俾有成就，庶不负远人慕学之心。'"②

据记载，奢香嫁给水西土司霭翠（汉姓为"安"）之前就热衷学习汉文典籍，懂得"三不朽"的含义。袭贵州宣慰使职后，受奢香影响，西南一带的乌撒、乌蒙、芒布、永宁地区各土司也纷纷送子弟进京学习。《明实录·太祖洪武实录》记载，洪武二十三年（1390）七月戊申，"云南乌撒军民府土官知府何能遣其弟忽山及罗罗生二人请入国子监读书，各赐钞锭"；九月辛卯，"云南乌蒙、芒布二军民府土官遣其子以作、捕驹等请入国子监读书，赐以衣钞"；二十六年正月丙午，"以前永宁宣抚司宣抚禄照子阿聂袭职。先是，禄照遣阿聂及次子智入太学受业"。据统计，乌蒙、芒部各土司多遣子弟入国子监读书多至六七十人。同时，在国子监读太学的土司子弟也把彝语彝文带到了京城，国子监所属的四夷馆还为此编成了《华夷译语》③，其中有《倮罗译语》5种，均分门排列彝文单词，每词下分汉义、汉字、注音 3 项，可谓最早的彝汉文互译文献。此外，作为彝族的几代贵州宣慰使还在辖区内置儒学，设教授。据《明实录》记载，洪武二十五年（1392）十一月癸卯，"置贵州宣慰司儒学，设教授一员、训导四员"。

---

① 水西时代，即蜀汉至清朝初期黔西北一带彝族土司安氏家族统治时期，距今约 1470 余年，水西后期相当于明代至清代初期。"水西"之名最早见于《元史》卷 63 之地理志："贵州地接八番，与播州相去二百余里，乃湖广、四川、云南喉衿之地。大德六年，云南行省右丞刘深征八百媳妇，至贵州科夫，致宋隆济等纠合诸蛮为乱，水东、水西、罗鬼诸蛮皆叛，刘深伏诛。"

② 《明实录·太祖洪武实录》卷 202。

③ 《华夷译语》：明清两代官办会同馆和四夷馆所编纂的多种语言对译辞书的总称。明洪武十五年，朱元璋任命翰林院侍讲火原洁、编修马沙亦黑等精通蒙汉双语的官员按照《蒙古秘史》中利用汉字对蒙古语字词加以拟音书写的方式，丁洪武二十二年编成刊印。永乐五年在北京顺天府首设四夷馆笔译各族文献，下分 8 馆：鞑靼馆（蒙古语馆）、女直馆（女真语馆）、西番馆（藏语馆）、西天馆（梵语馆）、回回馆（波斯语馆）、高昌馆（察合台语馆）、百夷馆（傣语馆）、缅甸馆（缅甸语馆），正德六年增设八百馆（泰沅语馆），其中的《倮罗译语》5 种为汉彝对译著作。

这一时期汉文化在彝族民间的普遍影响，还可以从彝族情歌《逃婚曲谷》[①]中看出：

> 高大的瓦房即使盖不了，见得人的草房也要盖一栋，精打细算，把子女养育。要么读汉书，读十年汉书，替那汉皇帝出力，替那汉皇帝办事；要么读彝书，替那彝君长出力，替那彝君长办事；或上祭祀场，得到猪羊腿，回家敬先人，回家敬祖宗。

这首诗的作者认为，读汉书才能为皇帝出力，为国家做大事，当时这已经成为彝族同胞的共识。黔西北至今还可以见到彝、汉文字并用于钟鼎碑刻的文物，如明代的《成化钟》、《千岁衢碑纪》、《水西大渡河建石桥记》等，足以说明彝汉文化的交流已经成为彝族较早的自觉意识。

余氏家族学习汉文化达到了很高的水准，家族中读书人普遍能用汉语写作诗文，留下了 10 多部诗文集。广泛结交各民族著名学者、政治家、作家、画家、翻译家，是余氏家族认同和接受汉文化的明证之一。尤其是清末民初的余达父，与海内外近百名学者有交往，[②]其中很多是汉族著名学者。如著名语言文字学家黄侃，诗人、报人、书法家于右任，农学家、考古学家、金石学家、敦煌学家、目录校勘学家、古文字学家罗振玉，学部编译图书局局长、浙江布政使、东陆大学教授、云南省图书馆副馆长袁嘉谷，南京图书馆馆长、考试院委员、江苏省参议员柳诒徵，近代作家、诗人、画家、翻译家苏曼殊，浙江省首批官费留学生、大理院东北分院推事、司法部科长、最高法院东北分院刑庭庭长郁华等。以上名士，有的为余达父《㸒雅堂诗集》作序，有的为其题诗与其唱和，有的赠送书法作品。新中国成立后的贵州省人民政府副主席、副省长周素园，青年时期即与余达父一起就学于贵州毕节清末进士、著名学者葛子惠门下，经过刻苦的学习和历练，两人都成为贵州文化的巨擘。

（二）汉代以来国家文化制度、民族政策的制定和实施

制度是根据国情来制定的，而政策则是在制度的基础上制定的，它们是包含和被包含的关系。文化制度是指国家通过宪法和法律调整以社会意识形态为核心的各种基本文化关系的规则、原则和政策的总和。民族政策是指国家和政党为调

---

① 阿洛兴德搜集、整理、翻译，贵州省毕节地区民族事务委员会、贵州省毕节地区彝文翻译组编：《曲谷精选》，贵州民族出版社，1996 年版第 210–211 页。

② 参见母进炎等：《百年家 学数世风骚——毕节大屯余氏彝族诗人家族研究》附录五《余达父交游考略》，贵阳：贵州人民出版社，2012 年版第 164–188 页。

节民族关系，处理民族问题而采取的相关措施、规定等的总和。从世界范围来看，民族政策有积极和消极之分，前者如民族平等、民族团结、民族发展政策；后者如种族隔离、种族歧视政策等。民族政策从整体上制约或激励民族文化的发展，当然也制约或激励少数民族文学家族的发展，这种力量是无形的，又是强大的。汉代以来的国家文化制度和民族政策，总体上说基本利于少数民族文学家族生长，但是并不平衡。

1. 开放包容的国家制度和民族政策，促进了少数民族文学家族的生成

历代国家制度和文化政策，既有不利于少数民族文学家族生成的一面，也有促进少数民族文学家族生成的一面。例如汉代文化制度总体上说开明、包容、进取，本质上是一种儒家思想统治下的"悉延百端之学"的制度。①钱穆、柳诒徵等史学家也认为汉武帝并非专治儒学，百端之学亦有发展。武帝时允许习百端之学者大量存在。自采纳董仲舒"罢黜百家，独尊儒术"的建议后，黄老之学仍盛而不衰，从地方到宫廷有许多学者好黄老之学。汉武帝在用人上并不仅限于儒生，说明其文化制度比较开明。汉文化"延续并发展了曾被秦帝国一度中断的传统礼乐文化，形成了以儒家思想为核心的大统一的封建文化，统一性与综合性成为其最突出的特色。历史悠久的华夏文化，尤其是春秋战国时期的文化，给汉代文化特色的形成提供了珍贵的文化资源，使它成为华夏传统文化的集大成者和中国封建大一统文化的楷模"。②

汉代学术的主渠道仍然是官学，除了官学，私学重新兴盛起来，儒家五经、古文经学教学十分活跃，齐、鲁、燕、赵等地已形成具有声势和影响的各个学派，道家、法家、名家及方术也有私学。"汉代经学教育为的是培养经师和各级官吏，并不期待就学人员成为作家，但其中相当一部分人却具备了从事文学创作的能力。自公孙弘倡导经学教育之后，'公卿大夫士吏彬彬多文学之士矣'"③。官学与私学的齐头并进，使整个士阶层儒家化，贫民对儒家思想神圣化。"士阶层的'儒化'，是中国文明迈向儒家文明重要的一步"④。同时，私学的活跃，使学术和文化重新回到民间。

汉代文学和经学彼此渗透，经学家多数兼通文学，如郑玄、马融、刘向、扬

① 钱国旗等：《中国历代文化政策的特点》，《青岛大学师范学院学报》2009年第4期。
② 杨树增：《汉代文化特色及形成》，北京：人民出版社，2008年版。
③ 袁行霈：《中国文学史》，北京：高等教育出版社，2005年7月第二版，第1卷第137页。
④ 马振铎、徐远和、郑家栋：《儒家文明》，北京：中国社会科学出版社，1999年版第59页。

雄、班固、何休、王逸等人。"汉代多数作家都受过经学教育,他们成为沟通文学和经学的重要媒介,汉代文学和经学的互渗互动,主要是通过他们得以实现的"①。经学与文学的互动,为文学家族的出现创造了条件。例如汉代出现的文学家族有夏阳司马迁家族、扶风班固家族、华阴杨氏家族、沛丰刘向家族、涿郡崔氏家族等。汉代统治者重视乐教,强调以礼乐方式实现政治教化目的。汉武帝的音乐文化政策,雅俗并举,吸取西域文化之长,是其儒家治国方略的重要组成部分。但是我们也无不遗憾地看到,由于整个社会偏重汉学,"坚夷夏之防",少数民族文学家族几乎见不到,更不要说杰出的少数民族文学家族。原因在于,儒家注重教化,主张施行仁政,为开放政策的制定奠定了良好基础,但是少数民族对汉文化的认同接受需要一个漫长过程,何况统治者"坚夷夏之防"的观念从根本上来说并不利于少数民族文学家族的生成。这种情况到了魏晋南北朝尤其是北魏时期才有了根本改变。

魏晋南北朝是中国历史上政权更迭最频繁的时期,然而社会大动荡带来的是思想大解放、民族大融合、文化大发展的局面。这一时期中国文化的发展趋于多样化、复杂化:一方面,玄学、道学、佛学与儒学在碰撞中褪去了两汉时期所附加的神秘成分和神学外衣,开始表现出更加旺盛的生命力。魏晋南北朝也是文学家族形成、发展的重要时期。东汉末至三国鼎立、魏晋禅代这80年间,文学家族呈现明显的繁荣状态,涌现出曹、范、荀、应、阮、蔡、丁、嵇、王、潘、夏侯、钟、刘、裴、杨、陆、张、顾等近20个汉族文学家族。社会的巨变不仅没有让文学家族销声匿迹,反而使其兴旺发达,原因何在?我们认为,这个情况大体说明,文化的繁荣有时与社会的稳定、政治的文明状况恰好相反,经济基础与意识形态并不完全统一。三国鼎立时期,全国文化中心虽仍然在黄河流域,但魏、蜀、吴还是出现了200多位文学家。

曹操执掌魏国政权后,广揽人才,率先建立了九品中正制,促进了门阀世家的兴盛。同时全面推行抑制豪强的法治政策,起用王修、司马芝、杨沛、吕虔、满宠、贾逵等地方官吏,抑制不法豪强。曹丕即位后,重视文教,于公元221年下令,人口达10万的郡国每年察举孝廉1人。同年又重修孔庙,封孔子后人为宗圣侯。224年恢复太学,置五经课试之法,设立春秋谷梁博士。修复洛阳,营建五都,推广儒学。由于相对重视文学发展,曹魏文化软实力在三国中最为强大,表现在:疆域内文学家总数最多,文学作品最多。有人做过统计,从先秦到清代,

---

① 袁行霈:《中国文学史》,北京:高等教育出版社,2005年7月第二版第1卷第137页。

曹魏疆域内文学家为 187 人，占统计总人数的 85.3%，三国文学作品中 96.6%出自曹魏文人之手。而孙吴疆域内只有 26 位文学家，占统计总数的 12%，蜀汉更少，只有 6 人，占三国文学家总人数的 2%。曹魏政权重视文学发展和建设，在其周围聚集了一批文学人才，形成了著名的邺下文人集团以及文学家族。曹魏时代的著名文学家族有沛国曹氏家族、范阳卢氏家族，而少数民族文学家族尚在孕育中。

蜀汉政权（221—263）建于成都，史称蜀汉，疆土辖汉中、巴、蜀。三国时代，蜀汉的国力最弱，人才缺乏，经济衰败，兵力不足。刘备政权还受到来自各方面的威胁，主要是孙吴政权与曹魏政权。在艰难创业之中，蜀汉政权仅维持了 40 余年，在三国中最先灭亡。建安十二年（207）刘备三顾茅庐，请出了隐居在隆中的政治家诸葛亮，为蜀汉政权的巩固发展做出了重大贡献。蜀汉政权在治国方略上法治与礼治并举，"明法"而不"滥刑"，强调"教化在先"。蜀汉政权凭借巴蜀文化的雄厚底蕴，在经学、史学、语言学、文字学、法学、文学诸方面取得了突出的成就。曹魏属地还产生了两大汉族文学家族：以"才"闻名的荀氏家族和以"文"传世的汝南应氏家族。

孙权统治时期，吴国多数统治者以儒家思想立国，崇文重教，也重视发展经济，吸纳人才，如张昭、周瑜、鲁肃、吕蒙、陆逊、甘宁、太史慈等著名将领、谋士。清代赵翼《二十史劄记》曰："人才莫盛于三国，惟三国之主，各能用人。"孙吴政权文化政策包容开放，促进了吴文化的发展。秦汉至六朝时期，苏州开始出现有全国影响的作家和作品。隋唐至宋，出现了一些有代表性的作家、作品，文学活动也比较频繁。元明至清中叶，苏州文学在全国逐渐居于领先地位。近百多年来，形成了在全国范围内和文学史上有相当影响的文学社团、流派。同时吴文化区域的文学家族不断涌现，这些文学家族都是大家世族，最典型的有吴郡陆氏、张氏、顾氏 3 大家族。《文心雕龙》、《诗品》、《文选》、《全上古三代秦汉三国六朝文》、《吴郡志》等历史文献记载的吴郡陆氏家族文学家有陆机、陆云等 19 人；吴郡张氏家族文学家有张温、张惕等 13 人；吴郡顾氏家族文学家有顾荣、顾和等 9 人。少数民族文学家族未见记载。

隋唐时期，"华夷一家"的思想已成为这一时期处理民族关系的主流基调。如隋炀帝时所强调的"今四海既清，与一家无异，朕皆欲存养，使遂性灵"[①]的思想，集中体现了隋代"混一戎夏"、诸族一家的民族开放思想。唐太宗于贞观十八年（644）说："夷狄亦人耳，其情与中夏不殊。人主患德泽不加，不必猜忌异

① 《隋书》卷 84《突厥传》，北京：中华书局，2000 年版第 1258 页。

类。盖德泽洽，则四夷可使如一家；猜忌多，则骨肉不免为雠敌。"①贞观二十一年（647）他又强调："自古皆贵中华，贱戎狄，朕独爱之如一，故其种落皆依朕如父母。"②这些观点集中代表了唐代最高统治者对民族关系的认识。"华夷一家"的民族思想将周边各少数民族以统一的名义纳入统一多民族国家之中，不仅极大丰富了"大一统"的思想体系，还有力地促进了统一多民族国家的发展。唐太宗死后，"四夷之人入仕于朝及来朝贡者数百人，闻丧皆恸哭，剪发、劗面、割耳，流血洒地"，"阿史那社尔、契苾何力请杀身殉葬"③等情况，便是隋唐时期"华夷一家"民族思想获得巨大成功的集中体现。④

宋代的少数民族政策也较为开放包容。在少数民族聚居区，宋神宗继续推行以夏变夷的文教政策，并且对少数民族施以儒家思想文化影响。朝廷对少数民族地区应试举人放宽了条件。熙宁六年下诏："熙河路举人，不以户贯年限所取。"又增加了应试名额，"熙州以五人，河、洮、岷州各三人为解额"，熙宁八年，河州"增解进士为五人额"，宋元丰七年立于甘肃岷县的"广仁禅院碑"中提到了"传曰用夏变夷，信哉其言乎"⑤。这些文化制度非常有利于文学家族的发展。章定《名贤氏族言行类稿》卷34云："宋朝以文章名世，父子兄弟齐名者甚众。若三苏、三刘、三沈、三孔，则其章章尤著者也。"⑥除此之外，澶州晁氏家族也是著名的文学家族，有诗文集和学术著作传世的文学家为晁迥、晁端礼、晁补之、晁说之、晁冲之、晁载之、晁贯、晁公武、晁公遡9人。

但是，上述文学家族都是汉族文学家族，除了北魏时期萌芽、隋唐时期发展起来的鲜卑族元氏家族外，只有几个散见的少数民族文学家。如鲜卑族文学家元绛，天圣八年（1030）进士，有《玉堂集》，仅存词2首。鲜卑族文学家宇文虚中，大观三年（1109）进士，曾被尊为诗坛盟主，文集不存，金代元好问《中州集》录其诗50首，另见其他著作中诗4首、词2首。鲜卑族文学家万俟咏，大晟府制撰，有词集《大声集》5卷，周邦彦作序，不传，赵万里辑其词29首。鲜卑族文学家万俟绍之（南宋奸臣万俟卨曾孙），著有《郢庄吟稿》，仅存词4首。壮族文学家覃庆元，宋真宗景德二年（1005）进士，博学能文，仅

---

① [宋] 司马光：《资治通鉴》卷197《唐纪》，北京：中华书局，1957年版第6215–6216页。

② [宋] 司马光：《资治通鉴》卷198《唐纪》，北京：中华书局，1957年版第6247页。

③ [宋] 司马光：《资治通鉴》卷199《唐纪》，北京：中华书局，1957年版第6269页。

④ 段红云：《论隋唐时期的民族政策与各民族的大融合》，《云南行政学院学报》2011年第6期。

⑤ 钱国旗等：《历代文化政策及其得失》，《青岛大学师范学院学报》2007年第4期。

⑥ [宋] 章述：《名贤氏族言行类稿》，台北：台湾商务印书馆，1986年影印本。

存诗 1 首。壮族文学家韦旻，存诗 1 首。回族文学家蒲寿晟（亦作寿崴、寿宬），字镜泉，号心泉。他熟悉汉族的历史、传说，擅长五言、七言、律诗、绝句等多种诗文词赋和书法，尤精于五言古诗和五言律诗。著有《心泉学诗稿》6 卷，近 300 首，载于《永乐大典》。《四库全书提要》称其"在宋元之际犹属雅音"，"亦足以备一家"。

2. 国家权力整体推进汉文化的制度，极大促进了少数民族文学家族的生成

关于这一点，北魏政权的做法很能说明问题。北魏（386—557），是北朝时期由鲜卑族拓跋氏家族建立的第一个朝代，史称北魏、拓跋魏、元魏、代国，早期国语为鲜卑语。公元 386 年，拓跋部首领拓跋珪改国号为大魏，建都平城。公元439 年统一北方，493 年起孝文帝拓跋宏迁都洛阳，改汉姓为"元"。534 年分裂为东魏与西魏。东魏武定八年（550），高洋废孝静帝，代东魏自立，建立北齐。西魏于恭帝三年被权臣宇文护逼迫禅位于其侄宇文觉，北魏历史正式宣告结束。北魏太武帝拓跋焘统治时期的文化制度呈现明显的严酷性，主要体现在以下 3 个方面：

一是禁止私立学校，剥夺百工平民子弟的受教育权。太武帝拓跋焘于太平真君五年春下诏："今制自王公已下至于卿士，其子息皆诣太学。其百工伎巧、驺卒子息，当习其父兄所业，不听私立学校。违者师身死，主人门诛。"①二是禁绝佛教，坑杀沙门。太武帝继位后，因佛教的发展给北魏的统治带来一些不利影响，遂于太延四年下令，50 岁以下沙门尽皆还俗，以从征役，解决翌年西伐北凉所需的人力问题。又于太平真君五年正月下诏："彼沙门者，假西戎虚诞，妄生妖孽，非所以一齐政化，布淳德于天下也。自王公已下，有私养沙门者，皆送官曹，不得隐匿。限今年二月十五日，过期不出，沙门身死，容止者诛一门。"②太平真君七年，太武帝下诏诛长安沙门，焚烧佛像，北方地区佛教的发展遭受重创，而且也在一定程度上限制了北魏文化的多元化发展。三是兴国史冤狱，诛杀史官。太武帝以政治权力对崔浩编修国史进行干预，采取诛杀的极端行为摧残史官，导致北魏国史之学不振、史风污染，实录难求、曲笔猖獗。《魏书·崔浩传》对此事件有较详细的记载。③

虽然北魏太武帝实行的是文化专制主义，但是拓跋焘、拓跋宏、冯太后等却

① 《魏书》卷 4《世祖太武帝纪》，北京：中华书局，2000 年版第 65 页。
② 《魏书》卷 114《释老志》，北京：中华书局，2000 年版第 2017 页。
③ 钱国旗等：《中国历代文化政策的特点》，《青岛大学师范学院学报》2009 年第 4 期。

倾心崇尚汉文化，潜心学习汉文化，取得了突出的成就。拓跋宏家族的典型意义在于：以皇族身份、国家手段传播汉文化，推行汉文化，为少数民族杰出文学家族的崛起发挥了强大的引领作用。

这一时期少数民族文学家族还非常少见，但是汉族文学家族的大量涌现激发了少数民族文学家族的生成，以元德秀、元结、元稹、元好问为代表的鲜卑族拓跋氏家族，终于继承先祖北魏元宏所开创的崇尚汉文化的优秀传统，并以其杰出的文学创作和学术研究成就闪耀于中国文化的星空。也就是在北魏时期，鲜卑族作家开始尝试运用汉语创作传统诗歌，成为中国历史上最早的双语作家，开创了少数民族双语创作先河，其引领意义非常深远。正如佟中明所说："在古今中外文学界中，少数民族作家用大语种进行创作并获得巨大成就的例子不胜枚举，如我国古代的陶渊明、元稹、刘禹锡、元好问、萨都剌、贯云石、耶律楚材、廼贤、纳兰性德、曹雪芹等人赫赫有名、流芳百世；我国当代著名少数民族作家，如玛拉沁夫、李准、降边嘉措、扎西达娃、阿来等人也用汉语创作，盛名鼎鼎、尽人皆知。他们的作品飞越自己的故乡，传播至全国乃至世界，为不同民族和不同国家的广大读者认知，成为共同享受的精神财富。"[①]

3. 民族融合与文化交流制度，促进了少数民族文学家族的生成

"民族融合"这个概念目前尚有争议，一般是指两个对等的民族在长期共同增长的基础上融为一体，民族差别得以最终消失，相互融合成新的民族。也指全世界民族消亡的途径和方式，即全世界实现大同以后，民族特征和民族差别逐渐消失，形成一个没有民族界限的人类整体的历史过程。

民族融合是多民族国家的普遍现象，是历史发展的必然趋势。古今中外民族共同体的形成、变化、发展，都与民族融合紧密相关。从中外民族关系来看，一个民族融合于另一个民族，存在着两种情况或方式：一种是采取政治强制手段把一个民族融合于另一个民族；一种是通过经济、文化的作用，使一个民族经过自然过程融合于另一个民族。为了比较妥当和科学地表示这两种客观存在的情况或方式，人们又习惯地把通过政治强制使一个民族融合于另一个民族的情况称为"同化"，把通过经济、文化的作用使一个民族自然地融合于另一个民族的情况称为"融合"。在中国多民族的关系史上，既有强制同化，又有自然融合，情况错综复杂。

---

① 佟中明：《论新疆少数民族作家用双语创作的意义》，原载新疆哲学社会科学网，发布日期：2013 年 1 月 10 日。

　　民族融合政策的实施，在三国时期效果尤为显著。由于连年征战，蜀国来不及进行大规模的文化建设，但是其民族政策却极为有利于民族文化的发展。"针对南中少数民族，诸葛亮坚持攻心为上、心战为上的指导思想，采取了调整郡县设置，以削弱地方大姓、夷王的势力；推行夷汉官吏交流制度，以加强蜀汉政权对南中的管理；重视先进经济文化传播，以推动南中经济社会发展；因俗而治，以笼络南中各少数民族等措施。而对西部、西北少数民族，也是怀柔和抚与军事镇压两手并用。诸葛亮开明的民族思想和切合实际的民族政策，对民族地区的稳定和蜀汉政权的巩固有着积极意义。"①可惜的是，蜀汉时期仍然没有产生少数民族杰出文学家族。

　　隋朝历史短暂，但却是魏晋南北朝大分裂之后的第一个统一时代。隋文帝、炀帝父子顺应当时政治、经济、文化发展的趋势，及时调整文化政策，推行儒、道、佛三教并重的方针，消除了外来文化与中国传统文化、北方文化与南方文化之间的隔阂与敌对状态，力求兼收并蓄，博采众长，从而形成了多元化、混合型的新文化体系。"至隋朝建立，长期以来的社会动荡、民族分裂的割据局面结束。作为胡汉'混血儿'的隋炀帝，适应多民族融合发展的趋势，雄才拓疆，巩固了多民族的国家。在对待少数民族的问题上，他提出了'混一戎夏'的思想，确立了德化为主的民族思想体系。"②由此可见，隋代的文化制度、民族政策是相对宽松的，但还不足以产生较多的少数民族文学家族，可堪称道的仅为北周的宇文氏家族。这个家族出自匈奴，其先为鲜卑君长，因长期与鲜卑族相处，逐渐鲜卑化，杰出的如"宇文三才子"——诗人宇文毓、宇文招、宇文遒。他们不仅代表宇文家族文学的最高成就，而且代表了北周时期的少数民族文学家族水准。宇文氏三人都著有汉语诗文集，③虽然流传下来的作品非常少，但是影响甚大。

　　唐代，边地各少数民族加强了与中原汉族的融合，为中原汉族文化注入了"胡化"因素。强大的汉族文化通过频繁的政治、经济和文化往来源源不断地传播到周边少数民族地区。隋朝时期，西域高昌（今新疆吐鲁番）国王仿效华夏兴办学校，"有《毛诗》、《论语》、《孝经》，置学官弟子，以相教授"④。到了唐代，汉文化在周边民族地区的传播越加深远。唐蕃和亲后，松赞干布"仍遣酋豪子弟，

① 史成虎：《试析诸葛亮的民族政策思想——"西和诸戎，南抚夷越"》，《湖北民族学院学报》（哲学社会科学版）2011年5期。
② 刘德初、韩隆福：《论隋炀帝的民族政策及影响》，《湖南文理学院学报》（社会科学版）2006年第3期。
③ 据载，宇文毓有诗集10卷，仅存3首；宇文招有文集10卷，几乎全部亡佚；宇文遒有诗集，但仅存1首。
④ 《北史》卷97《高昌传》，北京：中华书局，2000年版第2133页。

请入国学以习诗、书，又请中国识文之人典其表疏"①。中原汉文化的广泛传播，既丰富发展了各民族具有自己个性特点的传统文化，又在很大程度上增进了文化认同，从而产生一种较大的文化内聚力，对多元一体的中华文化发展格局的发展具有深远的意义。②

民族融合的基本途径之一是彼此的文化交流。中国古代文化交流活动很早就有了，正式的有国家之间、学派之间的交流，例如先秦时代的观乐活动、诸子百家的学术论辩等。《季札观乐》是《左传》中的名篇，记载的是鲁襄公二十九年（前544），吴王寿梦的小儿子季札出使鲁国，鲁国人为他表演周王室乐舞的盛况，以及季札对鲁国高雅音乐的精彩评论。齐宣王时期，稷下学宫的学术论辩非常热闹，当时四方游士、各国学者纷至沓来，"邹衍、淳于髡、田骈、接子、慎到、环渊之徒七十六人，皆赐列第为上大夫，不治而议论"（《史记·田敬仲完世家》）。到了汉朝，文化交流更为广泛，尤其是中原与西域的音乐交流，为后世中国音乐的发展与传播提供了一个良好的开端。西域音乐的引进，促进了汉文化与少数民族文化的交流。

唐代注重中外文化交流，大量招收外国留学生。"高丽及百济、新罗、高昌、吐蕃等诸国酋长，亦遣子弟请入国学之内。鼓箧而升讲筵者，八千余人，济济洋洋焉"③。太宗时期的对外文化政策主要体现在两个方面：一是对外来文化采取兼收并蓄、消化吸收、为我所用的开放政策；二是积极向外传播华夏文明成果。唐太宗任用了许多少数民族人才，如突厥人阿史那社尔和执失思力、铁勒部人契苾何力以及"昭武九姓"等，他们在唐朝担任重要官职或音乐供奉。据史料记载，贞观一朝，仅突厥人担任五品以上官者就接近了同级官员的半数，回纥人竟有几千人担任了各种官职。当时的西域人几乎参与了唐朝的各行各业，他们中有使者、僧侣、商人、留学生、技工、音乐家等。各种人才入唐，带来了多样的文化，丰富了华夏文化的内容。④唐太宗对外来宗教采取兼收并蓄、诸教并行的态度，如玄奘到天竺求法，带回了梵文佛经。

唐代文化的传播交流，有利于改变民族地区的文化落后面貌，有利于各民族和地区形成统一的文化背景，从而为后世统一多民族国家的发展提供思想保障，同时也带动了以唐文化为中心的东亚区域文化的发展，为"东亚文化圈"的形成

---

① 《旧唐书》卷196《吐蕃传》，北京：中华书局，2000年版第3553页。
② 段红云：《论隋唐时期的民族政策与各民族的大融合》，《云南行政学院学报》2011年第6期。
③ 《旧唐书》卷189《儒学传》，北京：中华书局，2000年版第3360页。
④ 钱国旗等：《中国历代文化政策的特点》，《青岛大学师范学院学报》2009年第4期。

奠定了基础。①

4. 儒学教育与科举考试制度的广为推行，促进了少数民族文学家族的生成

汉武帝以降，儒学被空前重视，在一定程度上促进了少数民族文学家族的生成。

儒学通过科举考试渗透于文人士大夫，进而推动少数民族的迅速汉化、儒化，促进了少数民族杰出文学家族的生成。像汉族文人那样，有的少数民族文人也把参加科举考试作为实现人生价值的重要手段。多数情况下，科举考试的内容是以儒家经典为主，经学始终是必考内容，其次才是诗赋等。因此应试者不仅要非常熟悉汉文化中的儒家经典，还要非常熟悉诗赋创作。

通过科举考试走入仕途的少数民族文学家也不少，例如鲜卑族杰出文学家元德秀于唐玄宗开元二十一年（733）以"才行第一"考中进士。贞元十九年（803），24 岁的元稹与大他 8 岁的白居易同登书判拔萃科，并入秘书省任校书郎。元好问因科场受挫，35 岁时才得到赵秉文等人的推举，以考试优异得中科举，被任命为权国史院编修，留官汴京。元好问是金末元初最有成就的文学家、文坛盟主，在诗、词、文、小说创作及文学理论、历史研究方面取得了杰出成就。金元易代之际，元好问在蒙古生活了 20 多年，对忽必烈重视儒学、大兴学校的政策十分钦佩。

元好问先祖元桢、元英、元熙文学成就不高，但是他们在元氏政权和家族汉化过程中起到了催化作用。元桢是北魏景穆帝拓跋晃第 11 子、孝文帝元宏从祖。太和十七年（493），孝文帝谋划迁都，遭到宗室部分成员强烈反对，元桢以德高望重的长者身份大力支持。元英既有鲜卑武将能征善战的一面，同时又博闻强记，对汉文化表现出积极拥护的态度，极力推崇儒学并主张在地方州郡的学校中普及推广儒学教育。元熙的文学才能高于元桢，他精于诗文，汉学功底深厚。《魏书》本传载，元熙"好学，俊爽有文才，声著于世"，《魏故使持节大将军太尉公中山王墓志铭》云："（元熙）幼而岐嶷，操尚不群，好学博通，善言理义，文藻富赡，雅有俊才。……年未志学。拜秘书郎中，文艺之美，领袖东观。"②元好问之父元德明多次科举不中，以教授乡学为业，平时诗酒自娱，喜爱杜诗，推崇苏、黄，著有《东岩集》。除元氏家族外，金元时期较有成就的少数民族文学家族还有四家：浙江绍兴蒙古族逊都思文学家族、江苏溧阳维吾尔族偰氏文学家族、安徽宣城回族贡氏文学家族、云南大理白族段氏文学家族。

---

① 钱国旗等：《中国历代文化政策的特点》，《青岛大学师范学院学报》2009 年第 4 期。
② 赵超：《汉魏南北朝墓志汇编》，天津：天津古籍出版社，2008 年版。

逊都思文学家族杰出者为月鲁不花（1308—1366），元代诗人，字彦明，号芝轩。居绍兴（今属浙江），受业于元代大儒、著名理学家韩性①，为文下笔立就，粲然成章。元统元年（1333）登进士第，授台州路录事司达鲁花赤，丁外艰归。至正元年（1341）授行都水监经历，累迁吏部侍郎，改工部，除保定路达鲁花赤，改大都路，拜江南行御史台中丞。二十六年，除浙西肃政廉访使，俄改山南道廉访使，浮海北行，遇倭贼船甚众，力战不屈，遇害，谥忠肃。《元诗选》第3集辑有其《芝轩集》1卷。

偰氏文学家族较著名者有偰玉立（1290—1365），字世玉，号止堂（一作止庵），高昌畏兀人（即今维吾尔族），延祐五年（1318）进士。出身于来历久远的世家，从中唐起世代为回鹘相。家族发祥地在蒙古草原的偰辇河，因而以偰为汉姓。入中原先定居南昌，后以溧阳（今属江苏）为籍贯。偰氏是元代著名的汉化家族，有"一门九进士"之荣。顾嗣立《元诗选》第三集收偰玉立《世玉集》，存诗13首，还有1阕词收于《全金元词》。偰玉立还工于书法，留下不少题刻，被后人誉为"色目人之佼佼者"。

西南地区的科举考试录取情况与邻近地区相比有一些差距。根据有关记载，湖广、广西、四川等省的少数民族参加朝廷组织的科举考试始于唐代，贵州、云南始于明代。唐代，湖广录取少数民族进士28人，四川录取25人，广西录取3人。明代录取人数大增，湖广仅洪武至永乐年间就录取少数民族进士166人，四川同期录取89人，广西仅洪武一朝就录取13人。②朝廷对少数民族地区放宽了考试政策，如就近乡试、增加名额，调动了少数民族士子参加科举考试的积极性，陆续有人考中。科举制度改变了少数民族文人的身份，使他们有机会从政，与更多汉族官员进行文化交流，提高了文学创作水平，促进了家族成员的文学创作。

5. "夷夏之防"观念和制度的突破，使少数民族文学家族得以迅速发展

先秦时期，孔子作《春秋》，提出了"内诸夏，而外夷狄"的观点，夷夏之防理论作为儒家的政治主张在中国历史上流传下来。"随着儒家独尊政治地位的确立，'严夷夏之防'成为封建社会的一条根本大纲。其对中国文化的影响是双重的，一方面有利于保持华夏文化（主要是汉族文化）的独立性，另一方面也阻碍

---

① 《元史·儒学传》："韩性，字明善，绍兴人。其先家安阳，宋司徒兼侍中魏忠献王琦，其八世祖也。……其所著有《礼记说》四卷，《诗音释》一卷，《书辨疑》一卷，《郡志》八卷，文集十二卷。"
② 参见清人迈柱等监修的《湖广通志》卷引、黄廷桂等监修的《四川通志》卷33、谢启坤《广西通志》卷62。

了文化的交流与融合。如果说古代汉族文化较之其他少数民族文化的确具有优越性，严夷夏之防尚情有可原，那么到了近代，在中西政治、经济、军事、文化各方面差距悬殊的情况下，依然顽固的保守这一观念，无疑不利于中国文明的进一步发展。"①

清代，满族掌握国家政权，虽然也实行文化专制主义，但最大的不同是突破了传统的"夷夏之防"观念，正视中西文化的差距，形成"中体西用"的文化观。②

清代初期，以康熙为代表的封建统治者奉行崇儒重道的文化政策，尊崇程朱理学为儒学正宗，重用一批理学名臣，出现了清代程朱理学发展的第一个高峰。随着汉学的兴起并成为一代显学，理学跌入低谷，被冷落了百年之久。直到嘉道年间，程朱理学才重新受到士大夫们的重视，朝野鼓吹，推波助澜，导致它在咸同年间的复兴。这是清代程朱理学发展的第二个高峰。③同治元年（1862）三月清穆宗同治下诏曰："我朝崇儒重道，正学昌明，士子循诵习传，咸知宗尚程朱，以阐圣教。惟沿习既久，或徒骛道学之虚名，而于天理民彝之实际，未能研求，势且误入歧途，于风俗人心，大有关系。各直省学政等躬司牖迪，凡校阅试艺，固宜恪遵功令，悉以程朱讲义为宗，尤应将性理诸书，随时阐扬。使躬列胶庠者，咸知探濂洛关闽之渊源，以格致诚正为本务，身体力行，务求实践，不徒以空语灵明，流为伪学。"④随之，清政府采取了一系列复兴理学的措施：整顿教育，推广理学；奖励"正学"，查禁"邪书"；崇实废虚，经世致用。正是在这种背景下，以曾国藩为代表的大批汉族理学家进入国家权力中心。在他们的积极推动之下，社会开始突破传统的"夷夏之防"观念，正视中西文化的差距，形成"中体西用"的文化观。在实行文化专制政策，严厉打击怀有反清复明思想的士大夫的同时，清政府又采取怀柔政策，笼络汉族知识分子。康熙年间规定："凡有学行兼优、文词卓越之人，不论已仕、未仕，令在京三品以上及科道官员，在外督抚布按各举所知，朕将亲试录用。"⑤

清政府还制定了"恩威并用，剿抚并施"的民族政策：即"顺者以德服，逆

---

① 陈代湘、周接兵：《近代湘学对"夷夏之防"和"中体西用"的突破》，《湖湘论坛》2014 年第 6 期。

② 参见钱国旗等《历代文化政策及其得失》，《青岛大学师范学院学报》2007 年第 4 期。

③ 参见史革新：《程朱理学与晚清"同治中兴"》，《近代史研究》2003 年第 6 期。

④ 《清实录·穆宗毅皇帝实录》卷 22。北京：中华书局，1987 年版。

⑤ 《四库全书·圣祖仁皇帝圣训》卷 12。

者以兵临"。在处理民族事务方面，"区别对待，因俗而治"，①打破了"华夷之防"，"视天下为一体，率土之人，靡不执恤"②，对不同的民族、地区实行不同的政策，如对蒙古族诸部与汉族、西藏与新疆。清朝统治者注重学习先进文化来发展自己，促进了各民族文化的融合、发展。庄吉发在《清高宗十全武功研究》一书中认为："满洲以边疆部族入主中原，一方面接受儒家文化，承袭传统的政治制度，另一方面积极整理边疆，增进边疆与中原的政治、经济及文化等各种关系，加强少数民族对中央的向心力，而具备近代世界各国公认的关于领土主权所包含的基本内容，经过清代长期的统治，满汉畛域，逐渐消弭，各部族之间，日益融合，汉满蒙回藏以及其他少数民族部族成为中华民族的成员，终于奠定版图辽阔多民族统一国家的基础。"③

由于夷夏之防观念和制度的打破，加上以前各代的文化积累，清代的少数民族文学家、文学家族及文学作品与历代相比是最多的。据多洛肯统计④，清代满族文学世家有 80 家，家族诗文家 270 人，别集总数 360 部，散佚 115 部，存诗人数 238 人；回族文学世家 14 家，家族诗文家 53 人，别集总数 91 部，散佚 25 部，存诗人数 34 人；蒙古族文学世家 10 家，家族诗文家 31 人，别集总数 44 部，散佚 5 部，存诗人数 10 人；壮族文学世家 11 家，家族诗文家 33 人，别集总数 28 部，散佚 18 部，存诗人数 16 人；白族 5 家，家族诗文家 18 人，别集总数 26 部，散佚 15 部，存诗人数 18 人；彝族 4 家，家族诗文家 14 人，别集总数 9 部，散佚 3 部，存诗人数 11 人；纳西族 3 家，家族诗文家 11 人，别集总数 13 部，散佚 3 部，存诗人数 11 人；布依族 1 家，家族诗文家 3 人，别集总数 6 部，未散佚，存诗人数 3 人。朱永邦《元明清以来蒙古族汉文著作家简介》认为，元、明、清 3 代蒙古族汉文著作家共有 90 人，其中清代占了大约半数，蒲松龄与其子孙 3 人也被统计在内。⑤这种统计仍然是不够精准的，但是至少说明蒙古族文人在学习汉文化，学习汉语古诗文创作方面的热情和才能。

本书提到的几个少数民族杰出文学家族的文学创作活动如下：元氏家族成员的文学创作活动主要在唐代和金代，明清时期没有见到家族文学作品流传，元氏

---

① 余梓东：《论清朝的民族政策》，《满族研究》2005 年第 3 期。

② 章楗：《康熙政要》，北京：中央党校出版社，1994 年版第 420 页。

③ 庄吉发：《清高宗十全武功研究》，北京：中华书局，1987 年版第 1 页。

④ 多洛肯：《清代少数民族文学家族研究现状与前瞻》，中国社会科学报 2014 年 12 月 5 日第 A08 版：专题。

⑤ 淄川蒲氏自元代迁来，原籍何处文献无征。其远祖蒲鲁浑、蒲居仁曾任般阳府路总管，名载邑乘，但无任职年代。墓在山东淄博市城西北店子村附近，旧有华表翁仲，俗称"石人坡"。蒲松龄属于何种民族曾引发学术界争议，蒙古、女真、回族、汉人多说并存，至今尚未定论。

家族的文学辉煌在唐代和金代，"三元"（元结、元稹、元好问）是唐代中期和金代少数民族文学家族的杰出诗人，在中国文学史上占有一席地位，任何一部中国文学史都不可能避开他们，其地位处于中国杰出文学家族之首。木氏家族成员的文学创作活动主要在明代，"木氏六公"中只有木靖生活于清朝，因此可以说木氏家族的文学辉煌在明代。田氏家族成员的文学创作活动是明清各半，明代影响较大的是田舜年，清代影响较大的是田甘霖与田舜年。丁氏家族成员的文学创作活动主要在清代，共产生了 13 位文学家，其中丁炜的创作成就最大，因此丁氏家族的文学辉煌在清代。法式善家族的文学创作活动完全起于清代，起步虽晚但成就丰硕，影响颇大。贵州余氏家族的文学创作活动也完全起于清代，主要创作活动在清代中晚期，但延及当代，产生了良好的传承效应。

总之，清代虽然有文字狱的严密控制，但由于"夷夏之防"观念的突破，民族政策的相对开放，传统文化的积累丰厚，家族文学创作意识浓厚，少数民族文学家和杰出文学家族的数量处于历代前茅。

（三）元代以来土司制度的助推

元代以来，封建统治者主要采用奖励政策、羁縻政策、剿抚政策、改土归流等政策管理土司。中国历史上的少数民族杰出文学家族多数出自于土司家族，本课题涉及的文学家族除了元氏家族原来是皇族、丁氏家族是经商起家的外，其余 4 个家族均为土司家族。千年以上的土司制度是怎样助推这些少数民族杰出文学家族生成发展的？

1. 土司制度的建立和延续，从制度文化层面促进了少数民族杰出文学家族的产生

土司制度（亦称"土官制度"）是封建王朝管理边疆地区少数民族事务的官员任用制度。即由中央政府任用当地土著民族世袭首领，让他们保留其原国名、领地、封号等，维持原来的生产关系和生产方式，定期向中央政府缴纳赋税（金银），完成劳役任务，征战时听从调遣。土司制度实质上是一种"以夷制夷"制度，它萌芽于魏蜀吴三国，肇始于东晋南北朝，雏形于唐宋，定型于元代，鼎盛于明代，衰落于清代，残存于民国。元明清时期，我国 14 省共设土司、土官 3108 家 20000 余人。① 如果从起源时期算起，土司制度则至少维持了千年以上。

---

① 龚荫：《关于中国土司制度渊源发展研究的十个问题》，《青海民族研究》2013 年第 1 期。

土司制度利弊共存。从利的方面说，土司制度是在幅员辽阔的中国版图上解决国家管理问题的新举措。与历史上藩镇割据、边患频仍的现象比较，土司制度在一定历史时期内对稳定边疆、维护民族团结、促进少数民族地区经济、社会和文化的发展起到了积极作用。如明代洪武年间，贵州土司、宣慰使奢香开通九驿，保境安民，维护了民族团结和国家统一。明朝万历初年，缅甸国王莽瑞体率兵侵入云南德宏地区，陇川傣族土司多士宁不惜以全家性命来保卫边土，拒不降缅。土司制度兼顾了少数民族的利益，巩固了中央王朝在边疆的统治地位。当然土司制度也有弊端，"作为一种政治制度，在它的初期和中期曾有过进步性，在推动南方各民族社会经济发展中起过一定的作用。但是土司制度到了后期，随着各民族社会经济的发展，其落后性和腐朽性开始暴露出来，特别是到 17 世纪末其腐朽落后性越来越暴露无遗，成为南方各族社会发展的障碍，走上了崩溃灭亡的道路"①。

土司制度在长达千余年的过程中形成的制度文化值得研究，因为它促进了少数民族杰出文学家族的发展。按照美国学者道格拉斯·C·诺斯（Douglass C. North）的说法："制度是一个社会的游戏规则，更规范地说，它们是为决定人们的相互关系而人为设定的一些制约。制度制约既包括对人们所从事的某些活动予以禁止的方面，有时也包括允许人们在怎样的条件下可以从事某些活动的方面。"②制度由正式规则与非正式规则构成，其中正式规则通常体现国家、政府和利益集团的意志，非正式规则是一种习惯性行为，它随文化传统而来，随时间而演进，且具有结构的稳定性。

文化学理论认为，文化是一种社会交流及社会传递，通过特定的途径被社会成员共同获得。这种获得共同文化的特定途径，就是文化得以交流和传递的制度文化。文化的存在只有被认同和学习时才是有意义的，而被认同和学习必须依靠一套相关的制度规则，于是制度文化就将文化与制度统一起来了。当制度体现为规则时，它必然反映文化的价值、精神和理念；而当文化体现为规则时，它必然采取风俗、习惯或制度的形式。从某种意义上可以说，没有文化价值的制度是不存在的，没有制度形式的文化也是不存在的。

土司制度及其制度文化特点与少数民族杰出文学家族的关系可从以下方面认识。

---

① 王钟翰：《中国民族史》，北京：中国社会科学出版社，1994 年版第 906–907 页。
② ［美］道格拉斯·C·诺斯：《制度、制度变迁与经济绩效》，上海：生活·读书·新知三联书店，1994 年版第 3 页。

第一，土司制度及其制度文化具有稳定性。少数民族文学家族的发展需要稳定的制度作保障，而土司制度及其制度文化的稳定性恰好可以适应这种需要。明洪武22～27年，因部分土司兴兵作乱，明廷曾发动"洪武之变"，将大小土司废黜殆尽，并设众多卫所限制、削弱土司势力的发展。但又因"道里险阻，不便巡历"等原因，到了永乐年间，不得不大规模恢复原有土司政权，并用制度的形式固定下来，历史上称为"永乐定制"。"永乐定制"使土司地区经济文化平稳发展，许多土司开始走出野蛮时代，接受先进文化教育。明万历年间，湖北容美土司田氏家族"至田世爵后，颇事诗书"，大力推行汉语言、汉文字和儒家文化，重金聘用汉族名士执教，"以诗书严课诸男"，使汉文化在土家族地区的影响与日俱增。到了清初，鄂西南土司地区更是书屋、学馆、戏楼林立，汉剧、青阳戏、昆曲、秦腔、苏腔、梆子腔等均得以演唱。由此可见，土司制度虽然其间有过短暂的不稳定因素，但是大部分时间是稳定的，它有力地保障和滋养了土司家族的学术和文学传承。

第二，土司制度及其制度文化具有约束性。约束性就是在制度规范内进行社会活动，体现为个人、团体遵守制度的自觉性。制度较为刚性，制度文化较为柔性。制度文化需要对制度进行科学的阐释、艺术的演绎，以便人们更容易接受和遵守。因此作为特殊的社会群体（统治阶层），土司文学家族成员也必须在维护封建统治，遵守国家法律法规，甚至遵守社会伦理道德规范的基础上进行文学创作才会受到保护，否则就会受到约束、制裁。比如清政府实行的文字狱，对一些被认为具有反清复明意识的文学作品进行严厉封杀，造成了不少冤案。土司家族成员创作的文学作品，一般都能自觉遵从政治契约，发挥教化或自娱自乐功能。少数民族杰出文学家族作品所具有的教化功能从某种意义上说也是作家自觉维护制度约束性的表现，从而也使自身得到保护和发展。

第三，土司制度及其制度文化具有兼容性。兼容性是文化生态的"绿色通道"，也是文学生态的"绿色通道"。土司制度文化的兼容性主要体现在土司作家文学创作及学术活动的相对自由，一些人甚至享有至高无上的地位和荣誉。例如彝族毕摩在彝族社会中"是宗教祭坛的主持者、祭司，也是古彝文、毕摩文化的创造者、继承者和文化知识的传播者，同时亦是造诣很高的歌手、艺人，有的还是著名的经师、诗人、作家、文艺理论家。因此毕摩成为彝族社会生活中不可缺少的人物，并被视为家支、家族的保护者。"[①]当然，对于少数民族文学家族的

---

① 王天玺、张鑫昌主编：《中国彝族通史》，昆明：云南出版集团公司、云南人民出版社，2012年版第441页。

一般作家学者来说，如何寻求制度的空间并在"绿色通道"中自由穿行，仍然是必须思考的问题之一。兼容性的另一方面是政策制定者的开明与否。土司制度制定者早就考虑到了这一点，例如元朝采取"顺其习俗，利而导之，底于安定"（李京《云南志略》）的策略，明朝采取"顺俗施化，因人授政，欲其上下相安"（张紞《云南志略序》）的策略。这些策略最终形成了一系列制度，根本上体现了封建中央王朝寻求"夷汉相安"环境、利于南方各民族社会发展的意图。有时，必要的让步就是安定的前提，也是制度兼容性产生的基础。

2. 土司文化的积淀和延续，从精神文化层面为少数民族土司家族提供了文学创作平台，维系了家族文化传承和文学创作的持续性

"土司文化"概念大致产生于 2001 年，由刘强、卫光辉首次提出。[1]土司文化是地域文化与家族文化的综合体，其创造者就是土司家族成员。土司文化的精神层面便是"无形文化"，它通过创作文学艺术作品或研究学术问题，形成代代相传的家族文化精神和家族文化传统。成臻铭认为，由于政权的兴替和现代化的冲击，中华原生文化不断退缩、下沉到西部少数民族地区，使西部少数民族省份在土司制度消亡半个世纪以后，仍然较好地保留着丰厚的具有官方文化、家族文化、民族文化属性的土司文化。之所以如此，是因为明代以后的历代政府所推行的暴风骤雨式的"改土归流"运动和新中国推行的民主改革运动，仅使土司制度文化和物态文化处于断裂和支离破碎状态，土司文化的其他部分如土司心态文化和土司行为文化，仍完好地分散保存于国家与社会交接线附近。[2]

精神文化对于土司家族来说比物质文化、制度文化更为重要，它是物质文化和制度文化的根。精神文化属于精神、思想、观念范畴，是代表一定民族的特点，反映其理论水平的思维方式、价值取向、伦理观念、心理状态、理想人格、审美情趣等精神成果的总和。精神文化的特性在于：既具有人类文化基因的继承性，还有在实践当中可以不断丰富完善的待完成性。这是人类文化精神不断推进物质文化的内在动力。由于文化精神是物质文明的观念意识体现，在不同的领域，其

---

[1] 成臻铭认为："2001 年，刘强、卫光辉公开发表文章，提出'土司文化'的概念，二人以红河县为例初步讨论了土司文化的内涵，认为'土司文化是生活在云南境内的少数民族在进入封建社会后在土司制度下形成和发展起来的文化，是边疆各族人民在长期的社会历史发展过程中所创造的物质财富和精神财富，可以分为两大类：有形文化和无形文化。'"（《论土司与土司学》，《青海民族研究》2010 年第 1 期）
[2] 参见成臻铭：《论土司与土司学》，《青海民族研究》2010 年第 1 期。

具体文化精神有不同的表现和含义。①如果一个土司家族没有文化精神作支撑，那它就只能算附庸风雅的土霸王之类的家族，而不能成为文化家族；如果一个土司家族的文化传承延续时间太短，它只能算是昙花一现的家族，还不能算优秀而稳定的文化家族。尤其是作为少数民族杰出文学家族，其精神文化含量应该高于一般土司家族甚至普通民众家族，文学创作水准也不例外。元、明、清时代有 3000 多家土司，真正成为杰出文学家族的不到 1%。本课题考察遴选的 6 个少数民族杰出文学家族，其文化传承都在 3 代以上，时间都在百年以上。这些家族都有一以贯之的家族文化精神和由此形成的精神文化，儒家思想、汉文化逐步内化为家族发展的精神动力。当然也有的土司家族在文化精神上具有多元的价值取向，道家、法家、阴阳家思想、宗教思想对他们也产生了一定作用，如云南丽江木氏家族对宗教采取的兼收并蓄态度。

3. 土司家族的良好经济来源，使家族成员衣食无虞，从物质文化层面保障了文学创作和文化交流的不竭动力

土司家族"世有其地、世管其民、世统其兵、世袭其职、世治其所、世入其流、世受其封"，其经济来源非常富足。一般认为，土司经济为领主经济。根据余宏模的研究，贵州水西土司"采用土地租佃制的剥削形式，早于清初康熙年间或更早时间就已出现。""土目的土地，多数是用作租地，只有少数用作自营地。"②土司家族作为一方诸侯，其经济收入自然可观，足以支撑家族所有人等日常费用，如主副食供应、人际交往、医疗保健、建筑修缮、看家护院、外出学习费用等。据贵州毕节大屯彝族土司继承人余达父《且兰考》记载：雍正年间贵州水西土目苏文玉占有田地 1449 块，共征丁条粮银 26 顷 95 亩 3 分 6 丝，余达父留学日本前就曾"管土地十余里，包括三官寨、小河等地"③，随同其留学的 2 人（余达父之 1 子 1 侄）在日本的所有花销当从地租中支付。

云南丽江木氏土司对个体农牧民实行的是征收实物地租折合银两。木氏土司有官庄 14 处，年收官租 1358 石，相当于丽江府每年上缴田赋的 57.3%。④木氏对牧区收畜牧税的情况，徐霞客《滇游日记》曾记载："北地山中人，无田可耕，惟纳毛牛银为税。"一些土司对个体农民收取田赋税课。据余庆远《维西见闻纪》

① 参见曾丽雅：《关于建构中华民族当代精神文化的思考》，《江西社会科学》2002 年第 10 期。
② 余宏模：《余宏模彝学研究文集》，贵阳：贵州大学出版社，2010 年版第 248、250 页。
③ 余宏模：《余宏模彝学研究文集》，贵阳：贵州大学出版社，2010 年版第 363、364 页。
④ 参见余海波、余嘉华：《木氏土司与丽江》，昆明：云南民族出版社，2002 年版第 58–59 页。

记载："自奔子栏以北皆降，于维西及中甸并现隶四川之巴塘里塘，木氏皆有之，收其赋税。"雍正元年（1723）改土归流时，"山外夷民年纳土官牛羊籽粒，共折银二千二百一十九两七钱四分八厘"（《丽江府志略》）。可见，个体农牧民向土司领主贡纳的实物地租数量是相当大的。木氏领主甚至还征收货物过境税。土司家族物质文化也高于一般家族，如木府官邸的奢华与恢宏不亚于任何一座王公贵胄的官邸，其总体建筑风格"仿紫禁城而建"，连徐霞客见了也要惊叹。

湖北容美土司家族控制的疆域面积元末约 2000 平方千米左右，明末清初鼎盛时期达 7000 平方千米以上。田氏土司养兵数千人，元末，容美仅有"壮士兵一千"，嘉靖抗倭，容美出兵千余；隆庆平金峒之乱，容美出兵三千，均为奉诏出兵。到了田楚产父子，容美可调之兵多达七千人。

土司的种种经济来源，靠的是对土民的强制剥削。"土司对土民的剥削，即超经济的强制掠夺到明末清初已经发展到极为严重的地步。土司往往借口向中央王朝交纳钱粮（差发银），鱼肉土民，如乌撒土司按规定只向王朝缴纳钱粮不足 300 余两，而土司取于土民者却百倍。"①

以上这些例子说明，生活在土司家族的成员是衣食无忧的，至于进行文学创作、学术研究、文化交流，更是完全可以得到保障。

（四）民族文学创作传统的滋养

少数民族具有文学创作天赋，善于进行文学创作。无论蒙昧时代的集体口头歌唱还是文明时代的个体书面创作，也无论是用本民族语言文字创作还是用汉语言文字创作，其优秀作品在题材、体裁和内容的丰富性，创作风格的多样性等方面，都不亚于汉文学作品。而且少数民族的长诗创作弥补了汉文学的不足，堪称中国文学的瑰宝之一，弥足珍贵。

1. 少数民族具有悠久的口头文学创作传统，是产生杰出文学家族的集体记忆因素

少数民族口头文学的创作史悠久，作品保存完好，甚至超过了汉族。以神话为例，由于"子不语怪力乱神"，汉族神话大多散失，剩下的多为片段，而少数民族的神话则保存得比较完整，证明欧美某些学者认为中国没有神话的说法不足为据。在少数民族文学中，神话是活态文学，其创世神话、推源神话、洪水神话、

---

① 王钟翰：《中国民族史》，北京：中国社会科学出版社，1994 年版第 907—908 页。

解释和征服自然神话，都活生生地存在于民间。据王宪昭在《中国各民族人类起源神话母题概览》中统计，中国神话目前共有 1831 篇，其中少数民族神话占91.09%。在这些神话中，光是人类始祖神话就有 202 种之多。[①]多姿多彩的少数民族神话，比较完整地记录了各民族早期的集体意识和社会生活，描绘了原始社会后期人们的原始思维和意识特征，对研究中国各民族的历史演化有着重要的参考价值和审美价值。

口头文学创作是集体记忆的产物。法国的莫里斯•哈布瓦赫认为，记忆是一种集体社会行为，现实的社会组织或群体（如家庭、家族、国家、民族、公司、机关）都有其对应的集体记忆。史前阶段，各民族就是靠集体记忆留存了大量的文学作品，如神话、史诗、歌谣。少数民族有惊人的集体记忆，保留下来的长诗很多。例如北方游牧文化圈是中国的英雄史诗带，中国闻名世界的三大史诗，有两部（《玛纳斯》和《江格尔》）就诞生在这里。本课题涉及的几个少数民族几乎都有自己的优秀长诗。例如蒙古族的英雄史诗《江格尔》除去流传中各分部的异文，总量大约在 60 部到 80 部之间，10 万行左右。彝族有《阿诗玛》、《勒俄特衣》、《查姆》、《阿细的先基》、《梅葛》、《天地祖先歌》、《两兄妹》、《青棚调》等 20 多部长诗，其中《阿诗玛》流传于云南，共 13 章，计 1600 余行。土家族没有形成自己的文字，神话传说几乎全凭口耳相传。鲜卑族受到汉文化影响很大，几乎见不到长诗，但其民歌较为丰富。《唐书·乐志》载："北狄乐，其可知者鲜卑、吐谷浑、部落稽三国，皆马上乐也。后魏乐府始有北歌，即所谓《真人代歌》是也。大都时，令掖庭宫女晨夕职之。周、隋世与西凉乐杂奏，今存者五十三章，其名可解者六章，《慕容可汗》、《吐谷浑》、《部落稽》、《钜鹿公主》、《白净皇太子》、《企喻》也。"回族民间文学中，神话、传说、故事、歌谣和叙事诗等门类齐全，《阿丹和好娃》是回族神话的代表性作品。最早出现于纳西族文学中的，是原始的劳动歌谣和各种有关宇宙万物生成的神话，至今流传在纳西族民间的《打秕子歌》、《猎狗追马鹿》等歌谣，很可能就是远古时代的诗歌余音。《创世纪》等保留于纳西族原始宗教东巴教典籍中的神话，以及留存于民间的《太阳月亮的来历》、《黑底干木女神》、《月其嘎尔》等作品，构成了纳西族结构庞大的神话体系。

口头文学也是家族文学传承的源头。不少人也许至今难以忘怀父祖辈对后辈儿孙哼唱的摇篮曲、讲述的狼外婆故事，即使是那些没有文化的老奶奶也能完成这一任务。试想，原始社会的文学性整体性记忆，是怎样越过千百万年时空隧道，

---

① 梁庭望：《少数民族在中华文学发展中的贡献》，文艺报 2012 年 10 月 20 日。

渗透每个家庭，悄悄地、顽强地积淀下来，成为我们今天仍然骄傲无比的神话、歌谣、故事。少数民族中的绝大多数人由于在经济、政治等方面长期处于不利地位，不能使用自己的文字去记录、保存他们的先哲所获得的知识、经验和所创造的文化，一般都靠口耳传承，只有极少数文化之家能够进行书面的传承。

2. 少数民族具有良好的书面文学创作传统，是产生杰出文学家族的个体记忆因素

文化除了以集体记忆方式传承外，还以个体方式传承。个体方式主要是文字记录与创作。少数民族具有良好的书面文学个体创作传统，在中国文化史上留下了辉煌的文学遗产。例如西北地区著名诗人有喀喇汗王朝的诗人艾卜·奈斯尔·法拉比，优素甫·哈斯·哈吉甫和阿合买提·玉格乃克，察合台时期突厥语族诗人纳瓦依，明代的诗人鲁提菲，清代维吾尔族诗人尼扎里、孜亚伊、艾里毕，以及哈萨克族、乌孜别克族、锡伯族、塔塔尔族诗歌，各有自己的风格。哈萨克族诗人多受中亚哈萨克族伟大的诗人阿拜的影响，产生了托列拜·布杰克、努素甫别克霍加·沙依克斯拉木、艾赛特·纳依曼拜等诗人，他们都留下了辉煌的长诗。黔西北齐梁时期的著名彝族文艺理论家举奢哲、阿买妮分别创作了长诗《彝族诗文论》和《彝语诗律论》，成为贵州古代文论的先驱。

书面的文学创作是个体记忆的产物。有学者认为："记忆的真正主体只能是个人，集体记忆则是一个隐喻的概念，须以个体记忆为载体方能存在和传承。"[①]这种说法虽有一定道理，但还缺乏足够的说服力。从历史上看，文学作品的书面创作绝大多数是个人所为，一些作品是个人记忆与集体记忆的综合。如《三国演义》这样的历史小说，最终是以个体记忆方式出现的，但它更多地体现个体记忆在集体记忆基础上的再创造。文字产生之后，个体记忆多以单篇文章或著作形式出现，当代丰富的媒体形式拓展了个体记忆空间。有人把这种记忆方式称为媒介记忆，认为媒介记忆是人类记忆的最佳载体，它与个人记忆之间是一种天生的交互关系和生态关系。两者在互动互助、相互影响的过程中，共进共演，共存共荣。[②]但是不要忘记，媒介记忆的主体是人——无论是个体的还是集体的

---

① 李里峰：《个体记忆何以可能：建构论之反思》，《江海学刊》2012 年第 4 期。该文是对哈布瓦赫"集体记忆"理论的补充。1925 年，法国社会学家哈布瓦赫（Maurice Halbwachs）发表了他的经典著作《记忆的社会框架》，在书中首次提出并详细阐述了"集体记忆"的概念。此后，集体记忆（或称社会记忆）逐渐成为西方社会学界关注的热点之一，并演变为一个跨学科的研究领域。
② 邵鹏：《有多少记忆可以留存？新媒体对个体记忆的冲击与影响》，《新闻爱好者》2013 年第 1 期。

记忆，也无论是传播者还是接受者。

（五）家族文化传统的砥砺

对于民族和国家而言，文化传统是指贯穿于民族和国家各个历史阶段的各类文化的核心精神。推而广之，家族文化传统即指贯穿于家族发展过程的文化核心精神。有人认为："家学和家风是家族文化的核心要素，对整个家族成员的思维方式行为模式和价值观都有影响。"[①]通常所说的文化传承，实质上就是文化传统的传承。家族文化的发展程度，取决于文化传统对家族现代文化价值体系的整合程度。文化传统是逐渐积累的，但并非一成不变，它在每一时代都会抛弃部分不适合时代价值的文化特质，并整合进部分新时代的文化特质。有人认为，中国的家族文化传统"五四"运动之前是保持得好的，"五四"之后受到了颠覆，但是有可能在当代重建。"'五四'以来个体化进程的最大弊端就是与传统严重对立，个体化进展到哪里，中国文化传统也就衰败到哪里，尤其是'家'的作用和功能受到最大的冲击。……中国文化传统中很多优秀的价值观念都是通过'家'这个载体培育和生长起来的。'家'在中国文化传统中不仅仅是一个基本的社会单位，更代表了一种思维方式和价值观念的原型。"[②]考察我国家族文化传统的形成和嬗变，有助于认识家族文化传统对少数民族杰出文学家族的砥砺作用。

以文学创作和学术研究作为家族的不朽事业，是中华民族的共同追求之一。早在春秋时期，士大夫阶层就有人提出"三不朽"的思想。《左传·襄公二十四年》记载："二十四年春，穆叔如晋，范宣子逆之问焉，曰：'古人有言曰死而不朽，何谓也？'穆叔未对。宣子曰：'昔匄之祖，自虞以上为陶唐氏，在夏为御龙氏，在商为豕韦氏，在周为唐杜氏，晋主夏盟为范氏，其是之谓乎？'穆叔曰：'以豹所闻，此之谓世禄，非不朽也。鲁有先大夫曰臧文仲，既没，其言立，其是之谓乎？豹闻之，'大上有立德，其次有立功，其次有立言，虽久不废，此之谓三不朽。若夫保姓受氏，以守宗祊。世不绝祀，无国无之，禄之大者，不可谓不朽。'"孔颖达在《春秋左传正义》中对德、功、言三者分别做了界定："立德谓创制垂法，博施济众"；"立功谓拯厄除难，功济于时"；"立言谓言得其要，理足可传"[③]。周公、孔子、庄子、老子、屈原、宋玉、贾逵、扬雄、司马迁等人皆为

① 李小凤：《回族文学家族的文化特征及内涵——以陈垕丁氏家族为例》，《伊斯兰文化》2011年第1期。
② 孙向晨：《论中国文化传统中"家的哲学"现代重生的可能性》，《复旦学报》（社会科学版）2014年第1期。
③ 所引《左传》原文及孔颖达疏均见《春秋左传正义》卷35，北京：中华书局，1980年版影印本《十三经注疏》第1979页。

西周至汉代"三不朽"的范例。古人早已认识到，一个家族，如果仅仅有过高官厚禄，而没有德行操守垂范，没有为国为民立功，也没有著书立说，那就不会在历史上留下久远的痕迹，家族就没有荣光。在"三不朽"中，"立德"不好评判，即如孔子这样的"圣人"，其德行是否可如孔颖达所说的那样不朽？"立功"需要一定的事业平台和机遇，或如沙场效力，或如解民倒悬，也非一介书生力所能及，"立言"倒是受外在因素制约少些，只要"言得其要，理足可传"即可，因此多数文人将其作为首选。

立言不仅是许多家族的文化传统，更是家族成员的崇高使命。汉代以来，"三不朽"的人生理想逐步内化为普通文人、士大夫之家的共同追求，尤其是"立言"的范例很多。将文学创作作为家族使命的最早范例是唐代的杜甫家族。杜甫诗歌《宗武生日》中写道："小子何时见，高秋此日生。自从都邑语，已伴老夫名。诗是吾家事，人传世上情。熟精文选理，休觅彩衣轻。凋瘵筵初秩，欹斜坐不成。流霞分片片，涓滴就徐倾。"这首诗是杜甫写给自己的儿子杜宗武的生日贺诗，诗中表达了父亲寄语儿子传承家族创作诗歌的家风和学习诗歌写作的方法。如果说曹丕是提出文学是国家不朽事业的第一人，杜甫就是提出诗歌是家族神圣事业的第一人。杜甫家族的确是唐代一个著名的文学家族。杜甫的祖父杜审言文才在当时享有盛名，少时即与李峤、崔融、苏味道齐名，并称"文章四友"。他晚年与沈佺期、宋之问的唱和，对今体诗形式之确立颇有贡献。杜甫对祖父甚为推崇，他把杜审言开创的诗歌创作家风看成是家族传统，并告诫其子。"诗是吾家事"的家族文学传统对杜甫的影响巨大而深远，是杜甫走上漫长而艰苦的艺术探索之路的原动力之一。

本书所涉及的几个少数民族杰出文学家族能够自觉地将立言作为家族和个人的追求目标，推动了家族的文学创作或学术研究，并因此而不朽于中华民族之林。正如明代著名文学家杨慎评价丽江木氏家族"以文藻自振，声驰士林"（《万松吟卷序》），明代学者章吉甫称赞木氏家族"世著风雅，交满天下，征文者，投诗者，购书者，以神交定盟者，嘤鸣相和，声气往来，其中原之旗鼓"（《山中逸趣序》），清代著名文学家钱谦益认为木氏家族堪与中原文化家族媲美（"木氏文明比中土"）。我们看到，那些家族文化传承持久的家族，其成员都有持久的文学创作激情和学术研究意识。他们为何要选择文学创作来体现家族文化价值呢？"从学科本性而言，文学作为一种旨在创造审美价值的实践活动，确实具有超越现实的理想品格，尤其要从生活出发进行超越生活的审美创造。事实上，人们对文学艺术的需求，并不是出于满足生理和物质需要的目的，而是从直觉上把握自身乃至人类的生存境遇，通过凝视文学世界所凝聚的人与现实的审美关系，进而达到精神自由和灵魂升华的境界。正是从这个意义上，文学自有它不可亵渎的神圣性。"①这种看法是有道理的。我们认为，超越现实的理想品格追求和自由精神境界的审美追求为家族成员构筑了修身养性的理想蓝图，诱发了他们强烈的文学创作欲望，成就了少数民族杰出文学家族。

学术研究也是中国古代不少家族的文化传统之一。"立言"不仅包括感性的文学创作，还包括理性的学术研究，二者可以得兼，甚至相得益彰，其社会评价的高低往往决定于学术研究的价值取向。古人多心怀天下，把学术研究作为安身立命之所终身追求；今人多浪得虚名，把学术研究作为谋取个人私利的手段凑一时之效，因此鲜有产生世界影响的重大成果。学术研究的价值在于是否解决了人类急需解决的理论难题或生活难题，尤其是关乎国计民生的重大问题，是否推动了社会的进步和学术的创新。我们考察的几个少数民族杰出文学家族之所以具有较高的文化含量，是因为作者在家族文化传统的砥砺下，长期浸淫于文学创作、艺术创作和学术研究。如鲜卑族元氏家族中的元德明"自幼嗜读书，口不言世俗鄙事，乐易无畦畛，布衣蔬食处之自若，家人不敢以生理累之"。元好问"七岁能诗。年十有四，从陵川郝晋卿学，不事举业，淹贯经传百家，六年而业成"（《新唐书》卷 174《元稹传》）。丁氏家族中的丁炜"肆力谱图，上下唐、宋、元、明，所作出入于辛、苏、秦、柳、姜、史、高、吴诸名家"（《紫云词》序）。木氏家族中的木高"性喜吟咏，与中溪李侍御善，侍御赠以诗二十篇，读之不寐，次韵为答，风格神采，骎骎骅骝前也"（《木氏六公传》）。木东"好读书，招延邻郡学生与研穷理性，听夕无倦"（《木氏六公传》）。

彝族余氏家族，地处偏僻的贵州一隅，明代遭受过重大政治打击，被迫移居于穷乡僻壤，仍然能够自清中叶开始坚持文学创作，并延续到当代，难能可贵，值得称道。究其主要原因，也在于该家族坚持了一以贯之的文化传统。开山诗人余家驹较早为后裔确立家族道德规范："伯父伯麓公，以贡生不出应试，奉我祖母，孝养终身。居家勉励儿辈，大率以'为朝廷广醇风，为祖宗绵世德，为末俗挽衰弊，经济皆当于读书中求之。至于功名富贵，听其自然，莫皆奔竞'，至今言犹在耳也。"（余昭《大山诗草跋》）余昭"于书无所不读，独不溺没于举子业"（李怀莲《时园诗草序》），即不为参加科举而读书，不专门读圣贤书，而是广泛阅读。其侄儿余昭"爱敬生平，不干外事，常手一编，长吟短咏"。余昭之妻安履

---

① 孙秀昌：《文学的神圣性与世俗性》，《邢台职业技术学院学报》2003 年第 4 期。

贞"读书十行,下笔文思若宿构"(饶雁鸣《圆灵阁集序》)。余达父则"自束发受书,饫闻祖训、庭训,颇厚望于读书明道,学古通今,卓然上企于古儒者之林"①,在文学创作之外,对史学、经学、训诂学均有深入研究。在日本留学期间,余达父除了读书写作,还积极参加社会活动,关注孙中山领导的革命事业,努力学习法律知识,为将来的发展奠定基础。余达父这种与时俱进的高远追求,已经大大超越了其祖父伯庵公早期为家族订立的传统,颇似于中国古代文人"为天地立心,为生民立命,为往圣继绝学,为万世开太平"(张载《张子全书·语录钞》)的博大志向。

(六)国内外文化交流机缘的促进

文化交流是文化发展的重要推动力之一。文化学理论认为,文化交流发生于两个或者多个文化源差异显著的关系之间。在不同的文化圈层中,也能产生很好的文化交流。文化交流促进人们互通有无,增进文化发展与丰富。一部世界文化史,就是世界各民族文化的交流史。从现代意义上说,文化交流有利于民族文化的发展,也有利于世界文化的繁荣,更有利于推进中国的现代文明。文学接受是一种文化交流活动,"作家创作的目的是要诉诸读者,是要读者认可、接受、欣赏他的作品。他提供给读者的作品,是化成了虚构的文学世界的作家的审美经验"②。

少数民族杰出文学家族对汉文化的接受一般都经历了选择、借鉴、学习、交流、融合、创造的过程。选择,是在众多的学习对象中考虑将哪一种文化作为家族成员学习的重点或唯一;借鉴,是对选择结果的进一步学习;交流,是学习方式的延伸;融合,是将被选对象与本民族文化整合贯通;创造,是在整合贯通基础上,通过几代人的努力,最终形成具有家族特色、地域特色的文化形态。

限于条件和机遇,在文化交流这一环节,绝大多数的少数民族杰出文学家族成员只能与国内文人、学者交流。例如丽江纳西族木氏家族,从明朝初期开始,木公和木增父子就热衷学习汉文化,酷爱汉语诗文,并与中原地区的许多著名作家都有唱和之作,徐霞客、杨慎、董其昌等名家先后成了木氏父子的座上宾,交往甚密。为了使纳西族子弟能像汉人一样"知诗书,守礼义",木家还竭力邀请内地文人来丽江为其子弟教授汉族文化。正是这样的学习,木公的汉语诗歌创作数量多、质量高。他著有《雪山始音》、《隐园春兴》、《庚子稿》、《万松吟卷》、《玉

---

① 《致李岑秋先生书》,载余达父《余达父诗文集》,呼和浩特:远方出版社,2001年版第87页。
② 朱立元:《接受美学》,上海:上海人民出版社,1989年版第175页。

湖游录》、《仙楼琼华》 6 部诗集，共 1000 余首，分别收入《列朝诗选》、《古今图书集成》、《四库全书》和《云南丛书》。杨慎为其《仙楼琼华》、《木氏宦谱》作序，又从其6部诗集中选出114首，辑为《雪山诗选》，并撰长序，称道"其所为诗，缘情绮靡，怊怅切情，多摹拟垂拱之杰，先天之英，其秀句佳联，垒出层叠"（《云南丛书·丽郡诗文征》）。张志淳序其《雪山始音》，称其诗"有似杜者"。张愈光序其《隐园春兴》和《庚子稿》，称其诗"朗润清越，间发奇句"。

土家族杰出文学家族湖北容美田氏家族竭力推广汉语汉文，加强与汉文化的交流。自第二代土司田乾宗（土家语为"田先什用"）起就在家族中推行汉语，最初是自由接受，到田世爵时期则强令推行：一是延请汉族名士进司开馆任教，进行规范汉语文字的启蒙教育；二是将家族成员和所辖官员的名字改为汉语姓名；三是利用各种机会，使土官和土民大量出山，学习汉语和汉族先进文化。正是这样广泛的学习交流，田氏家族的汉语文学创作取得了突出的成就。例如田九龄，明代"后七子"之一的吴国伦评价其诗歌风格为"冲融大雅，声调谐和"，南明太史严首升称其"诗风骨内含，韵度外朗，居然大雅元音。虽间落时蹊，未去陈言，而造诣深厚之力，不可诬也"。田圭，严首升评其"直与六朝、三唐诸名流竞爽。故其诗蕴藉风流，静深而有致"。田舜年广交汉人名流，多与唱和，孔尚任称其"颇嗜诗书"、"诗文甚富"，顾彩称其"博洽文史，工诗"，毛会建称其"盖代才华人磊落"。

近代，西学东渐的文化大潮席卷中国，闭关自守、落后腐朽的清朝受到猛烈冲击，西方文化涌进我国，激荡着传统文化。为了学习西方的先进文化，洋务运动中，清政府公派大批学生出国，留学于日本、美国、英国、法国等国，学习理、工、农、医、法、军事等学科。西学东渐本质上也是文化交流活动，它打开了中国闭关自守的大门，将西方文化引进来，促进了我国思想观念和科学技术的进步，也启迪了一些少数民族杰出文学家族的文化发展。贵州余氏家族中的余达父是主动进行中外文化交流的典型代表，是现代贵州最早走出国门进行中日文化交流的彝族诗人之一。他"博识能文，好吟咏，与日本诗人森槐南结诗社，则主其盟，故颇负时望"（平刚：《余健光传》）。在东京，余达父与日本思古吟社成员有交往，还与明治朝全日本最重要的汉诗社团随鸥吟社雅集酬唱。参加雅集酬唱的多为日本汉学界名宿，如"倭中文士泰斗"伊藤博文的秘书森槐南，"倭中文士泰斗"、"诗最后成，亦最工"、"书法为日本最有名者，画亦佳"、时任随鸥吟社社长的永坂石埭，经理邮船会社的侍郎永井禾原，能汉诗文、喜与文士交往的塚原梦舟，"量才诗将"近藤恬斋，日本名士静冈村松研堂、土居通豫、结城蓄堂等。

他们都成了余达父的异国诗友。能够在汉文化知识渊博、汉诗创作艺术高超的日本名流所结之文学社团中担任盟主角色，说明余达父的学识、才华超越常人，尤其是汉语诗歌创作水平折服了日本人。余达父在中日文化交流中也大大拓展了自己的文化视野，养成了开放的意识，对其后来的文学创作和学术研究起到了良好的作用。余达父学有所成，回国后担任了贵州大理分院刑庭庭长。余达父逝世后，辛亥革命杰出斗士平刚曾亲题其遗像，高度评价他在经学、史学、文学、法学上的成就。

余达父并非公派留学，但自费留学行为更能说明一个居于西南偏远地域的少数民族杰出文学家族的开放意识之早，文化视野之广。除了在国内广交汉族名流，他还注重出国进行交流，学习异邦文化，这已成为余氏家族的荣耀，成为永恒的记忆。余达父的开阔胸襟和国际文化视野影响到余氏家族文化传人、当代贵州著名学者、诗人余宏模。余宏模访日期间所作诗歌，有几首便是追忆叔祖父余达父在日本留学生活的。

（七）西学东渐，少数民族杰出文学家族走向衰微

"西学东渐"一词，最早见于 1915 年恽铁樵、徐凤石根据中国近代史上首位公派留美学生容闳的英文回忆录《My life in China and America》整理出版的《西学东渐记》。1909 年，这本书首次由美国纽约亨利·霍尔特公司出版，原名未变，1915 年商务印书馆再次出版时更名为《西学东渐记》，此后中国国内多家出版社沿用此名再次出版了这本书。

作为近代中国一场声势浩大的学术思想运动，"西学东渐"的内涵、价值、意义已经远远超过了《西学东渐记》这本记述容闳留美经历的书。作为史学术语，"西学东渐"是指近代西方学术思想向中国传播的历史过程，通常是指在明末清初以及晚清民初两个时期之中欧洲及美国等地学术思想的传入。

明万历年间，意大利耶稣会传教士、学者利玛窦（Matteo Ricci）等来华传教，对中国的学术思想有所触动。一些传教士在传播基督教的教义同时，也传入大量科学技术。当时中国一些士大夫及皇帝接受了科学技术知识，但是思想上基本没有受到多大影响。由于雍正的禁教，加上罗马教廷对来华传教政策的改变，只有较小规模的西学传入。

约 19 世纪中叶开始，西方人再度开始进入中国，并以各种媒介带来西方的新知识。而由于鸦片战争及英法联军的入侵，促使清朝政府从 1860 年代开始推行了洋务运动，西方的科学技术再一次传入中国。甲午战争以后，中国面临着国破家

亡的命运，许多有识之士开始更积极、全面地向西方学习，出现了梁启超、康有为、谭嗣同等一批思想家，他们在政治上也要求改革。这一时期大量的西方知识传入中国，影响非常广泛，西方的哲学、天文学、物理学、化学、医学、生物学、地理学、政治学、社会学、经济学、法学、应用科技、史学、文学、艺术等大量传入中国，对中国的学术、思想、政治和社会经济都产生了重大影响。"五四"运动时期，部分知识分子接受了马列主义，这对中国历史产生了重大影响，也是西学东渐进程的一部分。

　　西学东渐带来中国思想文化的影响和变化之大，在中国历史上只有春秋时期的百家争鸣可以与之媲美。中国人经过西学的洗礼，对世界的看法有了巨大的改变。而中国传统思想文化中的许多成分，则被以西方的标准重新估价，春秋时期的部分诸子思想获得重新重视，儒家思想及一些民间的风俗信仰则受到强烈的批判。晚清西学的优势越来越大，迫使清政府不得不废除八股文和科举制度。西学东渐过程中，西方个人主义及社会主义等思想的传入，使得中国传统社会中以家庭、家族、地域社会为中心的社会基础开始逐渐动摇。在这场运动中，维系了几千年的文学家族也逐渐退出历史舞台，因为它毕竟是依附封建家族和文化的产物。

　　家族观念是中国文化的重要观念之一。著名国学家钱穆认为："家族是中国文化一个最主要的柱石，我们几乎可以说，中国文化，全部都从家族观念上筑起，先有家族观念乃有人道观念，先有人道观念乃有其他一切。"①也可以这样说，没有牢固的家族观念做精神支撑，文学家族就难以维系下去。例如本书涉及的几个少数民族杰出文学家族中，新中国建立前只有贵州毕节大屯余氏彝族诗人家族的文学创作活动延续到了 19 世纪 30 年代中期，余达父（1870~1934）正是在西学东渐的思潮影响下留学日本的，在他之后，整体意义上的以家族为单位的文学传承基本结束，中国少数民族杰出文学家族的活动基本上以余达父为终结。我们欣喜地看到，西学东渐思潮中，余达父的文学传播活动恰恰是"东学西渐"，他将中国传统文化的精髓展示给日本文化界，赢得了很高的赞誉。

　　本章中我们考察了中国少数民族杰出文学家族的各种生成要素，这些要素对文学家族的生成发展起到了怎样的作用，有没有规律可循？我们认为，推动文学家族前进的动力主要是社会的稳定、经济的繁荣、文化的累积、政策的进步、学术的交流、家族的传统。其中前五条是外部因素，第六条是内部因素。

---

① 钱穆：《中国文化史导论》，北京：商务印书馆，2007 年版第 50 页。

在外部因素中，社会的稳定和经济的繁荣是最重要的，但不是唯一的，否则我们就无法解释乱象丛生的魏晋南北朝时期文化学术大发展的原因之所在，为何一部《文心雕龙》至今仍然是无法超越的文论巨著，也无法解释曹雪芹为何能在贫病交加中完成《红楼梦》的前80回写作。历史事实证明，社会并不在最稳定、最繁荣的时候产生最伟大的作品。春秋战国时期的大动乱，魏晋南北朝时期的大分裂，宋元和明清易代之际的政权交替，都是地动山摇般的，然而却出现了百家争鸣局面，产生了十大学术流派，产生了老子、庄子、孔子、孟子、墨子、韩非子、孙子、刘勰、陶渊明、顾恺之、王羲之等为代表的一大批学术、文学和艺术巨匠，推动了中国学术和文学艺术的大发展。汉唐是公认的维持了较长时间的鼎盛时代，经济繁荣，文化政策宽松，文化积累超过前面朝代，但是少数民族文学家族却很少。

文化累积指的是整个国家和社会的文化家底，也是文学遗存的数量和质量的综合。文化累积越多，对文学发展的推动作用就越大，文学家族产生的可能性也就越大。文化累积的作用几乎是超越一切条件的，我们看到，明清时代能够产生大批的少数民族文学家族，与那个作为封建末世，作为文化积累最丰厚、文体发展最成熟的时代有很大关系。制度进步主要是指文化政策的进步，但是关涉到其他政策，如民族政策（这是少数民族文学家族产生、发展的致命因素）。国家层面的制度往往制约或推动整个社会的发展，也制约或推动着文学家族的发展。文化或学术的交流是文学家族产生的重要机缘，但并不是每个文学家族都会赢得国际之间的交流机缘，多数家族仅止于国内交流。家族文化传统是文学家族产生的内在的根本动因，没有这个条件就产生不了文学家族，少数民族文学家族也不例外。

总体上看，汉唐时期的国力最强，文化制度和民族政策比较开明进步，中国文化产生的国际影响力最大，但真正有文学创作活动的少数民族文学家族并没有生成于这一时期（汉代尤其如此）。魏晋南北朝是社会大分裂、民族大融合的时代，一些少数民族政权开始入主中原，传统文化、学术思想几乎在被颠覆中重构，汉族文学家族大量产生，而少数民族文学家族寥寥无几。宋、元、明、清时代，理学成为重要立国思想，在强化封建礼教、维护宗法制度等方面的作用无可替代，受到宋代以后各朝统治者的青睐。明清时代盛行的文字狱是文化的灾难，它直接导致了社会风气的败坏，致使知识分子不敢议论时政，形成了"万马齐喑"的可悲局面，众多文人埋头于故纸堆中，从而使考据学逐渐发展兴盛起来。尽管面临如此严酷的文化生态，文学家族在明清时代仍然是一道靓丽风景，包括少数民族杰出文学家族的大发展也在这一时期。近代中国，西学东渐浪潮猛烈冲击着传统的家族文化，家族意识逐渐淡薄，文学家族趋于衰亡境地，难以为继，罕有传承到现当代的，即使有一些文学家族的后代出现了个别学者，写过一些诗文，但其水准和影响远远逊色于前辈。

第二章

余氏家族的源流、联姻、境遇及文化转型

　　余氏家族是西南彝族土司文化、家族文化和地域文化的杰出代表，长期以来在西南地区甚至更广范围产生了较大影响。从家族史的角度考察其源流、联姻、境遇及其文化转型，可以深层次地认识余氏家族，透过一个家族的嬗变过程，往往还可以从侧面窥见当时社会的变迁动因。中国是一个维持了几千年的农业宗法制国家，宗族观念非常浓厚，在这个基础上形成的宗法文化（包括家族文化）必然带有其特殊性。从发生学的角度来看，任何一种事物都有其孕育、产生、发展和衰亡的历史过程，宗法制度亦不例外。著名史学家章开沅说："宗族是农业宗法社会的产物，并且构成其牢固的社会根基。严格说起来，民国以后宗法制度已经趋于衰微，随着三纲之首君权的消失，其他的宗法纲常都随之动摇。由于自然经济的瓦解，工业与市场经济的迅速发展，城乡人口的流动性与日俱增，而安土重迁的思维定势早已淡薄。"[①]

第一节　恒系后裔，承继扯勒家族血脉

　　余氏家族属彝族"六祖分支"的恒系后裔，初为通雍氏，后为奢氏，"奢安之变"后又易汉姓为余[②]、杨、苏、李、禄、张。关于余氏姓氏变迁情况，余达父

---

① 章开沅：《宗族史与家族史研究——社会生活的绵延画卷》，《广东社会科学》2014 年第 5 期。
② 按：明人杨慎《稀姓录》云："今人姓有此（余）而妄写作畲，此不通晓《说文》而自作聪明者。余字从舍省，舍与畲近，则禅遮之切为正音矣。五代宋初人自称曰沙家，即余家之近声可证，而赊字从余亦可知也。"清人张澍《姓氏五书》云："古有余写畲，余之转音为禅遮切，音蛇，今人妄作畲，非也。"由此可见，畲、余二姓本为一姓，后来因音变而分为二姓。

在续修《通雍余氏宗谱》中说："吾家本通雍氏，元明之世，以奢为姓。'奢'音'蛇'，其余、杨、张，皆随意取姓耳。张姓久已不用，惟杨姓今大屯册名犹是。予以为后世子孙，但用'余'字一姓，盖'奢'与'畬'同音，'余'与'奢'同形，以余为姓，庶不失其本，而亦使后世子孙皆画一云。"[1]在其《且兰考》附注中余达父说得更为详细："清顺治十七年（1660），奢辰归附。……既而请姓于朝，即各从其所欲，遂有余、杨、苏、李、禄、张六姓，其实皆出一源也。……余者，余继先，今大屯、水源之祖。张者，张保，即海涯、良里湾、者把拗之祖，今已乏嗣。杨者，杨位达，今镇西、北肇之祖。苏者名苏国权，即抚有镰刀湾、斯栗堡者也。陆者，陆国玺、陆国卿（后改陆为禄），即今黔西岩上、岩下之祖也。李者李廷贵即法朗湾溪岩梯之祖也。"辛亥革命健将、曾任清末南龙桥彝族土司的安健在其《贵州土司状况》中写道："贵州土司，近日衰极。盖自鄂尔泰收回土司行政权而后，各土司无管辖词讼钱粮兵马之权。……水西奢氏后今尚存，已改为畬余二姓。"[2]

《彝族源流》、《西南彝志》和《通雍余氏宗谱·远祖》记载，彝族自始祖希慕遮（又作"希弭遮"）之世进入父系社会，传至31世进入六祖时代[3]，六部之一的恒部又经过了18世变迁，进入了德额九子时代，德额九子之长子德额隆是乌蒙部始祖，幼子德赫辉是鳛部通雍氏（扯勒部）始祖，称鳛部王。

一、西南彝族的起源与"六祖"分支

根据人类学和考古学资料，约170万年到7000年前，西南人类经历了漫长的旧石器时代，进入原始人群和母系氏族社会。约7000年前到公元前45世纪，彝族先民开始了母系氏族社会向父系氏族社会的过渡。[4]还有学者认为："公元前4500年左右，彝族先民的活动中心在点苍山地区。经过5000年的变迁，到公元

① ［清］余若瑺（达父）遗著，杨仿岩校正、余宏模整理补注：《且兰考》，东京：日本学习院大学东洋文化研究所1999年12月版正文第23页（该家谱正文部分用汉字数字编页码，注释部分用阿拉伯数字编页码，两部分页码与内容均有差异）。以下简称"东京本"或注明版本信息。
② 安健：《贵州民族概略》，贵阳：贵州大学出版社2011年版第187页。此文原载于《地学杂志》第二年第18号辛亥年九月版。
③《彝族史稿》中记载，六祖分支应该发生在战国后期秦统一中原以前。见方国瑜《彝族史稿》，成都：四川民族出版社，1983年版第43页。
④ 王天玺、张鑫昌主编：《中国彝族通史》第一卷，昆明：云南出版集团公司、云南人民出版社，2012年版第2页。

700 年左右，又在点苍山建立了一个地方政权——南诏。……南诏立国时间长达 250 年，历经 13 代王，统治区域包括今云南全境、四川西南部、贵州中西部和缅甸北部，最盛时还包括越南北部。"①在古代正史如《史记》中，西南少数民族被称为"西南夷"，包括今四川省西部和西南部，贵州、云南两省以及滇、黔、桂交界地区居住的各族先民。

"西南夷"一词最早见于《史记·西南夷列传》，继而《汉书》、《后汉书》、《华阳国志》均有专篇，且内容更加丰富。西南夷的分布地域广大，族系繁杂。据《史记·西南夷列传》载："西南夷君长以什数，夜郎最大；其西靡莫之属以什数，滇最大；自滇以北君长以什数，邛都最大；……其外西自同师以东，北至楪榆，名为嶲、昆明，地方可数千里。自嶲以东北，君长以什数，徙、筰都最大；自筰以东北，君长以什数，冉駹最大。……在蜀之西。自冉駹以东北，君长以什数，白马最大。"《史记》《后汉书》《华阳国志》还提到了僰、句町、漏卧、且兰、哀牢、濮、滇越、摩沙夷等古民族（族群）。

另据彝文古籍《洪水泛滥》记述，彝族前 35 世处于野蛮时代，始祖阿普笃慕的 6 个儿子慕雅切、慕雅考、慕雅热、慕雅卧、慕克克、慕齐齐分别建立武、乍、糯、恒、布、默 6 大部落并为首领，后裔分别由原居住地逐步向滇、川、黔、桂 4 省区分迁，开辟新领地，在与其他部族、部落的征伐和融合过程中，形成了今天分布在滇、川、黔、桂 4 省区的彝族。这就是彝族历史上的"六祖分支"，之后阿普笃慕与他的 6 个儿子被尊奉为各地彝族的祖先。

恒部彝族（首领慕雅卧，或作慕阿卧）分为 3 支迁徙 3 地：一支迁徙并定居于今昭通，发展成为"乌蒙部"；一支迁至四川南部的永宁（今叙永）、古蔺一带，发展成为"扯勒部"；一支从云南昭通渡过金沙江后沿美姑河北上到达凉山腹地，发展成为"古侯部"。余氏家族正是徙居于四川南部永宁（今之叙永）彝族扯勒部的后裔。古蔺建县于 1909 年，原属四川叙州府永宁县。

二、鰡部扯勒彝余氏家族世系述略

关于余氏家族的世系情况，我们以《通雍余氏宗谱·余氏世系》②的记载为基

---

① 王天玺、张鑫昌主编：《中国彝族通史》第一卷，昆明：云南出版集团公司、云南人民出版社，2012 年版第 8 页。

② 《通雍余氏宗谱》，余家驹原著、余昭原注、余若瑔续修、余宏模整理，东京：日本学习院大学东洋文化研究所，1999 年版。

本材料，同时参以正史或其他重要史籍以及部分学者观点予以补充。但鉴于"唐虞已前夷书失考，中史难稽，混沌浑噩之年无论矣"①，因此存在的一些疑点尚需进一步考证。

根据《通雍余氏宗谱》、《且兰考》等余氏家族谱牒记载，余氏之远祖为商代末世的孟赵②，世居于蜀国卢地。传 31 世后"至隆穆，避水灾至乐宜之山，诸夷奉以为君。娶妻 3 人：长姑邪宜之女宜恩弥布、次义邪能之女能恩弥都、三不邪蛮之女蛮恩乌突。各生 2 子，弟兄 6 人，分王 6 国，其后子孙繁盛，各君一部。能恩弥都之子曰穆阿卧，为赫氏，其后为乌蒙王。鳛部即蔺州，今四川叙永厅等处。蜀汉置庲降都督府，晋授以令长，属宁州，传至墨者扯勒益强盛。宋及周隋，皆自长其部。唐龙朔间内附，置蔺州，为羁縻州。唐末及五季时，为普宁王。宋太祖时，因宁州普宁之称，置永宁州。宋仁宗时，更置姚州，以得盖仆射为姚州刺史。元置永宁路，袭永宁宣抚使司，姓奢氏。明洪武中，禄照内附，仍袭前职。③永乐中，阿聂之妻奢苏入贡，增置赤水宣抚司。④成化中，奢贵授永宁宣抚使司。贵生效忠，万历中袭宣抚使。效忠生崇周，崇周无子，以崇明袭，娶于水西宣慰安氏，生子寅。"一说余氏家族发源于商末卤（卢）地八夷屯，今贵州毕节之八夷屯是"鳛部旧勋"（高隆礼、周遵鹏：《鸡鸣三省地名考》，毕节试验区网）。

鳛部，名称来源甚古，汉武帝时有诸侯国鳛国，大约存在于公元前 770 年至公元前 308 年之间，遗址在今贵州遵义仁怀县一带。余氏家族 19 世祖、汉末德赫

---

① 见余若瑔遗著、杨仿岩校正、余宏模整理补注《且兰考》，贵州大学出版社，2011 年版第 134 页。以下简称"贵大本"或注明版本信息。

② 孟赵：《西南彝志》中译作"希慕遮"，彝族始祖。余达父《且兰考》附注："孟赵迄今四千余年，主中国者，易姓廿余。而孟赵以一脉相传，子孙繁衍，分布西南，今之川、康、滇、黔之夷族，实多是孟赵之后裔。"见《且兰考》贵大本第 145、146 页。

③ 曹学佺《蜀中广记·永宁宣抚司》："洪武中宣抚使禄照归附，改为永宁长官司。"顾祖禹《方舆纪要》："明初，改为永宁长官司，酋长禄照归附，因置司授之，俾世守其地。"《明实录》："洪武二十六年正月禄照死，妻奢尾摄政，辅佐禄照子阿聂。永乐五年十月阿聂卒，妻奢苏摄政。"对照正史，可见洪武二十六年正月奢尾摄政之后通雍余氏家族才随之易姓为奢氏，故《通雍余氏宗谱》言"元置永宁路，袭永宁宣抚使司，姓奢氏"不确。

④《明史》卷 312："二十六年，以禄照子阿聂袭职。先是，禄照坐事逮至京，得直，还卒于途。其子阿聂与弟智皆在太学，遂以庶母奢尾署司事。至是，奢尾入朝，请以阿聂袭，从之。永乐四年，免永宁荒田租。宣德八年，故宣抚阿聂妻奢苏朝贡。"见张廷玉《明史》，上海：上海古籍出版社，1991 版第 880～883 页。

辉率家族最早当由东北乐宜山迁居于贵州鳛水[①]，自称扯勒鳛部。余宏模注释其叔祖父余达父遗著《且兰考》时认为，"扯勒"是汉语词"且兰"的彝语音译，但同时又认为以汉文史籍之"且兰"与彝文"扯勒"对译"似为欠妥"。[②]另一说认为，余氏家族第 12 世祖名"墨者扯勒"，晋末被朝廷"授以令长之职，……后世扯勒之称由此"（见《通雍余氏宗谱》）。余达父《且兰考·且兰历代建置考》云："梁泰清中，宁州为爨氏所据，郡县多没，平夷为昆明、乌蛮所有谓之卢鹿部，又为扯勒部（著者原注：卢鹿即鹿戎之旧称，扯勒者，鳛部至此益强大，传至墨者扯勒，不为爨氏所用，亦不宾服于中国，遂以名部，号赤舒扯勒）。"[③]

明代以前，余氏家族的居住地有过多次迁徙，最后一次大概是从云南白水江[④]出发，经云南彝良、镇雄、贵州赫章、毕节、金沙至遵义仁怀，入于四川古蔺，在赤水河两岸世居。据《通雍余氏宗谱》记载，余氏 19 世祖德赫辉时代居住于各姆更鲁（彝语地名，不详），20 世祖辉阿哒曾率部族迁居于科洛大城（今贵州省赫章县可乐乡境内），21 世祖达诺武时期再度迁往柏雅妥洪（彝语地名，在今四川古蔺县境内），并在乍者俄姆（彝语地名，不详）建立宗庙。22 世祖诺武伯时期迁居乍鲁戛（彝语地名，不详），繁衍了 12 代，34 世祖阿穆阿宗时期迁居于阿宗洛浦（今四川省叙永县境内），繁衍了 35 代，其间居住过叙永县境内的哪知白琪、布德塔那、阿史赫亚、阿史阿岱，68 世祖那可哺托曾率部族迁于四川古蔺居

---

① 《遵义府志·建置》："鳛部水，即今仁怀赤水。然则仁怀为古鳛部地。汉之称'鳛部'者，或秦前有鳛国欤？"（《遵义府志》卷 2，巴蜀书社 2013 年版第 13 页）《遵义府志·水道考》："其鳛部水、安乐水，即今之高洞河。今此河自高洞以下，土人皆名鳛水。此水产鳛鱼，为他水所无，故于古地名鳛部，其水即名鳛部水。"（见《遵义府志》卷 5，巴蜀书社 2013 年版年版第 88 页）一说，鳛部即蔺州，今四川叙永县境内。另一说认为："《通雍余氏宗谱》所载的这些内容，除部分与史书记载吻合外，大多与史书记载不合，或是不准确。秦、汉时鳛部的核心区域是在唐朝时蔺州治所在内的赤水河中游地区，这是可以肯定的，但唐朝时的蔺州治所在今习水土城儒维堡子头，不是今天的古蔺、叙永一带。这个问题可从《水经》对鳛部的记载和土城一带的地理区位、地形条件、出土文物以及清代吴培、陈登龙等人对鳛部水的考证中均可得到证实。……据东汉人应邵所著《风俗通·姓氏》记载，古鳛部国王的后裔后来以国为姓，成为'习姓'，并非禄或奢、余。永宁土司之始，只能算作是古鳛部遗存民族中的一个旁支，并非古鳛部贵族统治阶层。西汉元鼎六年在今叙永县城设置南广县，作为西迁后的犍为郡治所。从此，鳛部的中心区域以赤水河为界，分为东、西两个部分，东面为牂柯郡地域，西面为犍为郡地域。"（主要观点见禹明先《永宁奢氏土司与鳛部历史研究》，http://blog.sina.com.cn）

② 见东京本《且兰考》第 19 页补注第 25 条。

③ 见贵大本《且兰考》第 129 页。

④ 白水江之同名者甚多，云南白水江为金沙江下段水系，发源于贵州省赫章县毛姑村，在镇雄县坪上乡核桃树进入云南，由东南流向西北，流经镇雄县的牛场、五德、罗坎和彝良县的洛旺、牛街等乡镇后，于盐津县柿子坝汇入横江。河流全长 128 千米。

住，并陆续迁居过叙永县境内的阿额阿史等 14 个小地方。70 世祖龙智龙格时期迁居鲁走伯其、鲁走色果底（今贵州省毕节市七星关区大屯彝族乡左泥村）。72 世祖迁居益卧（彝语地名，今四川省叙永县水潦彝族乡），73 世祖阿玉阿姑（奢辰）迁居德垮（彝语地名，今贵州省毕节市七星关区大屯彝族乡），在大屯建立土司庄园定居下来。另外一位 73 世祖阿玉位基（奢震）仍居于益卧。综其所述，自六祖分支以后，恒部彝族在西南地区共繁衍了 83 代，其中扯勒部通雍余氏自 19 世祖德赫辉分支以来，共繁衍 64 代，其中 15 代居于贵州赫章可乐及毕节大屯，49 代居于四川永宁（今四川叙永一带）。"旧制，永宁卫隶黔，土司隶蜀。……蔺州平。总督朱燮元请以赤水河为界，河东龙场属黔，河西赤水、永宁属蜀。"（《明史·永宁宣抚司传》）

元、明、清三代，封建中央王朝均册封彝族奢氏为土司，世长其地。《明实录·神宗万历实录》："令蔺州夷奢崇明承袭祖职，管宣抚职事。"[1]蔺州为唐代元和年间设立的羁縻州，在赤水河北岸。奢氏家族自滇入蜀后，长期统辖赤水河两岸黔蜀边境鳛水，后来被封建王朝册封为四川永宁宣抚使。明末天启、崇祯年间（1621～1638），西南地区爆发震惊天下的"奢安之变"——四川永宁宣抚使奢崇明和贵州宣慰同知安邦彦联合反明，率兵围困成都，攻占重庆，进逼贵阳。明廷派重兵围剿，历经 9 年奢氏败亡。奢崇明次子奢辰易名余保寿，清顺治十七年（1661）投诚，后因剿吴三桂有功，康熙年间奉旨安插于卧泥河（彝名为"写国底"，即今贵州省毕节市大屯彝族乡）。三子奢震易名余化龙，其后裔长住并承管四川古蔺水潦（今四川省叙永县水潦彝族乡）。康熙年间，奢辰（余保寿）一支始建大屯土司庄园，长住并承管此地，截至 1949 年繁衍了 12 代人。

一世：奢辰。奢崇明子，彝名阿姑，改汉名余保寿，娶郎岱龙土司之女奢伦为妻，生子 3 人：长子张凤岐；次子佚名，早卒；三子张翔，又名杨三。

二世：张翔，实为大屯时园第一代主人。

三世：杨翰桢，又名张余亭，彝名龙铿。叙永府学生员，有文武之才，雍正年间（1723—1735）为云贵总督鄂尔泰及总兵翰勋所器重，委以晓谕乌蒙土府禄万福改土归流重任。有 2 子：普习、阿琚，皆早逝。

四世：因普习、阿琚早逝，该世缺。

五世：杨余仲（扯勒部水潦支四世余仲麟第四子，字宪章，彝名龙灼，过继到大屯），生 3 子：长启干，早卒，次朝栋，过继水潦，三子廷栋，承嗣大屯。

六世：杨廷栋，字君爱，又名启秀，彝名龙宗。敕授武略校尉，无子，以水潦堂兄余国栋次子余人瑞过继，承管大屯。

七世：杨人瑞（即余人瑞），字五玉，号蓝田，敕授儒林郎。生2子：长家驹，次家骐。

八世：余家驹，字白庵，小字石哥，曾过继水潦余人凤为子，后召回。贡生，诰赠武翼都尉，生子余珍。余人瑞次子余家骐生子长昭次晋。余昭生一仪，一仪生若煌、若瑺、若琳、若钰、若瑾5子。

九世：余珍，字子儒，号宝斋，又号海山、坡生。诰授武翼都尉，戴蓝翎，袭大屯土千总。生子6人，惟三子象仪、四子振仪存，余皆早逝。

十世：余象仪，字雨生，国学生。无子，由水潦余一仪次子余若瑺过继为后，拟承管大屯。余珍次子余振仪无子，以余昭长子余一仪第四子若钰继。

十一世：余若瑺，字达父，出生时改土归流开始，未能任土司。留学日本，学习法政，回国后被清政府授为举人。生2子2女：长子祥桐，留学殁于日本，次子祥河；长女孟环，次女祥元，能诗文。

十二世：余祥河，1931年生，1949年后病故。

关于余氏家族的完整世系，见本书附录二《余氏家族世系表》。

第二节　强强联姻，积淀政治文化优势

强强联姻，是指某些大家族通过婚姻关系结成巩固联盟以实现利益需要的联姻方式。元、明、清三代的土司家族早就考虑到了这点，尤其是从明朝中后期开始，中央王朝对彝族土司开始实行改土归流政策，土司势力受到不同程度的削弱，有的家族地位上升，有的家族地位下降，加上大量汉族移民深入彝区，部分成了当地的望族，对彝族土司家族也是一种威胁，这就迫使彝族上层对传统的联姻方式作某种变通。例如明清时期丽江木氏土司家族共嫁出女性51人，其中夫家为知府的4人，知州11人，为土官、土酋、土千户、同知的36人；木氏土司17人所娶正妻均为土千户及以上门第（其中有10位是白族），知府、知州之女占10人，比例达58.8%。联姻两家相聚数百里或上千里不等，80%为异族。云南省武定县彝族土司凤（那）氏与建昌府安氏、乌撒军民府安氏、东川军民府禄氏、会川地区彝族上层、贵州普安龙氏、丽江土司木氏、彝族唐氏、环州土司李氏广泛联姻。土司们的联姻，结成了一荣俱荣、一损俱损的政治、经济、文化共同体。本研究重点考察明清时期扯勒鳋部余氏家族的联姻情况。

一、四川永宁宣抚使与贵州宣慰使联姻的政治共同体

《明史》卷312："永宁，唐兰州地。宋为泸州江安、合江二县境。元置永宁路，领筠连州及腾川县，后改为永宁宣抚司。"汉末以来，通雍氏家族（余氏家族）一直担任地方首领，并陆续与周边的土司家族联姻。古代彝族是一个按等级联姻的民族，一个彝族人的姓氏就代表其等级。鳛部始祖德赫辉娶奢谦为妻。奢谦，东汉桓、灵（147—188）时人，生平不详。德赫辉为东汉桓、灵时鳛部首领，汉末曾率9000人（号称"九千强弩"）渡云南白水江至安作谷木（彝语地名，即四川永宁）定居创业。

德赫辉之后，通雍氏与奢氏联姻的还有：7世喳渠底，娶奢着为妻；17世阿琮思点，娶奢松为妻；19世哔启托，娶奢姥为妻；21世洗阿琚，娶奢葱为妻；40世蒲衣普古，娶奢穷为妻；41世娶奢布为妻；42世，娶奢奔为妻；43世龙更龙之，娶奢节为妻；45世阿举蒲守，娶奢通为妻；46世蒲守宣乐，娶奢哺为妻；47世宣乐慈豆，娶奢赛为妻；48世慈豆禄克，娶奢载为妻；49世禄克那可，娶奢卧为妻；51世普陀龙智，娶奢云为妻；52世龙智龙格，娶奢乐为妻；53世龙格诺宗，娶奢嫩为妻；54世诺宗阿玉，娶奢塞为妻。由此可见，汉末至唐宋时期，鳛部通雍氏家族的联姻对象主要是奢氏，元代以后拓展为外部族，第1～55代中，与奢氏通婚达18代，与其他部族通婚者为33代。

元、明、清三代，土司的地位受到一定挑战，仅仅依靠本部族联姻是远远不够的，必须向外部族联姻，最好是强强联姻（联合），以求得本部族的长治久安，并形成强大联盟，必要时与中央王朝对抗。有学者认为："元代推行土司制度后，作为中央王朝所封的彝族土司，自认为最尊贵而不愿与同族其他等级通婚，但各地所封数目毕竟有限，因而其通婚半径涉及云、贵、川三省区，彼此之间构建起密不可分的姻亲网络集团。该集团与中央王朝的微妙关系使其能否有效地控制和巩固西南地区构成严峻的挑战。另一方面，自明代中期以来，彝族土司地区发生了急剧的社会变革，使原来森严的等级制度发生了变化，原先确立的联姻关系也难以维持，他们不得不变通传统的婚姻观念，族际联姻和跨等级联姻逐渐增多，推动了民族地区的社会进步。这种独特的联姻方式及其变化对西南地区产生了重要而深远的影响。"①

奢氏土司家族自明代开始与水西土司安氏、乌撒盐仓土司安氏、芒部土司陇氏、永宁土司（纳西族）阿氏、文山土司龙氏等结为婚姻，而多嫁娶于安氏。从维护政

---

① 沈干芳：《明清时期彝族土司联姻对西南地区的影响》，《贵州民族研究》2011年第1期。

治利益的角度看，主要原因是：水西安氏在贵州具有十分久远的历史，也具有举足轻重的政治地位。①安氏先祖是蜀汉时期助诸葛亮平南中、"积粮通道，佐丞相擒孟获"、被封为罗甸国王的济火（也称济济火，彝名妥阿哲）。济火之后，唐朝时的阿佩、北宋时的普贵、元代的阿画，都在开国时纳土袭爵。明初，水西土司霭翠于洪武四年（1371）与水东宋蒙古歹等率土归附，朱元璋下令"以原官世袭""税听其输纳"，并赐霭翠姓"安"以示笼络。明朝廷还下令将水东、水西合并，设贵州宣慰司，以霭翠为宣慰使，水东宋氏为宣慰同知，宣慰司印由安氏执掌，遇事则共同商议。洪武六年（1373），朱元璋又特别下诏，明确"贵州宣慰使霭翠位居各宣慰之上"②。明代统治者给予水西安氏的这些特殊荣誉，一方面极大地提升了安氏土司的地位，另一方面也极大地坚定了安氏忠于明廷的信念。为了回报朝廷的恩宠，明军进攻云南时，水西拿出马一万匹，毡一万领，牛羊、弓弩各一万以助军需。平定云南的当年，霭翠还亲往朝觐，送贡马 27 匹及毡、衫、环刀等物。③其后，水西的进贡几乎没有中断过。当然，每次进贡也都得到了封建王朝例行的赏赐。尤其是与四川永宁奢氏家族联姻之后，奢、安家族的统治地位更加巩固。

奢节、奢香、奢社辉，是由四川永宁宣抚使奢氏家族出嫁到贵州水西后任职的 3 位著名女土司，以奢香尤为杰出。

奢香（1368—1396），明代杰出的彝族女政治家，也是奢氏家族影响最大、政绩最辉煌的女性。她出生于四川南部彝族土司永宁宣抚司扯勒部君长之家，原籍为四川永宁（即今四川省泸州市叙永县）④。14 岁时奢香嫁给 40 岁的贵州宣慰使

---

① 《大定府志》载："安氏自汉后主建兴三年（225）至康熙三十七年（1698），凡千四百七十四年，世长水西。其受命于中朝，为蛮长、为罗甸王、为姚州刺史、为顺元宣抚使、为贵州宣慰使、为水西宣慰使，号凡六更。""故自火济至今千有余年，世长其土，勒四十八部，部之长曰头目。"（《大定府志》，北京：中华书局，2000 年版第 979 页）《大定府志·水西安氏本末》载："安氏之先，盖出昆明，为卤氏，语转为罗氏。有曰祝明者，居堂琅山中，以伐山通道为业。久之，木拔道通，渐成聚落，号其地曰罗邑，又号其山曰罗邑山。……火（济），深目长身，面黧色而白齿。习战斗，尚信义，善抚其余众，诸蛮戴之。武侯至，献粮通道以迎，遂佐擒孟获，因令世长其土。"（《大定府志》，北京：中华书局，2000 年版第 947 页）

② 见《明实录·太祖洪武实录》卷 84 "洪武六年八月戊寅"条。

③ 见《明实录·太祖洪武实录》卷 143 "洪武十五年闰二月壬辰"条。

④ 关于奢香的籍贯问题，据四川省叙永县档案史志局 2012 年 4 月 16 日发布的《奢香夫人籍贯的考释》："据有关川南彝族史料和叙永地方史志资料记载：奢香夫人，出生在川南彝族土司永宁宣抚司扯勒部君长家庭，生于元末至正二十一年（公元 1361 年）。自唐宋以来，到明朝洪武初年，川南彝族先民永宁扯勒部已传袭至四十三代君长龙更龙之。至明代永宁宣抚使奢崇明反明失败后，永宁土著彝族纷纷向外迁徙，现今，我省大小凉山一带彝族先民，均为永宁彝族后裔。明洪武四年（公元 1371 年），永宁彝族扯勒部君长禄照（彝名龙更龙之），又称禄肇，率部内附归顺明朝。明朝廷设永宁宣抚司，治所在今叙永县城东城，禄照任永宁宣抚使。同时，设永宁卫，治所在今叙永县城西城。"

霭翠为妻，协助丈夫处理政务。洪武十四年（1381）霭翠死时子尚幼，奢香代袭贵州宣慰使。洪武二十九年（1396），奢香因积劳成疾与世长辞，年仅 35 岁，明太祖朱元璋谥封奢香为"大明顺德夫人"，"朝廷遣使祭之"，钦差择地"葬大方城北云龙山下"。明太祖朱元璋曾说："奢香归附，胜得十万雄兵。"此外，奢节最初为元朝顺元路亦奚不薛总管府总管阿里之妻，阿里去世后，她于元成宗大德元年（1297）摄总管职。《毕节县志》记载，元至元十三年（1276）置乌撒路，十五年置乌撒军民总管府（今威宁、赫章），十六年置罗氏鬼国安抚司，十七年改罗氏鬼国安抚司为顺元路宣抚司，十九年置顺元路宣慰司。二十年置亦奚不薛宣慰司（治所在今贵州大方县城）。明代天启元年九月奢安之变时，水西安氏首领安尧臣已死，其子安位年幼，由其母奢社辉（奢崇明之妹）摄事，但大权旁落于安尧臣之弟贵州宣慰司同知安邦彦之手。

宋、元以来，乌蒙、水西、永宁三地土司结成了牢固的姻亲网，尤其是奢、安两大家族的强强联合，形成了强大的政治共同体，西南大半壁河山遂在两大家族的掌控之中。联姻后的政治优势给家族成员带来的利益是多方面的，他们有了更多的机会与朝廷官员乃至皇帝交往，大幅度提升了家族的威望和权势。鉴于土司家族大量互相联姻，引起了朝廷的注意。明代嘉靖三十三年（1554），朝廷作出严格规定："土官土舍嫁娶，止许本境本类，不许越省，并与外夷交结往来，遗害地方。每季兵备道取具重甘结状，如再故违，听抚按官从实具奏。兵部查究，量情轻重，或削夺官阶，或革职闲住，子孙永不许承袭。"[①]

二、巴蜀文化、夜郎文化与汉文化交响中的家族文化共同体

巴蜀，是指先秦时期地区名和地方政权名，在今重庆和四川境内。东部为巴国（重庆），西部为蜀国（成都）。据《华阳国志》记载，先秦时期巴蜀地区的民族有濮、賨、苴、龚、奴、獽、夷、蜒、滇、僚、爨等，其中大部分是百濮支系。百濮支系中的濮族，是商周时期的古民族，曾与庸、蜀、羌、髳、微、卢、彭等民族一起参加周武王牧野誓师讨伐商纣王。清康熙年间《云南通志》引明代学者董难《百濮考》[②]云："《牧誓》记庸、蜀、羌、髳、微、卢、彭、濮人，……'此八国，皆西南夷也。'"今彝族各支系都源于濮人，黔西北在古代属于百濮地区，

① ［明］李东阳等撰、［明］申时行等重修：《大明会典》，北京：中华书局，2007 年版卷 121。
② 《百濮考》是明代大理白族学者董难的一篇著名论文，首载于明万历《云南通志》，以后明天启《滇志》、清康熙《云南通志》皆沿袭，仅个别文字有出入。

这里最早居住的就是古濮人。春秋战国时代，百濮地区北部紧靠巴、蜀，秦统一天下，并入夜郎国，这里至今仍是巴蜀文化交错影响地带。

巴蜀文化与中原文化有较大的区别，有人称之为"异质文化"。但巴蜀文化也受到中原文化的巨大影响，尤其是儒家文化、道家文化、法家文化。巴蜀文化区位于中国西南部，以四川盆地为中心，兼及周边地区。在古代，巴蜀文化区的地域范围要宽泛得多，还包括汉中盆地、黔涪高原、鄂西南和湘西山地等与巴蜀同俗的区域。就巴蜀文化区的中心区域而言，它以大凉山为界，东部是四川盆地，西部是川西山地和高原，属于长江上游流域的内陆腹心地区，只有极西北的若尔盖草地一小部分属于黄河上源。它的西北与青海相接，北部与甘肃、陕西为邻，东连湖北、湖南，南临贵州、云南，西倚西藏，面积达 57 万平方千米。①

巴山蜀水的"雄、险、幽、秀"孕育了 5000 余年的巴蜀文化。巴蜀文化在中国上古三大文化体系中占有重要地位，与齐鲁文化、三晋文化等地域文化共同构成辉煌灿烂的中国文明。蒙文通认为，巴蜀文化的特征主要指"词赋、黄老和卜筮、历数"，"自西汉末年直到晋代，师承不绝，都是以黄老灾异见长，共有三十余人，这在两汉最为突出"。②就现代学科概念而言，词赋、黄老、卜筮、历数包括了文学、哲学、天文学以及尚未列入正式学科名称的预测学等。传统预测学是集阴阳、五行、周易、八卦、奇门遁甲等于一体的以推测未知事件为目的的一门学科，曾被一些伪科学者涂上了迷信色彩，因此容易受到否定。现代预测学旨在预测灾害的随机性以减弱灾害程度，往往通过开发数学模型和程序，预测事物未来发展的趋势及准确结果。由谶纬学到预测学的嬗变，一方面增加了巴蜀文化的神秘性，另一方面也使巴蜀文化由神秘诡异逐步接近于现实性与科学性，一些难解之谜正在被飞速发展的科学研究所证实。

巴、蜀两地自古有学术研究和文学创作之风。巴蜀学派就起源于东汉时期广汉（今四川射洪南部）的杨氏谶纬学和巴西（今四川阆中）的谯氏经学，形成于三国时代，盛行于西南地区，它"集谶纬学、经学、史学、古文献学和政治学为一体"③。杨氏谶纬学门徒东汉后期达 3000 余人，影响很大，杨厚、谯周是这两大学派的著名代表。秦汉以降，巴蜀文化区产生了司马相如、扬雄、陈子昂、李白、苏轼、杨慎、郭沫若、巴金等文学巨匠。巴蜀的文化和宗教与齐鲁的儒学、三晋的法学、荆楚的道家，共同形成了我国古代文化的显著特色。

① 谭继和：《巴蜀地脉的文化特征》，《巴中日报》2008 年 2 月 29 日第 8 版。

② 蒙文通：《巴蜀古史论述》，成都：四川人民出版社，1981 年版。

③ 陈国灿：《略论汉魏时期的巴蜀学派》，浙江师范大学学报（社科版）1997 年第 4 期。

巴蜀文化自古对西南夷地区产生了较大影响。从地下发掘来看，2004 年以来，贵州威宁中水先后发现 12 处地下遗址，被称为"中水遗址群"，数量较多的戈、剑、扣饰、发钗、手镯等明显具有土著文化风格。"中水盆地出土了一些典型的巴蜀文化器物，有些器物则明显受到巴蜀文化的影响。"①巴蜀式青铜戈南传于黔西北就是一个典型的例子。巴蜀文化向西南夷传播的路线有 3 条（西汉时期开辟的官道）：夜郎道、五尺道、零关道。黔西北接受的巴蜀文化主要是从夜郎道输入的，即以成都为起点，经彭山、乐山、犍为，过贵州西北、广西、广东至南海，这条线路又称为"牂牁道"。相比较而言，巴蜀文化的起源比夜郎文化早，影响也比夜郎文化大，地理位置邻近，因此西南夷地区自然成为巴蜀文化的辐射地。

夜郎是战国至西汉时期西南地区经济文化最发达的方国之一，夜郎文化是贵州文化的符号，是中华地域文明的重要组成部分。夜郎文化具有独特的价值。王岳川先生认为："夜郎作为一个古老的少数民族国度，是'西南夷'中最为著名的一个方国或部落联盟。夜郎文化与周边几乎同期发端的滇文化、楚文化、巴蜀文化，同为中华民族灿烂文明的有机组成部分，具有独特的文化史价值和人文价值。长江文明中的河姆渡文化、三星堆金沙遗址文化以及夜郎文化均不可忽略。夜郎古国尽管灭亡了，但夜郎文明还在云贵高原某些少数民族身上传承着。关于夜郎文化的传承者有多种说法，有彝族说、苗族说、布依族说，还有仡佬族说。"②夜郎文化具有多源合流及多元共生的特点，从文化的结构及差异上可分为东、西两大坂块。东区以稻作文化为主，西区以农耕兼游牧文化为主。夜郎文化具有三大支柱，即以兄妹开亲为其核心内容的洪水神话、体现夜郎人图腾崇拜及祖先崇拜等原始宗教观念的竹王传说以及作为夜郎青铜时代典型器物的铜鼓为代表的铜鼓文化——并以其独特的文化符号而区别于周边其他文化。③

夜郎文化与巴蜀文化有很多共同点，例如在多元性、民族性、幻想性、神秘性方面，两种文化是一致的，但夜郎文化更具封闭性，这和夜郎一带的交通条件历来落后有关。周秦时代，当中原地区甚至巴蜀一带道路已经四通八达时，夜郎还处于不毛的"鬼方"之地，许多地方无路可行。《史记·西南夷列传》载："秦时常頞略通五尺道，诸此国颇置吏焉。十余岁，秦灭。及汉兴，皆弃此国

---

① 先秦和两汉时期的西南夷地域范围不同。先秦时期的西南夷包括巴、蜀，两汉时期不包括，指"川西北山地、川西南山地，横断山区，云贵高原的中、东部和贵州高原的西北部"。关于威宁中水盆地的考古学文化遗存情况，参见刘弘《巴蜀文化在西南地区的辐射与影响》，《中华文化论坛》2007 年第 4 期。
② 王岳川：《东方文明与夜郎文化重释》，《人民日报》海外版，2004 年 9 月 8 日第 7 版。
③ 王鸿儒：《夜郎文化史》，贵阳：贵州人民出版社，2010 年版。

而开蜀故微。巴蜀民或窃出商贾，取其笮马、僰僮、髦牛，以此巴蜀殷富。"①巴蜀文化、夜郎文化与传统中原汉文化又有一定交流与联系。"西汉中叶以前，夜郎文化与汉文化的交流主要通过巴蜀人民进行，……从西汉中叶开始，汉武帝全力经营西南夷地区，往来于夜郎地区的汉族官吏极其频繁，边傲的撤除，赴夜郎境内经商的巴蜀商贾增加。特别是汉武帝于此设郡县以后，夜郎与汉王朝在政治经济文化等方面的交往全面展开，从而，促进了贵州古夜郎地区青铜文化与中原汉文化的交流融合。"②这说明，夜郎地区与外界较为全面的交往是从汉武帝之后通过设立郡县、官吏交替和商贾贸易逐步开始的，至于贵州与外界的广泛交往则更为滞后，几乎到了明代。明代奢香开九驿，水西地区与外界的交通状况才有了明显的改善。

汉代至清代，中国学术、文化常常以家学方式传承，这对于中国家族文化的形成起到了重要的促进作用。家族文化以家族的存在与活动为基础，以家族的认同与强化为特征，注重家族传统的延续与和谐并强调个人服从整体，家族也是一个特殊的文化系统，主要包括家族成员的伦理道德规范、行为规范、家族观念以及对自身、社会与家族关系的认识，还包括家族成员的物质与精神遗存。家族文化是一个国家或民族传统文化在民间的重要组成部分，它在漫长的岁月里影响着每一个家族的成员，成为群体的共同文化心理积淀与行为规范，深深地铭刻在各自的家族史上。如果说家庭是社会的细胞，那么家族文化则从一个独特的角度折射出中国民族民间文化五光十色的生动内涵，并作为一种社会文化遗产，沟通代际关系。

明代中叶以前，余氏家族居住的四川永宁是巴蜀文化区的边缘地带，"奢安之变"以后余氏家族所居住的贵州毕节大屯彝族乡也处于夜郎文化的边缘地带。水潦、大屯既受中原传统儒家文化的影响，也受夜郎文化影响，还受到邻近省份巴蜀文化的影响。多元文化的交流碰撞，使余氏家族成员的文学创作呈现出以下总体特征：

（1）既有巴蜀文化的飘逸奔放，也有夜郎文化的朴厚沉郁；

（2）既有巴蜀文化的开放性，又有夜郎文化的神秘性；

（3）既有仁民爱物的广阔胸怀，也有清静无为的淡泊追求；

（4）既有天下舍我其谁的壮志，又有山水诗酒自娱的闲适。

① 《史记》卷116《西南夷列传》，北京：中华书局，2000年版第2282页。
② 宋世坤：《试论夜郎与汉文化的关系》，载《可乐考古与夜郎文化》，贵阳：贵州民族出版社，2003年版第48—49页。

举例来说，余家驹是余氏家族的开山诗人，既有儒家"修、齐、治、平"的理想，但不醉心于举业，"功名富贵，听其自然"，"工画山水，奔放如诗。尤喜种花，时园中一草一木，皆手所植"（余昭《时园诗草序》）。余家驹擅长画竹，技法高妙："先生奇特盖世英，气吐虹霓吞长鲸。满腹经纶化作竹，一天风雨纸上生"。他的诗歌《登高望云海》、《法夏大湾涨瀑》写黔、蜀交界处的独特风光，豪放雄奇，自由奔放，酷似李白歌行体古诗风格，明显受到巴蜀诗人李白影响：

我向山中来，手持绿玉杖。挥手拂开千重云，飘然独立群山上。山下云气化为水，白浪茫茫铺万里。一粟身浮大海中，伟哉造化殊奇矣。天风鼓浪涌云潮，天与海水为动摇。九州岛万国落何处，世间皆没我独超。掷将玉杖海云中，化作垂天万丈虹。便驾长虹饮沧海，吸干海水见底空。（《登高望云海》）

天坠压岩危欲倾，山飞水立势纵横。电掣雨骤雷轰烈，千崖万壑号秋声。瀑流怒起排天半，黔江飞过蜀江岸。洪涛浊浪舞罡风，蛟龙出没云缭乱。何来巨灵劈昆仑，倒翻星海洗乾坤。空中纯作黄金色，海气平将日月吞。朗诵逍遥庄子篇，如化鲲鹏击三千。好抟扶摇图南去，手挽银河挟飞仙。（《法夏大湾涨瀑》）[①]

余家驹的儿子余珍有"谈兵征抱负，跨海想英雄"的豪放，也有"恰好我来间点缀，淡云微雨自骑驴"的潇洒。其侄儿余昭的诗作亦雄浑豪放。即使是女诗人安履贞（余昭之妻）偶尔也表现出一股须眉豪气："非忠孝节烈之书不读，尤嗜《离骚》，论古具只眼"，"读书十行，下笔文思若宿构。每梦阅一篆册，则诗性自发"（饶雁鸣：《圆灵阁诗草序》）。余氏家族中的著名诗人余达父，人生屡经磨难，忧国忧民，关注时局，倾心学习杜甫，诗歌风格接近于杜甫的沉郁顿挫，他的《南征》130韵诗歌艺术手法接近杜甫。

三、优越的教育条件，培育家族几代杰出人才

注重地方、民族及家族后辈的文化知识教育，是一些土司的明智之举。明朝宣德九年，刚刚担任永宁宣抚使的女土司奢苏就向朝廷进言："欲化顽俗，需修文教。诸生皆夷僚，朝廷所设训导官，难以教诲。"她主张从懂得彝语的庠生中

---

① 两首诗均引自余家驹《时园诗草》，贵阳：贵州民族出版社，1993年版第33、35页。

选拔训导官,才能收到教育实效。由于奢苏的重视,永宁辖境人文郁郁,文教大开,涌现了一批彝族知识分子,例如赤水人陈迪、朱谦先后考中进士,诗人、学者、书画家、政坛人才也频频出现。奢香任贵州宣慰使期间,从京城聘请汉儒到贵州兴办宣慰司学,传播汉文化;招来能工巧匠,传授先进的耕织技术,开置农田,发展生产;倡导彝汉文化融合,安居乐业。洪武二十三年(1390),奢香将其独子阿期陇的派到金陵,请入京师太学读书,得到朱元璋批准。[①]洪武二十五年(1392)阿期陇的学成归来,临走时朱元璋赐予三品朝服并沙罗袭衣、花金带,白金300两等物,并赐姓安,名安的。[②]经过奢香的苦心经营,水西地区社会安定,民族和睦相处,经济发展,文明程度不断提升。

成功的家族教育,使奢氏土司家族从元代开始就陆续涌现了各方面的杰出人才。如女性政治家奢节、奢尾、奢苏、奢爵、奢世续、奢香、奢社辉;男性政治家奢效忠、奢阿聂、奢贵、奢龙,奢崇周、奢崇明;革命家余健光、余祥炘;文学家(学者)余家驹、安履贞、余珍、余昭、余一仪、余达父、余祥元、余宏模;书画家余家驹、余珍。

近、现代积贫积弱的中国急需变革,不少有识之士积极探索救国救民道路,付出了生命的代价。余健光、余祥炘就是从余氏土司家族走上革命道路的英勇斗士。余健光(1891—1919),又名余祥辉,奢崇明第11世孙。1906年春,余健光(祥辉)、余景炎(祥炘)随叔父余若瑔(达父)东渡日本留学。余健光先入成城中学学习,后入山口高等商业学校学习。在校期间,余健光、余景炎兄弟俩接触了一些革命党人,其时,孙中山先生领导的中国同盟会在日本东京刚成立不久,积极发展同盟会员,余健光、余景炎对孙中山先生领导的革命十分仰慕,毅然加入同盟会。他们受到孙中山先生的教诲和帮助,积极投身于推翻清政府的革命运动,成为一个民主革命志士。

1915年12月,袁世凯称帝,护国讨袁战争爆发,余健光积极投身于护国讨袁的战争中。陈其美在上海首先组织刺杀了由袁世凯特任为上海镇守使的郑汝成,又于12月5日组织肇和舰起义反袁,余健光跟随陈其美等赴前线指挥作战。1917年8月,余健光从上海赴湖南积极从事护法活动。9月,孙中山委任余健光为湖南民军副检阅使。不久,余健光又被任命为湘西靖国联军前敌总指挥,驰骋疆场。余健光率部转战于沅沣、鄂蜀等地,阻击北洋军,屡建战功。余健光一心致力于

---

① 见《太祖洪武实录》卷202"洪武二十三年己酉"条。
② 见《太祖洪武实录》卷217"洪武二十五年五月辛巳"条。

革命事业，奔忙于广东、上海、湖南等地从事革命活动，积劳成疾，不幸于1919年5月病殁上海，时年仅28岁。①

当然，优越的教育条件来自于土司土官享有的世袭特权，这是奢氏（余氏）家族土司多的主要原因。但朝廷为了防止冒袭、错袭、滥竽充数，制定了一系列制度，如派员严格查核家族宗谱，考察承袭者的德行、能力、功绩。承袭的规定顺序为先子后侄、兄弟，无侄或兄弟，有能力的妻子或女儿也可世袭，但必须是土人；土官有子则长子继承，无子则按孙、婿、妻、舍人（土司家族）、女及外亲。由于允许妻、女承袭，出现了不少女土司，如水西奢香、建昌师克、武定商胜、东川滕古、乌撒卜实等。朝廷还颁布了继任土司的赴任、奖惩、升降制度。土官承袭时，一般须赴京受命，嘉靖二十九年（1550）规定："应袭土舍，曾经调遣，效有功劳，暂免赴京，就彼冠带署职，管束夷民。待后功劳显著，方许实授。其余不曾调遣及无功可录者，照例起送赴京袭替。各官授职之后，若能建立奇功、平定大盗，应合重加赏赉，或诰敕褒奖。如有骄纵违误、征调愆期，听镇巡官临时议拟，奏请明旨，遵奉施行。"②这些制度保证了土司世袭的合法性与权威性，也保障了土司家族享有的文化教育权。

第三节 "奢安之变"，置之死地而后生

"奢安之变"是余氏家族由盛而衰的重要转折点，也是学术界至今看法不一的政治历史事件。"奢安之变"是怎样发生的？产生了哪些影响？余氏家族在事变后境遇如何？如何认识"奢安之变"的性质？

一、"奢安之变"的过程和影响

"奢安之变"，正史中称"奢安之乱"，彝族史书中称为"阿哲起兵"。即明朝天启元年至崇祯三年（1621—1630）由四川永宁彝族土司奢崇明、贵州水西彝族土司安邦彦联合发动的武装反明事变，事变历时9年，波及黔、川全省，最后由明廷兵部尚书朱燮元率兵平定。

天启元年（1621）九月，明朝与后金战事紧迫，朝廷命令水西、永宁二土司

① 余健光事迹，参见余宏模《赤水河畔扎勒彝》，香港：香港天马图书有限公司，2003年12月版第33–34页。
② ［明］李东阳等撰、［明］申时行等重修：《大明会典》，北京：中华书局，2007年版卷121。

征兵赴辽作战。永宁宣抚司奢崇明调集兵马两万至重庆,但朝廷拒不发放军饷军粮,并扣除饷银;四川巡抚徐可求又指责奢崇明所调之兵大都老弱病残,毫无战斗力,要求遣回永宁重新征调。奢崇明怒而反,率领永宁军攻占重庆,杀徐可求、李继周、骆日升等官员及总兵黄守魁、王守忠,攻占合江、纳溪、遵义等重镇。[①]

此时水西安氏首领安尧臣死,其子安位年幼,由安位之母奢社辉(奢崇明之妹)摄事,大权则掌握在安尧臣之弟——贵州宣慰司同知安邦彦之手。奢社辉和安邦彦听到奢崇明起事,立即举起反旗,占领毕节、安顺、沾益等地,一时间西南地区土司纷纷响应,水东土司宋万化亦自称"罗甸王",占据龙里。

天启二年二月,安、宋10万兵力围贵阳城达1年,城中军民40万仅余200来人。三月,降将罗乾象收复江安,四月,秦良玉、谭大孝等败安、宋军万余人于牛头镇,克新都,安、宋军退重庆,明军进驻遵义。

天启三年,贵州巡抚王三善率兵解贵阳之围。安邦彦率部回水西,与奢崇明的永宁军合流,两军借助川黔边界险要地形,屡屡取胜,王三善战死,有"西南第一武将"之称的总兵鲁钦自刎。

崇祯元年(1628),明朝廷启用在成都保卫战中立下首功的朱燮元,总督贵、湖、云、川、广5省军务。朱燮元令滇兵下乌撒,阻击安效良援奢、安之兵,令蜀兵出永宁、毕节,扼其交通,自己亲率明军驻陆广,逼大方。八月,"大梁王"奢崇明、"四裔大长老"安邦彦合力攻永宁,先进兵赤水。朱燮元令守将佯败,诱敌深入。估计其已抵达永宁,分遣林兆鼎从三岔入,王国桢从陆广入,刘养鲲从遵义入,安邦彦之兵穷于应付,各路兵力不支,罗乾象复以奇兵绕至其背,奢崇明、安邦彦被杀,此时只剩年幼的安位据水西。朱燮元不再用兵,考虑水西山深林密,乃扼其要害,四面迭攻,使其乏粮坐困。明军封锁水西周围百余里,百余天后安位感到难以支撑,乞降。崇祯三年(1630),奢安事变彻底平息。

"奢安之变"后,明朝廷不得不思考解决土司问题的对策,随即开始了声势浩大的开屯设卫、改土归流运动。《明史》云:"奢、安之乱,窃发于蜀,蔓延于黔,劳师者几十载。燮元戡之以兵威,因俗制宜,开屯设卫,不亟亟焉郡县其地,以蹈三善之覆辙,而西南由滋永宁,庶几可方赵营平之制羌、韦南康之镇蜀者欤。"[②]由此可见"奢安之变"影响之大,但还不止于此。

---

① 关于"大梁王"奢崇明借援辽之机反明的史实,余达父在其《㻞雅堂诗集·梁王台怀古并叙》中写道:"援辽兵变渝城开,十万铁骑横江死。长驱貙虎撼龟城,严城千里壁危旌。混沌血流殷地紫,蚩尤终冀大横庚……"该诗对奢安事变性质的看法与正史相左。

② 《明史》卷249《朱燮元传》,北京:中华书局,2000年版第4318页。

第一，"奢安之变"沉重地打击了晚明政权，动摇了晚明的统治基础，造成了极大的社会影响。事变前后持续 17 年，大规模交战持续 9 年，波及川、黔、云、桂 4 省，死伤百余万。事变中，四川巡抚徐可求、贵州巡抚王三善等高官和将领被杀，西南名将、总兵鲁钦兵败自刎。

第二，"奢安之变"从另一个侧面引发了其他彝族土司的反明意识。例如滇南阿迷州彝族土司普名声在奢安之变后，实力大增，随即于崇祯四年（1631）发动起事，史称"沙普之乱"。

第三，平息"奢安之变"的巨大军费开支，加重了明朝廷经济负担（这种负担很快会转嫁到广大人民群众身上）。例如仅天启六年，明朝廷不得不将辽东战事的支出由 770 万两白银减少到 680 万两，而平定西南"奢安之变"的军费支出则由 400 万两增加到 500 万两。

第四，"奢安之变"后，水西、永宁结束了漫长的土司统治历史，逐步走上了改土归流的道路。明清时期的两次改土归流，彻底解决了土司问题，推进了中国封建社会的体制改革。

第五，"奢安之变"，加速了余氏家族的文化转型，同时也影响到余氏家族的文学创作（本章第四节专门加以论述，此不赘述）。

二、"奢安之变"前后余氏家族的境遇

明后期以来，余氏家族的历史命运经过了三次大转折。第一次是明万历年间，永宁宣抚使奢效忠死，其妻无子，妾有子奢崇周。为夺取继承权和土司领导权，妻妾之间互相仇杀，总兵郭成、参将马成文乘机将奢氏 9 世积聚的财物抢掠殆尽。朝廷只对 2 人略加惩戒，由此造成积怨。第二次便是奢安之变。第三次发生在光绪年间，赵尔丰任永宁道台，镇压当地民众，并诬陷余若煌，将其系于狱中，判处永远监禁，抄没家产。

"奢安之变"前，尤其是朱元璋当政时期，永宁土司、安氏土司备受朝廷青睐，奢、安家族与明朝廷在政治上保持了良好的合作关系。其间虽然有马晔从中作梗，但是奢香以其高超的政治智慧、过人的胆识战胜了马晔，受到朱元璋的信任。明代，奢氏家族仍然有 10 位成员担任土司（包括由永宁嫁到水西的奢香、奢社辉）。家族极盛时，永宁土司管辖着赤水河两岸 18 则溪之地、几千兵力，并且有永宁土司府署衙、大屯土司庄园两处宏伟壮观的建筑。

"奢安之变"后，余氏家族境遇一落千丈。据朱燮元《督蜀黔疏草·分界

酌议黔蜀两便疏》记载，平定"奢安之变"后，朱燮元将奢氏领地改置为"九里十八屯"，分赏给"平叛"有功人员。罗乾象号称"平蔺元勋"，官封总兵，受封赏的地盘最大，大约是今天的古蔺和叙永两县范围。由于罗乾象的两个儿子在平叛中死亡，罗乾象死后只好由其从弟罗彦象之子罗于莘承袭总兵一职。同时奢辰被贬为龙场（今贵州省毕节市东北龙场营一带）土巡检（土司管辖下的文职官员，从九品）。"顺治十八年（1661），奢辰归顺，置之于龙场营之卧牛，奢辰死，妻龙氏以功保举土巡检，未受死。龙场土目余氏，以从征南笼仲苗有功，授土千总"[1]。由此可见"奢安之变"后余氏家族由土司的从三品下降到土巡检的从九品，尤其是改土归流尾声阶段，余氏家族政治地位、经济地位急剧下降：被朝廷废除了土司特权，编户齐民，受流官管辖；没收公田，招佃耕种，封建领主制经济崩溃。

余氏家族受到的一系列打击，迫使其家族成员不得不寻找新的出路，因而出现了余健光、余祥炘、余达父这些具有开放意识的革命斗士、学者、文学家。"奢安之变"后，余氏家族成员以其文化、学术方面的杰出成就继续产生更深远的影响。奢氏家族后裔、历史学家余宏模在《赤水河畔扯勒彝》这部书的前言中非常客观地说道："从赤水河畔'扯勒'彝族家族历史命运的演变可知：人类社会的进步和发展是不可阻挡的历史潮流。作为社会细胞的家庭和个人，只有认清时代，与时俱进，提高素质，勤奋努力，才不会落伍时代而淘汰，才能海阔天空任发展，这就是所谓'时势造英雄'，是历史唯物主义的原理。"[2]

三、"奢安之变"的性质思考

明清以来的正史著作将"奢安之变"定性为叛乱，每言必称"奢安之乱"，这是不合理的。任何封建政权都会由盛转衰，最终被新政权代替。推翻一个不合理的、腐朽的政权，其行为本身就具有合理性，因为它推动了历史的进步，而无论推翻者出身于什么阶层。中国历史上每一个腐朽的王朝被推翻时，基本上是两股力量起作用：一是农民起义军，二是世家大族集团。农民起义军由于眼光见识所限，即使打下江山，也无法坐稳；世家大族集团一般具有深谋远虑，往往能够在战争中取胜，并能坐稳天下。例如唐代的开国皇帝李渊，起兵时仅为太原留守，

---

① 王天玺、张鑫昌主编：《中国彝族通史》第三卷，昆明：云南出版集团公司、云南民族出版社，2012年版第15页。
② 余宏模：《赤水河畔扯勒彝》，香港天马图书有限公司，2003年12月版第5页。

但其谋略深远，善于借势，制定了先取关中、后图天下、军政兼施、各个击破、最后统一全国的战略思想，很快夺取了政权，开创了大唐基业。过去我们习惯于肯定农民起义的革命，而不习惯肯定其他势力的革命，这本身就是一种局限。

中国先哲孔子早在春秋时期就提出了"天下为公"的论断，《礼记》礼运篇载："孔子曰：大道之行也，与三代之英，丘未之逮也，而有志焉。大道之行也，天下为公，选贤与能，讲信修睦。故人不独亲其亲，不独子其子。"《礼记集解》曰："天下为公者，天子之位传贤而不传子也。"1924 年，孙中山先生在推翻清朝的革命斗争中发表《对驻广州湘军的演说》时引用了"天下为公"这句话，并结合三民主义作了详细的解释。孙中山以"天下为公"作为三民主义的诠释依据，赢得了社会各界的广泛支持。

"天下为公"，就是要打破世袭的家天下格局，选贤授能，让天下人当家做主。我们认为，如果奢、安推翻了明王朝之后仍然搞世袭制、家天下，奴役盘剥人民，那他们的反明动机就值得怀疑；如果他们夺得政权后建立了一个全国各族人民认可的民主政权，其反明行为的正义性就值得大力肯定。奢安之变重创了明朝的统治，加速了明朝的衰亡进程，也加速了西南历史发展的进程。因此，不分实际状况，把一切反对封建政权的斗争都说成"某某之乱"，显然是不合理的。

有人将"奢安之变"说成是"大明帝国最后一块落井石"，这种看法是一种偏见。2011 年福建人民出版社出版的一部系列著作《百战风云——影响中国历史的一百场战争》，作者在第九十九战中认为："发生在西南川黔地区的那场土司暴动（史称'奢安之乱'，后世彝家则称为'阿哲起兵'）则极少被史学家们重视和提及。但真正翻开这页历史，就会发现，这场历时十四年（从天启元年到崇祯七年）波及川黔两省的少数民族地方势力兵变，不折不扣的是大明帝国最后一块落井石。"① 所谓"落井石"，前提是承认明王朝统治的合理性，那么落井下石者就是乘人之危。明代晚期的社会状况非常糟糕，危机四伏，处于"山雨欲来风满楼"的态势，无需落井下石就会崩溃。"落井下石"之说建立在对明朝的怜悯基础之上，缺乏与时俱进观念，与传统正史观无本质区别。

与传统观念相反，近年来部分学者大力肯定奢安之变的合理性、正义性。例如付春、于晓燕认为："'奢安之乱'和后来的'沙普之乱'规模巨大、持续时

---

① 龙义华：《百战风云——影响中国历史的一百场战》第一部。福州：福建人民出版社，2011 年版。龙义华，贵州毕节人，笔名夜狼啸西风，文史作家、新浪论坛文化读书社区版主。曾创作《品春秋》、《神怪也疯狂——中国神话外传》等风靡一时的网络作品。《百战风云——影响中国历史的一百场战争》是 2009 年以来文史类作品中影响较大的一部，曾引发了所谓的"百战热"。

间长，不仅震撼了当时的西南各省，牵制了蜀、楚、黔、滇诸省的军事、经济力量，削弱了明王朝对后金的防御能力，在客观上也起到了减缓明朝廷对李自成等农民起义军的压力，使明朝廷处于三线作战腹背受敌的境地，在很大程度上动摇了明王朝的统治基础，加速了明王朝封建统治的覆亡。因此，这两次土司叛乱对明末清初西南民族社会影响较为深远，甚至也直接影响到了西南历史发展的进程。"①这种看法较为客观，与时俱进，合乎时代发展潮流。理由是：

第一，"奢安之变"是在明代晚期政治江河日下，社会矛盾异常尖锐的情况下发生的。当这种矛盾到达不可调和的状态时，最好的办法不是修修补补，而是弃旧图新。史学界一般认为，从万历十五年开始，明朝进入晚期。当时明王朝外有后金攻逼，内有农民起义不断，而朝臣中门户之争不绝。面对危机四伏的政局，崇祯皇帝无可奈何，虽然他深深自责，发布了6次罪己诏，但仍然没有任何作用。明代有几次大的少数民族反明事变，如正德三年（1507）清水江苗民起义，万历二十七年（1599）播州土司杨应龙率部反明，接着是天启元年的奢、安土司率部反明。这些大事件都是明代社会矛盾尖锐化的表现。在这种情况下，明王朝即使不被奢、安土司联合势力推翻，也要被其他势力推翻。

第二，"奢安之变"是在明朝后期吏治腐败、土司与朝廷关系裂变的情况下发生的。明朝建立之初，朝廷对西南地区各土司采取"因俗而治"的自治政策，保留土司官爵和待遇，受到各土司的拥护。明初征伐云南、明中叶镇压西南各少数民族起义，奢、安等土司积极出兵，尽力维护明王朝。即使是在明中叶以后官场腐败加剧的状况下，土司还是对朝廷寄予很高期望。但随着腐败愈演愈烈，一些官员作威作福，极大地伤害了土司的感情，逐步酿成了"奢安之变"。这一事变的产生有一个矛盾的集聚过程、土司与朝廷关系的裂变过程。《明实录》天启六年三月二十五日条载："酋（按，指奢崇明、安邦彦）数年来未尝不求抚也，贵州先杀其求抚之头目，曲靖道王瑛并安效良献功之人亦杀之，遂乘水西域之溃复肆跳梁。"成化十六年（1480），"白罗罗羿子与都掌大坝蛮相攻，礼部侍郎周洪谟言：'前代皆土官，国朝代以流，言语性情不相习，用激变。洪、永、宣、正四朝，四命将徂征，随服随叛。景泰初，益滋蔓，至今为梗。臣向尝言仍立土

---

① 参见付春、于晓燕：《"奢安之乱"与"沙普之乱"比较研究》，《贵州民族研究》2008年第1期。"沙普之乱"又称"沙定洲之乱"。指明末清初爆发于滇南的一系列土司反明事变。崇祯四年（1631）滇南阿迷州土司普名声反明，普名声死后，其妻万氏招安南土司沙定洲为婿，沙普合流，反明势力越加壮大。顺治二年（1645）九月，元谋土司吾必奎反。康熙四年，张长寿、枯木龙元庆、八寨李林、牛羊依德功等"诸酋同反"。这一系列事变时间上首尾相续，原因和性质有所联系，故合称为"沙普之乱"。

官治之，为久远计。而都御史汪浩傲幸边功，诬杀所保土官及寨主二百余人，诸蛮怨入骨髓，转肆劫掠。'"①据此可知"奢安之变"与明王朝腐败、流管要员不作为甚至故意挑起朝廷与土司矛盾，激发其反意有很大关系。奢崇明、安邦彦曾多次向朝廷"求抚"，得到的结果是招来杀身之祸。实质上，"官逼民反"和"官逼官反"同样可以成为土司激变、明朝灭亡的两大导火索。

第三，奢、安土司家族曾经为巩固明政权建立过显赫功劳，但最终还是得不到朝廷信赖的"信任危机"诱发了"奢安之变"。且不说人所共知的奢香为稳定边疆、维护民族团结、发展地方经济所作的巨大贡献，就奢崇明而论，也多次受朝廷调遣率部参加征战。天启二年的"奢安之变"最初是奢崇明"请调马兵二万援辽"②，这是万历、天启年间土司出兵最多、主动请缨的一次战役。至于这场援辽之战如何在中途演变为反明之战，个中缘由值得研究。正史的说法是"崇明与子寅久蓄异志，借调兵援辽，……为名乘机反"③。而雍正年间的《江西通志》记载："天启辛酉，科臣明时举捧檄起土司兵应调援辽。永宁酋长奢崇明令土目将兵一万诣重庆，听抚臣徐可求点视。可求杖其土目，又欲尽黥土兵之面，以别记验。于是土兵汹汹思乱。统领人樊龙樊虎振臂一呼，皆响应，立杀可求，遂陷重庆，进逼成都。"④正史《明史·朱燮元传》卷137也有类似记载："巡抚徐可求汰其老弱，饷复不继，龙等遂反。"《朱燮元传》基本可以证实《江西通志》的记载不诬。这说明朝廷命官徐可求在关键时刻杖击土目，尽黥土兵面，并汰其老弱，饷复不继，从而激怒了奢崇明土兵，酿成了"奢安之变"。实际上，朝廷早已把土兵当做"以蛮攻蛮"的武器，或只是省钱的工具而已（土兵被征调，粮饷自备，不费朝廷钱粮）。如正统四年（1439），明英宗朱祁镇在广西南丹州土官莫祯的奏文上批示："以蛮攻蛮，古有成说。今莫祯所奏，意甚可嘉！彼果能效力，省我边费，朝廷岂惜一官？"⑤成化十六年（1480），礼部侍郎周洪谟向朝廷奏章中说："夫土官有职无俸，无损国储，有益边备。"应该说，朝廷从骨子里生发的对土官的不信任，加上土官土兵"兔死狗烹"的悲剧结局，诱发了"奢安之变"。

当然，明后期的土司也有恃强凌弱的一面。例如奢氏土司就曾擅自发动与边

---

① 《明史》卷312，北京：中华书局，1974年版。
② 《明史》卷312，北京：中华书局，1974年版第8055、8058页。
③ 《明史》卷312，北京：中华书局，1974年版。
④ 雍正《江西通志》卷70。
⑤ 《明史》卷194，北京：中华书局，1974年版第5148页。

邻的战争，夺土扩疆。万历时期的四川总督李化龙在《平播全书·播州善后事宜疏·正疆域》中说："播地东北接连三省，县、卫各有疆界，无容溷淆，西南左接水西，右逼永宁，虽犬牙相揉，未能齐一，然画野分疆，亦自有相沿界至。惟是夷性犬羊，互为雄长，强则侵凌，弱则减削，甚至有一地而甲、乙互临，一人而齐、楚兼事。如儒溪、沙溪、水烟、天旺皆播州五十四里之数，见有黄册可考。缉麻山、李博垭、仁怀、石宝、瓮平等处，亦皆播州世业，只缘先年杨氏中衰时，曾为永宁水西侵占。"①

基于上述三点，我们认为，"奢安之变"既是西南地区部分彝族土司在迫不得已处境下的反明行为，也是彝族人民联合反明的正义行为，合乎历史发展潮流，并非"叛乱"、"落井下石"，也可以说，"奢安之变"是明后期历史发展的必然性结果。

第四节　时代变迁与余氏家族的文化转型

文化转型是指一种新的文化形态替代旧的文化形态的变革、进步过程，是特定时代特定民族或社会群体中主导性文化模式的新旧转换过程。文化转型的原因较多，但根本原因是社会的转型引发的。然而对于不同的文化群体、文学家族，转型的原因、内容和方式又是不完全相同的。有研究认为，晚明社会的时代特点是中国传统封建社会高度成熟，并开始起步由传统的封建社会向新的近代社会转型，②但"晚明的人文主义传统终未能够成为中国思想文化的主体，乃是由于清朝的建立及其后的思想禁锢。直到晚清时期，这种禁锢才被逐渐打破，不过此时中国与西方的关系已不同于晚明的时代，因此晚清的人文主义思潮也就更多地接受了西方思想的影响"③。可见晚明社会转型的复杂性。

从社会大背景看，明代后期社会矛盾加剧，道德解纽，人欲横流，人性解放的洪流与传统的程朱理学形成两股力量，互相碰撞，最终，新的社会思潮推动社会和文化的转型，这是晚明社会迈向近现代社会的先声。反映到文学领域就是传统诗文一统天下的局面被打破，俗文学与雅文学分庭抗礼、平分秋色。在王学左派李贽思想影响下，戏剧出现了《牡丹亭》等肯定人欲合理性的优秀作品，小说出现了《金瓶梅》和"三言"、"二拍"等具有新兴商人、新兴市民意识的优秀

① [明]李化龙：《平播全书》，上海：上海古籍出版社，1996年版。
② 张显清：《晚明社会的时代特点》，《河南师范大学学报》（哲学社会科学版）2005年第6期。
③ 商传：《略论晚明的人文主义与社会转型》，《江西社会科学》2013年7期。

作品。但是明初和晚明同样出现了复古思潮，延迟了文化转型的步速。在这样的背景下，余氏家族是如何实现文化转型的？文化转型对余氏家族的文学创作产生了哪些影响？

一、从尚武崇政到尚文崇学的华丽转身

我国古代每一个民族为了部族早期的生存发展，几乎都经历了漫长的征战过程。远在商代末期，余氏家族始祖（也是彝族始祖）孟赾就是西南夷中的部落首长，相传他曾率部参与牧野之誓，与联军共同讨伐商纣王。部分古夷人从西北迁徙到西南，带来了北方游牧民族的彪悍勇武之气。由于游牧者较之农耕者强悍，古夷部落便逐渐取代古濮部落。汉末，余氏家族19世祖德赫辉率部族9000人最早从窦地（昭通）沿白水江经彝良、镇雄，贵州赫章、毕节、金沙至仁怀，入四川古蔺，在赤沙河两岸拓境创业，世居于此，靠征战立足；元代以来土司政权能够得到朝廷的认可，也是因为土司的武装力量强大，既足以保境安民，又足以威胁中央王朝的统治。因此我们说，征战是早期各部族的立身之本，征战培育了民族的勇武之气、尚武精神。长期的征战，使不少土司家族因安边有功而升迁职务，甚至成为一方诸侯。获得权力又使部族得到更多的土地和人口资源，于是萌发了强烈的崇政意识。所谓崇政意识，即崇拜权力的欲望。崇政意识一方面表现为拯救天下的责任意识，如孟子所倡导的"天下舍我其谁"[①]，张载所倡导的"为天地立心，为生民立命，为往圣继绝学，为万世开太平"（《张子语录·中》），另一方面又表现为争夺皇权父子、兄弟互相残杀。这一切都源于权力欲的膨胀，尤其是争夺皇权的欲望成为封建社会一些实力强大的社会集团的终极目标。中国古代社会以皇帝为中心，实行皇权至上和皇权专制的政治制度，以君权神授学说为理论基础，用严格的名位等级、礼乐制度和皇位继承等各种规定和措施，集中突出皇帝个人的权威地位，保证皇帝高踞于国家权力顶峰，拥有至高无上、不受制约的绝对权力。

崇政意识也是儒家思想的重要组成部分，《论语》里就有不少内容是谈如何为政的。但儒家主张仁政、为政以德，不主张为政以暴，这种思想是有积极意义的。与此相关，儒家主张学而优则仕，为读书人设计了修身、齐家、治国、平天下的人生道路。实质上，治国平天下的根本条件就是拥有权力，因为有权才有更大的

---

① 《孟子·公孙丑下》："夫天未欲平治天下也，如欲平治天下，当今之世，舍我其谁也？"

平台施展个人抱负，号令天下，获取更大利益。家族的利益往往高于个人利益，正史中把那些世代为官、地位高于一般家族的宗法群体称为世家，世家是崇政为政的典型，有的甚至是学术研究和文学创作的典型。历史上汉族世家的崇政意识深深影响到少数民族世家。

一般地说，尚武精神是战争时代的产物。人类社会只要还有战争的威胁，尚武精神就会爝火不灭，英雄就会成为人们崇拜的偶像。少数民族的尚武精神直接催生了英雄史诗。叶舒宪认为："从总体上看，中国少数民族的英雄史诗相对集中在自青藏高原至北方草原区的半月形地带，与长期从事游牧生产的诸草原民族的分布和迁徙有密切的对应关系。这种情况再次表明，英雄史诗的产生主要以游牧文化为现实土壤，游动的生活方式所导致的民族、部落社会的大迁徙和由此引发的民族冲突与战争，构成了史诗叙述的基本题材，而战争所必需的勇武精神和英雄品格，则自然成为这一类英雄史诗的共有主题。相形之下，大凡在社会呈稳定形态，千百年间提倡安土重迁、父母在不远游一类农业文化安居生活价值观的地域中，反战的和平主义精神占据着主导地位，尚武精神受到意识形态的某种抑制，英雄史诗的产生有如无源之水，无本之木，呈现为不发达的状态。"①这种观点并不完全正确。例如西南地区的彝族早就有成熟的彝文英雄史诗《支嘎阿鲁王》、《铜鼓王》、《戈阿楼》等，而中国古代汉民族恰恰没有长篇英雄史诗。余氏家族的诗集中歌颂本民族和他民族英雄的短章倒是不少，如余家驹《时园诗草》中的《奢夫人》、《黎州行》、《朱将军》，余珍《四余诗草》中的《览秦中舆图》，余昭《大山诗草》中的《淮阴侯》、《西楚霸王》、《登泸州宝山武侯祠》，余达父《㸆雅堂诗集》中的《登黔灵山》、《七星关》、《梁王台怀古》，余宏模《一泓诗草》中的《呼和浩特悼昭君墓二首》、《参加北川县大禹纪念馆开幕式》、《凭吊黔西奢节衣冠冢》等。

余氏家族的文化转型，从大背景上说是明清社会转型的结果。有研究认为，明清社会转型的标志是以"边禁"、"海禁"、"银禁"的开放，表明中国传统的社会近代转型正式开启；从自给半自给的产品经济向市场经济转型；从封闭半封闭社会向开放社会向全球化社会转型。②在这种转型阵痛中，改土归流使土司的政治特权受到极大限制，土司家族失去了原来的许多优势，必须寻求更好的发展方式。更直接的原因是天启元年发生的"奢安之变"，余氏家族遭遇巨大的政治打击，之后命运一落千丈，不得不尽快思考家族出路问题。思考的结果就是：由

① 叶舒宪：《中国少数民族英雄史诗的类型及文化生态》，《东方丛刊》1998 年第 2 期。
② 余同元：《明清社会近代转型及转型障碍》，《江南大学学报》社科版 2011 年第 5 期。

过去的尚武崇政迅速转型到尚文崇学，以文化的转型弥补政治失势之不足，以学术的追求代替难以复兴的崇政欲望。"奢安之变"前的上千年间，余氏家族没有文学创作的记载，崇祯至康熙年间的百余年间，余氏家族也没有见到文学创作的记载，①有记载的恰恰是该家族如何在政治舞台上的挥洒，如何以军功擢升职务等。这从一个侧面证明了该家族早期的文化追求并不在崇文尚学方面，即使是晚明时期有了文化转型的愿望，文化积累也是需要较长时间的。经过崇祯至康熙百余年的酝酿，雍正年间开始，余氏家族终于实现了华丽转身，开始了文学创作与学术研究的宏伟大业，以后便如接力赛般奔驰于崇文尚学之路。

二、余氏家族文化转型对其文学创作的影响

文化转型对文学创作的影响是巨大而深刻的。文学创作受制于文化转型，但二者呈现一种复杂关系。例如明清时期通俗文学再次崛起之后，正统诗文并未彻底消歇，明代前期的诗文仍然占据主流地位，清代前期和中叶正统诗文流派盛行，清词出现了中兴气象。桐城派和宋诗派的影响都是非常深远的，宋诗派"以开元、天宝、元和、元丰大家为职志"（陈衍《石遗室诗话》），以杜甫、韩愈、苏轼、黄庭坚为宗，其创作倾向受当时学术主潮汉学的影响，"合学人、诗人之诗二而一之"（引同上），表现出一种独特的艺术趣味。宋诗派对余氏家族杰出诗人余达父的影响尤为突出，他的诗歌刻意学习杜甫，又吸取韩愈、苏轼、黄庭坚几家的技巧，表现出沉郁顿挫、奇崛艰涩的主体格调。文化转型的渐进性和复杂性对余氏家族文学创作的影响表现在以下方面。

第一，蕴蓄于诗歌深处的尚文崇学意识渐显。由于时代的变迁，淡化武力权势、强化文教学术成为余氏家族文化转型后的部分诗歌主题。余氏家族开山诗人余家驹的作品中已经表露出这种倾向。如《时园诗草》中的《奢夫人》赞颂本家族女土司奢苏"欲以德化顽，修文而偃武"，"良玉统三军，女官多尚武。夫人独重文，南士知文学"，《宝刀弃置多年家人改造农器戏作》辛辣嘲讽那些迂腐恪守传统观念者："壮士壮士休惊怪，买犊还将宝刀卖。方今舜日丽尧天，饮食安间凿井田。宝刀得入豳风谱，也似龙泉化九渊。""豳风谱"隐含作者对《诗经·七月》中农耕生活的赞美，也是偃武从耕、发展农业思想的流露。姚际恒《诗经通论》评价《诗经·豳风·七月》云："鸟语虫鸣，草荣木实，似《月令》；妇子入

---

① 按：余氏家族第一位有记载有诗集的诗人余家驹出生于 1801 年，而康熙朝止于 1722 年。

室，茅绹升屋，似《风俗书》；流火寒风，似《五行志》；养老慈幼，跻堂称觥，似庠序礼；田官染职，狩猎藏冰，祭献执宫，似国家典制书。其中又有似采桑图、田家乐图、食谱、谷谱、酒经：一诗之中，无不具备，洵天下之至文也！"[1]余家驹诗中的"龙泉化九渊"是武力化文教的隐喻。龙泉，当为龙泉剑，中国古代十大名剑之一，此处比喻武力；九渊，本为古代乐曲名，此处比喻文教，《周礼·春官·大司乐》云："以乐舞教国子。"唐贾公彦疏："少昊之乐曰《九渊》。"

　　崇文尚学观念在余达父诗歌中尤为清晰。例如其《愫雅堂诗集》中的《豁然篇并序》云："理我旧事业，训诂词章粕。上窥许郑学，下衍刘炫焯。是磨陶谢真，张皇杜韩弱。避地入爨蒙，籍考金石乐。"《后豁然篇》云："颓然坐萧斋，浩气盘斗牛。借书五千卷，补读逸夺抽。客冬罹大盗，百物皆穷搜。尤惜六代碑，魂梦犹句留。忽得麓山寺，宋拓未洗钩。申纸临一幅，仿佛故人投。"《九月九日出筑垣》云："六经读彻无文艺，一事精研识卷舒。"《漫兴九首》云："壮年负笈走倭京，法政钻研想治平。欲向申韩争讲席，更论盐铁著经生。"由此可见余达父继承和发扬尚文崇学家学传统所做的努力。余达父学问广博，训诂学、目录学、考古学、经学、史学、法学、书法、文学理论，都在其研究范围之内，文学创作亦成就斐然。

　　余达父的诗歌还受到近现代西方新思想的影响，出现了一些竭力讴歌民权、民主、共和、法制和科学精神的作品，这也是转型后他的诗歌创作特征之一。例如《愫雅堂诗集》中的《和慎斋先生秋感八首，用杜秋兴韵避元韵》[2]："强权政略四维侵，反动生民爱国忧。""民权今日已根芽，触处风潮不用嗟。"1919年所作《哭辉倕》中的"壮志造共和，生民无忝祖。……一旦清社屋，更始新民主。"余达父文学创作的转型，既有对传统汉文化精华的接受，又有对其糟粕的批判，还有接受近现代西方文明的成分，代表了余氏家族文学的转型，具有典型意义。

　　第二，诗歌的乡间记忆等地域元素弥彰。地域元素是家族文学的重要标识，它与家族文学有不可分割的联系。因为家族都生活于特定的地域，特定的地域风貌、乡土人情必然浸润于家族文学。西南一带远离京都，"山高皇帝远"，中原文化难以渗透。崇山峻岭、曲水险道甚至与世隔绝的特殊地域环境又造就了少数民族性格的彪悍质朴，构成了西南独特的风景画和风俗画，融汇于余氏家族成员的文学创作之中。例如余家驹《发戛河》中的描写："瀑泉天外飞，怪石对人立。

---

[1] ［清］姚际恒：《诗经通论》，北京：中华书局，1958年排印顾颉刚标点本。
[2] ［清］余达父：《愫雅堂诗集》卷7，贵阳：贵州人民出版社，1989年版第71页。

山云互吐吞，风水相呼吸。惊涛拍岸喧，狂澜下滩急。一叶剪江来，破浪过箭疾。"余珍《宿三官寨》："到来天已晚，茅屋两三家。声响春荞壳，香腾炒豆花。鸡栖门左右，虫语树丫杈。独坐愁无事，携灯看煮茶。"余昭《水潦住宅》中描写自己所居住的环境："我宅鳌部万山中，高压群峦拔地摩苍穹。黔山滇云为障牖，呼吸謦欬直与天庭通。苍崖壁立连城削，赤水围绕如蛛虹。一片顽石嶙峋铺牙板，千年枯松偃蹇苍颜秃毛翁。"余达父诗歌中的地域元素也是非常鲜明的。如其写贵州境内可渡河风光："削铁青连万仞冈，跻攀九折走羊肠。奔流激岸沙惊语，大岭过云石怒创。"（《㦸雅堂诗集》卷2《可渡河》）山高而险，如刀劈斧削；道路曲折，如九曲回肠。水流湍急，岸沙如语；大岭裂石，吼声如雷。这些景象是西南一带的独特风光，被余达父描绘得栩栩如生，历历在目。贵州气候多变，时而久旱不雨，时而淫雨霏霏，入秋似冬。余达父这首《秋霖行》描绘了贵州独特的气候特征："秋霖泥淖路难行，十步五步无稍干。百草烂死决明残，篱菊减黄枫夺丹。何独受露惜红兰，马毛冻伏凝鞍鞯。征人拥褒怯衣单，胡雁拍翅急鸣酸。呀鹊奋翼拥褒湿难挦。平地横流生急湍，立涧之沟涌逆澜。"（《㦸雅堂诗集》卷1）

乡闾记忆是地域文学的传统题材，它不仅描绘故乡风物民俗，也抒发思乡之情。作家辗转的地域越多、经历的挫折越大，他（她）的乡闾意识就会愈加浓厚。余光中把那种凝聚乡闾记忆的情结称为乡愁。乡愁的内容广泛，如余氏家族女诗人安履贞的《闻蝉念母》抒发对母亲的思念之情："离娘女儿思故乡，远嫁难归只自伤。年年春去人空老，北堂萱草可平康。夏日迟迟长太苦，深院鸣蝉若解语。连连绵绵断复续，心事与侬相对数。寂寞黄昏独踟蹰，蝉声亦自有时无。思亲念比江河水，何日昏昼不唏嘘。"[1]余祥元《挹梅楼诗集》中的《偶忆逃亡》抒发自己亲历的抗日战争爆发时的颠沛流离生活。余达父《㦸雅堂诗集》中的《三月十五日至昭通》则借物抒写乡愁："天气晴和卉叶齐，别开大野绿沈畦。梨园处处牛车迹，麦地幡幡布谷啼。从此乡音遮岭外，几时征鼓过黔西。北平曾梦乌蒙路，孟考琚碑字未迷。"这首诗借袁树五、谢履荏赠孟孝琚碑拓片之事抒发故乡情怀，构思巧妙。

乡闾记忆等地域元素又是作家风格的分野标志，它在文学转型中所起的作用主要是划分地域文学空间，区分不同地域作家的相近风格或相同地域而风格差别细微的作家。马克思、恩格斯曾就地理环境和人文环境对"人的存在"的意义有过经典性的阐述："任何人类历史的第一个前提无疑是有生命的个人存在。因此

---

[1]〔清〕安履贞：《圆灵阁遗草》，光绪辛巳余氏家刻以义堂本。

第一个需要确定的具体事实就是这些人的肉体关系组织，以及受肉体组织制约的他们与自然界的关系。……任何历史记载都应当从这些自然基础以及它们在历史进程中由于人们的活动而发生的变更出发。"[1]人与自然时刻都在发生关系，地域的变化对文学转型可能带来影响，例如仕途通达、久居汴京时期的苏轼和仕途受挫被贬于黄州、儋州时期的苏轼所创作的诗歌显然有差别，元代大都作家群与山东作家群的杂剧风格也迥然不同，有的作家则因地域的变化导致文学创作风格的转型。总之，地域作家群的存在体现了文学的多元化和丰富性，地域作家群的文学转型是值得研究的文学现象。

第三，家族成员诗歌的民族情结浓厚。民族情结，是民族作家有意或无意地在作品中集中地表现出来的民族自我意识。按照我国一些著名学者的说法，民族自我意识即是"对他而自觉为我"[2]的意识，是"同一民族的人感觉到大家是属于一个人们共同体的自己人的这种心理"[3]，具体表现为人们对自己属于某一民族共同体的意识；在不同民族交往关系中，人们对本民族的存在、发展、权利、荣辱、得失、安危、利害等的认识；关切和维护民族自我意识。这是生活在民族、存在在社会里的人们的一种本能的、由血统决定并难以逾越的一种天然的、社会的意识和感情。由于文学是一种精神情感活动，因而作为文学创作主体的作家的民族出身、民族生活烙印、民族自我意识和情感，便不能不贯注、渗透到自己的文学作品中去。[4]

处于转型时期的余氏家族成员的诗歌民族情结浓郁。因为他们更需要通过文学的形式浓厚本民族感情，以应对更加险恶的社会环境，排遣更加孤寂的心绪。他们或者赞颂本民族英雄，激发各部落、各宗族的豪情；或者讴歌祖先的功德，激发家族成员的共同信念。如余家驹《禄安人》："苦节坚贞劲十分，犹余残喘建殊勋。拼将事业沧桑改，忍使遗民玉石焚。大义片言削贼党，奇谋一举靖妖氛。巾帼志略兼忠勇，济美坊高锁暮云。"这是对西南彝族女英雄禄安人（明朝廷诰封）的赞颂。禄氏是贵州乌蒙土府禄天伦之女，适镇雄土府陇联嵩为继室。明嘉靖五年改土设流，彝众不服，欲举事，嘉靖九年，令革除流官，恢复土官。清雍正五年改土归流，陇氏土知府陇庆侯被押解云南候审，其所部

---

① 马克思、恩格斯：《德意志意识形态》，《马克思恩格斯全集》第 3 卷，北京：人民出版社，1958 年版第 22-23 页。

② 梁启超：《梁任公近著》第一辑下卷，北京：商务印书馆，1923 年版第 43 页。

③ 费孝通：《关于民族识别》，《中国社会科学》1980 年第 1 期。

④ 参见杨继国：《民族情结与人类情结：读张承志的〈心灵史〉》，《回族研究》2012 年第 4 期。

两次谋叛，均为陇联嵩妻禄氏所劝阻，相安 200 余年。民族情结有时与家族情结紧密相连，如《余达父诗文集》中的《宿高山铺，见先大父癸酉暮春题壁诗，墨痕黯淡，摩挲手泽，不知涕泗之何从也。敬志数言，谨依元韵》[①]："崎岖历尽万山巅，重见遗徽幸有缘。拂拭墨痕尘黯淡，摩挲手泽意拳拳。千秋华表魂归去，廿载浮云事变迁。欲效谢生述祖德，自拈班管漱新泉。"这首诗倾诉了作者重见先大父（祖父余昭）墨迹的喜悦、世事变迁的沧桑感、重述祖德再振家学的信念。

第四，汉语成为家族成员文学创作的唯一语种。余氏家族不少成员精通彝族语言文字，但是他们都没有用本民族语言进行文学创作，而是选择汉语作为他们创作的唯一语种。从彝语言创作转换到汉语言创作，具有很大的难度。首先是语言学习环境的制约。少数民族多生活于偏远乡村，信息闭塞，交流有限，缺乏学习使用汉语的环境。其次是心理作用的干预。任何民族都会认为本民族的语言是世界上最美的语言，因此在汉语文学习与使用中存在排他性。第三是母语的影响。母语是天生的第一口头语言，它从婴儿时期就影响人的思维。年龄越小，学习语言的成功率就越大。如果第一语言已经根深蒂固，学习第二语言或更多其他语言的难度就会倍增（少数语言天才除外）。选择汉语古诗词作为抒情言志的文体，那就意味着必然选择汉语作为表现工具。古汉语单音词很多，最适合用来创作古典诗词。余氏家族流传下来的诗文集都是用较为规范的古近代汉语写成，有的甚至达到了高超的水准，一般人难以企及。从一种语言到另一种语言的艰难转换，当然是为了适应文学转型的需要。

第五，古诗词成为家族成员得心应手的主要文体。古诗词创作，是不少汉族文学家族的选择，余氏家族亦然。一方面，这是少数民族认同中华主流传统文化的表现，另一方面，也是余氏家族文学创作体式选择的个性需求。中国文人历来倾心诗歌创作，即使是那些创作有小说、戏曲作品的文学家族，诗歌作品也必不可少。这和正统文学观念影响有很大关系。元代之前，诗文为我国文学之正宗，雄踞大雅之堂，小说戏曲则被视为不登大雅之堂的小道。余氏家族成员钟爱汉语古典诗词，家族文学作品集如《时园诗草》、《四余诗草》、《大山诗草》、《圆灵阁诗草》、《愫雅堂诗集》、《抱梅楼诗集》、《一泓诗草》、《一泓词钞》等仅从命名上看就有浓郁的汉文化意味。有的以居住的园林命名，如时园；有的以书房命名，如圆灵阁、愫雅堂、抱梅楼；有的以自己的字号命名，如大山、一泓。汉语古诗

---

① ［清］余达父：《余达父诗文集》，呼和浩特：远方出版社，2001 年版第 30 页。

词中常见的体式在余氏家族诗集中几乎都有。

选择汉语古诗词作为家族文学创作的主要体式，是余氏家族的能动行为，也是文学转型的需要。能动是一种自觉主动的行为，不可强力而致。文体选择主要基于个人兴趣爱好，但也与家族文化传统有关，如余氏家族开山诗人余家驹的文学创作就是传统的汉语古诗，这种开风气之先的影响对于家族中其他诗人起到了潜移默化作用。选择古体诗作为表现形式，意味着必须遵守其基本规则，如平仄、对仗、拗救、粘连，甚至"八病"的规避等。古诗词中，汉语的运用有许多特殊性，也最能检验一个人运用汉语的水准如何。余氏家族成员克服了这些障碍，多数能熟练运用汉语进行古诗词创作，这是一个奇迹！

三、余氏家族文化转型的意义

（一）余氏家族的文化转型标志着该家族成熟的文化选择

文化选择的前提是文化多元化和文化认同，没有多元化就谈不上选择，没有认同就不可能主动选择。在转型过程中，余氏家族认同汉文化，选择儒家文化作为家族安身立命的理论指南，其内在原因主要是：在先秦时期形成的十大学术流派中，儒家有关注社会现实和人的命运，把人的生存发展纳入思考的视野，在其哲学系统中，天、地、人并重；儒家以文载道，充满文化立国、文化立身使命感[1]，同时也从学术研究中获得崇高感和成就感。这种意识逐步内化于余氏家族成员心灵中，成为家族成员的自觉意识和家族传统。

余氏家族文化选择的特征是：以本民族文化为主体，以中原文化为重要参照，以儒家文化为学习对象，注重文化多元化、文化交流和文化传承。这个家族，有"不出亦不隐，非佛亦非仙"（余家驹《小河别墅》）的开山诗人余家驹，有"高卧烟霞梦不惊"（余珍《得子懋遣怀诗就韵和之》）的余珍，有"死为诗鬼亦称魁"（余昭《吊安阶平》）的余昭，有"诗随水月香花艳，心似冰壶澈镜明"（安履贞《不俗居》）的安履贞，有"壮年负笈走倭京，法政钻研想治平。欲向申韩争讲席，更论盐铁著经生"（余达父《漫兴》）的余达父，也有"坎坷沧桑岂嫌少，流水落花，漂泊谁知晓"（余祥元《鹊踏枝·夜思》的余祥元、"野鹤闲云飘然去，世界玲珑且漫游"（余宏模《退休》）的余宏模。

余氏家族在文化转型中实现了从"集体行为史观"到"个体行为观"的文学

---

[1] 例如孔子在《论语·泰伯》中提倡的"兴于诗，立于礼，成于乐"。

观念转化。王齐洲在《中国文学观念的发生》一文中认为："春秋中叶，士人登上历史舞台，在批判天命观和天道观的基础上出现的以'立德、立功、立言'为不朽的新价值观代替了以'世卿世禄'为不朽的传统价值观，开始将'集体行为史观'改换成'个体行为观'，使人们把注意力集中到个体的现实行为上来，这实际上起到了鼓励人们解除宗法等级限制、开展独立创造活动的作用，从而为文学的新发展开辟了道路，同时也改变着人们的文学观念。"①

集体创作是原始时代的口头歌咏，而个体创作才是"立言"时代的书面表达，这是专业作家产生的先决条件，也是文学作品个性化的起码条件。立言时代，个体行为观更能激励文人进行文学创作，表现个性。余氏家族成员有自觉的文学创作个体意识，身处顺境中的男性诗人如此，遭受诸多不幸的女诗人余祥元也不例外。作为余达父的女儿，生母早逝，父亲从未担任过土司（改土归流的原因），而且长期在外漂泊，很少顾及家庭，父爱母爱在她的心中只是梦幻，父亲留给她的唯有传承家学的使命。无论生活多艰辛，遭受的打击有多大，余祥元从未搁下倔强的创作之笔，直到82岁还写下"别人喜幸才吟赋，我值焦头始用词。转瞬蹉跎八二载，辛酸自叹运何迟"（《挹梅楼诗集·大雪病中忆旧》）的诗句。余祥元一生作诗不多，往往于闲中得句，留下的几十首诗苍凉感伤，情真意切，朴实无华。

余氏家族优秀诗人能够吸纳古人精华，熔铸时代风云。其优秀诗人的作品善于汲取中国传统文化精髓，从诗歌体式的选择、历史典故的运用到意境的创造等，无不体现他们对汉文化的倾心热爱、潜心学习、熟练掌握，集大成者首推余达父。广博的阅读、广泛的交流、开阔的视野，形成了余达父诗歌深厚的学理积淀、深刻的思想内涵、丰富的生活内容和精湛的艺术技巧。他现存的610首诗歌，体式多样，技法娴熟。既吸纳古人精华，又熔铸时代风云；既描绘家乡景色，也展示异域风光；在诗史品格中投射学者风范，在民族情结里包举宇宙。余达父一生经历了中法战争、中日战争、戊戌维新、庚子事变、日俄战争、辛亥革命、袁世凯称帝、张勋复辟、军阀混战、北伐战争等重大历史事件，也见证了水潦、大屯彝族土司家族改土归流后由盛到衰的沧桑，丰富的人生经历铸就了他的诗史品格。他善于用典，一部《㑊雅堂诗集》光引用二十四史典故就达上千处，引用其他书籍的典故不计其数，而且贴切精到。他善于创造各种意境，清新雅致如《惜春词》、《意园八咏》，古朴凝重如《古砖歌》、《送周澍元南归》，沉郁顿挫如《拟行路难》、《南征》。

---

① 见《光明日报》2013年10月14日第15版。

余氏家族优秀诗人善于兼容正统文学与民间文学的体式、风格。我国正统文学理论中，民间文学体式、风格是不被重视的，①但余氏家族成员也有突破，善于兼容二者。例如开山诗人余家驹不仅有大量文人情调的雅诗，而且有民间风味的竹枝词、杨柳枝词。他的《竹枝词》极富情趣："曲水洄沱湾复湾，咿呀打桨浪花间。垂髫小女船头坐，卖得鱼来沽酒还。""白蘋风起雁横飞，郎向中流拨棹归。妾在滩头刚晒网，匆匆相见复相违。"竹枝词是一种诗体，由古代巴蜀民歌演变而来，唐代刘禹锡把它变成文人诗体，对后代影响很大。竹枝词大体可分为三种类型：一类是由文人搜集整理保存下来的民间歌谣；二类是由文人吸收、融会竹枝词歌谣的精华而创作出有浓郁民歌色彩的诗歌；三类是借竹枝词格调而写出的七言绝句，仍冠以"竹枝词"。余家驹的竹枝词可归于第三类，也是作者善于借鉴巴蜀诗风而创作的具有黔地特色文人诗的明证。余达父的竹枝词只有两首，作于早期，题为《毕节竹枝词》："龙蟠岗头春草生，龙蟠岗下水流清。校场东西好杨柳，人来人去踏歌行。"（其一）"罗鬼菜深春欲算，与郎相别长桥路。莲子花开不见还，令侬愁煞天涯路。"（其二）这两首诗具有典型的黔西北风味。龙蟠岗、小校场位于毕节城，罗鬼菜是当地人最爱吃的野菜，至今不衰，一股淡淡的中药味，食后神清气爽。竹枝词无论写景、叙事，都离不开爱情，而且是民间之爱，修辞手法多用拟人、夸张、双关，与传统文人诗的确有很大不同。

（二）余氏家族的文化转型意味着中国学术传统在西南少数民族文学家族中的成功延伸

史学、考据学是古代汉族文学家族的强项之一，具有悠久的传统。众所周知的司马迁、班固家族几代修史，三国时期河东"史学三裴"（裴松之、裴骃、裴子野）彪炳史册。清代的考据学更是成就辉煌。余氏家族学者型诗人都不约而同地选择史学作为研究内容，余昭、余达父、余宏模都有相关史学研究著作（余达父的研究范围更为广泛）。余昭除了创作《大山诗草》3 卷，存诗 350 余首流传后世，还有史著《叙永厅志稿》4 卷、《土司源流考》1 卷，惜未流传。余达父的史学、考据学著作有《且兰野史》、《且兰考》等，流传下来的只有《且兰考》。就学术传统延伸的时间跨度而言，若从开山诗人余家驹算起，余氏家族也在 200 年以上。

---

① 我国正统文学理论，可以《文心雕龙》为代表。《文心雕龙》中的文体分类，包括诗、乐府、赋、颂、赞、祝、盟、铭、箴、诔、碑、哀、吊、杂文、谐、讔、史、传、诸子、论、说、诏、策、檄、移、封禅、章、表、奏、启、议、对、书、记等 34 种。体性篇归纳出 8 种基本的文章风格，即"八体"："一曰典雅，二曰远奥，三曰精约，四曰显附，五曰繁缛，六曰壮丽，七曰新奇，八曰轻靡。"

学术通过家族传承延伸，这不仅是春秋以来的文化特色之一，也是家族实现自我价值的有效途径之一。作为西南少数民族，余氏家族是值得称道的，他们视学术为生命，从做学问和文学艺术创作中寻找生活的乐趣，因而能够坚守家学传承使命。如余昭《大山诗草》中《奉寄海山兄》所表达的"爱我疏狂最我亲，愿将苦口向兄陈。家园骨肉分三处，书画情怀只一人。座客每谈天外事，庭花广放古来春。须知物力能多少，怎敌雄心尽建新"。（其一）"岂惟衣钵独阿昭，家学平分两肩挑。挥霍千金容易尽，痴情一线总难消。色能养目花都好，诗善言愁韵更娇。闲静自然多乐趣，何须豪举爱烦嚣。"（其二）。两首诗歌抒发了作者与海山（余昭堂兄余珍）的情谊，尤其是倾述了他与余珍竭力传承家学、钟情诗歌和书画创作的高雅志趣。余珍死后，余昭非常感伤，写了一组诗悼念他，其五云："池涸庭荒草不春，壁间诗梦亦成尘。半林山吐蛾眉月，犹自虚廊解照人。"（《四余诗草·悼海山兄即题其稿》）

（三）余氏家族的文化转型至少在西南少数民族地区具有引领意义

所谓引领意义，即开风气之先的影响作用。家族的引领意义如何，除了考查其文学创作和学术成就是否突出，还应考虑社会影响是否广泛，文化交流地域范围如何等因素，并将其与大体相同社会背景下相近地域的其他文化家族相比较。余氏家族既是中国封建社会云贵高原农耕文化的创造者和传承者，也是土司文化、家族文化和地域文化的创造者和传承者，该家族成功地完成了自己的文化转型和选择，注重继承创新，广泛交流，与时俱进，延续了 160 年以上的汉文化传统，直至当代，是不可多得的少数民族杰出文学家族。清代的西南地区出现的少数民族文学家族有好几个，如丽江木氏家族，重庆酉阳冉氏家族、马氏家族，贵州独山莫氏家族等。以下我们将通过具有代表性的贵州独山少数民族杰出文学家族——布依族莫氏家族与余氏家族比较来说明这一点。

莫氏家族也是西南地区文学创作与学术研究兼得的少数民族杰出文学家族，文化名人众多，在文字学、音韵学、训诂学、版本学、目录学研究方面成就卓著，清朝以来影响颇大。[①]两个家族的文化活动时间很接近，交错点均为清代康、雍、乾、近现代时期，两个家族各有所长：就传统学科综合成就而言，

---

① 莫友芝家族多文化名人。如莫友芝父莫与俦（1763—1841），清嘉庆三年（1798）举人，次年考取进士。莫友芝（1811—1871）字子偲，自号郘亭，又号紫泉、眲叟，贵州独山人，晚清金石学家、目录版本学家、书法家，宋诗派重要成员。与遵义郑珍并称"西南巨儒"。莫友芝弟莫庭芝、莫祥芝，子莫绳孙、侄莫棠均为文学家。

莫氏家族的成就超过余氏家族；就家族中最具代表性作家的总体成就而言，莫友芝《宋元旧本书经眼录》、《知见传本书目》、《恃静斋藏纪要》为目录版本学者所重视，《韵学源流》、《唐写本说文木部笺异》等为声韵、训诂研究作出了贡献，其《郘亭遗诗》8卷，收诗作546首，《郘亭诗抄》6卷，收401首，《影山词》2卷、外集1卷，收集词作百余阕。另有《素阴杂记》1卷，《樗茧谱注》1卷，《资治通鉴索隐》。余达父《恢雅堂诗集》14卷千余首诗，存610首，《罂石精舍文集》4卷、《蠵鼋拾尘录》2卷、《通雍余氏宗谱》1卷，未刊稿有《且兰野史》4卷。就国内影响而言，莫友芝被曾国藩誉为"西南巨儒"之一；余达父曾被时人称誉为"法律名家，文学泰斗"，周素园为余达父撰写《贵州大理分院推事余君墓表》，追叙其生平行止业绩，赞扬其"高才硕学如达父，使得志遇时，已琨耀显赫于天下"。

但是，就文化传承与交流的时间跨度、地域跨度、影响范围而言，余氏家族超过莫氏家族：莫氏家族的文学创作和学术研究大体止于1929年，余氏家族则止于2014年；[①]莫氏家族开山诗人比余氏家族早38年，余氏家族比莫氏家族文化传承时间长85年；莫氏家族的文化影响止于国内，余氏家族则产生了世界性影响（虽然影响的国家不多，但至少跨出了国门），余达父曾留学日本，其高超的古典诗歌创作水准受到日本汉学界推崇。就学习和研究的学科而言，莫氏家族仅限于传统学科，而余氏家族成员不仅重视中国传统学科的学习研究，而且对具有现代意义的法学[②]学科也有学习研究。因此我们认为，余氏家族更具有鲜明的文化转型特征，更具有文化传承的当代引领意义，这是莫氏家族和其他少数民族文学家族不具备或不完全具备的条件。

① 关于两个家族的文学创作与学术研究起止时间，本研究以家族开山诗人起，以收官诗人终。莫氏家族的开山诗人为莫与俦（1763—1841），收官诗人为莫棠（1865—1929）；余氏家族开山诗人为余家驹（1801～1851），收官诗人为余宏模（1932—2014）。
② 学术界一般认为，现代意义上的汉语"法学"一词，最早由日本输入。日本法学家津田真道于1868年首次用"法学"一词来对应翻译英文 Jurisprudence、Science of Law 以及德文 Rechtswissenschaft 等词汇，并对之作了详细说明，该词于戊戌变法运动前后传入中国。在中国，法学思想最早源于春秋战国时期的法家，先秦时代称"刑名之学"，汉代称"律学"。

第三章

余氏家族与"大屯文化现象"

　　文化现象（Cultural phenomenon）指文化在发展过程中所表现出来的外部联系和表面特征，是文化本体的外在形态。本体是无形的，形态则是有形的，正如无形的灵魂决定和规范有形的身体一样，无形的文化本体也决定和规范有形的文化形态的内涵与演化。本体是文化赖以生存发展的本源，是理论信仰的依据，是行为取向的准则，是文者境界品性的展放①。简言之，文化现象既不是文化本质，也不是文化规律，而是与本质和规律既相联系又相区别的文化本体的外部特征。文化现象有其发生、发展和终结过程。本研究将文学家族视为文化现象之一进行研究。

第一节　"大屯文化现象"的内涵、起源和发展

一、"大屯文化现象"的内涵

　　"大屯文化现象"指起源于东汉至魏晋南北朝，发展于隋唐至明代，成熟于清代和近代，衰微于当代，具有特定的历史时空、社会背景、文化内涵和文化影响的余氏彝族土司家族文化现象。"大屯文化现象"受中原文化、巴蜀文化影响，以宏阔久远的黔西北地域文化、民族文化为背景，以贵州毕节大屯余氏土司庄园

---

① 参见余秋雨：《何谓文化》，长江文艺出版社，2012年版。

（包括所属三官寨）、四川永宁"奢王府"遗迹为主要历史文化遗存①，以余氏家族传承至今的家族诗文集、学术文集为载体，辐射西南地区甚至较大范围，形成了综合文化效应。

大屯，即今贵州省毕节市七星关区大屯彝族乡，是明代天启年间四川永宁宣抚使奢崇明、贵州宣慰司同知安邦彦率部联合反对明王朝，引发震动全国的"奢安之变"被平定后余氏家族的居住地之一，至今已近400年。

二、"大屯文化现象"的起源和发展

"大屯文化现象"的起源和彝族起源有密切联系。《中国彝族通史》作者认为，西南彝族是元谋人的后裔之一，是土著民族。"根据人类学和考古学资料，约170万年前到7000年前，西南人类经历了漫长的旧石器时代，为原始人群、母系氏族社会。约7000年前到公元前45世纪，父系氏族社会开始了，进入了人类文明的新时代。早在公元前45世纪的希弭遮时代，彝族先民就发展了农业和手工业，建立村邑，组织政权，运用文字，实行宗法制度"②。这是近几年来关于彝族起源问题极具代表性的观点，与传统观点相差很大。传统说法认为，彝族属古羌人，最初分布于中国西部地区，后南下与西南土著部落不断融合而形成。3000多年前，这支向西南游弋的古羌人以民族部落为单位，在祖国的西南地区形成"六夷"、"七羌"、"九氐"。当古羌人游弋到西南时，西南地区已有与其先后到达的两大古老族群——百濮族群和百越族群了。古羌人到西南后，他们与百濮、百越长期相处、互相融合，并吸收百濮、百越的南方文化。③这两说的根本区别在于：前一说认为彝族起源于西南本土，后一说认为彝族是古羌人后裔，由西北迁于西南。还有的论者认为，最早进入夜郎国的是孟赾部落（即彝族始祖），主要依据是《贵州通志·前事志》所引《安顺府志·普里本末》："罗鬼夷书曰，一世孟赾（希母遮或希弭遮音译）自旄牛徼外④入居邛之卤，为卤氏（罗氏）。"爨文资料记载，

① 大屯土司庄园具有较大规模的较为完整格局的建筑群（包括土司官寨、碉楼、粮仓、庄园、家族部分墓葬群等），具有存在的历史时空、社会背景、文化内涵、物质遗存属性。庄园于1981年、1982年和1988年相继被列为县、省和国家级重点文物保护单位。
② 王天玺、张鑫昌主编：《中国彝族通史》第一卷，昆明：云南出版集团公司、云南人民出版社，2012年版第2页。
③ 此说见千里原主编的《民族工作大全》，北京：中国经济出版社1994年版，另见于中国民族宗教网www.mzb.com.cn"彝族历史"。
④ 旄牛徼外：一说为今四川省阿坝藏族羌族自治州壤塘县一带，公元前310年汉武帝时代称此地为旄牛徼外。

早在东汉光武帝刘秀时，彝族就在贵州西部的黔西、大方一带建立了罗罗语称作"慕俄格"的王国。蜀汉时，慕俄格君主济火（彝语作妥阿哲）因助诸葛亮南征有功，被封为罗甸王，明洪武初于此置宣慰司。[①]彝族学者王继超认为，据《彝族源流》、《西南彝志》记载，彝族腊够支系是最早同出自武僰支系的武濮所结合的氏族，也就是最早活动在云贵高原的"夷濮"族群，地处毕节的黔西北地区，是彝族的发祥地之一。约春秋前后，在黔西北地区和毗连的今云南省的昭通市一带，活动着古夷人武僰氏一支的仇娄阿摩氏，到父子连名谱的第22代后，改称阿着仇氏。[②]按照《中国彝族通史》的说法，西南彝族文化的起源不仅早于汉文化，也是世界上起源最早的文化（距今至少上万年）。这种说法影响很大，但是还需进一步论证，以得到各民族大多数专家的认同。

彝族专家将本民族文化起源的上限时间定得很早（旧石器时期），也有一些依据。我们认为，上限时间定于彝族文明时代初期较为妥当，其大体时间为西南彝区新石器中期（距今约 4100～3300 年，相当于夏商时期），即使从这个时期算起，都已经非常悠久了。美国人类学家克拉克洪提出人类进入文明时代的三条判定标准是城市、文字、复杂的礼仪建筑。这一时期的古夷人定居于地面，会熟练生产青铜器，能够建造城市（包括高大的庙宇）[③]。关于彝文字产生的年代，《中国彝族通史》认为："彝族是人类历史上最早发明文字的民族之一，早在其母系社会繁荣时期，彝族先民便发明创造了'写形写影'的作为交际工具的图画文字，其后图画文字再发展演变为表意性文字。古彝文在发展演变过程中，教化圣师呗包和教化师呗耄对之搜集、整理和发展起着重要的作用，故后人称他们为古彝文的发明创造者。"[④]据记载，教化圣师和教化师先后对古彝文进行了 8 次搜集整理，最后一次是经南诏时期马龙州的纳垢酋裔阿珂整理、被称为"韪书"的文字。据此推算，初创时期的彝文字（乾阳运年时代经教化圣师恒史楚第一次整理的古夷文字）距今至少有 4715 年，成熟的彝文字有 1277 年。[⑤]另一说，大约在 13 世纪左右，彝族就创制了自己的文字，史称"爨文"、"韪书"、"彝经"或"罗罗

① 参见王钟翰：《中国民族史》增订本，北京：中国社会科学出版社，1994 年版第 721 页。
② 王继超：《试论古代彝族在黔西北的迁徙发展》，载张学立主编之《彝学研究》第二辑，北京：民族出版社，2012 年版第 14、15 页。
③ 彝族古文献《君王住宅》、《阿于德君王宫殿》、《九层庙宇》、《阿于德的建筑工艺》均有记载。参见王天玺、张鑫昌主编：《中国彝族通史》第一卷，昆明：云南出版集团公司、云南人民出版社，2012 年版第 109 页。
④ 王天玺、张鑫昌主编：《中国彝族通史》第一卷，昆明：云南出版集团公司、云南人民出版社，2012 年版第 113 页。
⑤ 彝族乾阳运年时代约为公元前 45-27 世纪，南诏王国（738～902）是 8 世纪崛起于云贵高原的古代王国。

文"、"倮文"、"毕摩文"等，俗称老彝文。①按照此说，彝族文字创制至今约800余年。作为一个民族，彝族文化的起源也许可以追溯到上万年，但是作为一个家族的文化起源，不可能有这么久远。

"大屯文化现象"是余氏家族经过长期积淀的家族文化现象，其发展过程可以分为四个阶段：

（一）起源阶段：东汉至魏晋南北朝

这是中国历史上社会大动荡、政权更替最频繁、民族分化融合最迅速、思想观念大解放的时期。东汉后期，外戚干政，朝政日益腐败，豪强大量兼并土地，导致黄巾起义；董卓之乱拉开了军阀混战的序幕，东汉政权名存实亡。汉朝终结后，魏、蜀、吴鼎足而立，三国之后，南方的东晋王朝与北方的五胡十六国持续对峙，直到隋朝统一。这一时期，汉文化与少数民族文化互相碰撞、互相吸收，为少数民族文学家族的成长注入了新的活力，出现了著名的拓跋氏（元氏）等文学家族，齐梁时期在黔西北出现了彝族文化大师举奢哲和阿买妮。

余氏家族的文化起源阶段应该追溯到什么时候？这是一个费解的问题。虽然《通雍余氏宗谱》、《且兰考》记载余氏家族始祖孟赵曾率部参加殷商末期的牧野之战，但孟赵（彝名为希弭遮）毕竟是彝族共同的远祖，而且带有一定的传说成分，只有到了公元221年，蜀汉政权设立益州庲降都督府，恒部后裔、余氏家族第十九世祖德赫辉在平夷创业，以鳛部（以前的乌蒙部）扯勒彝为族号、以通雍为姓氏，该家族才可谓分支清晰、徽号明朗、姓氏明确。②德赫辉实际上是鳛部扯勒彝余氏家族一世祖，东汉末年曾率领部族9000人从窦甸（今云南昭通）渡白水江而东，进入赤水河流域，以柏雅妥洪（今四川古蔺）为中心，征服了当地土著诸族，使部族逐渐强盛，首领墨者扯勒在晋朝遂被任命为平夷县令长（见《通雍余氏宗谱》《且兰考》）。令、长当为两个级别不同的县级职务，长低于令，俸禄不同。《汉书·百官公卿表》："县令、长，皆秦官，掌治其县。万户以上为令，秩千石至六百石；减万户为长，秩五百石至三百石。"南北朝时期，无论南北，地方政府均设州、郡、县三级，以县之大小分置令、长，县令俸禄600石，七品，长略低。

---

① 参见王钟翰：《中国民族史》增订本，北京：中国社会科学出版社，1994年版第721页。
② 公元221年，刘备在成都正式称帝，改元章武。章武元年，刘备在南中地区的平夷县设置地方军政合一的最高指挥管理机构蜀汉平夷庲降都督府，是年任命李恢为来降都督，治所在平夷县。晋永嘉五年（311）分牂柯置平夷郡，平夷县为平夷郡治所。平邑县具体位置有多说，代表性的有永宁、毕节两说。《中国历史图集》（中国地图出版社1996年版）在西汉、东汉、三国和西晋时代地图中标明平夷县只有一处，即今毕节市之七星关、大方、纳雍。

墨者扯勒何时任平夷县令长，正史无载，有待考证。但至少说明，通雍氏（余氏）家族由此开始了长达千余年的地方官生涯。《通雍余氏宗谱》还记载了该家族在此之后的辉煌历史："宋及周、隋皆自长其部。唐龙朔间内附，置蔺州，为羁縻州。唐末及五季时，为普宁王。宋太祖时，因宁州'普宁'之称，置永宁州。旋废，又置蓝州。宋仁宗时，更置姚州，以得盖仆夜为姚州刺史。元置永宁路，袭永宁宣抚司，姓奢氏。"①

通过查阅明代以前的一些相关文献，我们认为，余氏家族在起源阶段的文化理念基本上是崇尚武功，以征战为家族立身之本。因为武功才能强身健体，征战才能夺取政权、占有土地资源和人力资源。余氏家族先辈参加过无数次征战，包括对外的抗倭战争，对内的镇压反明势力，从县级官员一直升迁到准省级宣慰使（地方自治政府长官），武功占了很大成分。这也是其他土司家族的共同特点。如云南木氏家族成员以军功升迁至从二品（木增曾任布政使，在任26年）。湖北容美土司家族有条不成文的规定：谁家出生男孩，即按婴儿体重等量称一块生铁浸泡于药水中，与此同时还用经火烘烤的生竹片，烙婴儿的双脚掌，让脚掌溃烂生成老茧。使之以后即成为下田耕作、上山打猎皆不穿鞋的"铁脚板"。孩子长到10岁时，又将浸泡的生铁打制成柳叶剑佩于孩子腰间，从小滋养尚武精神。土司兵丁骁勇善战，自古闻名。其先民巴人助武王伐纣时，就有"巴师勇锐"的记载。恩施容美土司曾以48人击溃桑植千余人的侵袭。②

（二）发展阶段：隋唐至明代

经过千余年的发展，余氏家族权力逐步巩固并走向巅峰。元代形成的土司制度为余氏家族世袭土司职务提供了制度保障，也为家族文化的形成和发展提供了极为有利的条件。这一时期，通雍氏家族改为"奢"姓，主要原因是：洪武二十六年正月永宁宣抚使禄照死，其妻奢尾摄政，辅佐禄照子阿聂。永乐五年十月阿聂卒，其妻奢苏摄政，任宣抚使至景泰末，由女土官奢贵出任永宁宣抚使。成化十五年十二月，永宁宣抚司土同知也由女土官奢资担任。成化十七年正月，永宁宣抚司女土官奢贵死，以其子奢龙袭永宁宣抚使职。正德末奢龙死，其妻奢禄袭职。嘉靖中奢禄死，其子奢效忠袭职，至此永宁宣抚司土官均由奢氏男性担任。应该说，从洪武二十六年正月起，因为禄照之妻奢尾摄政，通雍氏家族才以"奢"为姓，一直到明末奢崇明的衰败。改姓是汉族的大忌，是迫不得已的行为，而通

---

① 按：根据相关史料记载，元末永宁宣抚司元代由土官禄照执掌，并非奢氏，第二章相关部分已有论述。
② 参见《人民日报》记者付文所撰《静谧土司城 浓郁土家风》，2014年4月27日第8版。

雍氏家族（余氏家族）改为奢姓完全是为了家族的利益需要，当然，改从母亲之姓也体现了一种文化开放态度。

这一阶段，唐代文化的全面繁荣，奠定了中国文化在世界上的崇高地位。唐诗成为一代文学的杰出代表，成为个各民族仰慕学习的典范艺术形式。余氏家族受到中原文化影响，主动接受儒道释文化，尤其是儒家文化。由于家族成员多为土司，便于以权力推动本民族接受汉文化，推进民族教育。如明代奢香夫人对彝族文字的改革，使彝文成规模地出现在金石等载体上。彝文的使用范围也逐渐扩大，从传统的传经记史功用扩大到记账、订立契约、记录歌谣、书信往来等日常生活中，其影响辐射到乌撒（今贵州威宁、赫章一带）、永宁（今四川古蔺、叙永一带）、乌蒙（今云南昭通市）、閟畔（今云南东川、会泽一带）、磨弥（今云南宣威、沾益一带）等地区。奢香夫人还在贵州宣慰使司所在地置儒学设教授，带头送子弟到京师入太学。在她的带动和影响下，乌撒、乌蒙、芒部、永宁地区各土司也先后送子弟进京入学。这些行为表明余氏家族文化观念由崇武尚政逐步向崇文尚学过渡，为下一阶段出现的家族文化鼎盛局面奠定了良好基础。

（三）成熟阶段：清代和近现代

清代是封建文化的总结期，不仅传统文化得以发扬光大，西方文化思潮也时时撞击着古老而封闭的中国大门。清初，所有行政文书都用汉文和满文发布，自康熙起大力推行以儒学为代表的汉文化，汉族传统经典成为包括皇帝在内的满族人的必修课。到乾隆中期，满人几乎全部以汉语为第一使用语言，满文渐渐成为仅用于官方史籍的纯书面文字。到19世纪，官方文件中的满文已基本为汉文所取代。清朝，传统学术兴盛，文人学者对明朝以前的种种学术都加以钻研、演绎甚至重加阐释，集历代之大成，因此梁启超称清朝为中国的"文艺复兴时代"[①]。鉴于宋明理学流于空泛虚伪，清初学者多留心经世致用的学问。清朝定鼎中原后，学者们开始排斥空谈心性的宋明理学与阳明学，提出种种改造政治与振兴社会的方案，使清初学术思想呈现实用主义的风气。

清代和近现代是余氏家族群星闪耀的时代。汉唐文化的魅力、汉语诗词歌赋的影响、士大夫"三不朽"价值观的熏陶，使这个家族倾心接受和学习它，从明末清初开始孕育，至近现代终于集聚了一个成就卓著的诗人群体。余氏家族成员秉承家学传统，将文学创作、书画创作与学术研究结合起来，相得益彰，尤其是

---

① 梁启超：《清代学术概论》，北京：人民出版社，2008年版。

诗歌领域，出现了余家驹、余昭、余达父 3 位杰出诗人，确立了该家族的文化地位，在西南一带以及日本汉学界产生了较大影响。余家驹开创了余氏家族的诗风与学风，其山水诗多受唐代王孟诗派影响。余昭诗歌的多元风格直接影响其孙子余达父的诗歌创作。但是余达父更具有批判精神、创新精神，诗歌既受到家族前辈影响，更受到杜甫和宋诗派影响，既继承传统又与时俱进，将深刻的思想蕴含在各种典故中，将个人的遭际融汇于国家、民族的历史沧桑中，既耐人寻味又有一些阅读障碍。史学是余氏家族几位诗人潜心研究的传统学科，这种风气多受时代影响。梁启超说："明清之交各大师，大率都重视史学。"①钟情于地方史研究，成为余氏家族学者型诗人的共同追求，如余昭著有《叙永厅志稿》4 卷、《土司源流考》1 卷，余达父著有《且兰野史》、《且兰考》，这些著作的成就和影响虽低于他们的诗歌，但也足见其家学内容之多样。

综上所述，成熟时期的大屯文化以晚明崇祯三年（1630）以来的贵州毕节大屯为中心地带、以清代康熙年间始建的大屯土司庄园为主要文化活动场域，并辐射西南三省或更大范围，彰显了余氏家族深厚的彝文化根基以及对传统学术尤其是地方史的深入研究、对汉语古诗词的潜心学习和创作，具有中外文化交流的开放意识和自觉的文化传承意识。这一阶段，余氏家族成功地完成了文化转型，将家族文化的发展推向极致。

（四）衰微阶段：当代

近代末期，随着我国封建社会的解体，依附于君权的宗法制家族社会基本结束，家族观念越来越淡薄。史学家章开沅认为宗法制家族社会终结时间是民国以后，其主要动因是"自然经济的瓦解，工业与市场经济的迅速发展，城乡人口的流动性与日俱增"②。实质上，现代就有一些人对家族制度进行过尖锐的批评，如李大钊说："中国现在的社会，万恶之源，都在家族制度。"（李大钊：《万恶之源》）还有人认为，家族制度是专制和皇权赖以建立、存在和再生的根基。他们把摧毁旧的家族制度看作是社会发展的首要条件，认为要推翻封建专制统治，实现社会革命，首先必须从家族革命开始。在这样的历史背景下，家族制度在形式上逐渐衰败，"家国同构"被中华民国所取代，家族实体失去了政权的庇护和支持。但家族制度所承载的政治伦理、意识形态、精神观念并没有因为失去强有力的政权支持而丧失其此前作为社会价值体系核心理念的影响力。梁启超说："中国社

---

① 梁启超：《中国近三百年学术史》，北京：东方出版社，1996 年版第 105 页。
② 章开沅：《宗族史与家族史研究——社会生活的绵延画卷》，《广东社会科学》2014 年第 5 期。

会之组织，以家族为单位，不以个人为单位，所谓家齐而后国治是也。周代宗法之制，在今日其形式虽废，其精神犹存也。"（梁启超：《新大陆游记》）

当代社会，家族制也受到批判。中国共产党成立之后，对封建家族制度的批判发展到一个新的历史阶段。毛泽东称政权、族权、神权、夫权是代表全部封建宗法的思想和制度，是"束缚中国人民特别是农民的四条极大的绳索"（毛泽东：《湖南农民运动考察报告》）。要最终消灭封建族权，首先要消灭封建政权。新中国成立后的很长时间内，彻底否定了家族制度和家族组织存在的合法性，与家族有关的一切礼仪规范和外在形态也在历次社会政治运动中被革除。改革开放以来，特别是20世纪80年代以后，曾被作为封建腐朽文化加以铲除的祭祀和修谱等活动又在一些家族中逐步兴盛，成为凝聚族群的重要方式。文化教育和学术研究领域内，近年来家族研究悄然兴起，如对一些著名文化家族的研究成为时尚。这种研究热潮，目的并非主张恢复古代的家族宗法制，而在于主张从传统的家族文化中找到当代家族发展的启示，弘扬家族文化精华。

面对家族文化的日趋衰微，余氏家族的当代传人余祥元、余宏模在拯救本家族文化中做了许多工作。例如余宏模多方艰辛搜求，将叔祖父余达父散佚在贵州金沙乡下几十年的《㤽雅堂诗集》加以整理注释，同时整理、注释先辈的《通雍余氏宗谱》、《且兰考》、《罃石精舍文集》、《蠡庵拾尘录》、《余达父诗文集》《挹梅楼诗集》，将自己大半生所写的近400首诗词汇编为《一泓诗草》、《一泓词钞》，编辑了自己的学术研究文集多部。这些文集或公开出版，或内部印刷，虽然质量上还有一些遗憾，但它已经成为余氏家族文化传承的标志。余宏模几十年前竭力主张修复完善大屯土司庄园，多方奔走，终于实现了夙愿，保存了余氏土司家族重要的历史遗迹。他也曾多次出国讲学，宣传中国民族文化。可以说，余宏模是余氏家族的最后一位文化传人，他以数量众多的诗词记录了自己平生的思想、感情和生活，也受到过文化界一些人的较好评价。他以自己的绵薄之力保存了较为完整的家族诗文集，为子孙和其他研究者留下了宝贵的家族文献资料。总的来说，余祥元、余宏模的诗词创作成就虽远逊于家族前辈，但他们几乎是以独木支撑大厦的精神勉力传承家学，直到终以天年。庄子曰："日月出矣，而爝火不息，其于光也，不亦难乎！"（《庄子·逍遥游》）爝火虽为小火，而传薪不断，亦能燎原。

第二节 "大屯文化现象"产生的社会人文和家族场域

何谓场域？法国社会学大师皮埃尔·布迪厄（Pierre Bourdieu）认为，从分析的角度来看，一个场域可以被定义为在各种位置之间存在的客观关系的一个网络，或一个构型。进一步说，场域是一种具有相对独立性的社会空间，相对独立性既是不同场域相互区别的标志，也是不同场域得以存在的依据。①场域是文化生成的三维空间，包括历史、地理、人文。"大屯文化现象"具有存在的历史时空、社会背景和文化内涵，形成了一个客观的相对独立的社会人文场域。

一、"大屯文化现象"产生的社会人文场域

"大屯文化现象"产生的社会人文场域有两处：一是黔西北，二是四川永宁。夜郎文化、巴蜀文化、彝族原生文化交互作用于这两个场域，成为大屯文化现象产生的广阔历史空间。

根据 20 世纪以来国内的 9 次地下发掘报告及大量出土文物，国内绝大多数学者认为，位于黔西北乌蒙山脉东麓的赫章可乐就是司马迁《史记》中记载的夜郎国的中心地带（极少数学者认为是夜郎国都邑所在地）。甚至有学者"通过对青铜器的铅同位素研究，根据分布场Ⅱ的范围，大致推断夜郎国应在贵州西部的毕节、六盘水和黔西南，云南的昭通、曲靖以及与之相邻的地区。"②古夜郎国的主体民族有好几个，彝族是其中之一。

夜郎文化的存在从一个重要方面证明了黔西北文化的悠久而丰富，独特而精深，价值巨大。当代著名学者王岳川认为："夜郎作为一个古老的少数民族国度，是'西南夷'中最为著名的一个方国或部落联盟。多种族群和不同地域的文化因子经碰撞和互渗，各民族在大杂居环境中逐渐积淀在夜郎文化的各个层面中。夜郎文化与周边几乎同期发端的滇文化、楚文化、巴蜀文化，同为中华民族灿烂文明的有机组成部分，具有独特的文化史价值和人文价值。长江文明中的河姆渡文

---

① 参见（法）皮埃尔·布迪厄著，李猛、李康译：《实践与反思：反思社会学导引》，北京：中央编译出版社，1998 年版。

② 王天玺、张鑫昌主编：《中国彝族通史》第一卷，昆明：云南出版集团公司、云南人民出版社，2012 年版第 173 页。

化、三星堆金沙遗址文化，以及夜郎文化均不可忽略。夜郎文化的考古工作仍在进行，这神秘地出现又神秘地中断的夜郎文化，形成两千年的历史文化之谜。夜郎古国尽管灭亡了，但夜郎文明还在云贵高原某些少数民族身上在传承着。……从某种意义来说，研究夜郎文明是对中华文明完美的文化版图和两河流域文化的重要补充，是对汉民族中心主义的扬弃，是对少数民族的文化差异性的尊重。……失落的文明应该找到重新传承的文化血脉。当我们走出'夜郎自大'的误区，摆脱历史迷雾制造的以讹传讹，以西南民族文化源流交融的大视角来看待夜郎文化时，就会发现夜郎国虽然于今天相隔两千年，但夜郎文化的密码却在长江文化精神生活中得以保存下来。发现东方和重新阐释包括夜郎文化在内的长江文明，是建设'文化大国'的重要内容。那些拥有数千年历史的故国文化，构成了中国文化版图的基本单元。而深入探寻多民族的历史人文景观的流变，正是展示中华文明的东方生态文化特征，唤醒集体文化记忆的最切实而有效的方式。"①

"大屯文化现象"是黔西北历史文化发展的必然结果。黔西北历史文化悠久、厚重、多元。五六十万年前的观音洞古人类文化，殷商时期的中水文化，秦汉时期的夜郎文化，魏晋到唐宋的罗甸国、罗施国及明清贵州宣慰使土司政权延续1470余年形成的土司文化，清朝大定府、威宁府时期形成的土、流文化交融在黔西北。现代史上的中共贵州省委第一个党支部、川滇黔红色政权、贵州抗日救国军总司令部在黔西北，形成了红色文化。史前文化、民族文化、夜郎文化、土司文化、红色文化对黔西北乃至贵州文学产生了重大而多元的影响，也影响到余氏家族的文化理念和文化选择。

彝族原生文化对"大屯文化现象"的影响也不可忽视。倘若认同一些专家关于彝族起源于西南一带的观点，那么彝族原生文化的起源至少可以上溯到新石器时代。这个民族在黔西北土地上的文学作品、文学理论产生也很早。20世纪80年代，由王子尧翻译，康健、王冶新、何积全整理，贵州人民出版社出版的《彝族古代文艺理论丛书》，收录了南齐时代黔西北著名彝族文化大师举奢哲的《彝族诗文论》、阿买妮的《彝语诗律论》。这两部书的彝文原本为黔西北彝族著名毕摩世家磨布阿侯氏世代收藏的珍本，当时这些文艺论著并不是专门单独写作的，而是阿侯氏所珍藏的大部头彝文经籍如《芒部世系》、《阿着仇家史》等中的一部分。根据有关学者的研究，彝族古代诗学理论跨越了魏晋南北朝到清代1470多年的历史时期，其中魏晋时期有举奢哲的《彝族诗文论》和阿买妮的《彝语诗律论》；唐

---

① 王岳川：《东方文明与夜郎文化重释》，《人民日报海外版》2004年9月8日第7版。

宋时期有布独布举的《纸笔与写作》、布塔厄筹的《论诗的写作》、举娄布佗的《诗歌写作谈》、实乍苦木的《彝诗九体论》、布阿洪的《彝诗例话》、布麦阿钮的《论彝诗体例》;明清时期有佚名的《彝诗史话》、佚名的《诗音与诗魂》、佚名的《论彝族诗歌》以及漏侯布哲的《谈诗说文》。

由《彝族诗文论》等历史文献可知,黔西北古代彝族先哲从齐梁时期起就以彝语诗歌形式构建了较为完整的诗学体系,在诗学范畴方面,提出了"根"、"影"、"魂"、"主"、"骨"、"题"、"风"、"味"等独特的诗学概念,其中"根"、"主"、"骨"等理论范畴是其他民族的文艺理论中所没有的。因此,无论从产生的年代看,还是从诗学的理论色彩、创新价值看,黔西北彝族诗学理论都堪称博大而厚重,这个文化贡献是巨大的,它把黔西北乃至整个贵州的文化层次、文化品位一下提高了许多,而且改写了贵州文学发展的历史,把贵州作家文学的起源时期上推了千余年。

三国时期开始,一些具有开放文化意识、开明政治眼光的彝族首领对家族文化产生了积极影响。如济火、阿佩、普贵、阿画、奢香、奢苏、安贵荣等彝族先驱,以开放的文化意识促进了民族团结和民族文化交流,也影响到整个家族和地域的文化观念。毕节大屯余氏家族正是在这样的文化背景之下,从明代开始就学习汉文化(如洪武年间永宁宣抚使禄照派遣长子阿聂、次子阿智到太学学习儒家典籍),学习汉语诗歌的创作技巧,通过几代人的不断努力,至清代和近代终于蔚为大观。

四川永宁(今叙永县境)一带曾经是彝族尚武崇政时代"奢王"奢效忠、"大梁王"奢崇明的发迹之处,也是杰出女政治家奢香的出生地。昔日的家族辉煌已经随着岁月流逝而褪去,600年前的胜迹如今只留下零星的陈迹:在奢王曾经统领的大部分地区还有奢氏家族(即后来的余氏家族)的多处坟墓。在古蔺县马蹄乡马岭村有一个方圆不过一平方千米的山间小盆地,四周群山环绕,势如万马归槽。马蹄河从盆地中缓缓流过,河两岸梯田错落有致,青瓦白墙的农舍鳞次栉比,点缀在青山绿水之间。在马蹄河南岸的一丘大田中有一对石狮,一雌一雄,相距约5米,虽经数百年日晒雨淋,至今神采依然。据说这里便是奢王的府邸遗址,这对石狮当年雄踞于奢氏府邸大门前。后人曾经想将石狮移出大田,因基座埋得太深,石狮有几吨重,无力搬移,所以只能立于大田之中,陪伴着人们耕耘收获,向人们述说着历史沧桑和奢氏的兴衰成败。在马蹄乡马岭村民间流传着很多关于奢王府的故事,残存着光绪年间的奢王记录,奢效忠、奢世统、奢世续列传等。

奢王传说历史悠久，相关的故事传说流传甚广，影响深远。[1]

上述情况说明，"大屯文化现象"的产生并非偶然，它是西南厚重多元的彝文化在黔西北、永宁长期积淀的结果，是巴蜀文化、夜郎文化、彝族原生文化长期交互影响的结果，是余氏土司家族作家群体倾心接受中原汉文化、不懈学习汉语古诗词创作、不断传承家族文化，坚持文化开放意识的明证。"大屯文化现象"主要产生于黔西北，辐射西南地区，并形成了强烈的社会关注效应，它的大量彝文文献、历史遗存及其民间传说足以诠释两大社会人文场域的一切。

二、"大屯文化现象"产生的家族场域

如果说社会人文场域更多地表现为较为宏阔的历史、地理、人文时空，家族场域则是浓缩的局部的具体的文化创造和交流时空，二者构成互补关系。余氏家族的文化场域有两个，一是黔西北大屯土司庄园（包括所属三官寨），二是四川永宁奢王府。两个文化场域有自身的特点，但从保存完好的角度看，大屯是近乎完美的，而奢王府早已被毁坏，只有一些零星的遗迹和传说。

大屯土司庄园位于贵州省毕节市七星关区东北隅约 100 千米处的大屯彝族乡大屯村，是全国保存最好的彝族土司建筑之一，也是余氏家族凝固的文化符号、家族文化的创造交流和传承空间。庄园于康熙年间始建（也有道光年间始建之说），传说近 300 名工匠历时 3 年才修成，全部建筑占地面积 6000 余平方米。庄园依山就势而建，四周砖砌围墙高约 2 米，沿墙筑碉堡 6 座，碉堡高 8～12 米不等。整个主体建筑分左、中、右 3 路，各路皆有 3 重厅堂，既独立又相通。中路建筑分为 3 厅，各厅大门遥遥相对，望去呈一条直线，门的形状或方圆或圆，体现了刚毅圆融、刚柔相济的审美理念。

第一厅为是土司接见来客的地方，宽敞气派。穿过第二厅有天井。天井呈长方形，青石铺就，平坦古朴，是土司习武和检阅家丁武艺的地方，闲时也是土司府内女眷们日常活动的场所。天井正前方是正房，即庄园的第三座殿宁，前后有回廊相连，清爽舒适。在斑驳陆离的正房墙上挂一幅余达父的画像。殿后是幽深的后园，园内有一条曲径通往左侧绣楼。绣楼分两层，雕梁画栋，优雅别致，是小姐们的香居，一般情况下男性不得进入。天井的右侧是西花园，园内藤蔓绕墙，佳木参天，翠竹掩映，馨香馥郁，建有双耳鱼池、风雨桥、飞来椅、美人靠、

回廊、愫雅堂、双印斋等。浓荫覆盖的后角处有座小巧别致的楼阁，是土司家族的祠堂，供奉着历代祖先牌位。

大屯土司庄园具有浓郁的艺术、人文氛围：建筑风格典雅别致，以彝族文化元素为主调，兼有汉族古典园林特色。各类建筑功能齐全，碉楼、武库、粮仓、客厅、书房、花园、绣楼、小桥、假山一应俱全，各得其所。各种用具设计制作古朴雅致，具有文物价值，各种匾牌、对联书法讲究，雕工精细。如余达父书房"愫雅堂"3 字由江苏淮安书法家田步蟾书写，小篆取势，用笔精到，书房名释义文字由余达父用行书题写，潇洒灵动；亦园大门对联"莺花日办三春课，风月天生一稚人"为行书石刻，神采奕奕。庄园主人专门请了私塾老师教育子弟，四川才子李怀莲（少青）就是其中之一，他于道光年间受余家驹之请坐馆于大屯土司庄园施教，与余氏子弟关系密切，受到阖族尊重，曾为余家驹《时园诗草》、余珍《四余诗草》作序。李怀莲《时园诗草叙》云："丙午予馆其家，见壁上诗读而异之，因索其全集。而令嗣名珍字子儒者，出《时园诗草》二卷见示，予遍读之而后叹其才之独迈也。牂牁、夜郎之间，万山突兀，其天地之灵气，自开辟以来，閟而不发。明入版图，虽代有诗人，然草昧初开，厥道未广。先生西南世家，其胸襟之阔大，宜与寻常文士不类，又能特立风尘之外，以养其高标。故为诗沉雄浩荡，不名一家，当其上下千古，绝所依傍。奇情快论，破空而出，山川景物，无不别开生面。其气魄固足雄压一切，而语带烟霞，不染尘氛，又如姑射仙人，遗世独立，尤飘飘乎有凌云之气，而非山泽之癯所可望也。性灵所发，方不屑为清才，又何能测其为仙与雄哉！"可见其对余家驹的胸襟与气度、诗歌的独创性及风格特色给予了高度评价，对于余家驹诗歌的传播起到了积极作用。

丰富的藏书为大屯土司庄园中的余氏家族提供了充足的精神食粮。按照有关记载，大屯土司庄园的藏书不低于 4 万册，其中余达父约有 3 万册，余昭约有 1 万册，其余人不详。余达父在其《戊辰十月筑大湾山庄》中所说"小筑林亭当招隐，时携笔砚校残书（家藏书三万余卷多被盗兵所残）"，杨绂章为余昭撰写的《大山诗草序》所说"先生独聚书万卷，以诗名于时"可以为证。据有关文献记载，文化最发达的唐代，全国有名的藏书家约为 60 余人，其中许多是诗文传世的文学家族。藏书最多的李泌家族为 3 万余卷。京兆万年李氏家族善于藏书，李泌之父李承休每遇秘籍，必购买或抄录，藏书渐多。王应麟《困学纪闻》卷 10 云："李承休藏书二万卷，诫子孙力读，不许出门。有求读者别院供馔。其子泌承父藏书，构筑书楼，积书至三万余卷。"①如此而言，余达父的个人藏书量与唐人相比已经非常可观，就是在今天也令人惊叹。

大屯土司庄园内常有各种文化活动，诸如游园赏景、读书写诗诵诗、书画创作、文友雅集等。由他们的诗文可见一斑：

一是游园赏景。诚如余家驹《时园诗草·家园》②中所写：

> 小园祖所置，日涉以优游。芳草侵阶绿，枯藤附壁虬。薇沁一池月，桂馥半窗秋。时向轩中卧，旋复上小楼。倚树聆禽语，凭栏数鱼头。有客闲中来，与之酌黄流。诗书既不拈，时事亦不谋。不用相拜揖，不用互献酬。欲饮尽其兴，不饮亦自由。客坐亦不谴，客去亦不留。俗情尽捐弃，人逸事事幽。欲问我何名，我名逍遥游。

作者先述环境之优雅：芳草萋萋，枯藤附壁，秋月印池。再述自己独处亦或与友朋于园中之快乐：或卧轩中，或登小楼；或听禽语，或数鱼头，或酌美酒。一切都无需太多礼数，自由尽兴则可。全诗旨在追求逍遥自在的高雅生活情趣，颇有庄周遗风。也只有这样的自然人文场域才足以游目骋怀。余珍《四余诗草》③中有《虚廊伫月·时园八景之一》写时园赏月的情趣："为看明月尽徘徊，隔着深山望不开。底是婵娟羞涩惯，背人才肯出林来。"诗人善于婉曲表达，本来是深山遮月，却偏要说嫦娥羞涩，迟迟不肯出来，惹得看月者徘徊不已。

余昭《大山诗草》④以组诗《时园八景》全面描绘了时园中的八景：层楼揽山、虚廊贮月、新绿摇波、艳红媚雪、林花绣春、岭树妍秋、皱石皴云、虬藤走壁。作者将时园美景概括为山、月、波、雪、花、树、石、藤，颇有古典园林之美。且看《皱石皴云》：

> 夏云幻奇峰，化石坠地底。主人偶得之，供入时园里。风壑与云峦，小不容尺咫。万转复千盘，大河论万里。杯块视湖山，须弥一芥耳。饱我烟霞癖，丘壑胸中起。缩地一卷足，为山一篑止。此中无尘嚣，世外有乐土。我欲悠然来，结构居于此。缔造小乾坤，不与世人迻。

诗如画，画如诗；诗中有画，画中有诗。作者将中国画的技法——皴法用于景致描写，仿佛画家之笔涂出的园中皱石纹理、阴阳向背，用夸张、想象手法，写水中之石若夏云幻化之奇峰。融万里于咫尺，撷夏云为奇峰；视湖山为草芥，

---

① 范凤书：《唐代的私家藏书》，载《中国私家藏书史》，郑州：大象出版社，2001 年版第 40–45 页。
② ［清］余家驹：《时园诗草》，光绪辛巳有轩刻本。
③ ［清］余珍：《四余诗草》，光绪辛巳亦园刻本。
④ ［清］余昭：《大山诗草》，成都：四川民族出版社，1994 年版第 37–43 页。

采烟霞于笔端。胸中丘壑、人间烟火、世外乐土是那样自然巧合。余昭还有《品园四言》、《品园闲咏》，也是此类作品。

二是读书、写诗、诵诗、联诗。喜欢在优雅的环境中读书写诗诵诗联诗，是余氏家族成员的良好习惯。余家驹《时园诗草》中的几首诗就描绘了这种生活情趣："青山一角抱亭轩，不放春光出小园。介石傲于高士骨，幽花瘦似美人魂。孤云有意闲归岫，明月多情自入门。坐享太平清净福，书成万卷拥金樽。"（《时园》）余昭《园中》二首："娇鸟啼呼客，文鱼出听诗。闲将一斗酒，坐向好花枝。""轻尘扫尽启疏棂，四壁清虚户不扃。磨墨紫云堆石砚，插花香露溢铜瓶。生来新月三更白，分得遥山一半青。自拨金炉添艾纳，篆烟缭绕满床经。"（《书斋》）"文鱼出听诗"更是诵诗的优美意境，人与自然的和谐相处可见一斑。余达父曾命人筑大湾山庄，作《戊辰十月筑大湾山庄》，记述其在山庄中刻苦读书写作的情形："山中甲子本纡徐，又到还山去职初（去年十月余辞官不待报即日首途）。小筑林亭当招隐，时携笔砚校残书（家藏书三万余卷多被盗兵所残）。青围高野皆成墅，绿到闲阶便结庐。不愿折腰彭泽令，岂无宁静卧龙居。"他已经不满足于愫雅堂的安静环境，还要寻求更幽静的去处。安履贞也是勤奋读书写作的女诗人，其《闲适咏》中有"梨云绕屋堆香梦，柳絮扑帘凑好诗"。她和余昭伉俪情深，常有诗歌互和，《子懋夫子寄诗次韵和之》显示其娴熟的和韵诗技巧："东风归去草如茵，后院花飞白似银。杜宇惊回千里梦，兰闺送却一年春。残灯留伴敲诗影，短榻能移忆远身。窗外溶溶今夜月，不知何处照离人。"

联诗活动是诗歌即兴创作的一种方式，在余氏家族中较为常见。不仅有公开场合的群体联诗，也有在私密场合的夫妻联诗。余昭《大山诗草》中有一首《中秋同内人赏月》就是一例："万里空濛海宇清，时需斗酒问卿卿。年年风景今宵胜，处处秋思此际情。满地花荫人半醉，一天云影月三更。不嫌风露衣裳冷，彻夜联诗坐到明。"

三是书画创作。余氏诗人群有一些诗歌反映书画创作情况。如余家驹《千竿图》、《火笔山水》、《自题画兰》、《蕉叶笺》等。余家驹不仅创作书画作品，而且常与人论书。《四余诗草》中有《偶与人论书》两首可以为证："我虽不善书，颇解书中理。飞燕薄命儿，玉环肥婢耳。修短与浓纤，合度斯为美。肥中须见骨，瘦中须有肉。骨肉或偏枯，定非千里足。""相法自有真，形貌不足珍。神藏不外露，外露终非神。"这两首诗论述的是书法创作中用笔用墨的肥瘦和枯湿浓淡问题、字形的长短合宜问题、形神的藏露关系问题。余家驹主张肥瘦长短合度，骨肉形神兼备。他以赵飞燕、杨玉环的体型喻字形，认为字形似赵飞燕太瘦，似杨玉环太肥，最好是取长补短，得其所宜。他善于画马、画虎、画松、画山水，并有诗记述其创作过程。

四是文友雅集。余昭的《春兴八首》①以组诗形式记述了他与文朋诗友在时园的活动。其序云：

> 时园之约久矣，良朋之会于斯。从前两地雁鱼，难归细述；此际三春花柳，更入多情。人不愆期，天能助兴。轻寒轻暖，宜雨宜晴。姗乎来迟，君其姑射仙子，情不自禁；我亦风月主人，了此因缘。速其税驾延宾之杜老，特为扫花请客之灌夫。无复使酒作乐者，百般为欢者十日。忽而高阁客去，又是小园花飞。马上春风，大有销魂之态；床前夜雨，尽多知己之言。后会难赊，当前足惜；别来惓惓，益复无聊；闷到沉沉，忽然有作。用赋七言，适成八首，偶符《秋兴》，章则云同。不是春怀，意各有异。昔子美以丧乱动君臣之感，此则以离合叙朋友之情。名篇由人，属辞各事。何妨异而不异，同而不同？故曰《春兴八首》。

五是修身养性。余达父《罂石精舍文集》中的《愻雅堂记》②简要记述了自己对书房愻雅堂含义的解释，同时也表达了诗人一改过去锋芒毕露脾气、立志韬光养晦的决心："昔亡友葛正父尝以'矜露'二字规余，余曰：'矜者，养之不深也；露者，积之不深也。若其深之，无所谓矜与露矣！'爰取以从心深愻之义，颜其读书堂曰'愻雅堂'。诗曰：'忧心悄悄，愠於群小。'孔子之深心也。《易·系卦传》曰：'惟深也，故能通天下之志。'亦孔子之深心也。嗟乎！丁此天造草昧经纶甲坼之时，养之不深，惧其剥而漓也；积之不深，惧其挹而竭也。名斯堂曰'愻雅'，所以自警，且志不忘良友之箴，而抑余之深心。"为了表明自己的"矜露"决心而专门改动书房名并制作匾牌悬挂，由此可见余达父修身养性的功夫非一般人所能及。

偶尔的体力劳作在余氏诗人群中也会出现。如余昭这首《种菜小园》的描述："今年学圃剪蒿菜，生活全抛故纸堆。岂谓献之伧父耳，甘为须也小人哉。任他红杏倚云植，留我黄蕾和雨栽。种菜英雄还不羡，窥园俗士且漫猜。"（《大山诗草》）《扫菊畦有感》是安履贞打扫花径的诗意描绘："菊畦净扫无纤尘，一洗秋光倍有情。侬悄对花花欲语，喃喃共话种花人。"（《圆灵阁集》）

热闹是余氏庄园的常态，但也有冷落之时。如余达父诗歌《罂石精舍小坐》③

---

① [清] 余昭：《大山诗草》，成都：四川民族出版社，1994年版第223–226页。
② [清] 余达父：《余达父诗文集》，呼和浩特：远方出版社，2001年版第98页。
③ [清] 余达父：《愻雅堂诗集》卷13，贵阳：贵州人民出版社，1989年版第170页。

所述:"水满双池静,山深六月凉。鸟声琴外乐,蝉咽露中藏。高树浓阴合,繁华匝地香。劳生五十八,辜负此园荒。"最后两句写作者在家的时间很少,以致"辜负此园荒"。《怡园午睡》[1]:"午睡醒来树影长,竹槐幽映榻生凉。池低露洗静荷媚,窗破风回枯桂香。地僻应无熟客到,林深间有寒云藏。我生未合烟霞老,莼鲈他年爱此乡。"偶然回家,午睡醒来,满目忧伤,故友却步,寒云掩藏,作者不禁感慨世态炎凉、人生易老,怀乡之情油然而生。恰恰在这冷落的时园中,余达父不断进行着一个孤独的思想者对时局和民生的痛苦思考。如《愫雅堂诗集》中的这首《戊辰人日时园独酌》[2]:

去家逾七载(辛酉腊月廿日,余被盗劫),逃难如火煎。仁怀小路乡,人日占诗年(壬戌人日,余在仁怀小路乡口占一绝:早起开门霜满眼,忽惊人日隔家山)。弹指倏在眼,历历经心研。盗窟诚蛇虺,兵吏何异焉。壬戌三月中,游骑冷山边(三月十日游骑搜山至冷山相遇)。我行与之遇,呼卒扶以牵。舆轿踊礼播(礼播里多盗窟),汉符在眼前(仁怀县为汉犍为郡符)。慷慨朱叔阳(朱一鸣长孙旅参谋),赠我百金缠。遂下猿猴滩,小住赤水堨。五月渡泸水,凭眺忠山巅(余有《登忠山》五言古)。秋风更倦游,郎当着归鞭。我庐荆榛裹,豺虎尚涎涎。移居就城市,赁庑伯通贤。救贫暂出仕,荐作大理迁(时以法治委院员任大理分迁推事,寻刑庭长)。皋陶迈种德,谟训垂典编。岂知城旦书,不逮踉跄篇。荏苒五六稘,四民旦倒悬。我无活国术,投效请归田。今日归田氛,褪空园林无恙嬉春风。瘿石老桂仍突兀,某华高低能白红。回忆七年此日景,死生艰险方匆匆。男儿事业有成毁,圣仁蝼蚁将无同。寒民刮凌堕叶响,幸有春酿融心胸。

余达父的非凡之处正是善于在孤独中痛苦思考,在黑暗中坚毅前行。时局艰危,事业困惑,家遭盗贼,当时他虽然出任贵州法治委院员任大理分迁推事、庭长,但是仅仅为"救贫暂出仕"而已,他的远大目标是要"活国"(拯救日趋衰落的国家)。作为一个土司继承人,余达父的精神难能可贵。

余氏家族文化场域的另一处所是离大屯土司庄园不远、修建于明末清初或更晚一些的三官寨。这里是大屯土司庄园所辖18寨之一,其主要特色是保存了大量彝文古籍、彝族歌舞和习俗以及部分民居。这些民居分为板壁房和土墙房两类,

---

①[清]余达父:《余达父诗文集》,呼和浩特:远方出版社,2001年版第25页。
②[清]余达父:《愫雅堂诗集》卷13,清代家集活字本。

一律盖麦秸或茅草，结构形式达 16 种。贵州省文化厅于 2001 年授予大屯彝族乡"民族文化艺术之乡"称号，2002 年 6 月，三官寨彝族村被列为贵州省重点保护与建设民族村寨，与大屯土司庄园、奢香夫人墓一起成为毕节市水西文化的代表。余氏家族诗人中，只有余宏模诗集《一泓诗草》中有一首《宿毕节县三官寨》。

相对而言，四川永宁余氏家族文化场域在余氏诗人群的作品中写得不多。余昭的《水脑住宅》是唯一描绘当年余氏家族水潦住宅环境的诗歌：

我宅鰡部万山中，高压群峦拔地摩苍穹。黔山滇云为障牖，呼吸謦欬直与天庭通。苍崖壁立连城削，赤水围绕如蛛虹。一片顽石嶙峋傲骨铺牙版，千年枯松偃蹇苍颜秃毛翁。时有星河入户欲泻不得泻，日月当阶涌出红不红。谈笑烟霞满人口，还有云衣云絮裹人行坐睡朦胧。所以偶一语，亦被罡风曳过千岩万壑应嗳哎。互歌而互答，直如同声一气共喉咙。风固多事者，云之狡猞同。偶与山人作儿戏，瞒过千山万山诳双瞳。山人苦相亿，入梦冷惺忪。起视秀螺妙鬟笑颜待，仍然还我无数好青峰。天为安排看山处，何暇南面百城夸恩隆。惟有守我风撼云扶数椽屋，发言定要笑天公。看山谰语天收去，絮絮答答从头难将记性聪。只留一二写芜薰，写与滇黔蜀山一笑破鸿濛。

除此之外，余昭《甲寅四月朔与海珊兄共集品园联句》记述了自己在水潦私家园林品园与其堂兄余珍（字海珊）作诗联句情况："月钩初下翠微巅，已是清和入夏天。人惜余春留夜烛，诗寻旧恨补云笺。莺花老去蝉声出，耕作催完鸟梦圆。久客向园称负负，兄弟归卧话窗前。"《品园家宴联句》写安履贞与丈夫余昭在品园家宴上的联句："花拥红筵夜未阑（月仙，安履贞字），园开东阁尽情欢。举觞玉树临风立（子懋，余昭字），酌酒金樽对月看。两幅诗收春景绣（月仙），一家人坐影团栾。再添桦烛摇银焰（子懋），宝篆微烟学凤蟠（月仙）。"（《圆灵阁集》）

第三节　"大屯文化现象"的风采与当代价值

一、"大屯文化现象"的风采

（一）诗文传世，六代风骚

以诗文传世，是我国古代文学家族的共同追求。人的生命怎样才能"不朽"？

事实证明，像秦始皇那样遍天下寻找"不死之药"是荒唐可笑的。生命是一个过程，古往今来，没有不病之人，没有不死之躯。那么，用什么方式可以让人延续自己的精神生命呢？春秋时期，有人主张立德、立功、立言"三不朽"（见《左传·襄公二十四年》），除《左传》外，关于"三不朽"的对话还见于《国语·晋语》，文字略有出入。

有论者认为，"三不朽"说的价值在于对个体生命的超越："（它）通过垂德后世，建功立业和著书立说，超越短暂而有限的生命，获取人生的永恒价值，在中国古代文化人士的观念中，带有普遍的意义，始终影响着他们的人生态度和价值追求。"①事实上三种精神不朽方式具有很大包容性，无论何人，都可以从中找到其中一种不朽方式，但是三者俱全者如凤毛麟角。文人最大的可能是立言不朽。三国时期的文学家曹丕在《与王朗书》中明确说道："生有七尺之形，死惟一棺之土。惟立德扬名，可以不朽。其次莫如篇籍。"还有一些学者认为，早在东晋时代，"独善其身"的隐士陶渊明已经具有"以诗文传世"思想，同时也是诗文传世的典范，陶渊明实现了由早年的"立功不朽"向晚年的"立德不朽"、"立言不朽"转变。②

明确提出诗文传世思想并作为家族文化传统继承的应是唐代大诗人杜甫。他在为儿子杜宗武过生日时作诗云："小子何时见，高秋此日生。自从都邑语，已伴老夫名。诗是吾家事，人传世上情。熟精文选理，休觅彩衣轻。凋瘵筵初秋，欹斜坐不成。流霞分片片，涓滴就徐倾。"（《宗武生日》）这首诗中，杜甫多么希望儿子继承自己家族的文学事业，摒弃华而不实，做一个有作为的诗人。"熟精文选理，休觅彩衣轻"是告诫儿子读什么书，怎样读书。萧统主编的《文选》是中国现存最早的一部诗文总集，是古代士子参加科举考试时学习写作的范本，宋代俗语中有所谓"文选烂，秀才半"③的说法。文学创作和学术研究的高雅品位可以使人精神不朽，因此古人对文章传世的作用非常看重，创作诗文的态度非常严肃，这种理念深远地影响到不少文学家族（包括少数民族文学家族）。

余氏家族是诗文传世的范例之一。从余氏家族的开山诗人余家驹到最后一位诗人余宏模，都有诗集、散文集或学术文集流传。近年有人统计过，我国文学史上颇有建树的女诗人共有120多位，现存诗作300余首，杰出的有十多位，如班

---

① 王绍东：《论"三不朽"说对司马迁及〈史记〉创作的影响》，《内蒙古社会科学》1998年第5期。

② 李华：《"陶渊明以诗文传世思想说"及其研究综述》，《江西社会科学》2000年第3期。

③ 陆游：《老学庵笔记》卷8："国初尚《文选》，当时文人专意此书。……士子至为之语曰：'《文选》烂，秀才半。'"

婕妤、蔡文姬、左芬、薛涛、上官婉儿、鱼玄机、李季兰、李清照、朱淑真、秋瑾。也有人认为是陈端生、梁贞怀、李桂玉、许穆夫人、蔡文姬、李清照、鱼玄机、朱淑真、薛涛、柳如是等 10 人①。然而以上排名似乎未见少数民族女诗人，尤其是以家族诗人群面目出现的少数民族女诗人。余氏家族 6 代诗人主要为男性，也有两位女诗人，这在少数民族文学家族中非常罕见，更显得弥足珍贵。辛亥革命斗士平刚在其遗稿《余健光》中说余氏家族"能以诗书传家，男女之刻专集者不乏人。……谢家兰玉，一门皆英才也"（余宏模：《赤水河畔扯勒彝》），这一评价并非过奖。

余氏家族先辈秉承古人"诗文传世"理念，注重诗文传世行为的实施和潜移默化作用，对后辈的读书写作有明确的要求。杨绂章在《大山诗草序》中说余昭"家居课子孙，手一卷终岁不辍"；饶雁鸣《圆灵阁集序》说安履贞"非忠孝节烈之书不读，尤嗜《离骚》，论古具只眼"；周素园在《贵州大理分院推事余君墓表》中赞扬余达父"早治经韵，穷研子史。词赋诗歌，乃其余事"。余氏家族不仅注重诗文传世，而且注重道德与文章双馨，这是对儒家思想的继承和发展。

（二）大屯诗魂，彪炳中日

余达父作为余氏家族中最出色的学者型诗人，通晓汉文、日文、彝文，诗歌创作与学术研究成就斐然。余达父的文学成就不仅来自于对中国传统文化的倾心钟爱，来自于转益多师的丰富艺术营养，而且来自于他开放的胸襟和强烈的中外文化交流意识。余达父一生只留学于日本，但就是这一次，他在中日文化交流史上留下了浓墨重彩的一笔。②

历史上的清王朝虽然有 18 世纪中叶的"康乾盛世"，但社会矛盾也异常尖锐，而这些尖锐矛盾的形成根源很大程度上就直接来自于清政府。例如清朝初期的圈地恶政，极大破坏了中原地区的经济；文字狱的泛滥，导致"万马齐喑"局面的出现；大肆销毁古籍，剃发易服，割裂了汉族的文化传统；实行民族歧视政策，给旗人以特权，使其迅速腐败。尤其是轻视科技和闭关锁国，导致中国的科技极大落后西方。1840 年后帝国主义的入侵，清廷与侵略者分别缔结了大量不平等条约，割地赔款，开放通商口岸，中国的主权受到严重损害，逐步沦为半封建

---

① 后者见易道禅《中国古代十大卓越女诗人》，中华诗词网 www.zhsc.net 2013 年 6 月 17 日。

② 余达父曾经两次到达日本，第一次是去留学（1906～1910），第二次是回国后的 1914 年春，因在日本学习的儿子余祥桐不幸病故，肝肠寸断的余达父赶赴日本，取回灵柩。有诗《四月廿三日晨出大沽，此行往横滨取桐儿寓榇》、《四月廿八日横滨风雨中检桐儿寓榇》为证。（见《怅雅堂诗集》卷 11）

半殖民地社会。而我们的邻国日本却在明治维新中崛起，甲午中日战争中挫败中国水师，1905 年又挫败俄国。被打怕了的清朝政府痛定思痛，终于打开国门，举办洋务运动，采取"师夷长技"的国策，其中有一条便是向日本派遣留学生。

据《严修东游日记》记载，中国官派留学生到日本最早是在 1898 年（清光绪二十四年，日本明治三十一年），共在浙江、湖北两省派出 64 人。1905 年开始，贵州才有组织地正式派出留日学生，当年就选送了 151 人（虽然在此之前也有一些零星的出国留学者，如乐嘉藻、蹇念益等人）。在贵州学子大规模留学浪潮之后的 1906 年春，经家族议决，余达父率一子二侄东渡日本。

余达父留学当不属于官派。主要理由有两条：一是其长兄余若煌（字伯彬）1904 年正好被永宁道道台赵尔丰①陷害，判处终身监禁，抄没家产。赵尔丰的专横残忍是出了名的，不由余若煌申辩。按：清政府于康熙八年（1669）置川南永宁道，治泸州，领叙州、马湖二府，直隶泸州。光绪二十九年（1903），赵尔丰随川督锡良入川，先后任永宁道道员（即道台）、建昌道道员，宣统三年（1911）任四川总督，永宁（今泸州叙永）一带正是其辖地。余达父于光绪甲辰、乙巳年间（1904—1905）为雪冤而"奔走蜀中，无能营救"，"莫能平反"（见余达父《亡兄伯彬先生行状》、《余母安太宜人七十寿序》）。为了防止赵尔丰赶尽杀绝，余达父在无可奈何中携一子二侄悄悄出逃到日本。对这场变故，余达父躲避还来不及，更不可能公开地从容接受朝廷挑选。二是在有关历史文献中尚未发现余达父属于官派留学生的记录。尽管不属于官派，到了日本的余达父却可以公开地、相对自由地参加社会活动。

一到东京便"断发去尘根"的余达父先后在日本江户和佛法律大学、东京法政大学学习法律、政治诸学科，为他日后回国从事法律工作奠定了坚实基础。在日本的四年，他将避祸救兄的初衷藏在心底，一方面积极求学，另一方面积极参加社会活动，陆续结交了日本文坛的许多名宿，生活得非常充实。这四年里，他的思想也发生了根本的转变——由避祸救兄的初衷到实现活国求"大药"的终极目标。

所谓"大药"，包含两层意思：一是救国强国真理；二是捍卫老百姓利益（也包括余达父自身利益）的武器——法律。二者同样重要。前者可以完成思想启蒙

---

① 赵尔丰（1845～1911），男，字季和，祖籍襄平（今辽宁省辽阳市），清汉军正蓝旗人。以山西知县累保道员，权永宁道，调建昌，旋充川滇边务大臣，改驻藏大臣。宣统三年（1911）任四川总督。赵尔丰是清代有名的权臣，强硬残忍，曾制造成都惨案，人称"屠户"。大汉四川军政府成立不久，赵尔丰被新任都督尹昌衡处死。

任务，后者可以维权。在一个主权尚不能自保、民众麻木愚弱的国家，思想启蒙的任务难以一时奏效，即使在一个拥有独立主权的国家，运用法律武器维权的任务也不轻松。余达父留学的近期目标是学习法律，为蒙冤的长兄余若煌平反，长远目标（终极目标）是寻求救国强国真理。留学四年之后，他的近期目标得以圆满实现——修完了法律，获得了文凭，1910 年被清政府认定为法政科举人，1911 年将长兄余若煌营救出狱。余达父以其深厚的法学修养和维权的成功成为当时国内知名法学家。限于历史条件以及个人兴趣，余达父在学习法律知识之外，把更多的时间花在了参加文化交流活动方面，饮酒、雅集、赋诗，拜访名士，登临山川，观赏名胜古迹，文人性情尽显无遗。因为避祸，余达父将兴趣圈定在学知识、做学问、写诗歌、交诗友方面，而非参加暴力革命，他甚至连同盟会也未参加，更不要说拯救风雨飘摇中的清王朝，因此求"大药"的目标只能说完成了一半甚至可以说不到一半。

余达父留日期间在日本诗坛尽显风雅，独扬国粹。清末民初，不少精通古诗词创作的中国留学生通过与日本学人、诗人唱和，传播中华传统文化，弘扬国粹。元青、王建明在《北洋政府时期的留日学人与中国文化的对日传播》一文中写道："由于多年来一直崇尚中国文化，日本许多高层人士都以能写汉诗为荣。明治维新以后，西学激荡，中国文化的影响在日本日趋衰落，但还有一些坚持'传统'的日本人士，仍然崇尚着中华文明，固守着'儒家文化'，固守着'汉诗'。与此同时，许多留日学子在留学前不同程度上接受过传统文化的熏陶，因而在与日本友人交往过程中，不仅可以诵吟、唱和，还可以用各种字体书写、题画。诗词唱和成为中日文人在宴会、赏景、送别等各种社交场合抒发感情、交流文学与书法艺术，增进彼此友谊、发扬东方文化传统的重要形式，……事实上，在北洋政府时期中日文化交流的旅途上，留日学人通过日本不仅大力传播了西方科学文化，还把我国五千年文化向日本和西方传播，为我国传统文化的流传，为日本和其他国家人民了解和认识博大精深的中国文化做出了杰出贡献。他们中的许多人在文化传播上薪火传承的作用，已经深深镌刻在中日文化交流史的丰碑上。"①余达父正是其中的一员。

余达父参加得最多的活动是雅集、招饮、观光，这类活动往往有中日两国学人共同参加。流传至今的余达父的《㳽雅堂诗集》14 卷中有 5 卷（卷 8～卷 12）涉及其在日本的文化活动。主要有：第一，参加中国留学生组织的思古吟社。陆

---

① 元青、王建明：《北洋政府时期的留日学人与中国文化的对日传播》，《广东社会科学》2009 年第 1 期。

草《中国近代文社简论》载，光绪三十四年（1908）前后，一些留日学生在东京成立思古吟社，其成员有郁华、余达父、唐企林、侯疑始、杨楚孙、刘揆一、黄子彦、盛倚南等，日本诗人森槐南也加入了这一诗社。余达父当为思古吟社中的重要成员，从《惺雅堂诗集》卷 9《鹦鹉洲吊祢正平，思古吟社分题》一诗可以看出，他参加了思古吟社中常见的活动——分题分韵作诗，而且水平高，得到大家赞赏。第二，参加日本诗人组织的诗社随鸥吟社。该社是明治时期著名的文学社团，成员多为文坛耆宿，受过严格的汉学训练，写作汉诗的水平很高。成员不分国籍，地位以作诗水平而定，办有刊物《随鸥集》，定期刊登社员的优秀作品。余达父 1909 年前后多次参加随鸥吟社的雅集，其中有"倭中文士泰斗"、著名汉学家森槐南，随鸥吟社社长、著名诗人、汉学家、书画家永坂石埭等人。酒，是诗歌的蘖麹，日本的几位名士经常招饮，酒后必赋诗。一次，森槐南赋诗《夜过镇江》："他日扁舟归莫迟，扬州风物最相思。好赊京口斜阳酒，流水寒鸦万柳丝。"永坂石埭赋诗："红花碧草自年年，又届枕桥修禊天。诗梦摇落潮上下，不离七十二鸥前。"[1]余达父依永坂石埭原韵和诗："樱花时节自年年，艳艳城南尺五天。道是诗人能惜取，买春常在落花前。"[2]近藤恬斋招饮，余达父亦步原韵赋诗相赠。文人雅集在中国古代是经常性的活动，日本诗人也有此习惯。又一次，受日本友人冢原周造（梦舟居士）的邀请，中日文士 11 人雅集，议定主题分韵作诗。《惺雅堂诗集》卷 9 有余达父所作《寒翠山庄清集即分得肴韵并引》：

> 寒翠山庄在小石川之茗荷谷，毗陀起伏，植松数百株，弥望苍翠，坳地有池，系小舟焉。隆冬残雪间，尚有绿草如茵，则春夏之幽絜可想也。主人冢原周造，自号梦舟居士，能汉诗文有著集，喜与文士宴游，且雄与赀，故厨传精洁，山林间颇无蔬笋气，汉和文士集者十一人，席间即赋。

> 五载神山怅系匏，也随侪侣步芳郊。辟园绿野天为帐，绕郭青松雪漫梢。壶市留仙悬日月，介舟泛水近堂坳。尖叉险韵难成捷，急就匆匆不待敲。

余达父有过多次分韵作诗的经历。这次雅集，他分到的是"肴"韵，平水韵中该部可入韵的常见平声字为 150 余字，故而谓之"险韵"，作险韵诗有很大的难度，余达父却运用自如。其诗才还表现为构思迅捷，随口吟咏，自然天成。如

---

① ［清］余达父：《惺雅堂诗集》卷 8，贵阳：贵州人民出版社，1989 年版第 95 页。
② ［清］余达父：《惺雅堂诗集》卷 8，贵阳：贵州人民出版社，1989 年版第 94 页。

他的《酒罢口占赠梦舟居士，即次梦舟赠郁曼陀》："名园留胜概，仙阙近芳踪。为拜庞公起，殊见叔夜慵。传儿能引凤，老子竟犹龙。食我如瓜枣，安期世外逢。"① 短短40字，描绘了一幅隐士、神仙极乐图，对仗工整，用典贴切，具有丰富的历史内涵。诗中所写的"我"与东汉隐士庞德公、正始名士嵇康、仙人安期生相逢于世外，象征余达父与梦舟居士等人在日本这个"世外桃源"的高雅交往。

招饮，源于中国的古老民俗：相传开封老城的大年初一，老幼妇女不出门拜年，而在乡下的初一日上午，村中若有新媳妇者，邻居家多设简单宴席，招请新媳妇到家中喝酒，俗称"招饮"。后来，招饮逐渐成为文人聚集宴饮的由头，成为饮酒赋诗的代名词。中国人很早就有招饮活动，与酒的出现差不多同时，饮酒诗也很多，如《诗经》中有《小雅·宾之初筵》、《大雅·既醉》等10余首。魏晋时期社会大动乱，文人普遍的忧生之嗟催发了大量招饮诗，如曹操的《短歌行》不仅写诗人饮酒、论酒，而且写延揽人才的重要性，已经具有招饮诗性质。东晋陶渊明的20首饮酒诗，其中隐含招饮内容，但由于陶氏此时已经离开官场，没有俸禄，更多的是受邀饮酒。唐代诗人普遍喜欢饮酒（招饮）赋诗。李白"斗酒诗百篇"，其《将进酒》虽未标明"招饮"，但却是千古第一招饮诗，杜甫的《饮酒八仙歌》、白居易的《病中答招饮者》等也堪称招饮诗。宋代以降，招饮诗也很多，如著名诗人苏轼有《闻乔太博换左藏知钦州以诗招饮》，陆游有《六月二十六日夜梦赴季长招饮》，清人方文有《梅季升招饮天逸阁因吊亡友朗三孟璠景山》诗。日本文人创作招饮诗之风当受中国古代文化影响，最著名的一次招饮活动由永井禾原主办于来青阁。当时，永井禾原将出访中国和朝鲜，招饮饯别，参加者有中国的余达父、郁曼陀（郁达夫之兄）、日本名士、著名诗人森槐南、永坂石埭、静冈村松研堂等。余达父即席赋25韵为禾原饯行，名句如："林园新绿净，天气暮春和。严装远行客，招我唱骊歌。斯游亦壮哉，清韩两经过。"郁曼陀作《宴集来青阁赠永井禾原久一郎》："宝扇华灯满绮寮，高门冠盖接青霄。石帆渡海新飞鹢，金线盘衣旧赐貂。小有江山容挂笏，贫无车马敢题桥。刀环偶入衰亲梦，盼断钱塘日夜潮。"

和韵，是旧体诗写作方式之一，指与别人唱和时，依照其诗所押之韵作诗。大致有三种方式：第一，依韵。即韵脚与原诗韵在同一韵部而不必用其原字；第二，次韵。或称步韵，即韵脚用其诗原韵原字，而且用字先后次序也必须相同。第三，用韵。即韵脚用原诗的字而不必依照其先后次序。写作和韵诗，必须依据

---

① ［清］余达父：《㦂雅堂诗集》卷9，贵阳：贵州人民出版社，1989年版第100页。

别人原诗的意境和韵脚，写主题相近的诗奉和。和韵诗盛行于唐代，起初用韵不限，如贾至有七律《早朝大明宫》，王维、杜甫、岑参都有同题和诗，但各用一韵，后来发展为"和韵"、"用韵"、"次韵"几种渐趋严格的形式。宋人张表臣《珊瑚钩诗话》卷 1 载："前人作诗，未始和韵，自唐白乐天为杭州刺史，元微之为浙东观察，往来置邮筒倡和，始依韵，而多至千言，少或百数十言，篇章甚富。"清代诗人梅曾亮《柏枧山房诗集自序》云："叠韵之巧，盛于苏黄；和韵之风，流于元白。"

善于作和韵诗尤其是其中的次韵诗是余达父诗才的又一表现。如余达父与日本诗人静冈村松研堂的互和。《愻雅堂诗集》卷 9 有《研堂和前韵一首见赠叠此却寄》，此首应为余达父记录静冈村松研堂的原作："一曲阳关叠唱酬，老成何意问龙头。韶光去似离弦箭，世事难于水上舟。沧海七经环北斗，长河千载注东流。眼前咒兀风涛起，白日阴阴下蜃楼。"余达父依韵作《静冈村松研堂倭名士也，不介而寄宣纸索余书旧作。并书旧作三章见赠，倚装和其偶感一首酬之》："四十行年愿莫酬，归期又近大刀头。澄空心有非台镜，茫茫身如不系舟。东野穷愁先息影，中原板荡正横流。知音一曲阳春雪，梅雨萧萧冻海楼。"从内容上看，后一首明显是余达父为次韵前一首而写，诗中的"四十行年"当指余达父出生年 1870 年，至写作此诗的 1910 年正好 40 岁。40 岁的人尚漂流海外，祖国又兵燹蜂起、动荡不安，自身宏愿不酬，难免百肠纠结，幸得他乡有知音，才稍感安慰。全诗写得沉郁顿挫，浸透家国之思、个人之愁，而用典、对仗莫不贴切，情景莫不水乳交融。首句即述宏愿未酬而归期又近，"大刀头"用《汉书》卷 54《李广苏建列传》典故。[①]中 4 句尤为出色，写出了诗人漂泊无依，空有一片赤子之心的无可奈何，又恰到好处地化用禅宗"明镜亦非台"之典，以及元好问论诗绝句三十首之"东野穷愁死不休，高天厚地一诗囚"句意，并自比穷愁潦倒、46 岁才中进士的孟郊（字东野）。余达父还有多次和韵作诗的经历，在其《愻雅堂诗集》卷8、卷 9 中均有诗为证。

余达父的部分诗歌记录了他在日本的游踪，描绘了日本的名胜古迹。如《三十日偕村松研堂游滨松普济寺访全师上人即留午餐，席间赋此赠之》、《清水寺千二百年前古刹也，山水灵奇幽邃为余至倭得未曾有之境》、《江户川夜樱》、《横滨

---

① 《汉书·李广苏建列传》："昭帝立，大将军霍光、左将军上官桀辅政，素与陵善，遣陵故人陇西任立政等三人俱至匈奴招陵。立政等至，单于置酒赐汉使者，李陵、卫律皆侍坐。立政等见陵，未得私语，即目视陵，而数数自循其刀环，握其足，阴谕之，言可还归汉也。"（《汉书》卷 54，北京：中华书局，2000 年版第 1871–1872 页。）因刀环在刀之头，后即以"大刀头"作为"还"字的隐语。

万珍楼度端午》、《五月十日晨起由盐釜泛小舟入松岛》、《宿松岛白鸥楼之涛声帆影阁》、《白鸥楼晨起远眺》、《雨后挂帆游鹰森归途并外海寻西南诸岛之胜》、《五月十二日仙台道中望山形县之雪山皑皑出没云霄间》、《十三日国府津道中，望富士山残雪甚微，若隐若现，以视山形之雪山逊矣》等。

余达父留学时在日本汉诗界的名气可谓大矣。与余达父同时留学日本四年的贵州革命家平刚在其《余健光传》中说："健光有叔达甫氏，名若瑔者，与平刚交故，且同留学日本东京，朝夕共处数年。博识能文，好吟咏，与日本诗人森槐南结诗社，辄主其盟，故颇负时望"①。这几句评价性的文字虽短，但出自一个非常了解余达父之人之口，不可不信。这几句话已经成为余达父当时对日本诗坛产生较大影响的明证。

"主盟吟社"，是说余达父凭借自己高超的中国古典诗歌创作水平成为以森槐南为社长的随鸥吟社中最活跃的人物甚至主持人。"主盟"的含义有多个，其中之一为"倡导并主持某事"，并非一定要当"盟主"才行。我们认为，余达父作为创作中国古典诗歌的老手、高手，曾被民国时期贵州省财政厅厅长郑先辛（1894—1943）誉为"法律名家，文学泰斗"②，无论到汉学昌盛的任何一个国家也毫不逊色，更不要说主持诗友雅集这样的事了。

"主盟吟社"，从其诗歌中的描绘可见一斑。如《席间土居通豫以素藤绘侍者小像赠余，题此志之。同时题者数人》写道："绮席初开见紫云，狂言欲发杜司勋。徐熙为写灵和影，座上新诗题满群。"（《㥗雅堂诗集》卷9）在这次寒翠山庄的雅集中，面对琳琅满目的盛宴，余达父诗才尽显，傲视群雄，简直就是当年的杜牧。唐宣宗大中三年（849）春天，李商隐曾为当时同住长安且任司勋员外郎的大诗人杜牧连写两首诗，表达自己对杜牧的倾慕之情，并称赞其诗歌高超的艺术水平。其中一首绝句为："高楼风雨感斯文，短翼差池不及群。刻意伤春复伤别，人间唯有杜司勋。"（《杜司勋》）"狂言欲发"，当为余达父描写自己的状态，而不是批评别人。徐熙，是余达父对日本画家土居通豫的赞赏性比拟。徐熙是我国五代南唐画家，善画花竹林木、蝉蝶草虫，"落墨"技法即创始于他。落墨，即用墨把花卉全部勾勒渲染出来，然后略加颜色，使枝、叶、萼、蕊鲜活而有立体感。有画论家认为，徐熙之画"落墨为格，杂彩副之，迹与色不相隐映也"（郭若虚《图画见闻志》），"以墨笔为之，殊草草，略施丹粉而已，神气迥

---

① 余宏模：《赤水河畔扯勒彝》，香港：香港天马图书有限公司，2003 年版第 14 页。
② 余宏模：《赤水河畔扯勒彝》，香港：香港天马图书有限公司，2003 年版第 163 页。

出，别有生动之意"（沈括《梦溪笔谈》）。

寒翠山庄的雅集，土居通豫"以素藤绘侍者小像"赠送余达父，众诗人纷纷为这幅小像题诗，一时间便"新诗题满群"。参加雅集的诗人，多为日本诗坛的一流高手，余达父能够在此场合"狂言欲发"，不仅仅是酒壮英雄胆，更主要的是他的诗才使人叹服，大有盟主之态。

（三）著名家族，焜耀宇内

作为少数民族文学家族时代的开启，余氏家族在贵州是较早的（如前所述，更早的有康熙年间的莫友芝家族），在西南地区晚于云南丽江木氏家族。封建时代，中国史籍记载的杰出文学家族多为汉族，少数民族文学家族鲜有记载，更无宣传。在西南边鄙封闭落后的黔西北，以余达父为代表的彝族文学家族为世人了解甚少，加之明代"奢安事变"的沉重打击，这个家族遂隐姓埋名，由永宁奢王府徙居于偏僻遥远的大屯和水潦，后来又遭遇改土归流，一系列的重创使余氏家族价值观由"奉儒守官"转而为"秉承素业"，开始文学创作和学术研究，并创造了辉煌的业绩。

尚可找到一些记载和评价余氏家族的国内外文献，现按时代分述如下：

成书于道光二十九年（1849）的汉文史籍《大定府志》最早著录了余氏家族最早的诗人余家驹的 3 首诗歌：五言诗《奢夫人》（160 字）、七言诗《忠烈南公》（42 字）、七言诗《卢龙安宣慰墓》。[1]成书于民国三十七年（1948）的《贵州通志·艺文志》，著录了余家驹的诗集名、撰者名、籍贯和身份，附李怀莲（字少卿，贵州叙永人）所作序。[2]兹录于后：

> 诗者，乾坤之灵气也。天地有风云物态、灵奇变化，造物何尝一一安排？而出奇无穷，迥非思议可及。泄造化之所欲泄，必自性灵流露而后可传，然性灵亦各有不同：其秀隽者为清才，其磊落者为雄才，其超轶者为仙才。得雄才可也，得清才亦可也。予自束发受书，持此管见，而今独心折于白庵先生。先生自少天资卓荦，于书无所不读，独不溺没于举子业，其学已迥出流俗。至于兴之所至，悠然自得，尤能摆脱一切，独往独来，其抒发皆任乎天机而不自知其所以然。岁丙午，予馆其家，见壁上诗，读而异之，因索其《全集》，而令嗣名珍字子儒者出《时园诗草》二卷见示。予遍读之，而后叹其才之独迈也。牂牁夜郎之间，万山

---

① 黄宅中纂修：《大定府志》，北京：中华书局，2000 年版第 1213–1214 页。
② 《贵州通志·艺文志》黄永堂点校本，贵阳：贵州人民出版社，1989 年版第 739–740 页。

突兀，其天地之灵气，自开辟以来閟①而不发。明入版图，虽代有诗人，然草昧初开，厥道未广。先生西南世家，其胸襟之阔大，宜与寻常文士不类；又能特立风尘之外，以养其高标，故为诗沉雄浩荡，不名一家。当其上下千古，绝所依傍，奇情快论，破空而出，山川景物无不另开生面，其气魄顾足雄压一切。而语带烟霞，不染尘氛，又如姑射仙人，遗世独立，尤飘飘乎有凌云之气而非山泽之癯可望也。性灵所发，方不屑为清才，又何能测其为仙与雄哉！第白庵不自收拾，此二卷乃子儒所手缀而存者，其编次既无年月可识，而古近体又复杂糅，予乃为之校次订正，使各体以类相附，而嘱子儒另书而藏之。异时有读是编者，知是方开辟之气，得先生之发挥而始畅，则仙才、雄才必有定论，而亦证予管见之为不谬云。道光丁未立夏后二日

按：家驹，字白庵，毕节人，道光中贡生。

1920 年 5 月 7 日，孙中山先生亲笔为胡汉民（国民党元老、国民党中央特别委员会常委、国民政府委员）撰写的《余健光传》撰写序文，高度赞扬辛亥革杰出斗士、余氏家族成员余健光的奋斗精神、牺牲精神。序文曰：

健光之死也，民党知与不知者，皆为叹伤，以谓使天假之年，获竟其志，其所造当什百倍于今日也。惟健光则固以奋斗而死，自有志于革命以来，真所谓一息尚存，未尝少懈者。其生平自揆，亦曾无成败利钝之见，故不问健光所已建树于国家社会者奚若，而即此奋斗进取之精神，已足以移传于多数后起之青年而不朽。我知健光无复遗憾矣！健光与同志助英士数年，英士多病，健光独强健年少。顾英士不死于病而死于敌，健光不死于敌而死于病，均出常人预测之外。然努力其所职志，终以生命为之牺牲，则其死一也。因览胡汉民所为健光传，爰书数语以示吾党。民国九年五月七日孙文识于上海。②

又录《孙中山文集》中《复林修梅电》：

长沙三井洋行余健光探转林谷凡旅长鉴：个电诵悉。近日少数人狃于私图，率主张和议。陆干卿且密电两粤，议取消自主，嗣莫代督以众意反对，抑不实行，态度极为暧昧。文以为现在西南，既以护法为宗旨，则无论如何必贯彻始终为止。况重庆已得，荆、襄继起，倘能竭力坚持，

---

① 閟：光绪七年有我轩刻本《时园诗草》作"闷"。
② 中山大学历史系孙中山研究室、广东省社会科学院历史研究所、中国社会科学院近代史研究所中华民国史研究室合编：《孙中山全集》第 5 卷，北京：中华书局，1985 年版第 259 页。

必可益望发展。岭南方面，文当力任维持之责，望兄与湘中及前敌各将
领，互以此意相勉，勿误于缓兵之护，致废一篑之功。时事多艰，吾人
尤宜奋励也。孙文敬。"①

国民党元老、党务部部长谢持撰《余健光先生传跋》曰："二年秋，余自京
师走日本，遇健光于东京，与订交，知其为人。健光任事果能，始终厥志，不惮
险艰。于友谊特笃，余尝与健光佐陈公英士治党务，所计辄中肯要。陈公奉命返
国讨袁世凯，健光实从。未几陈公被狙于凶人，今健光又积劳以殁。岁不五稔，
死者固若是矣。而余犹故，吾奔走频年，罔裨国难蹙蹙，不知乱之所底也。环顾
身世，莫遣百忧，叹知交零落，仅乃得健光之传，畴能使余不泫然心伤者乎。民
国九年五月十五日谢持跋"②

胡汉民《余健光传》最后评价曰："君平居至和易，而见义则勇，虽挫败不
少挠。病殆不起，同志往视之，犹以湘中军事为念。天夺君年，使君贡献与国家
社会者仅此，非徒君之不幸也。"辛亥革命斗士、贵州贵阳青岩人平刚是余达父
的至交，1905年赴日本学习法律，加入同盟会，曾任孙中山大元帅府秘书。他在
其遗稿《余健光》中言余氏家族"能以诗书传家，男女之刻专集者不乏人。……
谢家兰玉，一门皆英才也。"③

始建于1928年的哈佛燕京图书馆（Harvard-Yenching Library）是哈佛大学图
书馆专门用于收藏与东亚国家相关文献的地方，该馆有中文、日文、西方语文、
韩文、越南文、藏文、满文和蒙古文藏书总计百万卷以上。哈佛燕京图书馆收藏
有孙中山作序、胡汉民所撰的《余祥煇传》，1995年3月余宏模先生访问美国时，
哈佛燕京图书馆将馆藏《余祥煇传》赠与他。

日本学习院大学东洋文化研究所对余氏家族的研究。学习院大学是日本国私
立大学，最早可以追溯至公元八世纪的平安时代，最初为嵯峨天皇（809～823）
的皇后橘嘉智子为培养橘嘉子弟而设立的私学，1877年更名为学习院，日本的大
多数皇族子弟就读于此。作为皇家大学，学习院在日本享有很高的知名度。第二
次世界大战后学习院大学废除华族制度，皇族与平民子弟可以同时就读该大学。
余氏家族文化传人余宏模先生曾受聘为日本学习院大学东洋文化研究所客座研究
员，参加共同课题研究。1999年，学习院大学东洋文化研究所影印了余家驹原著、

---

① 中山大学历史系孙中山研究室、广东省社会科学院历史研究所、中国社会科学院近代研究所中华民国
史研究室合编：《孙中山全集》第四卷，北京：中华书局1985年版，第271页。
② 余宏模：《赤水河畔扯勒彝》，香港：香港天马图书有限公司，2003年版第10页。
③ 余宏模：《赤水河畔扯勒彝》，香港：香港天马图书有限公司，2003年版第14页。

余昭原注、余若瑔续修、余宏模整理的《通雍余氏宗谱》，以及余宏模著、武内房司①以日文注释的《通雍余氏宗谱解说》，还有余宏模注释的《雄书安氏家谱》，安氏、余氏家谱合为一本，共 92 页（A4 幅面），日本法制史学会将以上文献收录于《东洋法制史文献类目（明清，1990—2006 年）》中。②同年影印的还有余若瑔遗著、杨仿岩校正、余宏模整理补注并与武内房司共同撰写前言的《且兰考》。武内房司对余氏家谱和余达父《且兰考》的介绍、注释、出版，大大提升了余氏家族在国际上的知名度。

1999 年 10 月，黄万机编著、贵州人民出版社出版的《贵州汉文学发展史》，该书第二章第三节写到的彝族诗人有 5 人，其中余氏家族就有 4 人：余家驹、余珍、余昭、安履贞。作为一个专节，作者用了近 2300 字的篇幅来写余氏家族 4 位作家的诗歌创作，而另一位彝族诗人安吉士只有 100 余字，足见作者是认同余氏家族诗人群的诗歌创作并给以高度评价的。该书第九章第二节评介了 3 位少数民族诗人，其中之一便是余达父，文字量居 3 人之首，作者认为余达父是清末民国之际"较杰出者"。③

2000 年 3 月，安尚育编著的《20 世纪贵州诗歌史》以近 3000 字篇幅介绍、评价余氏家族诗人。作为首部 20 世纪贵州诗歌专史，作者以较为宽阔的视野介绍了《贵州汉文学发展史》尚未涉及的余达父的诗歌创作情况，评价了余达父的代表作品，认为："真正在旧体诗词写作中既继承古典诗词传统，又受到'新体诗'影响，赋予诗以新的内容的当然是彝族诗人余达父。"④同时，作者花了近千字篇幅对以前文学史从未提到的余氏家族当代学者、诗人余宏模的旧体诗词创作加以评介，认为："彝族著名历史学家和民族学家余宏模的旧体诗词是新时期贵州旧体诗词创作别有特色的一位。其特点在于以历史的眼光和民族的视觉来观照所吟咏的题材内容，加上丰富的人生阅历与真切的情感体验，就产生了攫取人心的艺术魅力。"

2002 年 11 月，芮增瑞编著的《彝族当代文学》评介了彝族历史上贵州余氏五诗人余家驹、余珍、余昭、安履贞、余达父。认为："贵州毕节地区余氏五诗人（包括女诗人安履贞）是又一批出身土司世家的有影响的彝族作家。"⑤作者对

---

① 武内房司是日本东京学习院大学文学部史学科教授、世界著名中国学专家，在中国历史、宗教、少数民族习惯法、民俗研究等方面有精深的造诣。日本东京外国语大学国立亚非语言文化研究所曾于 2001 年 3 月出版了武内房司等学者主编的《贵州苗族林业契约文书汇编（1736~1950 年）第一卷史料编》。

② 见香牙塔网·国史探微：xiangyata.net 2004 年 10 月 10 日。

③ 黄万机：《贵州汉文学发展史》，贵阳：贵州人民出版社，1999 年版第 278—282 页。

④ 安尚育：《20 世纪贵州诗歌史》，贵阳：贵州民族出版社，2000 年版第 7 页。

⑤ 芮增瑞：彝族当代文学》，昆明：云南民族出版社，2003 年版第 68 页。

当代诗人余宏模的诗歌创作和学术研究情况也有所介绍。

2003年1月，何仁仲主编的《贵州通史》由当代中国出版社出版，作者在第三卷第六编第二章"清代贵州文学"中，以专节之半评介了余家驹、余珍、余昭、余达父、安履贞的诗歌创作。

2006年9月，左玉堂等人编著、云南民族出版社出版的《彝族文学史》第四编"近代文学"部分第五章专门评介了7位彝族诗人，其中有5位是余氏家族的余家驹、余珍、余昭、安履贞、余达父。作者对余家驹这位余氏家族的开山诗人情有独钟，评价很高："余家驹具有浓厚的民族意识，且又排除狭隘的民族偏见，以开阔的心胸，开放的意识，接受中华民族传统文化的熏陶，尤为可贵。"[①]"余家驹是彝族借汉文创作古体诗最杰出的诗人。"[②]该书还简介了余宏模的学术成就与汉语旧体诗词创作。

2011年5月，王明贵、王继超主编的《水西简史》第三部分"水西后史"介绍了水西彝族学习汉文化的过程以及余氏诗人群的汉文学成就。作者认为："在清朝时期，彝族和水西土地上的各少数民族，都不同程度地受到汉文化的影响，已经有许多人通过参加科举考试，找到一条进入社会上层的新途径。"[③]"从总体上看，水西接受汉文化的影响，一是主动学习汉语文，使用汉语文，参加考试以求取功名；……三是改变自己的风俗习惯以适应新的社会形势，……四是在生产中学习汉族从发达地区带来的先进耕作技术，提高劳动生产率。"[④]"至清末民初，由于努力学习汉族历史文化，余氏一门出现了一个诗人群，他们的汉文诗歌成就突出，影响很大，引起了当时文坛的极大关注。这些诗人包括余家驹、余昭、余珍、余若瑔和余昭妻安履贞。"[⑤]

2011年10月，母进炎主编的《黔西北文学史》（贵州大学出版社）将毕节余氏彝族诗人群列入第七编"古代文学家族"中的第三章，以专章描述余氏家族的文学创作。作者认为："余氏家族富有上百年文化传统，是一个诗人兼学者家族。"[⑥]"余氏家族中诗歌成就最大，影响最深远的诗人是清末民初的余达父。"[⑦]该书第九编《现当代传统诗词》部分，作者专章描述余达父的汉语古典诗

① 左玉堂：《彝族文学史》，昆明：云南民族出版社，2006年版第845页。
② 左玉堂：《彝族文学史》，昆明：云南民族出版社，2006年版第852页。
③ 王明贵、王继超：《水西简史》，贵阳：贵州民族出版社，2011年版第130页。
④ 王明贵、王继超：《水西简史》，贵阳：贵州民族出版社，2011年版第130-131页。
⑤ 王明贵、王继超：《水西简史》，贵阳：贵州民族出版社，2011年版第131页。
⑥ 母进炎等：《黔西北文学史》，贵阳：贵州大学出版社，2011年版第312页。
⑦ 母进炎等：《黔西北文学史》，贵阳：贵州大学出版社，2011年版第313页。

歌创作成就，增加了余达父在日本的诗歌创作及其影响部分，较为全面深入地描述和评价余达父的内容形式、诗歌渊源、继承创新、地位影响等问题，尤其是提出了余达父是"黔西北文学史上的杜甫"这一崭新命题①。该书对余宏模的汉语古诗词创作情况也作了简介。

2012 年 2 月，母进炎等撰、贵州人民出版社出版的《百年家学 数世风骚——大屯余氏彝族诗人家族研究》以 25 万字篇幅，专门研究余氏彝族诗人家族。作者从余氏家族源流到 7 位诗人的诗歌创作、余达父交游考证和诗歌创作年表等，均有涉及。尤其是对余达父给予高度评价："余达父是近现代黔西北文学史上最杰出的旧体诗诗人——黔西北文学史上的杜甫。他不仅在贵州毕节余氏彝族家族中首屈一指，而且在贵州文学史、中国文学史上也堪称优秀的彝族作家。"②

2012 年 11 月，王天玺、张鑫昌主编的 4 卷本巨著《中国彝族通史》第三卷第五编第七章专门介绍余氏家族 5 位诗人：余家驹、余昭、安履贞、余珍、余若瑝（达父）。每人约千字篇幅，余达父约 2000 字。该书称余家驹为"清代贵州诗坛上具有影响的著名诗人"，称余达父为"清末民初贵州著名诗人"。③

二、"大屯文化现象"的当代价值

文化现象指人类文化发展过程中呈现出的某种外部状态和联系，是文化发展中带有典型和标志作用的事像，它是人类在共同需要、共同心理的基础上所形成的和不断给予陶冶的结果。文化现象具有多样性的价值形态。马克思曾经指出，价值是"表示物和人之间的自然关系，实际上是表示物为人而存在"④。美国社会学家阿普尔（M.Apple）认为，文化价值是"客观事物的所具有的能够满足一定文化需要的特殊性质或者能够反映一定文化形态的属性。"⑤

文化现象的价值追求原则是什么？我们赞同这种观点："在哲学上，价值追

---

① 母进炎等：《黔西北文学史》贵阳：贵州大学出版社，2011 年版第 360 页。
② 翟显长：《求师过海参新理，活国回帆想大同——彝族诗人余达父研究》，见《百年家学 数世风骚——大屯余氏彝族诗人家族研究》，贵阳：贵州人民出版社，2012 年版，第 67 页。
③ 王天玺、张鑫昌：《中国彝族通史》，昆明：云南出版集团公司、云南人民出版社，2012 年版第 3 卷第 499、505 页。
④ 中共中央马克思恩格斯列宁斯大林著作编译局译：《马克思恩格斯全集》第 26 卷 [III]，北京：人民出版社，1974 年版第 326 页。
⑤ [美] 阿普尔（M.Apple）：《意识形态与课程》，袁振国、黄忠敬译，上海：华东师范大学出版社，2001 年版第 2—3 页。

求的最高原则是价值追求与真理追求的一致性；在文学艺术上，价值追求的最高原则是价值追求与形象追求的一致性。"①文化现象附着于文化本质，二者不可等同也不可割裂。文化现象是显性事像，大到一段历史、一部电影、一处遗址，小到一座坟墓、一个事件、一篇小说等都可成为文化现象，关键在于它是否具有典型的文化意义和价值，是否具有"真理追求的一致性与形象追求的一致性"，是否为社会所关注和需要。例如人民网公布的2012年"十大文化现象"中有莫言获得诺贝尔文学奖和屌丝文化的兴起等。其中莫言获得诺贝尔文学奖反映中国作家文学的新突破，是中国国际威望不断提升的重要标志之一，是主流社会关注和需要的文化事像，而屌丝文化则是继无厘头文化、嬉皮士文化之后又一种迅速兴起的网络亚文化，它意味着中国人更多地获得了自己诠释生活的角度与权利。屌丝文化是一种解构文化，既有自暴自弃的颓废，也有蔑视主流的骨气，以自嘲来消解正统，以降格来反对崇高。对于主流文化来说，屌丝文化显然是缺乏品味的，虽然它也为大众所关注，但是它消解了"真理追求的一致性与形象追求的一致性"，其价值小得多。

依照马克思或阿普尔的观点，人的需要即价值（在这一点上，他们的看法是相近的），当今中国，人的需要更多地表现为主流社会的需要，而当代中国主流社会对文化的需要是什么？笼统地说是一种富含正能量的文化。它既继承传统又与时俱进，既熔铸梦想又观照现实，既主张民族性又关注国际化。这种主流文化观认为：文化是一个民族的生命基因，是强大的精神力量，一个民族前进的每一行足印都闪耀着文化的光芒，一个民族的兴衰存亡，说到底是文化的兴衰存亡。②文化是国家发展的软实力，提升国家文化软实力的关键在于主流文化本身的全面建构，要在政治文化领域构建体现国家根本利益的社会主义核心价值体系，在传统文化领域构建中国文化核心价值观的思想体系，在公共文化领域构建引领行业发展、体现国家指导方针的一系列政策、法规、质量体系与评价标准。③从更深层次上看，文化是规则之规则——总规则。"文化的作用实际上就是调整和控制所有经济规则与政治规则之规则，它包括各种规则的书面表达规则——文字，各种规则的口头表达规则——语言；各种规则的媒体传播符号（如绘画、诗歌、音乐、舞蹈、戏剧、小说等）表达规则——艺术；各种社会行为规则的约束规则——社会科学；各种自然行为规则的约束规则——自

① 闵泽、党圣元：《文学价值论》，北京：社会科学文献出版社，1997年版第231页。
② 参见慎海雄：《让我们的文化软实力硬起来》，《瞭望》2014年第2期新闻周刊。
③ 参见贾磊磊：《国家文化软实力的主要构成》，《光明日报》2007年12月7日。

然科学；社会利益关系调整规则的约束法则——伦理道德和宗教信仰；主体行为的约束规则——法律；等等。"①

余氏家族居住过的大屯，不仅有恢弘壮美的土司庄园、久负盛名的余氏诗人群，还有三官寨卷帙浩繁的彝族经籍、鲜活生动的民居、绚丽多彩的彝族歌舞，它们是"大屯文化现象"的有机组成部分，共同创造了不可估量的当代价值。

（一）"大屯文化现象"从一个侧面显示了彝族人民积淀久远的生命基因和强大的精神力量

黔西北是少数民族文化资源特别丰厚的地区之一，尤其是它的彝文古籍藏量居于全国前茅，而大屯三官寨又居于黔西北前茅。历史上，三官寨属于大屯土司庄园18寨之一，寨内彝文古籍富集，多为写于绵纸上的手抄本，也有少部分抄写在羊皮上，被称为"羊皮档案"，其内容包罗万象，天文、地理、历史、物始、命理、历算、宗教、哲学、伦理、道德均有涉及，正如专家所言"万卷羊皮书，一部彝族史"。

三官寨彝文献中蕴含着丰富的毕摩文化，是彝族本土知识分子群体和宗教祭司世代传承下来的族群文化。三官寨彝文献主要为毕摩文献，这些典籍不仅是中华民族文化的瑰宝，也是世界文化的瑰宝。有研究者认为，毕摩有十大功绩：创造文字、规范文字、推广使用文字、规范民族习俗、创造占卜方法、编制天文历法、创造彝文经典、发展繁荣民族文艺、规范毕摩仪式、记录彝族历史。毕摩是语言文字专家、诗人、天文地理学家、考古学家、政治家、教师、军师、文艺家、美术家、医生和心理学家。②巴莫曲布嫫认为，毕摩文献凝结着彝族传统文化的核心要义，关系到彝族社会结构、历史发展、文化传承、民族心理、民族认同、世界观、人生观和价值观等问题。毕摩文献在历史上虽然长期被祭司阶层所垄断，却又通过民间仪式生活的口头传播而超越了毕摩集团，从而成为全民族的文化共器，因而被彝族人民视为历史的"根谱"和文化的瑰宝。③余氏家族长期浸润于毕摩文化的海洋之中，处于彝族土司的特殊地位，自然成为大屯文化的杰出代表。

---

① 参见孙美堂：《文化价值论》，昆明：云南人民出版社，2005年版。
② 这一观点源自吉郎伍野、火补舍日。广东百科信息网"毕摩文化"sc.zwbk.org/MyLemmash。
③ 《毕摩文化与国际彝学——彝族学者巴莫曲布嫫访谈录》，原载中国民族报。彝族人网 www.yizuren.com 转载，发布时间：2010年10月21日。

三官寨文化中的民居建筑艺术具有浓郁的彝族特色,与大屯土司庄园艺术风格互补;三官寨歌舞、民俗至今还鲜活地存在于大屯。通过这些文化遗存,我们可以"形象地看到当时的历史事件、人的生存状态和生活方式、不同人群的生活习俗,以及他们的思想与感情、艺术创作方式、艺术特点和艺术成就"。[①]抑或可以说,"大屯文化现象"从一个侧面显示了彝族人民积淀久远的生命基因和强大的精神力量。透过这一文化现象,我们可以更深刻地了解一个民族的心史(精神史),感知其强大的精神力量。

(二)"大屯文化现象"是藏羌彝文化产业走廊上不可或缺的人文景观,符合"价值追求与形象追求一致性"准则

按照国家规划,藏羌彝文化产业走廊的核心区域位于四川省、贵州省、云南省、西藏自治区、陕西省、甘肃省、青海省等七省(区)交汇处,包括四川省甘孜藏族自治州、阿坝藏族羌族自治州、凉山彝族自治州,贵州省毕节市,云南省楚雄彝族自治州、迪庆藏族自治州,西藏自治区拉萨市、昌都地区、林芝地区,甘肃省甘南藏族自治州,青海省黄南藏族自治州等 7 个省(区)的 11 个市(州、地区)。该区域覆盖面积超过 68 万平方千米,藏、羌、彝等少数民族人口超过 760 万。规划涉及的重点发展领域有文化旅游、演艺娱乐、工艺美术、文化创意等新兴业态。规划中所列贵州省毕节市是彝文化发达、资源保存较好的地区之一。

毕节大屯除了拥有优美的自然风光、建筑独特的土司庄园、风格多样的三官寨民居、藏量丰富的彝文古籍,还有一直存活在民间的大量彝族歌舞,尤其是每逢节日或重大活动必唱的爱情歌曲、婚嫁歌曲、丧葬歌曲、叙事歌曲、毕摩歌曲、酒礼歌曲,必跳的铃铛舞、撒麻舞、酒礼舞、姐妹舞、翘脚舞等。三官寨的火把节和彝族年同样热烈隆重,每年农历六月二十四,不论男女老少,自发地汇聚到山头或草场等开阔地带,点燃熊熊篝火唱歌、跳舞、摔跤、喝咂酒、打磨秋、斗牛羊。这些文化遗产的突出特点是:体现少数民族特殊的生活方式,是民族个性、民族审美习惯的活化石,符合"价值追求与形象追求的一致性"准则,但它们也是少数民族传统文化中最脆弱的部分。如何在开发中保持其原生态特质,又使其具有永久的艺术魅力,的确还需要深入研究。

---

① 程惠哲:《非物质文化遗产的价值》,经济观察报 2006 年 6 月 10 日 http://finance.sina.com.cn。

（三）"大屯文化现象"是土司学的重要研究个案，具有多方面的研究价值

土司学①是一门综合性学问，由文化人类学、政治学、行政学、历史学、文化学、社会学、行为学、伦理学、经济学等学科交叉整合而成。有研究认为，土司学的研究对象主要是土司文化。土司文化是传统文化、民族文化、乡土文化、家族文化和政治文化等多元文化的统一体，是一种具有多元性、原生性、本土性、政治性、多样性特点的民族传统文化。这种文化，既是一种社会文化，又是一种政治文化，是一种经过八百年酿制的伦理型政治文化。这一学术研究领域开始甚早，但发展缓慢。20世纪，在对中国土司制度研究的理论与方法上，可分为两个时期，20世纪前40多年为初创时期，后50余年为发展时期。但所谓的发展，只不过是研究形式的发展，其基本方法仍沿袭了传统的实证法，在分析研究方面做得还不够。②"大屯文化现象"所包含的毕摩文化、建筑文化、服饰文化、宗教文化、歌舞文化、酒礼文化以及家族文化具有多方面的研究价值，完全可以纳入土司学的研究范畴。

本章我们讨论了"大屯文化现象"的有关问题，最终的落脚点还是价值问题。哲学价值论认为，价值不是一种实体规范，而是一种关系范畴；价值作为人的对象性活动的产物体现了主客体之间的一种意义关系，它的生成是以主客体的生成为前提条件的。价值的创造，是主体、客体和工具诸要素协同作用的过程。价值创造具有社会性和个体性的双重品格，是社会性和个体性的统一。因此任何理想的价值创造活动都应以社会价值和个体价值的双重实现为指向。③正是基于这种价值论原理，我们看到了价值实现的复杂性。但我们相信，"大屯文化现象"所包含的社会价值和个体价值一定会成为藏羌彝文化产业走廊上的明珠，成为土司学研究的重要对象。

---

① 土司学：由吉首大学中国土司历史文化研究中心主任成臻铭首先提出，并建构其理论。成文认为："土司学不是一门学科，它像红学、科举学、敦煌学、甲骨学、徽学等一样，是社会科学中的一门专门学，是研究土司现象以及发展规律的专门学。土司学的研究对象，是土司、土司制度、土司文化和土司现象。其分为土司学与土司志两个支系，研究重点是土司文化。"成臻铭：《论土司与土司学：兼及土司文化及其研究价值》，《人大复印报刊资料（民族问题研究）》2010年第5期。
② 参见龚荫：《20世纪中国土司制度研究的理论与方法》，《思想战线》2002年第5期。
③ 闵泽、党圣元：《文学价值论》，北京：社会科学文献出版社，1997年版第283页。

第四章

余氏家族文学创作论

第一节 余氏家族文学创作特色总论

文学创作是特殊而复杂的精神生产，是作家对人生进行艺术探索和生命的审美体验，也是作家个体精神需求和社会需求的产物。文学创作的特殊性在于：创作的目的是创造艺术形象，把握的对象主要是人及其生活，思维的类型主要是形象思维。

一切文学作品的思想内容都要通过体裁来表现，没有体裁的文学作品是不存在的。因此选择适合自己的文体进行创作是作家成功的重要因素之一。在各种文体中，诗歌（尤其是中国古典诗歌）以其最简练的艺术符号表达尽可能丰富的内容而成为众多文学家族选择的文体。中国古代文学以诗歌为主体，这不仅是汉族文学的重要特征，也是彝族文学的重要特征（包括彝语诗歌和彝族作家创作的汉语古诗词）。诗歌的美妙之处就在于它以最简短的语言表达了人类最丰富、最复杂的思想情感内涵，成为人类重要的精神载体之一。优秀的诗歌往往通过创作主体的艺术创造引发人类跨越时空的共鸣，唤起巨大的精神力量。余氏家族从明代后期开始偃武修文，与时俱进，刻苦学习汉文化和古诗词创作，经过百年左右的努力，终于成功转型。清代以来，余氏诗人群创作了大量的诗歌，描绘了大西南独有的山水田园和人文地域风貌，彰显了彝族文化原色，并从一个侧面展示了家族的心灵史。通观余氏家族诗人的作品，我们不能不感到惊讶：一个居住在赤水河畔和毕节大屯穷乡僻壤的彝族家族，竟然能在改土归流后以诗文创作为家族事业，既继承汉诗在艺术表现上的形式和技巧，又拓展汉诗在思想情感表达上的空间和视野，在全面学习汉文化的同时又守护彝族的文化精神，"殚心典籍，博雅好古，一洗山川之陋"。①余氏家族诗歌作品有如下的总体特征：

一、描绘山水田园，树立地域文学标识

山水田园题材是构成地域文学的重要标识之一（当然还有地方历史人文等因素）。中国文学史上，山水诗初创于谢灵运。晋室南渡，江南一带赏心悦目的自然山水吸引了士大夫。当时盛行的玄学思潮把儒家的"名教"与道家的"自然"结合起来，一些士大夫从自然山水中寻找人生的哲理与趣味，最初在玄言诗、游仙诗中出现山水佳句。经过长期酝酿，终于产生第一位山水诗人谢灵运。田园诗初创于陶渊明，陶诗以其冲淡清远之笔，描写田园生活、墟里风光，为诗歌开辟了全新境界。到了唐代，终于形成以王维为代表的山水田园诗派。

山水田园题材是地域文学的表征，历史人文是地域文学的内蕴，或者说，山水田园如地域文学之外貌，历史人文如地域文学之骨血，这两个方面的高度融合构成地域文学的全部。但是，诗文的篇幅有限，不可能像小说那样细腻描述地域风光和历史人文，也不必每首诗歌、每篇文章都在描绘山水的同时生硬地灌注历史人文，总体上能够显示就行。优秀的诗人完全可以通过意象选择、意境创造、情感倾向处理等因素达到目的。例如李白的《蜀道难》，通篇几乎都在描绘蜀道的形成、蜀道的奇险壮美，成为地域文学的杰出代表。

描写本土山水田园，表现大自然的美，抒发诗人的思想情感，是余氏诗人群创作的共同特征之一。余氏家族有诗文传世的成员共 7 位，都写到了本土山水田园，其中 4 位主要成员的山水田园诗比例较大。余家驹《时园诗草》共有诗歌 384 首，其中描写西南一带山水田园的诗歌有 109 首，占总数的 28.3%，有人评价他的诗有王维、孟浩然气息。如《青浓山》、《登鹰坐山》、《入芒部山中》、《崖梯》、《高山绝顶》、《登最高山》、《早行山中》、《上以开河山》、《登虎厂坪高峰》、《水脑河》、《发戛岔河》、《发戛大湾涨瀑》、《瀑布》、《仙人岩》、《探乳洞》、《滩心石》、《登高望云海》等诗；余珍的诗集《四余诗草》共收 96 首诗，其中描写西南一带山水田园的诗歌有 25 首，占 26%，《水西道中》、《宿三官寨》、《大方城怀古》是

---

① 《叙永厅县合志》卷27。

其代表作；余昭的《大山诗草》共收 350 多首诗，其中描写西南一带山水田园的诗歌有 53 首，约占 15.1%，《天台囷》、《九日北镇关登高》、《炎方驿》等诗是其代表作。余宏模的《一泓诗钞》、《一泓词钞》共 394 首（阕）诗词，其中山水田园诗词有 62 首（阕），约占 16%，《滇池》《江口行》、《渔家傲·游红枫湖》等诗词是其代表作。其他 3 位成员的山水田园诗都不到 1%：余达父的《㠎雅堂诗集》共收诗歌 610 首，其中描写西南一带山水田园的诗歌有 51 首，所占比例为占 0.85%；安履贞的《圆灵阁遗草》共有 60 首诗，其中描写西南一带山水田园的诗歌有 5 首，所占比例为 0.08%；余祥元的《挹梅楼诗集》共有诗歌 183 首，其中描写西南一带山水田园的诗歌有 11 首，所占比例为 0.06%。

以上数据说明，余氏家族成员都有创作山水田园诗的自觉意识或传统，其中 4 位比例在 15% 以上。一位男性诗人（余达父）和两位女性诗人（安履贞、余祥元）的本土山水田园诗不到 1%，主要原因在于：余达父一生转辗国内外求学、谋生，致力于学术研究时间较多，无暇顾及游山玩水。在家族中他的诗歌总数最多，山水田园诗绝对数不少（51 首），但是比例则相对小一些。生活于封建时代的安履贞，由于女性足不出户的清规戒律严重束缚着她，基本上不可能迈出家门游山玩水，这不是个别现象。我们考察过，中国古代女性很少有山水田园诗，即使是像余祥元这样的当代女诗人，也因为家庭事务繁琐、经济条件很差等原因，不能够像古代一些文人那样漫游各地，充分享受大自然的美景。

在余氏诗人群中，余家驹的山水田园诗最多，也具有家族引领意义。他潜心学习王维、孟浩然，其山水田园诗代表了这个家族的最高水平，即使在更大范围看他也不失为优秀的山水田园诗人。有研究者认为："余家驹的山水田园诗与王维的相比，虽然在书写的对象上有些区别：余关心彝族的历史传统、风俗人情、现状和未来，同时对时事的密切注视等是不同于王维的，但是二者在隐的心境、诗的意境、诗的思维等方面有许多相似的地方，可见彝族的汉文古诗的创作在清代已经达到了很高的水平。"[1]在表现手法方面，余家驹山水田园诗也有独特之处："他的山水田园诗在继承彝族'三段式'传统的基础上，更多是借鉴了汉语山水田园诗的审美观照、寄情山水、取象立意来书写自己离群索居的生活，因为他试图'通过追求山水林野之美来追求独立于封建宗教规范之外的人生理想。'"[2]余家驹的诗歌虽然与王维、孟浩然不可同日而语，但是通过努力学习唐代山水田园

① 王菊：《"我生自有面目存"：余家驹与王维山水田园诗的比较》，《贵州民族研究》，2006 年第 3 期。
② 引同①。

诗派著名诗人的艺术经验，必然会推动其诗歌创作。

二、开掘题材内蕴，彰显彝族文化原色

余氏诗人群善于融汇经典于诗歌，充分开掘普通题材的文化内涵，为表情达意服务。如余氏家族的开山诗人余家驹《时园诗草》中的《堪舆图》用典既出自五行家《堪舆金匮》，同时也融进了《山海经》的内容，想象奇特瑰丽，描绘形象生动。余珍则倾心佛老，诗画兼擅，与家族中其他诗人面貌稍异。他的诗内涵丰富深刻，虽用典而不晦涩，可读性强。余昭的读书、漫游范围很广泛，读书多为经史子集，漫游多为川滇黔一带，"举凡名山大川、雄关险隘、危崖幽洞、寺观禅林、楼台古迹、奇石花卉、风霜雨雪、阴晴圆缺、名胜风景、民俗风情、无不寄情寓性，发乎于诗。此外，作者撷腴经史，哲理诗论，偶有所得，咏以言志。"（《大山诗草》前言）例如其诗《逍遥游》在阐发《庄子》名篇《逍遥游》含义基础上表现作者腾飞千里的远大志向；《黄石公》一诗用典则以《史记》、《隋书》、《神仙传》等书为多；《读左马庄骚题后》组诗表明作者经常所读之书、所用之典在《左传》、《史记》、《庄子》、《离骚》之中。

余达父写于 1912 年的《春兴十五首》真实记录贵州政权被篡夺，社会秩序混乱不堪的现象。诗中涉及的历史人物有孔仅、桑弘羊、西施、范蠡、周赧王、张俭、黄祖、石敬瑭、赵佗、杨仆、申包胥、桑维翰、董仲舒、班超、邵雍、周瑜、韩擒虎、桓温、王敦、陈东、钟子期、蔡邕、庾信、刘宴、猗顿、刘骥之、鲁索、皋陶、于定国、阮咸等 30 人。足见其对咏史题材诗歌的开掘之深。当然我们并不主张诗歌用典越多越好，如果不顾表达需要，堆砌典故，炫耀学问，就会陷入"獭祭鱼"、"掉书袋"的泥淖，使诗文创作走入死胡同。

余氏诗人群的创作彰显了彝族文化原色。文学是文化样式之一，"不论任何时代的任何民族的文学作品，它作为文字符号总是负载着文化意义。人们可以从文学的艺术文本内部反观某种文化意义。这种文化意义深入到文学作品的深层，成为文学作品的一种'底色'。不同民族的文学负载着不同的民族文化，……为什么文学作品会负载着不同的文化意义呢？这主要与作家的文化取向或文化理想的不同有关。不同民族的作家有不同的文化取向与文化理想，不同时代的作家有不同的文化取向与文化理想，就是同一时代同一民族的作家面对着共同的传统文化，也可能产生不同或完全相反的文化取向与文化理想。'认同'还是'离异'，

就是对待传统文化的不同的文化取向。"①余氏家族成员虽然都有各自的文化取向
与文化理想，但是对本民族传统文化的认同，对传统汉文化和古诗词形式的认同，
却是其文学创作的共同之处。这一共同特点促进了民族文化（文学）的交融，具
有积极意义。

认同、交融而不失其本。余氏诗人群以传统的山水田园题材、彝族文人的审
美经验、汉语古诗词的表现形式彰显了彝族文化原色。所谓彝族文化原色，这里
比喻彝族传统文化中最基本的自然观、宗教观、文学艺术观、审美观以及由这些
观念积淀而成的文化风貌、文化意义。彝族传统文化中的"天人合一"观念是其
自然观的哲学基础。彝文经典《宇宙人文论》说：人体和天体相仿，同样具有五
行的变化，形成人体的根本。五行中的水是人的血，金是人的骨，火是人的心，
木是人的筋，土是人的肉。②彝族先民认为天和人一样有七情六欲，人要顺应天道，
遵守自然规律。彝族先民崇信万物有灵，认为天地、日月、星辰、山川、河流、
风雨、雷电等自然物或自然现象都是神灵，他们各司其职：星星能帮助人镇邪驱
魔，太阳能赐福于人，并能判明功过是非，雷能严惩行凶作恶者，山能主宰人的
生活、生命财产等。彝族先民虔诚崇拜大自然，服饰中的火纹、火镰纹图案体现
其对火的崇拜；云南楚雄一带彝族男女喜欢穿黑色的羊皮褂，是其古老习俗羊崇
拜的体现；昆明阿拉乡等地的彝族普遍喜欢戴"公鸡帽"（一种彩绣或银饰的鸡
冠状的帽子），是其古老习俗公鸡崇拜的体现；滇南峨山、石屏一带的彝族女子喜
欢在其坎肩上绣上美丽的太阳纹、彩虹纹，是彝族崇拜太阳和彩虹的见证。对这
些自然物的崇拜形成了彝族先民的系列图腾，他们将古代原始部落迷信的某种自
然物或有血缘关系的亲属、祖先、保护神等用作本氏族的徽号或象征。原始民族
对大自然的崇拜是图腾产生的基础，运用图腾解释神话、古典记载及民俗民风，
是人类历史上最早的一种文化现象。不同国家、地区的民族有不同的图腾崇拜，
其文化内涵也不尽相同。根据一些学者的研究，中国彝族的日图腾、公鸡图腾、
水图腾、蕨图腾、羽图腾所隐含的原始文化意义是：日纹象征彝民族的诞生，鸡
冠纹象征彝民族迁徙的风景，蕨子纹象征彝民族的成长，水纹象征彝民族对繁衍
的祈盼，羽纹象征彝民族的英勇、威武和自由。③

余氏诗人群的诗歌中，山水田园题材直接或间接地体现了本民族的自然观，

---

① 童庆炳：《文学概论》，武汉：武汉大学出版社，2000 年版第 54-55 页。
② 《宇宙人文论》（彝文）：陈英、罗国义译，北京：民族出版社，1984 年版第 96 页。
③ 王菊：《族群记忆与文学选择——新时期凉山彝族文学管窥》，《彝学研究》（第二辑），北京：民族出版社，2012 年版第 239 页。

同时又融入了其他民族宗教文化的一些元素。例如余家驹《登公鸡峰》："步上公鸡峰，愈觉夜郎隘。顿豁尘蒙胸，披襟一何快。如登大将坛，指挥气豪迈。坐受万山降，层层来罗拜。蔚蓝宗动天，浮云扫纤芥。我欲乘长风，遨游三千界。"作品表达了诗人对公鸡峰的崇拜，展现了作者的豪迈气概，同时又融入了佛教文化意蕴，大大拓展了诗人心中的艺术想象空间。古代天文学家认为，天有九重，第九重为宗动天①，即天的最高处，上帝的起居室。"三千界"是"三千大千世界"的省称，佛教简称"大千世界"，即以须弥山为中心，七山八海交绕之，更以铁围山为外郭，是谓一小世界，合一千个小世界为小千世界，合一千个小千世界为中千世界，合一千个中千世界为大千世界，总称为三千大千世界。

三、吟咏个体性情，汇成一部家族心史

吟咏性情，是诗歌的重要本质特征和基本功能。任何文学作品都不可能游离于情感之外。这不仅因为人是情感的动物，而且因为"情感乃是人类从一种特殊的角度看世界的方式"②。心史就是人的心灵、精神和情感连绵不断的潜在的流动轨迹。南宋末期，有位著名布衣诗人郑思肖目睹奸臣贾似道祸国害民的罪行，痛感国破家亡的现实，上书朝廷提出自己的看法，得不到回应。他将这一时期写下的谴责蒙古人烧杀抢掠罪行、心系天下苍生的大量诗文编辑为诗集《心史》。这是一本用血和泪写成的个体心史的书，在明清之际影响巨大，众多抗清志士和明遗民反复诵读、题咏、引用、评论、传播，借以激励自己的精神和斗志，如顾炎武、归庄、钱肃乐等。

祖先崇拜是家族心史的重要组成部分。祖先是家族精神的构建者和倡导者，中国人大多有神圣的祖先崇拜情结。"中国人对祖先的崇拜，源于重家庭、重人伦的传统，这种崇拜在生活中随处可见，考古也属于一种，中国人敬重自己的祖先，实际上就是尊重自己，尊重生命，追根溯源，正是不忘根本，饮水思源。"③祖先崇拜在中国起源很早，考古研究显示，在山顶洞人时代（距今约 18000～19000年前）就有埋葬仪式，有学者认为这是基于某一特殊的"死后信仰"的行为。到

---

① 《明史·天文志》卷 25："天有九重，地为浑圆，古人已言之矣。西洋之说，既不背于古，而有验于天，故表出之。其言九重天也，曰最上为宗动天，无星辰，每日带各重天，自东而西左旋一周，次曰列宿天，次曰填星天，次曰岁星天，次曰荧惑天，次曰太阳天，次曰金星天，次曰水星天，最下曰太阴天。自恒星天以下八重天，皆随宗动天左旋。"
② H.G.布洛克：《美学新解》，滕守尧译，沈阳：辽宁人民出版社，1987 年版第 157 页。
③ 赵金锁：《中国人的祖先崇拜》，中国作家网 http://www.chinawriter.com.cn 2014 年 5 月 6 日。

了龙山文化时期，已有象征祖先崇拜的陶祖塑像，可称之为中国祖先崇拜的雏形。殷商时期，从殷墟发掘出的甲骨残片绝大部分是祭祀祖先的资料，这表明殷人祖先祭祀的发达。春秋战国以降，祖先崇拜掺杂了更多的征兆、符命、五德和天统之说，以后的历代君王则一面维持古代的人鬼崇拜，一面又提倡儒教。

有研究认为，彝族原始宗教有 9 个特点：功利性、祖先崇拜、万物有灵、规范与统一性、多样与兼容性、和谐性、松散和自发性、长期性、教化功能。[①]彝族是一个以氏族血缘组织为基础的民族，他们认为，要延续家支（氏族）世系，就必须崇拜祖先。在祖先崇拜的社会里，每一个人在家支世系里的地位都不会因死亡而失去，死去的人都会借着祖先崇拜而继续在自己的家支群体中发生作用。对于文化水准高于一般土司家族的余氏家族而言，维系家族发展的不仅仅是物质基础，更重要的还有祖先精神的传承、家族亲情的联络，它们渗透于每个家族成员的心灵深处。因此余氏诗人群将原始的祖先崇拜内容升华为传承祖先的美德、文学、学术，崇德向善、崇文偃武。从奢香时代的偃武修文、精神不朽于人类，到余家驹时代的绵祖世德、光大子孙，再到余达父时代的寻求"大药"救世，实现大同理想，构成了余氏家族的精神链条，其中，绵延祖宗美德、挽救衰微世道成为家族成员的共同心声。在诗歌创作中，余氏家族成员有不少言志抒情之作，因个体生存境遇、气质秉性、学养见识的不同而略显差异。大体倾向是：生活境遇较为顺畅的诗人余家驹、余昭、余珍、余达父、余宏模等男性诗人志在"为祖宗绵世德，为末俗挽衰敝"，较为注重友情，情感抒发偏于豪放；女性诗人安履贞、余祥元则无论境遇如何，均志在相夫教子（孙）、和睦家庭，较为注重亲情，情感抒发偏于婉约。

家族亲情表达也是心史的一部分，在余氏诗人群作品中均有所体现，尤其是遭遇重大生活挫折或生离死别时，亲情的抒发更为浓烈。例如女诗人安履贞就写了不少思亲诗，倾述她"十七撄家难，兄弟遭冤奇。十八家被毁，兄逃母受羁"（余昭《再题圆灵阁诗后》）的痛楚。安履贞出嫁时，兄弟正蒙冤，老母被羁押，自己无力救助。当代女诗人余祥元在诗歌中自述："一生命多乖，少小未知福"，"十五怙又失，棺前痛恸哭"，"二七龄刚过，突遭受子殁"，"三十比翼分，抚幼更艰辛"，"迈进八十五，杳然母女离"，从 15 岁到 85 岁的 70 年间，余祥元不断遭遇了痛失几位亲人的精神打击，面对如此情景，一向性情温厚的女诗人终于忍不住"恕问天不应，何如对我差"！

---

① 张纯德：《彝族原始宗教再认识》，《毕节学院学报》，2007 年第 3 期。

即使是铁骨铮铮的余达父，面对儿子余祥桐的夭亡，也只能以泪洗面，长歌当哭："中年易伤怀，况此婴心痛。悠悠天地间，无物塞我恸。夭韶绮纨年，咄嗟沉痼中。海天万里隔，生死无一梦。忆我归国时，新桥一哭送。不谓骄儿啼，永诀孤雏呀。玄阁伤童乌，丹山铩雏凤。徒生忧患余，何补倾圹空。骨肉复归土，异域亦何恫。魂兮还故乡，远逐羲和辀。吾衰亦久矣，岂能长自控。修短百岁间，齐此众生众。海风挈悲来，血泪吹成冻。"（《甲寅三月晦日哭桐儿》）

当我们细读余氏家族成员的每一部诗集，每一首诗歌，犹如见到了作者，与他们对话，聆听他们的倾述，感受他们心底的喜怒哀乐。倘若将他们的心路历程汇集起来，就是一部家族心史——精神史、心灵史、情感史。并可以由此探究他们情感潜流的运行轨迹，思考他们为何能写出如此众多穿越时空、产生共鸣的作品来。研究这些恰恰是文艺心理学的重要内容之一。金开诚认为："文艺创作中的艺术形象必须是自觉表象运动的直接结果，既充分利用储存在脑中的大量表象，在情感活动的有力渗透与催化下，进行自觉的分化、变异、联想、转化、想象等等，才有可能创造出来。"[1]还有论者认为，"文学不仅不只是供人把玩的对象，而且也不只是记录日常文化的流水账。文学有更崇高的价值等待着我们去发掘。从小的方面说，文学承载了作者的精神活动；从大的方面说，由众多经典构成的文学史更是一个民族的精神发展史最重要的载体"[2]。因此从根本上说，文学是人的灵魂的历史，诗歌承载人的精神活动，无数诗歌构成一个民族的部分精神发展史；诗歌又是情感的宣泄、心灵的独白，它构成了人的心灵史，因此读诗犹如读史。钱钟书赞扬过刘知几"视史如诗，求诗于史"的学术研究方法，他说："老生常谈曰'六经皆史'，曰'诗史'，盖以诗当史，安知刘氏直视史如诗，求诗于史乎？"[3]

第二节　寄情山水，独抒性灵——余家驹、余珍文学创作论

余家驹与余珍是基本属于同一类型的诗人。他们都喜欢遨游山水田园；既有学养，又有诗才、艺才；既有浓厚的民族情结、家族情怀，又认同汉文化；既受

---

① 金开诚：《文艺心理学概论》，北京：北京大学出版社，1999年版第121页。
② 薛学财：《通向精神史的文学研究》，中国作家网 http://www.chinawriter.com.cn 2015年5月21日。
③ 钱钟书：《管锥编》（第一册），北京：中华书局，1979年版第164页。

儒家思想的很深影响，又有复杂的其他思想成分。因此我们将二人合在一起研究。

一、余家驹的生平

余家驹（1801—1850），字伯庵，小字石哥，贡生，诰赠武翼都尉。嘉庆庚午（1810）年，余家驹10岁，其伯父余人凤在大屯去世，享年36岁，无子，以弟人瑞长子家驹继。余家驹12岁时，生父杨人瑞30岁英年早逝，慈母安氏"矢志冰霜"，将其抚养成人。按《通雍余氏宗谱》，余家驹是个大孝子，他"少而失怙，母教是遵，承欢戏彩，未尝离身"，成为贡生后，他反而"均奉养林下，不事进取"。道光庚戌（1850）年六月，72岁老母去世，未逾两月，余家驹亦"哀毁离尘，从侍慈亲"。

余家驹是毕节大屯余氏家族的第8代传人，也是余氏家族"百年家学"的开创者和奠基人，他与儿子余珍、侄儿余昭、侄媳安履贞一起，开创了余氏文学家族的偌大文化格局，余达父时得以发扬光大，登峰造极，又被家族后人余祥元、余宏模等传承下去。

二、余家驹诗歌的创作特色

（一）以山水田园为宗的题材选择

余家驹《时园诗草》内容丰富，题材广泛，但山水田园诗始终是其倾心的选择。在余氏诗人群中，这类诗不仅数量最多（100余首），而且创作特色突出，在家族诗人群中产生了很大影响，成为后辈诗人效法的典范。

余家驹由衷喜爱山水田园，到处探奇览胜，始终保持着一颗童心。他"热爱自己家乡的山山水水，或登高望远，叱咤风云；或中流击水，急浪飞舟；或临涧观瀑，白练千尺；或古洞探幽，钟乳万象。山区的各种景观，无不触景生情，发乎吟咏"。（《时园诗草前言》）他的百余首山水田园题材诗歌，将云贵川三省美景奇景尽收笔底，其原生态的描述让人心驰神往。余家驹的山水诗具有明显的喀斯特地貌特征。喀斯特（KARST）一词源自前南斯拉夫西北部伊斯特拉半岛碳酸盐岩高原的名称，意为"岩石裸露的地方"。我国以云贵高原东部所占的喀斯特地貌面积最大，是世界上最大的喀斯特地区之一。喀斯特地表形态类型属正地形的主要有峰林、孤峰、残丘、喀斯特丘陵和石芽，负地形主要类型有落水洞、竖井、盲谷、干谷、喀斯特洼地、波立谷、喀斯特平原、喀斯特嶂谷（峡谷）、溶沟与溶隙等。这些地貌特征通过文学语言的描述更具有奇险怪异特色。如余家驹《青浓山》所写：

> 群山大聚会，争秀竞嶙峋。滇蜀山皆峻，黔山更轶伦。特立最高处，飘然迥出尘。清风吹满袖，白云落一身。世情于我绝，天意与人亲。耳目空无碍，骨髓清入神。何必蓬莱岛，始可住仙真。即此非凡地，乾坤不老春。我欲结茅屋，常与天为邻。

作者并非地质学家，而是想象丰富的诗人，他善用隐喻手法，将群山比作参加聚会的人群。群山争秀，嶙峋满目，而青浓山"特立最高处，飘然迥出尘"。这里的山与人已经浑然一体。山有仙气，人亦有仙气；山与天为邻，人亦欲结庐与天为邻。这种天人合一的境界高远脱俗，呈现了一种空明宁静之美。

田园是山水的延伸，是山水的浓缩和变形，甚至具有人的加工痕迹。不同的是，山水更为自然化，田园却渗透风俗人情。余家驹的田园诗具有浓郁的故园情思和家族情思。如《家园》（大屯土司庄园中的花园）、《小河别墅》中所描写的那样：

> 小园祖所置，日涉以悠游。芳草侵阶绿，枯藤附壁虬。薇沁一池月，桂馥半窗秋。时向轩中卧，旋复上小楼。倚树聆禽语，凭栏数鱼头。有客闲中来，与之酌黄流。读书既不拮，时事亦不谋。不用相拜揖，不用互献酬。欲饮尽其兴，不饮亦自由。客坐亦不遣，客去亦不留。俗情尽捐去，人逸事事幽。欲问我何名，我名逍遥游。"（《时园诗草·家园》）

悠游小园所引发的怀祖之情油然而生。在作者眼中，小园里的一切都是美的，因为它是祖上所置。小园的景致别有风味："芳草侵阶绿，枯藤附壁虬。薇沁一池月，桂馥半窗秋。"小园的情趣跃然纸上："倚树聆禽语，凭栏数鱼头。有客闲中来，与之酌黄流。"生活在这样的园子里，作者顿觉心境自由宁静，俗情也自然消失。作者也没有忘记位于四川永宁那边的小河别墅："少负烟霞癖，林泉自祖传。春深草木盛，麋鹿性悠然。山邑立四壁，天垂覆顶圆。此中一涧水，千古响潺湲。倚山园半亩，临流屋几椽。水作风雷雨，山无日月年。有时行沙岸，老牛舐犊眠。还来矶石上，坐看渔忘筌。我自居深谷，如鱼故在渊。不出亦不隐，非佛亦非仙。"（《小河别墅》）后一首诗俨然有陶渊明、王维田园诗之风，一方面是"坐看渔忘筌"的出世怀想，另一方面是"池鱼思故渊"的入世留恋，作者将二者结合得水乳交融。除此之外，《发夏宅》也表达了相近的旨趣。

余家驹的田园诗把劳动体验的愉悦融汇于田园风光描写之中，充满乡村生活趣味。如这首《田事诗》中所写。作为士大夫阶层的余家驹居然身体力行，像陶渊明那样拜老农为师学习稼穑。诗中还写到了其他一些农事活动，也生动可掬，俨然一副《诗经·七月》图卷。

今岁学为稼，不惜师老农。琐屑占晴雨，殷勤卜歉丰。春作今方急，乘时事亩东。刍茭益牝牡，饮食厚仆僮。愿尔饱余力，勿荒坠尔功。鸣鸠频唤雨，沟洫滞须通。雨足田水满，谷纹皱好风。插秧新转色，嫩绿沁眉峰。未知将来硕，且喜今勃葱。嗟我少妇子，采桑急蚕工。微行山曲回，柔叶露零浓。蚕茧半已摘，黄白粲筐中。迟迟春昼永，悠悠伤女中。归宁期不得，春服制未终。农归力田晚，脱蓑月明松。妇子欣相向，壶倾浊酒盅。展卷课儿读，灯影烂摇红。

（二）以咏史诗开创家族史学传统

余家驹有几十首咏史诗，实际上是以诗歌形式评价历史事件和人物，作为余氏家族的开山诗人，这种写法可以看作是对家族史学传统的开创。这些咏史诗大多围绕西南一带历史事件和人物立论，如奢香、秦良玉、禄安人等。也有少数针对国内其他历史人物，如诸葛亮、王昭君、苏小小、杜甫、李后主、岳飞、吴三桂等，《奢夫人》、《禄安人》、《读史醉占》、《苏小像》、《秦良玉遗剑》、《天下图》、《成都草堂杜公祠……》、《观风波亭剧》、《李后主》、《昭君》、《吴三桂》、《武乡侯》、诸篇如是。

他的史胆史识足可令人钦佩。例如，关于岳飞冤案造成的原因，很多人都归结为秦桧，但是余家驹却认为责任在宋高宗赵构（康王），正是赵构唯恐徽钦二帝的返回会对他的皇帝位置造成威胁，因此假秦桧之手残忍地杀害岳飞："岂知此罪不在桧，诛心须是责康王。康王贪位忌君亲，惟恐归无置己身。"虽然这一观点清代之前有少数人提出过，但在信息不发达的清代，人们不可能像今天那样可以迅速通过互联网的文献检索了解信息。因此余家驹是难以知晓他人观点的，最多算是"英雄所见略同"而已。余家驹的《读宋史》借古讽今，对统治者口诛笔伐："宋家青史上，误国是求和。敌志终无厌，民财有几多？庙堂无自馁，边境奈伊何。后代须成鉴，谋成早奋戈。"其余如"苟无驾驭才，为猫反畏鼠"（《读史醉占》），"富贵庸奴何足数，不及烟花一抔土"（《苏小像》），"书能益智翻亡国，佛醉多慈哪救人"（《李后主》），"吊古难堪千古憾，惊人最是万人名"（《万人冢》），"美女红颜多薄命，贤才高调寡知音"（《昭君》），"当时一怒冲冠去，赢得圆圆破璧归"（《吴三桂》）等诗句，通过对历代兴亡治乱的深入思考，对彝汉两个民族历史人物生平事迹的抑扬褒贬，表达了自出机杼的见解，让读者掩卷沉思。

余家驹特别重视家族历史的传承："驹生也晚，未及上谙祖迹，且少孤，不获悉聆先训。幸忆为儿时，祖与父所谈，以及家藏文契、夷书纪载耆旧传闻，犹得其大略，谨述为谱。事惟求实，词不敢浮夸，遗之子孙，俾知祖宗功德，敦木本水源之思，尤期善继善述，恢宏前烈云。"（《通雍余氏谱序》）在他的引领下，余昭、余达父、余宏模等后辈诗人忠实继承了余家驹借古讽今、古为今用的咏史诗创作传统，不因为学习吸收汉族悠久历史文化传统而忘记了彝族祖先曾经有过的辉煌历史，成为余氏文学家族的家学传统。

（三）"非仙非佛亦非儒"的创作个性

创作个性是文学风格形成的内在依据，是文学风格的要素之一，它小于文学风格，属于文学风格的主观方面。"在与客观方面结合之前，它只是潜在于作家的内心，表现为独特的个性气质、人格精神、艺术情趣、审美追求和文学才能等。当它一旦施诸实践并与客观方面相结合，便成为文学风格的有机组成部分。"[①]创作个性与作家的生活个性有关。李怀莲撰《余家驹行略》认为，余家驹"为人风流潇洒，而皆秉于天真，少喜读书而非以求名，故能不汩于俗，学而淹乎古今。兼善为诗，常不雕琢而成，故其词亦豪亦仙，而悠然畅其胸襟。""尤喜饮酒，凡杯与勺无时不擎，虽乐在醉乡而神明皎然独醒，盖酒中之圣贤，而不侪乎举世之醉醺。家有时园，佳荟敷荣，常日涉乎其中而书。于是读诗，于是就酒，即于是倾醉，或枕花而眠，栩栩然以欢畅乎心神"，而余家驹则认为自己的创作个性"非仙非佛亦非儒"：

> 诗是心血费呕吐，不祭无乃负心苦。罗列肴核奠酒浆，祭诗先遣诗人尝。案头横陈诗一卷，卷中似有鬼神现。他人祭神祭古人，我之祭神祭我身！安知后人不古我？我先祭我胡不可？我生自有面目存，效颦何苦傍人门！祭诗醉枕诗卷卧，梦中忽见青天破。五云幻彩天门开，中有神人下降来。向我吟诗复饮酒，一斗吟成诗百首。自言非仙非佛亦非儒，万古无双一酒徒。（《时园诗草·祭诗》）

其实余家驹对儒学、佛学和道教阴阳学都有较高造诣，这使他的一些诗歌作品，像《遇道人观丹符》、《毕城旅店其隘……游双井寺》、《夜游山寺》、《采药僧》、《甘隐篇》、《为王道士画面然鬼王戏作》、《道人赠紫拂》、《番僧》、《荒庙》、《水潦

---

① 童庆炳主编：《文学概论》，武汉：武汉大学出版社，2000年版第386页。

堡观音龛》等，不时显露出儒学底蕴。其思想情感复杂丰富而不自相矛盾。譬如，他曾被朝廷诰赠武翼都尉，身上却少有杀伐之气，在《宝刀弃置多年不用，家人改造农具，戏作》后半部分，余家驹如此表达自己这个"腐儒"对尧天舜日和平美好生活的珍视："君不见李广功成不封侯，马援不上凌烟画。班超投笔老西羌，望断玉门思年迈。壮士壮士休惊怪，买犊还将宝刀卖。方今舜日丽尧天，饮食安闲凿井田。宝刀得入豳风谱，也似龙泉化九渊！"《天下图》一诗的结尾，他在回顾了清朝建国的辉煌历史后，还对最高统治者感恩戴德："观图应识我帝功，食土须尽草莽忠。厚泽深仁二百载，长沐膏雨扇和风。"余家驹有儒、道、佛多方面的修养，却"未能学太上之忘情"。忠臣孝子之类儒学传统，还是在他的日常生活中占据了重要一席。他通过咏史诗、边塞诗和叙事诗所表现出来的家国情怀，还有他对社会现实和民生疾苦的强烈关注，能让读者充分感受到儒家文化才是余家驹的人生底色。

余家驹的一些山水诗充满佛理禅机。例如《登鹰坐山》前8句："入山不见山，但见白云起。恍惚不见云，身在白云里。穿云至山巅，白云生足底。五朵青芙蓉，排列凌空峙。"为何作者能够"入山不见山，但见白云起"？这是禅宗认为人在心境寂灭时的感觉。《大乘起信论》①云："以一切心识之相，皆是无明。无明之相，不离觉性，非可坏，非不可坏。如大海水，因风波动，水相风相不相舍离。而水非动性，若风止灭，动相则灭，湿性不坏故。如是众生自性清净心，因无明风动，心与无明俱无形相，不相舍离。而心非动性，若无明灭，相续则灭，智性不坏故。"这就是著名的禅宗"风水之喻"。水用来比喻众生的自性清净心，风则比喻无明。由于无明之风吹动大海之水，从而呈现出水的波动之相，在波动之相中，水相与风相是不可分割的整体，水自身所具备的湿性并不因为波动而有所改变。这种禅定的心境与艺术审美有相似之处，它摒弃了狂热状态下的功利色彩，使审美主体对事物本质的认识更为真切。

总的来看，余家驹的山水田园诗在努力学习陶渊明、王维、孟浩然山水田园诗的同时，也有一丝积极入世的儒家之风飘拂其间，形成了"不出亦不隐，非佛亦非仙"的特殊创作个性。

（四）刚柔相济的创作风格

刚，体现为刚劲、豪放、雄伟、浩大、浓烈、庄严；柔，体现为柔和、飘逸、

---

① 《大乘起信论》，相传为古印度马鸣著，南朝梁真谛译，1卷。唐代实叉难陀重译为2卷，以真谛译本较流行。

旷达、轻盈、幽深、淡雅、高远。姚鼐说："其得于阳刚之美者，则其文如霆，如电，如长风之出谷，如崇山峻崖，如决大川，如奔骐骥；其光也，如杲日，如火，如金镠铁；其于人也，如冯（凭）高视远，如君而朝万众，如鼓万勇士而战之。其得于阴与柔之美者，则其文如升初日，如清风，如云，如霞，如烟，如幽林曲涧，如沦，如漾，如珠玉之辉，如鸿鹄之鸣而入寥廓；其于人也，漻乎其如叹，邈乎其如有思，暖乎其如喜，愀乎其如悲。观其文，讽其音，则为文者之性情形状举以殊焉。"[1]创作风格与作家的性格有关。据有关记载，余家驹"性情旷达，与人和平，识与不识，皆称之曰伯庵先生。不立崖岸，而见者肃然自起。爱敬生平，不干外事，常手一编，长吟短咏；随挈一壶，自斟自饮，机趣横生，终身陶然。工画山水，奔放如诗。尤喜种花，时园中一草一木，皆手泽所植。"（余昭《时园诗草跋》）其实，我们从余家驹诗歌里读出的诗人性格，不仅仅是旷达，更多的是刚劲而又洒脱，这影响着他的诗歌创作，形成了刚柔相济的风格。

总体上看余家驹诗风豪放高古，一些诗歌兼有旷达潇洒。一般来说，豪放者未必旷达，旷达者未必豪放，少有兼两种风格者。因此文学史上有人认为，苏轼、辛弃疾同为豪放派典型代表，但苏轼词的基调偏于旷达潇洒，而辛弃疾词的基调偏于深沉悲壮，这是苏、辛豪放词风最重要的差异。清人周济云："苏、辛并称。东坡天趣独到处，殆成绝诣，而苦不经意，完璧甚少。稼轩则沉着痛快，有辙可循。南宋诸公，无不传其衣钵。"（《宋四家词选·目录序论》）

余家驹的诗歌创作，有时豪放至极，有时豪中见旷，刚中寓柔，例如《秦良玉遗剑》[2]：

> 天狗堕地声赫赫，日月无光乾坤坼。桂王难走福王逃，万里山河弃不惜。玉玺金章委尘埃，何况蛮方铁三尺。绝徼霜帷一妇人，死守残疆誓报国。一泓秋水落人间，寒光犹惨风云色。断蛟劓犀锋如故，英气所存神呵护。夜来风雨响淙淙，定生鳞甲化为龙。

此诗写重庆石柱女土司秦良玉遗留下的一把剑。秦良玉是明朝末年著名女将，丈夫马千乘世袭重庆石柱宣抚使，被害后，因其子马祥麟年幼，秦良玉遂摄夫职。她率领兄弟秦邦屏、秦民屏先后参加抗击清军、奢崇明、张献忠等战役，战功显赫，被封为二品诰命夫人。作者想象奇特，选取天狗星、日月、乾坤、山河、寒光、风云、风雨、蛟龙、犀牛等宏大意象展现国家破亡、帝王奔逃之际，而女英

---

① [清] 姚鼐：《复鲁絜非书》。见《惜抱轩诗文集》卷3，上海：上海古籍出版社，1992年版。
② [清] 余家驹：《时园诗草》上卷，光绪辛巳有我轩刻本。

雄秦良玉手持利剑，守疆卫国。《史记·天官书》："天狗，状如大奔星，有声，其下止地，类狗。"《隋书·长孙晟传》："晟遣降虏觇候雍闾，知其牙内屡有灾变，夜见赤虹。光照数百里，天狗陨，雨血三日，流星坠其营内，有声如雷。"当桂王、福王弃万里河山于不顾的危难时刻，秦良玉却以"绝徼霜帷一妇人，死守残疆誓报国"！"一泓秋水落人间"隐喻良玉遗剑如一泓秋水倏然降落人间，寒光闪闪，斩蛟刲犀；又如夜来风雨，淙淙作响，化鳞为龙。此诗风格至刚至豪，读之犹见巾帼英雄秦良玉铁骨铮铮之貌。

他的一些诗读来有高古之感，如这首《番僧》："山深寺古空寂寥，西僧独处腹常枵，三旬九食惟一瓢。番经夜诵音啁嗷，木鱼橐橐响通宵，寒灯如豆青不摇。钟声时作海波潮，绝无人迹风潇潇，雾锁云封石嶕峣。"这首奇特的七言古体诗只有9句，以3句为一个层次，即使在古诗中也很罕见。另一些诗则呈现出柔美风格，如《竹石》："幽竹如佳人，腰肢何裹裹。有时笑而狂，低头将石扫。青苔不得生，红尘焉能到。日日来轻烟，时时啼好鸟。我醉石上眠，栩然蝶飘缈。得句欲留题，命笔已忘了。"

（五）独具匠心的意境营造

余家驹在其山水田园诗中，有意师法隐逸诗人王维、孟浩然，亦不失陶潜意趣。

诗人注重营造宁静空明、清新恬淡的意境。如："夜静蝙蝠飞，月色清如许。野寺寂无人，风铃自相语。"（《夜庙》）"孤月照长空，夜气清如水。忽生隔坞钟，飘落寒烟里。"（《闻钟》）"明月出徘徊，寒光穆穆度。更阑人不知，香透一身露。"（《疏廊伫月》）"石湿生云寒，云寒皱石皱。醉来抱石眠，寒云出衣袖。"（《皱石皱云》）一些诗歌则恬淡悠闲。如："娇鸟啼呼客，文鱼出厅诗。闲将一斗酒，坐想好花枝。"（《园中二首》其一）"花香浓似酒，风气暖于绵。未饮心先醉，风来我欲眠。"（《园中二首》其二）"习习凉风生，鳞鳞细浪起。忽听一声篙，撑出芦花里。"（《渔家三首》其一）"渔翁惯打鱼，渔婆惯酿酒。鱼肥酒味醇，上岸邀邻叟。"（《渔家三首》其三）这些诗歌表明，作者一方面努力构建空明宁静之境界，另一方面又渗入了一定的隐逸生活趣味，但诗人只是具有隐逸理想，并没有付诸行动。

余家驹绝句，或题画写物，或传神写照，或咏物寄兴，或记事写景，均饶有兴味，意境清新恬淡。请看其笔下的《渔》、《樵》、《耕》、《牧》[①]：

———

① [清] 余家驹：《时园诗草》上卷，光绪辛巳有我轩刻本。

东下长江月色寒，古今淘尽水波澜。周郎霸业苏髯赋，输与渔翁一钓竿。（《渔》）

等闲误入洞中天，砍得灵根荷两肩。一曲清歌摇曳去，通身缭绕尽云烟。（《樵》）

子规啼破万山烟，人在东阡又北阡。正是一年农事急，微风细雨插秧天。（《耕》）

从无世事到心头，早放青山向晚收。若遇齐桓休扣角，休将相位辱吾牛。（《牧》）

这些诗歌重构了余家驹眼中的渔夫、樵夫、农夫和牧人形象，他们也和诗人一样悠闲自在，充满田园意趣，这是作者理想化的社会下层劳动者形象，与实际生活尚有一定距离。

余家驹的五律、七律多写山水田园之乐，表现自己的闲适生活情趣，一些作品意境亦清新恬淡。如："侍女欣然报，园梅一夜开。后庭设斗酒，内子待予来。风自今番起，春从隔岁回。消寒看尽九，农事停相催。"（《赏后园梅》）"青山一角抱亭轩，不放春光出小园。介石傲于高士骨，幽花瘦似美人魂。孤云有意闲归岫，明月多情自入门。坐享太平清静福，书成万卷拥金樽。"（《时园》）这些田园诗"看似寻常最奇崛，成如容易却艰辛"（王安石《题张司业诗》），只有境界高远的诗人才能做到"此中有真意，欲辨已忘言"。（陶渊明《饮酒》其五）有时七绝中也能见到如此意趣的作品："满院清风吟柳絮，半帘疏雨梦梨花。玉蟾研露浇诗卷，宝鸭焚香诵法华。"（《女士》）"磨墨紫云堆石砚，插花香露溢铜瓶。生来新月三分白，分得遥山一片青。"（《书斋》）"天凝蛋壳弹能破，月闪银窝晃欲流。几杵疏钟烟外寺，一灯渔火水崖舟。"（《江楼醉月》）

余家驹的七古亦注重意境的营造。如以下两首：

高峰峭壁攀藤萝，峰顶窈然一潭澄。潭水犹凝上古冰，中有瘦蛟寒可罾。洞口无人挂枯藤，寂然独坐一老僧。见人不动问不应，满山云气如甑蒸。（《时园诗草·灵湫洞》）

柔肠儿女怨离别，私将木叶代口舌。遥闻山外一声吹，穿云破竹金石裂。花谷春深莺语娇，枫林霜冷蝉声切。忽然变节起低昂，乍断乍续鸣幽咽。万壑松梢响秋涛，飙风骤雨易消歇。圆如明珠走玉盘，快如并刀剪蕉叶。别恨离愁诉不穷，一字一泪详细说。含声未发心先结，余音未结喉先结。离人何可对月听，不待曲终头似雪。（《时园诗草·听吹木叶》）

两首七古意境截然不同：前者如凝固的音乐，古朴苍凉；后者如流动的山泉，清新甘冽。前者如老僧独坐，嗒然静穆；后者如少女歌喉，穿云裂石。

（六）素朴清新的诗家语

文学是语言的艺术，宋代王安石把诗歌语言称为"诗家语"（相对于散文语言而言），这是对诗歌语言特征的高度概括。宋人魏庆之《诗人玉屑》卷六载："王仲至召试馆中，试罢，作一绝题云：'古木森森白玉堂，长年来此试文章。日斜奏罢《长杨赋》，闲拂尘埃看画墙。'荆公见之，其叹爱，为改作'奏赋《长杨》罢'，且云：'诗家语，如此乃健。'"在王安石看来，"日斜奏赋《长杨》罢"是"诗家语"，"日斜奏罢《长杨赋》"则不是"诗家语"。诗家语的基本要求是含蓄精练、形象生动、言近旨远；诗家语的特殊要求是非逻辑性，即不受逻辑和语法的约束，常常有悖于常规常理，读来新奇生动，而又觉得理在其中。因此诗人必须长期坚持炼字、炼句、炼章、炼意，包括锤炼思维的敏捷性与反向性，才能适应诗歌创作的需要。

余家驹注重诗家语的锤炼，语言素朴清新、生动凝练，尤其是他的山水田园诗足以彰显这一风格。例如《对月》[①]："独立人如鹤，长空万倾田。秋光清化水，夜气白凝烟。露洗星芒锐，风磨月影圆。何当因羽化，飞入广寒天。"《夜雨》[②]："不尽檐溜水，涓涓到夜深。惊回千里梦，滴碎五更心。明灭寒釭影，高低远析音。客愁宁耐此，欹椅独沉吟。"《登高望云海》[③]："我向山中来，手持绿玉杖。挥袖拂开千重云，飘然独立群山上。山下云气化为水，白浪茫茫铺万里。一粟身浮大海中，伟哉世化殊奇矣。天风鼓荡涌云潮，天与海水为动摇。九州岛万国落何处，世人皆没我独超。掷将玉杖海云中，化作垂天万丈虹。便驾长虹饮沧海，吸干海水见底空。"诗中的抒情主人公手持绿玉杖，"拂开千重云，飘然独立群山上"，然后"掷将玉杖海云中，化作垂天万丈虹"，读之无不惊叹作者的语言锤炼功夫。《夜雨》中的颔联写屋檐水滴之声"惊回千里梦，滴碎五更心"，用数字夸张对比，极力衬托客愁之深重。《对月》中的"独立人如鹤，长空万顷田"将人在月光下的孤独形象以及辽阔长空的明净形象刻画得栩栩如生，清新可掬。素朴，是朴实无华；清新，是不落俗套，二者都不排斥生动性。倘若排斥了生动性，素朴与清新就成了质木无文。

---

① ［清］余家驹：《时园诗草》上卷，光绪辛巳有我轩刻本。

② ［清］余家驹：《时园诗草》上卷，光绪辛巳有我轩刻本。

③ ［清］余家驹：《时园诗草》上卷，光绪辛巳有我轩刻本。

余家驹诗歌注重炼字炼句。以炼字而言，古人炼字强调动词、形容词，《时园诗草》中这首《家园》的一些句子则以炼名词见长："白生三径月，青落一楼山"诗句中的"白"、"青"二字居于句首，强调了月亮的皎洁和山影的青苍，同时也是正常语序的倒装，收到了奇特的效果。以炼句而言，亦不乏例子。如《喜雨》："风势飕飕生北岸，雷声殷殷下南山。黑云天际堆鱼甲，白雨阶前打豹斑。"三、四句以鱼甲、豹斑喻黑云、白雨，顿出新意。《画竹》中的"满腹经纶化作竹，一天风雨纸上生。潇潇风雨起绢素，矫若腾空势飞骞"以几个比拟夸张句共同描写画家的笔法狂野潇洒，气韵生动。

一个优秀的诗人绝不仅仅满足于写出好词好句，还应努力培养自己的艺术感知力、想象力、创造力。例如艺术直觉的养成就很重要。艺术直觉特指创作主体未经理性分析与逻辑推演而迅速直接地把握客体对象的本质及其感性特征的能力。余家驹是有学养、有专攻的画家，他的艺术直觉，他的捕捉声光色象的形象思维能力，他的丰富原始的想象力和"性灵所发"、"抒发皆任乎天机"的直抒胸臆，让后世学人叹为观止。如《画墨葡萄于佛寺》、《天际归舟图》、《千竿图》、《秦仁堂师画雪月梅》、《火笔山水》、《峨眉山图》、《为王道士画面然鬼王戏作》、《八骏图》、《画马》、《画虎》、《画松》、《画山水》、《自题画兰》等题画、品画、评画诗，不愧为大方之家所写。即便是对作者自认为并不擅长的书法，其《偶与人论书》①也很有见地：

我虽不善书，颇解书中理。飞燕薄命儿，玉环肥婢耳。修短与秾纤，合度斯为美。肥中须见骨，瘦中须有肉。骨肉或偏枯，定非千里足。相法自有真，形貌不足珍。神藏不外露，外露终非神。

诗人主张的合度为美、形神兼备是书法中的重要美学思想。书法是汉字的造型艺术，诸如笔画的肥瘦、间架的疏密、用墨的浓淡等都以适度为宜。形神兼备问题，南朝书家王僧虔在《笔意赞》中说："书之妙道，神采为上，形质次之，兼之者方可绍于古人。"苏轼说："短长肥瘦各有态，玉环飞燕谁敢憎。"（《孙莘老求墨妙亭诗》）"书必有神气骨血肉，五者阙其一，不为成书也。"（《东坡题跋》卷四）。余家驹可谓与之"英雄所见略同"！在《有老人日醉酒肆，忽草书大"龙"字，极神》一诗中，他发出了"自古妙笔能通神，破壁为霖皆常事"、"写字分明写英雄"这样的慨叹。在艺术创作上，常常会出现触类旁通的奇特现象。余家驹在艺术上全方位的修养素质，为他的诗文创作提供了不竭的创作活力，

———
① [清] 余家驹：《时园诗草》下卷，光绪辛巳有我轩刻本。

如描写乐器演奏的《听吹木叶》、《闻口琴》，描述戏曲表演的作品《观风波亭剧》、《演桃花扇剧》等，均属此类。

读余家驹的诗，忽而如见陶潜、王维，忽而如见李白、杜甫，忽而如见苏轼、陆游，最终合成余家驹自己。他善于汲取传统文化精华，仅仅《时园诗草》"自注"中涉及的典籍便有《方舆胜览》、《封神演义》、《镇雄州志》、《竹谱》、《尷书》、《金城记》、《群芳谱》、《老学庵笔记》、《寰宇记》、《庄子》、《晋书》等。时人谓余家驹"于学无所不窥"（余昭语），殆非虚言。其生前"酒友"——诗人、叙永丹山书院掌教举人、曾任内阁中书的李怀莲（少青）这样评论《时园诗草》："先生自少天资卓荦，于书无所不读，独不溺没于举子业。其学已迥出流俗。至于性之所至，悠然自得，尤能摆脱一切，独往独来，其抒发皆任乎天机，而不自知其所以然。"（李怀莲《时园诗草序》）"沉雄浩荡，不名一家，当其上下今古，绝所依傍。奇情快论，破空而出；山川景物，无不别开生面！其气魄固足雄压一切，而语带烟霞，不染尘氛。又如姑射仙人，遗世独立，尤飘飘有凌云之气，而非山泽之癯所可望也！"（引同上）

三、余家驹的影响

无论从创作时间之早，还是从诗歌创作艺术之水平来看，余家驹堪称余氏彝族诗人群真正的首席诗人。其山水诗雄浑险奇，气势磅礴，有李太白豪放飘逸之气韵；其田园诗又常以画意入诗境，臻于"诗中有画，画中有诗"，风格近乎王维；而意境的平淡清新，韵味的悠长醇厚酷似陶渊明。可以说，余家驹的诗歌，集百家之长，自成一体，在川滇黔一带影响甚大。同时，余家驹也是中国少数民族文学家族的杰出诗人，他的诗歌融汇汉文化与彝文化精髓，是家族文学、地域文学与民族文学的交响。

余家驹的诗歌，为余氏家族多位诗人的诞生奠定了基础。自他之后，余昭有《大山诗草》传世（其父余一仪虽有诗集《百尺楼诗草》，惜已亡佚），安履贞（余昭之妻）有诗集《圆灵阁遗草》传世，余珍有诗集《四余诗草》传世，余达父有《恢雅堂诗集》传世，余祥元有《挹梅楼诗集》传世，余宏模有《一泓诗草》、《一泓词钞》流传。余家驹的诗歌，不仅在形式上对后世家族成员产生深远的影响，而且作为一种具有深厚底蕴的文化遗产，熏染了川滇黔文人。而今的贵州毕节大屯、四川叙永水潦、云南镇雄一带浓郁的文化底蕴、淳朴的民风民俗，都与余家驹的家学诗风有密切的关系。例如余家驹曾经生活过的地方——今天的四川叙永水潦彝族乡，一个小小的边城小镇，就有数十人潜心于学术研究，沉醉于文学创作。先后成立的民间文学社团有"坛厂读书会"、"水潦之声"等，会员上千人，近年来发表诗词作品数千首，著作近百万字。

余家驹的诗作，在当时就产生了一定的社会影响。丙午（1846）年，李怀莲到大屯余家坐馆，"见壁上诗读而异之，因索其全集"。遍读《时园诗草》两卷之后，李怀莲开始赞叹"其才之独迈也"，于是与余家驹订交，成为其"酒友"知己，直到余氏逝世。成书于清光绪二十九年（1903）的《大定府志》收录其诗3首：《奢夫人》、《忠烈南公》和《六龙安宣慰墓》。

余家驹诗歌被一些知名学者作为研究对象，给予很高评价。如清代如四川叙永诗人、诗论家李少青的一些评价，当代学者西南民族大学罗曲、曲比阿果的《情寄山水——〈时园诗草〉》读后》："彝族古代诗人余家驹，汉文化修养很高，用汉文创作的作品，题材广泛。其中的山水诗作，寄托了自己深沉的情感，从其作品中，当时彝族知识分子的心态可见一斑。在艺术风格上，他的诗作既有鲜明的民族特色，又可见到李白、苏东坡、陶渊明的影子。"①贵州民族大学陈世鹏的《彝族诗人余家驹的诗歌创作美学观》较为全面地论述了余家驹的美学观与诗歌创作的关系。其至有论者将余家驹与唐代著名诗人王维相比较，认为："余家驹作为彝族的一位重要的诗人，其诗作的艺术价值是值得肯定的。他的山水田园诗中的情境、意境和思维等方面都可以与王维的山水田园诗相比较，显示出某些相似之处。"②

余家驹的诗歌创作情况还被写进中国当代较有影响的两部文学史著作。如梁庭望《中国诗歌通史·少数民族卷》，左玉堂《彝族文学史》第四编第二节以12000余字篇幅评介余家驹的《时园诗草》，认为"余家驹是彝族借汉文创作古体诗最杰出的诗人，也是成就首屈一指的布衣诗人"③。

四、"二余"之比较

"二余"，指余家驹和余珍，他们是父子关系，性格、志趣与诗歌创作方面有不少共同点，也有一些区别。这里主要比较"二余"性格思想、艺术修养、诗歌创作、社会影响的异同。

---

① 引自《西南民族大学学报》（人文社会科学版）1996年第1期。

② 王菊：《"我生自有面目存"：余家驹与王维山水田园诗的比较》，《贵州民族研究》2006年第3期。

③ 左玉堂：《彝族文学史》，昆明：云南民族出版社，2006年版第852-853页。

（一）性格思想之异同

余珍（1825—1865），字子儒，号宝斋，又号坡生、海山，彝名龙灼，大屯土司家族第 9 代嫡系传人。他不仅是著名的书画家、收藏家，还是投笔从戎、颇有军功的诗人。"性豪敏，初入监时，欲以科名显，既遇时艰，谓大丈夫将投笔封侯，遂改授都司。以坚壁清野卓有成效，受云贵总督张亮机保奖，赏戴蓝翎"。又因猪拱箐"苗匪"倡乱，地方不宁，"公堵剿筹饷，屡有劳绩，为当事所倚重，复蒙贵州巡抚韩超保奏，钦加游击衔"（《通雍余氏宗谱》）。余珍原本秉承父命——"为祖宗绵世德，为末俗挽衰弊，经济皆当于读书中求之"（余昭《时园诗草》跋）。意欲通过科举步入仕途，无奈"一试不中，后弃文就武"。（《四余诗草跋》）40 岁即英年早逝。《四余诗草》除五绝 2 首、七绝 49 首、七律 14 首、五律 16 首、五古七古共 7 首外，还有《禽言诗》6 首，试帖诗 3 首。

酒与诗有不解之缘。酒是诗的曲蘖，借助酒的力量蕴蓄和发散激情、创作诗歌者自古有之。如"李白斗酒诗百篇，长安市上酒家眠，天子呼来不上船，自称臣是酒中仙"（杜甫《饮中八仙歌》），"古来圣贤皆寂寞，惟有饮者留其名。……五花马，千金裘，呼儿将出换美酒"（李白《将进酒》）。古人豪饮作诗范式激发了后世无数诗人的饮酒创作激情，也产生了许多好作品。受传统酒文化影响，余家驹和余珍都嗜酒，性格豪爽、洒脱不羁而又耿介磊落。在拯救世风、提振家学、绵延祖德方面，"二余"的思想追求几乎相同。然而与父亲相比，余珍怀有更多的兵家梦和艺术家梦："谈兵征抱负，跨海想英雄"，"多才书与画，生日是坡翁"。（康兆寅《四余诗草》题诗）这种相异性源于他们接受儒家、道家思想的程度不同，余珍骨子里的立功不朽情结比余家驹浓烈，以至于一度投笔从戎，参加地方武装的坚壁清野行动。无论做人、做事，余珍都力求光明磊落，问心无愧，在《多山楼醉题》①中，余珍表达了这种情怀：

> 豪气元龙未可除，高楼醉拥一城书。干戈满地浑闲事，俯仰无惭便自如。五七言成随处写，百千金用不须储。原无芥蒂横胸次，磊落光明卅载余。

（二）艺术修养之异同

与父亲余家驹相比，余珍的爱好和才艺颇多，且书画之才超过其父。他能书

---

① ［清］余珍：《四余诗草》，光绪辛巳亦园刻本。

善画，性喜收藏，好建园林。《通雍余氏宗谱》①记载，他"书法楷同颜柳，草类怀素，尤工擘窠，字具龙跳之势；画拟云林，萧疏淡远，旁及花卉、虫鸟、人物，皆及超妙。秦蜀求书画者，日踵其门"，"其豪华也，座客常满，缔交千里。酷嗜花木古玩，蓄有名印三百余颗、古砚五十余方，其他金石碑版、名人字画，搜罗甚富"。余昭为余珍《四余诗草》所写跋文，谓其"兴至挥毫立就，字势龙跳，求书者踵门络绎，远至秦蜀"，"以其余技，旁及山水人物，翎毛花卉，写生雕镂，无不神妙"，"尤嗜古今金石碑版，名人字画，搜罗甚富"，"尝购古砚百方，自号'百砚斋主人'"。余珍喜营建，于祖父、父亲所置时园之外，又建亦园，内有眉峰翠绿亭、洗心书屋、多山楼等。多方面的艺术修养，丰富了他的生活情趣和诗歌创作素材，当然也占据了他的大量时间。因此余珍自题其诗稿曰《四余诗草》，对他而言，诗歌创作只不过是居家处世、读书作画、栽花养鱼、纵谈游览"四余"之一。虽然一如李怀莲所言："居家处事，可以悉作诗之理；读书作画，可以博作诗之趣；栽花养鱼，可以活作诗之兴；纵谈游览，可以畅作诗之致。"（《四余诗草序》）但毕竟诗作数量有限，未尽其才。

（三）诗歌创作之异同

1. 题材的相似性：共鸣于山水田园

"二余"都倾心于山水田园诗的创作，只不过数量差别大（余家驹较多，有100多首，余珍仅25首）。与余家驹一样，余珍亦喜欢遨游山水田园，留下了一些优美诗作。《四余诗草》中描写西南一带山水田园的诗歌多数情景交融，艺术形象鲜明。例如：

　　残阳蒸影上天红，极目江干面面空。除却人家三两户，一行沙鸟半帆风。（《四余诗草·为张亮辅画扇并题》）

　　阴晴不定麦秋天，检点诗囊懒欲眠。细雨碎飞云乍敛，半弯新月挂楼巅。（《四余诗草·初夏》）

　　数家临水画难如，短竹编篱草结庐。恰好我来闲点缀，淡云微雨自骑驴。（《四余诗草·水西道中》）

三首七绝都是家乡山水田园生活的诗意描绘，而情以景生，独见性灵。第三首意境尤佳：如诗如画的水边农家小屋，没有华丽的瓦片、屋椽，只有茅草盖顶，

---

① 《通雍余氏宗谱》（影印），余家驹原著，余昭原注，余若瑔续修，余宏模整理，日本学习院大学东洋文化研究所 1999 年版。

短竹编篱，恰巧就在这淡云微雨之中，主人公骑着一头小毛驴来了！一切都是那样平淡清新。美的极致是平淡，《水西道中》创造的平淡美、素朴美具有很高的价值。就这一点而言，余家驹稍次于余珍。

在山水田园中独抒性灵，这是"二余"的特点。所谓性灵，就是作家感受生活的内心世界，包括精神、性情、情感等。《晋书·乐志上》："夫性灵之表，不知所以发于咏歌；感动之端，不知所以关于手足。"这种基本的含义在清代发展为中国古代诗歌创作和评论的主张之一，以袁枚倡导最力。它与神韵说、格调说、肌理说并称为清代前期四大诗歌理论派别。一般把性灵说作为袁枚的诗论，实际上它是对明代以公安派为代表的"独抒性灵，不拘格套"诗歌理论的继承和发展。它要求抒写真情，反对模拟剽窃，力主创新求变，这是公安派性灵说的理论核心。

题材的共同性，使"二余"在审美上共鸣于山水田园而稍有差异：余家驹偏爱那些壮美的景致，如千里之雪、大江之流，天外飞瀑、惊涛狂澜，空中罡风、水底怒石。偶尔他也把道教中神仙之飘逸化入诗中，与"我"为一："青天一线开，雨崖挟红日。吐出黄金光，射下三万尺。风过空无声，云度虚无迹。我趁风云来，长啸坐仙石。仙人白羽衣，紫髯方瞳碧。……笑拍仙人肩，飘然各自适。我飞筇一枝，仙飞鹤一只。"（《遇道人观丹符》）余珍也喜爱山水田园之美，但是他更偏爱温馨婉丽的景致："云如铺絮雨如丝，正是山家麦上时。花气穿窗疏欲断，岚光入户翠长垂。座中佳客延三益，世外闲情话一厄。何处归来双燕子，湘帘影底漾差池。"（《一泓秋水半山山房酌友》）由此可见两人审美趋向的差别。

2. 创作个性的相似性：儒、道、佛杂糅

儒、道、佛三家思想早就对中国文人产生了根深蒂固的影响，并内化为不少诗人的审美观念、创作个性。但是并非每位诗人都平均地接受三家思想成分，有时其杂糅成分难以分清，而接受的多寡又与自己的人生经历、文化选择相关。大抵说来，人生和仕途顺畅者多接受儒家文化，蹭蹬者多接受道、佛文化。儒、道、佛文化的互补性又使一些诗人优游于三家之间，以"达则兼济天下，穷则独善其身"的处世态度孕育自己的创作个性。为什么会出现这种现象？我们从三家文化对社会和人的影响方面来探寻原因。

儒家思想以人为本，侧重于从社会出发观照人生、社会和自然，重视人的生命意义与价值，宣扬以道德为人生的最高价值。道家则以自然为本位，侧重于从自然出发观照人生、社会和宇宙，强调自然是人生的根本，主张顺应自然，回归自然。儒家的人本位和道家的自然本位两种核心思想奠定了中华古代文化的基础，决定了中华古代文化的走向。佛教大约在公元一世纪诞生于南亚印度，以解脱为本位，宣扬众生必须通过修持，以求从迷惑、烦恼、痛苦和生死轮回中解脱出来，进入来世的天堂。佛教作为与儒道异质的外来文化，在经过彼此冲突、相互融合后，约在公元四、五世纪的东晋时代融入中华传统文化之中。此后，中华文化形成儒、道、佛三大脉络。儒道佛三家文化从不同的角度影响人生：儒家治世，道家治身，佛家治心；儒家入世，道家隐世，佛家出世。因此儒家追求现实功利性，充满进取色彩；道家摒弃现实功利性，充满淡泊色彩；佛家把人生美好希望寄托在未来，充满梦幻色彩。

儒、道、佛三家相济相补，构成彼此共存共荣的文化格局，长期以来支配和影响着中华民族的精神生活，影响着文人士大夫的性格思想和文学艺术创作，"二余"也不例外。余珍有《感怀偶作》："丈夫不虚生，虚生不丈夫。造物大无情，累我此诗书。毛锥焉杀贼，不如一狗屠。从此欲弃之，十年曾勤劬。谓书能有用，视若怀中珠。我已不负书，书其负我无？光阴一掷梭，老大留髭须。藉取博功名，何处诳头颅。烟水通吴楚，扁舟泛五湖。"①这是一首杂糅三家思想的诗歌。诗人一方面有儒家不虚度年华的进取情怀，另一方面又有功名不就的忧虑，甚至想在理想破灭之时远离尘世，泛舟五湖。余家驹既有怜悯弱者、心系苍生的《道傍翁》，也有"抱道全天真，清新寡嗜欲"这样羡慕隐逸生活的《甘隐篇》。但若要区别"二余"对儒道释三家思想的接受状况，余家驹更为杂糅，余珍相对单纯。

"二余"诗歌也受到禅宗思想的影响。中国本土化的禅宗不同于印度大乘佛教，它主张的灵活修行方式缩短了芸芸众生走向天国的途程，受到文人士大夫的普遍喜爱，从而成为汉传佛教中影响最大、传播最广、发展最成熟的一个宗派。禅宗的直觉思维方式对艺术家、诗人的影响尤为明显。直觉思维是指不受某种固定的逻辑规则约束而直接领悟事物本质的一种思维形式。直觉思维具有迅捷性、直接性、本能意识等特征。直觉作为一种心理现象贯穿于日常生活之中，也贯穿于文学艺术创作之中。例如灵感和顿悟就属于直觉思维。直觉思维是一种心理现象，它在创造性思维活动的关键阶段起着极为重要的作用。在艺术直觉的开掘上，"二余"都有很高的天赋。《时园诗草》、《四余诗草》中，余家驹、余珍常常以自己的艺术直觉捕捉声光色象，在诗歌中独抒性灵。

---

① ［清］余珍：《四余诗草》，光绪辛巳亦园刻本。

3. 创作手法的相似性：诗画相融

诗与画本来是两种不同的艺术门类，一为语言艺术，一为造型艺术，但它们在塑造艺术形象、运用直觉思维方面却有相似之处。"二余"作为书画家，与一般人不同，他们的诗歌较为注重构型、设色、渲染和白描，常常以画家的笔触、诗家的语言，将自然山水田园加以个性化处理，使其形态、色彩、光影重现于诗，抒发了诗人的独特感受。例如余家驹的《时园诗草·九里箐》[①]：

> 九里入深山，一径穿幽壑。云垂崩崖嵌，风生飞沙落。泉戛窦中音，
> 峰森天际锷。藤钩低挂冠，石棱锐穿屩。夏枯萎冬苗，冬青堕夏蕚。矮
> 屋黄茅苫，高堼白土垩。宿闻九曲名，今见一大噱。出山足已疲，登台
> 眼方廓。前憩焦公祠，转见玉皇阁。烟云锁峰峦，风雨满城郭。

箐，本为山间的大竹林，此处泛指树木丛生的幽深山谷。九里箐是西南一带过去独特的生态景观，今天已经见不到了。这首诗从构图方面说，整个画面错落有致，犹如巨幅水墨画：山谷的幽深、奇险与藤钩、石棱、茅屋、峰峦、城郭浑然一体。"云垂崩崖嵌"极写其险，"峰森天际锷"极写其幽，云、风、烟、雨极写其气候变化大。"一径穿幽壑"打破了画面的平稳，风声、泉声打破了画面的宁静。从色彩构成来看，"夏枯萎冬苗，冬青堕夏蕚"、"矮屋黄茅苫，高堼白土垩"是物候与房屋色彩变化之对比；从观察者行动描写看，"出"、"登"、"憩"、"转"极富动态感。整首诗既渲染了九里箐的奇险壮美，又渲染了它的曲折幽深，手法多样，非画家诗人而不可为。而余珍的山水田园诗不大容易见到这种写法，他的笔下多清新明丽的小幅画面。如《题画》："三两渔舟泛晚潮，白门疏柳日萧萧。蓼花低护洄滩转，千里鲈乡入望遥。"

余家驹的《瀑布》[②]具有宏大的画面、缤纷的色彩，他善于渲染，于悬崖绝壁、惊涛骇浪中摄人心魄：

> 辟开绝壁青天见，长空飞下一匹练。天光云影随水来，化作梅花满
> 江面。轰若迅雷疾若电，耳为震聋目为眩。狂澜奔湃怒不平，蛟龙在此
> 来酣战。我欲乘槎斗牛宫，高原应与天河通。我欲探珠出海底，骊龙应
> 在波心里。烟消山外暮云开，山岚水气共徘徊。瀑布奔流山下去，不辨
> 源头何处来。

余珍则缺乏余家驹那样磅礴大气的山水描写之作，他往往是一些清新可人的

---

① [清] 余家驹：《时园诗草》下卷，光绪辛巳有我轩刻本。
② [清] 余家驹：《时园诗草》上卷，光绪辛巳有我轩刻本。

短诗，但构图、设色、渲染都较为简练精致。如："混沌谁开凿，荒寒不计年。断峰堆落日，隙壁倚长天。入峡双流急，盘空一径悬，单骑飞鸟外，俯仰胜登仙。"（《德朦屯》）"阴晴不定麦秋天，检点诗囊懒欲眠。细雨碎飞云乍敛，半湾新月挂楼巅。"（《初夏》）

4. 创作风格的相似性：刚柔相济

刚柔相济，最早出于道家哲学，意即刚强与柔和相互补充，使恰到好处。《周易·蒙》云："刚柔，节也。"刚柔相济不仅是自然之道，也是艺术辩证法的规则之一。中国古代有的文论家认为："文章之原，本乎天地。天地之道，阴阳刚柔而已。苟有得乎阴阳刚柔之精，皆可以为文章之美。阴阳刚柔并行而不容偏废，有其一端而绝亡其一，刚者至于偾强而拂戾，柔者至于颓废而暗幽，则必无与于文者矣。然古君子称为文章之至，虽兼具二者之用，亦不能无所偏优于其间，其故何哉？天地之道，协合以为体，而时发奇出以为用者，理固然也。"（姚鼐《海愚诗钞序》）

就主体风格而言，"二余"诗歌均有阳刚之气，但余家驹豪放高古，风格稳定；余珍趋于豪放萧散，风格不稳定。除了主体风格，他们还有一些风格清新柔美的诗歌。"二余"诗歌中，刚柔相济的例子很多。有的整篇趋于刚，有的整篇趋于柔；有的柔中见刚，有的刚中显柔。就刚而言，两人也不尽相同。余家驹的刚充溢着古代杰士的高古沉雄，如其《深山绝顶泉》、《水脑河》、《登高望云海》诸篇；余珍的刚蕴含几许英雄末路的愤懑沉郁。例如："英雄多半晚来成，高卧烟霞梦不惊。案有琴书方脱俗，人游天地敢偷生。难凭最是身前事，可惜无如没后名。练就奇才为世用，莫徒纸上好谈兵。""当场若要建奇功，食土原来宜尽忠。借口韬光非故我，闻言解难有仙翁。而今徒说鸦军健，自古惟传蜀相雄。生就丹心为保障，阵云高处跨青骢。""男儿如此自封侯，得月先从近水楼。何事黄粱空有梦，尽教破帽不离头。请缨问路君门远，杀贼无人战垒愁。鸡唱五更频起舞，一般幽愿憾难酬。"（《得子懋遣怀诗就韵和之》）"事业谁千载，文章总误身。操心而虑患，孽子与孤臣。盛治空皇古，清谈渺晋人。不如惟饮酒，曲国共长春。"（《饮酒》）

5. 诗歌语言的相似性：自然、清新、质朴

《时园诗草》、《四余诗草》中的一些诗歌语言自然、清新、质朴。例如余家驹《时园诗草》中的《题许鹤沙滇游纪程》、《落花》：

万里尽天头，先生此壮游。车尘经过处，草木亦风流。（《题许鹤沙滇游纪程》）

花事已去了，零落满莎草。叮嘱主人翁，珍重莫自扫。（《落花》）

两首诗语言质朴而又清新脱俗。前一首为友人壮游滇地而写，前三句看似平平而一直在铺垫，末句突显精彩；后一首写花期刚过，主人欲扫落花，诗人留恋不已。全诗明白如话，如嘱家事，但言外之意无穷。

余珍《四余诗草》中有《层台驿》、《宿三官寨》：

白云溪上有人家，流水桥通石径斜。客路正嫌秋冷落，小园瞥见一枝花。（《层台驿》）

到来天已晚，茅屋两三家。声响春荞壳，香腾炒豆花。鸡栖门左右，虫语树丫杈。独坐愁无事，携灯看煮茶。（《宿三官寨》）

这两首诗完全是生活画面的截取。前一首写白云溪上居住的人家，门前有小桥、流水、石径，已经够令人羡慕了，而作者偏要说它们在冷落的秋天里竟然不如小园中的一枝花。后一首温馨得令人窒息，看似平淡无奇的农家小景，实则充满浓烈的生活趣味，"声响春荞壳，香腾炒豆花。鸡栖门左右，虫语树丫杈"几句，简直就是天籁之音！整首诗作语言质朴清新，让人如闻其声，如嗅其香，如睹其景，如闻虫语，同诗人一起"携灯看煮茶"，等待香喷喷的饭菜端上桌来。

除了以上方面，"二余"诗歌体式也有相近之处：他们都以传统古近体为主，同时也学习古代的民间体式，如余家驹有竹枝词、杨柳枝词，余珍亦有杨柳枝词。作为诗歌体裁，两种体式均来自于古代民间，后来受到文人模仿、改造。《杨柳枝》有诗、词两种体式，如汉代乐府诗瑟调曲有《折杨柳行》，横吹曲有《折杨柳歌辞》、《折杨柳》，清商曲有《月节折杨柳歌》，唐代教坊曲有《杨柳枝词》，唐人有同题七言绝句。作为词体，《杨柳枝词》的词调、词谱最早收入明末清初毛先舒《填词名解》。竹枝词也是一种诗体，由古代巴蜀民歌演变而来，唐代刘禹锡把民歌创造为文人诗体，对后代影响很大。

比较而言，余家驹诗歌语言的丰富性超过了余珍。原因大致在于：余家驹的生活面比余珍较为宽广，接触的人群也较多，如亲友、土司、文士、僧人、道人、隐士、军人、画师、硝匠、村姑、渔人、樵夫、猎人、乞丐等。加上他深厚的文化修养、长期的诗歌创作历练、多样的文艺才能，其诗歌语言的丰富性自然比余珍强。余珍年40而寿终，比余家驹少了10多年，生命的短促使他来不及体验多样化的生活，创作更多的诗歌，更不要说诗家语的丰富性了。

（四）"二余"影响之差异

总体上看，余家驹的文学创作成就超过余珍，影响也超过余珍。余家驹诗歌形式多样，内容丰富。现存诗集《时园诗草》中有五言古体诗49首，七言古体诗70首，五言律诗50首，五言排律诗6首，七言律诗46首，五言绝句诗29首，七言绝句诗97首，六言古体诗2首，杂体诗35首，共计384首。余珍《四余诗草》有五绝2首、七绝49首、七律14首、五律16首、五古七古共7首、《禽言诗》6首，试帖诗3首，总量不足百首。相比之下，余家驹诗歌不仅数量多，题材的丰富性也超过余珍。

由于诗歌总量有较大差距，影响到他们风格的稳定性。余家驹已经形成了较为稳定的诗风，余珍则显得不稳定。主要原因是生命的年轮把两人拉开了较大距离，余珍正当才情勃发的不惑之年即离开人世，但他在西南地区文化史上不乏影响。四川诗人李怀莲《四余诗草序》评价余珍诗歌："情以景生，景随时寓，活泼泼地，独见性灵。"余昭曾用诗句"米家①山水玉溪诗，意气阿瑛②性牧之"称赞余珍的才艺、气质堪比米氏父子、李商隐、顾阿瑛和杜牧，这一评价虽过之而不无道理。

余珍是余氏家族中文武兼备、诗艺兼擅的人。他曾壮志凌云，投笔从戎，以都司身份组织围剿反清势力。他的书法、绘画水平是这个家族中首屈一指的，甚至有不少慕名远道而来向他索要书画作品的外省人（"秦蜀滇黔求书画者，日踵其门"）。在余氏家族中，诗、书、画、印四者兼通者，只有余珍，他为这个家族丰富了情趣盎然的艺术品种，浓厚了土司庄园的文化氛围。

余珍的诗歌创作成就虽然稍逊之前的余家驹和同时的余昭，以及之后的余达父，但在少数民族汉语古诗创作中仍占有一席地位。左玉堂《彝族文学史》第四编第三节专门介绍了余珍及其《四余诗草》；李立主编的《彝族文学史》第十二章第四节也专门介绍了余珍和《四余诗草》；何仁仲主编的《贵州通史》中《清代贵州文学》部分第一节提到余珍的诗歌创作；黄万机《贵州汉文学发展史》第二章第三节介绍的余氏家族四位诗人，其中之一便是余珍。

---

① 米家：指北宋书画家米芾、米友仁父子，以书法和山水画著名。
② 阿瑛：即顾阿瑛，字德辉，曾与倪云林、曹梦炎并称为"江南三大巨富"，在元末文坛、艺坛、商界都有较大影响。他才性高旷，精于音律，以声伎广交四方宾客；年三十读书，后筑别业"玉山草堂"，购古书名画、彝鼎、秘玩，以会海内文士为乐。

第三节 英雄气壮，儿女情长——余昭文学创作论

一、余昭的生平

余昭（1827—1890），"字子燨，号德斋，又号大山，彝名龙补。承管水潦，诰授朝议大夫，钦赐花翎，直隶州知州、候补知府"。（《通雍余氏宗谱》）

道光癸卯年（1843），父亲余家骐不幸"卅年早殒"于叙永水潦，16岁失怙的余昭随伯父白庵公余家驹往毕节大屯读书。余昭"赋性英敏，颖异轶伦"，深得白庵公钟爱——"色养承欢，诵读之余，常侍白庵公侧，跬步不离。白庵公每于夜深酒酣，论及古今时势，臧否人物，公（余昭）对辄中窾要，白庵公辄首肯，呼'可儿'者再。又每见公（余昭）诗文下笔如宿构，组织无痕迹，呼公名曰：'将来传吾衣钵者，其在阿昭乎？'"（《通雍余氏宗谱》）。余昭又与余珍兄弟相亲——"昕夕与兄同窗同研（砚），意相得也。"（《〈四余诗草〉跋》）他们一起传承了肇始于余家驹的百年家学，时人有"双丁"、"二陆"之誉。

"为祖宗绵世德，为末俗挽衰弊，经济皆当于读书中求之。至于富贵功名，听其自然，莫皆奔竞。"（余昭跋《大山诗草》）余昭谨遵伯父遗训，刻苦攻读，"笔巅横扫走风涛，一入文坛气更高"（《自慰落第》首联），却三赴名场未捷。光绪庚戌年（1850），祖母安氏、伯父余家驹先后辞世，身为水潦土目的余昭，不得不废学持家，"其间嫁公妹纯嫒大姑，娶公弟晋公配安氏，彼时家计十分艰窘"。（《通雍余氏宗谱》）咸丰十年（1860）春3月，猪拱箐农民战争爆发，余昭投笔从戎，"以筹办边防，随营堵剿，功保知县；又以随李镇（李有恒）、岑藩（岑毓英）剿"苗匪、杠匪"，"功保花翎直隶州知州、候补知府"（《通雍余氏宗谱》）。但清政府所授官职都是虚衔，有名无实，余昭"屡荐至司马，未获大用，同辈恨恨"（邱宝森《〈大山诗草〉序》），半辈子"老骥伏枥，志在千里"，却怀才不遇，报国无门。

在余珍去世的第三年（1867），余昭将15岁的侄儿余象仪接到水潦教养，待其婚娶成家才送回大屯。光绪庚辰（1880）年正月二十六日，余昭爱妻安履贞不幸逝世，他"于奁箧中，捡获诗稿十余页、《女诫》十则，刊《圆灵阁诗稿》传世"。就在这一年的秋天，30岁的余象仪又不幸英年早逝。余象仪无子，其继室安氏将水潦余一仪次子余若璟（达父）作为后人。在生命的最后20余年，余昭奔走于大屯、水潦之间，可谓饱经丧乱离别。1863年、1867年，与余昭"以诗相友，邮筒

往来，极一时酬唱之乐"（邱宝森《〈大山诗草〉序》）的康兆寅、谭咸菜先后离世。1865 年，与余昭"虽大屯水潦相隔百余里"却"一时兄弟，如埙篪之相和，鹡鸰之相顾，机云并称"（《通雍余氏宗谱》）的余珍早逝。1877 年，与余昭"时时相过从，把酒论诗者十余年"的邱宝森（号松樵）"铨官东粤"，一晤竟成永诀。1880 年，与余昭"旗鼓相当，琴瑟静好，美才清福，尤为人所称艳"的爱妻安履贞逝世，对余昭打击更大。在生命的最后 10 年里，余昭绝大部分时间都住在贵州毕节大屯土司庄园。

余昭酷爱读书、藏书，注重百年家学的文化传承。《通雍余氏宗谱》谓余昭"自少及壮，治而乱，乱而治，阅世数十年，惕虑忧勤，昕夕无闲。而笔砚书史，习与性成，一日不对，则忽忽不怡，其天性也。家藏旧帙，半毁兵燹，而公购残补缺，必成完善，黄卷缥缃，足供披览"，杨绂章谓余昭"粤逆之乱，四郊多被蹂躏，先生率健儿捍桑梓，积功荐擢司马，锡孔雀翎，行且以功名显矣。顾癖于文字，恐以圭组易风雅，家居课子孙，手一卷终岁不辍"。（《〈大山诗草〉序》）伯父余家驹的《时园诗草》、堂弟余珍的《四余诗草》、爱妻安履贞的《圆灵阁诗稿》，都因余昭的及时付梓而得以流布当地。光绪庚寅年十一月初八日辰时，64 岁的余昭在毕节大屯寿终正寝，族人遵其遗训，将其灵柩运回四川叙永，与爱妻安履贞合葬于水潦陇冈。

二、余昭诗歌创作特色

（一）多样化的题材

1. 山水诗

像伯父余家驹、堂兄余珍那样，余昭由衷热爱家乡的山水田园，尤以山水诗出色。他的《大山诗草》共收 350 多首诗，其中描写西南一带山水田园的诗歌有 53 首，约占 15.1%。早在纨绮之年，余昭就"随伯父白庵公往大屯读书，往来趋侍公祖母及母于两地，数百里间，道旁一草一木皆可辨识"（《通雍余氏宗谱》），成年后的余昭"足迹遍及蜀、黔、滇三省毗邻乌蒙山区，举凡名山大川、雄关险隘、危崖幽洞、寺观禅林、楼台古迹、奇石花卉、风霜雨雪、阴晴圆缺、名胜风景、民俗风情，无不寄情寓性，发乎其诗"。（余宏模《大山诗草》前言）读余昭描写水潦、大屯、泸州、镇雄、大方、毕节、贵阳等地的诗作，如《镇西隘口》、《天台囤》、《炎方驿》、《登最高峰望云海》、《登雪山关》、《江门峡》、《登大定玉皇阁》、《大定斗姥阁》、《七星关》、《灵峰寺》、《落折河》、《白沙翠崖山庄》、《往大屯途次遇雨即景》、《花朝游黔灵山》等，我们如同跟随作者一起壮游西南三省探奇览胜。

> 峭崖长亘天，斗绝面如削。石磴盘空过，毫无尺土托。叱驭走羊肠，马慄人足蹟。喘气杂云蒸，蹄声应崖壑。石磴危欲翻，怒向当头落。崖齿森开张，狰狞将来嚼。野茨牵人衣，枯藤绊人脚。路逼身欲倾，风摇立不着。俯仰偶一思，一坠讵何若？举首在青霄，足下翻雕鹗。下看人世间，啾喋如群雀。历险身乃高，谈笑心挥霍。我觉崎岖幽，谁云崎岖恶？世路虽多艰，其奈天宇廓。（《镇西隘口》）

镇西，在今贵州省毕节市境内，与滇蜀接壤。这里悬崖峭壁，道路崎岖逼仄，有万夫莫当之险。作者一方面描绘自然山水之奇险怪异，一方面又描绘山水给人带来的愉悦和恐怖，其审美心理可见一斑。

> 排空峭壁立围垣，划地深溪水气吞。怪石凶顽如鬼瞰，荒藤枯瘦学龙蹲。天梯雪栈人踪渺，云阵花幢佛殿存。铁笛横吹高处坐，夜来星斗定堪扪。（《天台囤》）

据余昭原题下注，天台囤在四川叙永城东 40 里，周围峭崖，下临深溪，五路可通；上有田土佛寺，袤广数百亩，居民以绳为梯，抱犊耕其上。诗人用浪漫手法写实，将排空的峭壁、划地的深溪、狰狞的怪石、枯瘦盘曲的荒藤，还有围垣、水气、天梯、雪栈、云阵、花幢、佛殿等景物描写得栩栩如生。同时描写人的感受：夜晚坐在天台囤的高处横吹铁笛，定会有扪参历井、遗世独立之感。全诗虚实结合，以虚写实，视听映衬，诗画交融，将叙永城东一处并不那么有名的奇景胜景描绘得格外迷人。

> 北镇雄关接远荒，腾身绝顶豁诗肠。云连乌撒千堆白，山入蚕丛万点苍。有地登高还是福，无人载酒自成狂。怜他多少繁华处，开遍黄花作战场。（《九日北镇关登高》）

北镇关在贵州毕节城西，作者在重阳佳节"腾身"登临山之绝顶，因"接远荒"的北镇雄关而一豁"诗肠"。极目远眺，作者沉醉于眼前千堆白云连乌撒、万点苍山入蚕丛的奇景美景，庆幸自己有此登高之福，即使无酒可饮也欣喜若狂。末二句笔锋突转，感慨多少盛景之地变成了血雨腥风、硝烟弥漫的征战之地。作者处处对比映衬，以豪迈之情写苍凉之景，个人情怀与感时伤事、忧国忧民的人文关怀水乳交融，将北镇雄关之重九登高写得别具一格。

到晚争投宿，荒荒古戍楼。石膏驮栈马，电线运车牛。出入烟迷眼，欠伸屋打头。酒醒凉月上，诗梦淡于秋。（《炎方驿》）

炎方是云南省沾益的一个小镇，古代一直是交通要道。戍楼古旧，荒凉无比，傍晚时人们争先恐后到驿站投宿。在客栈里，你可以看到驮运石膏的马匹和拖运电线的牛车在这里出出进进；烟熏火燎，睡在床上打个欠伸，屋顶就碰疼脑袋。诗人无法入睡，借酒浇愁却，凉月升起却感受不到诗情画意，故言"诗梦淡于秋"。

2. 军旅诗

8 年的贵州毕节猪拱箐农民战争，为诗人投笔从戎提供了施展文韬武略的重要舞台。因与以机阿克土目的姻亲关系，且"素为苗夷所推重"，余昭被荐随营堵剿。湘军悍将李有恒"令余昭以字谕苗巢"（周煦《平定猪拱箐苗夷记略》），余昭不避艰险，3 次到苗营谈判招抚，虽未如愿以偿，却也亲历战阵，目睹战场上的悲壮残酷：其诗友康兆寅被俘受残害，其忠仆苏海骁勇善战壮烈牺牲，其堂弟安晋一度被扣留作为人质。"磨剑时当为用武，抛书心尚未忘名。词锋气贯三千弩，韬略胸藏十万兵。"（七律《遣怀》其二）余昭的军旅诗，如《从军行》、《壬戌十月初四日，粤匪李复猷数万犯境，至北地槽。先以尺书慑之，既以乡练五百人薄于险以犄之。贼败而他走，纪之以诗》、《吊忠仆苏海》、《庚辰九月与毕节社诸君步韵，共和綦江孝廉陈翔初〈秋感十五首〉》等，写得雄浑豪放，剑气十足。如《从军曲》中的 3 首：

不听招降便请缨，自家忘却是书生。闲来偶谱从军曲，都带车辚铁驷声。（其一）

如雪刀光夹道迎，单骑驰谕一身轻。霜风马上寒吹角，探穴归来月在营。（其三）

电闪红旗令字挥，军声潮涌阵云飞。短衣跃马横刀去，要助将军杀一围。（其五）

其一写作者从军完全是主动的请缨行为，他竟然忘记了自己是个平素缺乏训练的文弱书生。余昭从军也无功利目的，这和"宁为百夫长，胜作一书生"的杨炯不同。杨炯从军的最低目标是要做个下级军官，余昭则无此念。其二和其三描绘战场厮杀画面：刀光剑影、电闪雷鸣、霜风寒角之中，诗人或单骑驰谕，侦察敌情；或跃马横刀，冲锋在前；战场上红旗猎猎，军声如潮。这些描写超越了作者向来的书斋生活局限，表达了自己军旅生活的深刻感受。撇开这场战争的性质不说，余昭的从军豪情是可嘉可叹的，他所勾勒的从军者形象也巍然屹立在读者面前，如闻其声，如见其人。

3. 咏史诗

余昭是一个"读书破万卷，下笔如有神"的才子诗人，他的史才史识可堪称道。其咏史诗如《读史》、《曹操疑冢》、《汉高帝》、《淮阴侯》、《西楚霸王》、《谒镇雄圣像》、《题关壮缪庙》、《石柱女土司秦将军良玉》、《读左马庄骚题后》等，臧否人物，知人论世，借古讽今，常常让人会心一笑。

> 燕翼贻谋慎所思，祖宗立法子孙师。始知秦氏坑儒兆，早在三良入
殉时。（《读史》）

作者以犀利眼光透视秦始皇的焚书坑儒事件，认为它是历史的重演，并非首创。三良，此处当指秦穆公时的三位贤臣奄息、仲行、针虎。《诗·秦风·黄鸟序》："黄鸟，哀三良也。国人刺穆公以人从死，而作是诗也。"毛传："三良，三善臣也。谓奄息、仲行、针虎也。"《史记·蒙恬列传》："昔者秦穆公杀三良而死，罪百里奚而非其罪也，故立号曰'缪'。"刘勰《文心雕龙·哀吊》云："昔三良殉秦，百夫莫赎。"

> 空留七十二疑冢，铜雀歌吹渺不闻。一将有余难万乘，兼吞未已只
三分。冢中枯骨同公路，天下英雄让使君。称帝称王谁竟是，那题墓道
汉将军！（《曹操疑冢》）

作为中国历史上家喻户晓的风云人物，曹操为防止死后被人盗墓，相传他曾在漳河上造有疑冢 72 处。建安十五年，曹操建铜雀、金虎、冰井 3 台，铜雀台高 10 丈，周围殿屋 120 间，曹操于楼顶置大铜雀，在铜雀台观姬妾歌舞，极尽奢华。作者认为，曹、袁、刘 3 人均曾称帝，而袁术死于非命，只有刘备、曹操寿终正寝。随着时间的流逝，人们逐渐淡忘了这位"挟天子以令诸侯"、志在统一全国的英雄，他的 72 所疑冢不过空留而已。这首诗以短短 56 字论及 3 个著名历史人物，在平淡叙事中显示史识。

> 陇佛云礽亦重儒，非同像教比浮图。尼山道貌尊师范，边徼蛮荒作
步趋。此地仍居夷不陋，当年曾叹夏之亡。霸才共艳奢香好，世泽崇文
让彼姝。（《谒镇雄圣像》）

作者非常熟悉西南一带的历史人物，尤为敬佩彝族女杰陇应祥。诗中的"陇佛"即陇应祥，由于她慈善心诚，彝苗人民称许其为"陇佛再世"。余昭在镇雄见到陇应祥的画像后，有感而发，认为陇应祥并非仅仅是画像，而是观音菩萨再

世。因为有陇应祥，在镇雄这样的偏僻荒蛮之地，孔子被尊为师者的典范，人们尊崇儒学，重视文化教育；因为有陇应祥，仍然居住此地的彝族已经没有了世俗偏见和目光短浅；在彝族历史上，陇应祥崇尚文教泽被后世的丰功伟绩，可与"霸才"奢香夫人媲美。像这样的诗作，既有史实辨伪，又有历史回顾和历史人物评价，非学养深厚者不能下笔。

4. 家事诗

余昭的家事诗，是对家族活动的诗化记录。这些家世诗不仅叙述了家族日常生活，而且再现了有关历史事实；不仅联络了亲情，而且成为家族心史的重要组成部分。如《送别安阶平十二韵》、《吊安阶平》、《自慰落第》、《挽外姑安太姑》、《贺海山兄凿田得泉》、《观安会亭舞槊》、《时园中诸葛铜鼓歌》、《九日携家人登高》、《吊陇芸庄宗叔》、《祝伯母安太淑人寿》、《阿克安氏山阳书屋夜坐杂感》、《以筹饷例得捐翰林原待诏》、《伤戚里》、《赠李子政总戎并祝华诞》、《祝曾方伯挚民母唐太夫人八十寿诞》等，通过这些诗歌，我们可以进一步了解诗人本身以及水潦、大屯余氏与赫章安氏、镇雄陇氏、平彝海氏等土目家族的交往，甚至了解少数民族末代土司家族的政治、经济、军事、文化以及各种社会关系状况，颇有研究价值。例如《时园中诸葛铜鼓歌》[①]：

> 儒将风流诸葛公，隐士名士真英雄。镇压百蛮鼓铸铜，物肖其人夺天工。观公之制思公才，奇物几不随劫灰。孙曹汉鼎俱尘埃，铜雀铜驼安在哉！惟有公之精神固，鱼浦石阵祠前树。此鼓亦有风云护，神奇出土跳蛙怒。生前擒纵助边猷，死后犹能拜群酋。价岂只易牛千头，论功鼓亦当封侯。我兄嗜古勤搜罗，物投所好来山阿。购入时园时摹挲，勖我试作铜鼓歌。愧我手无昌黎笔，硬语不能徒诘屈。铜鼓铜鼓其神物，土花斑剥莓苔飑。沉埋人世几千年，功成壮士久归田。一朝出土还人间，英雄陈迹已如烟。于今不复为用武，园中且作催花鼓。花国从无战征苦，渊渊犹带古时语。近日东风太狼藉，花幡高树为催敌。先声定夺封姊（姨）魄，好倩花王为勒石。主人相得水鱼欢，雅歌投壶从此始。昔如隐士今名士，英雄出处如是耳。

诸葛亮辅佐刘备于成都建立蜀汉政权，为巩固后方，曾渡泸水、入不毛，对西南各少数民族实行感化政策，在政治、经济、文化上多所开发，影响极大。不

---

① ［清］余昭：《大山诗草》，成都：四川民族出版社，1994 年版第 107–108 页。

少民族中都有关于他的种种传说，有的把他当做神来纪念。由于诸葛亮的影响，一些人附会物名，如诸葛巾、诸葛茶、诸葛灯（孔明灯）等。诸葛铜鼓亦属此类情况。作者借土司庄园中所购置的诸葛铜鼓"神物"咏赞诸葛亮的事迹、精神，表达了化干戈为玉帛的美好愿望。

5. 唱和诗

《大山诗草》中的近 40 首酬唱之作，光欣赏标题就让我们看到了祖国大西南古代文化交流的一个奇迹：《初遇刘雨生以仙缘天连限韵》、《丙午三月二十九夜，同弟子康侍伯父白庵公、师李少青先生时园中，烧烛赏牡丹明作》、《遥和海山兄赠秦伯川画扇秋江落叶三首》、《海山兄新落成眉峰沁绿亭同游和作》、《赠刘雨生秀才嘉藻从军并慰其贫》、《游大定斗姥阁和芸香女史留题原韵》、《周敬斋简代赵岚生馆临行赠别》、《和李少青先生时园一捻红茶花》、《甲寅四月朔与海珊兄共集品园联句》、《兄海珊处练团，示余五古一章，书已见奉答》、《中秋夜纪事并序》、《送石后复寄怀诸友》、《和李啸斋见赠五十韵》、《题康炳堂〈四石山房诗集〉即用谭荷生所题韵》、《再题五首即用集中题荷生诗集韵》、《同陇瑶亭游大定城南永清阁，用郡城女士周婉如〈登玉皇阁〉韵》、《奉怀少青师并乞诲政》、《求邱观察淑山先生校订拙集》、《龚润山刺史嘱和近作》、《八月二十八日和邱松樵二月二十二日见赠长句》、《辛巳三月和杨慎斋孝廉春草四首》。

这些唱和诗表明，以大屯、水潦余家驹、余昭、余珍为中心，在四川叙永、贵州毕节形成了一个相当活跃的诗歌创作群体，这个群体的成员，既有彝族上层社会的土目土司，又有汉族政府官员、书院主讲、廪生秀才，不仅有男性而且有女性，他们共同构成了晚清贵州文学史上的动人风景。

6. 爱情诗

最能体现余昭诗歌柔美风格的，是其爱情诗。余昭的 30 首爱情诗，写得真挚缠绵，一往情深。如《中秋同内人赏月》、《赠内》、《寄内》、《七夕》、《闰七夕》、《无题》、《赏月》、《闺中即事二首》、《闺中戏题》、《悼亡室安恭人即题其遗稿》等。

万里空濛海宇清，时需斗酒问卿卿。年年风景今宵胜，处处秋思此际情。满地花荫人半醉，一天云影月三更。不嫌风露衣裳冷，彻夜联诗坐到明。（《中秋同内人赏月》）

这是一首深情款款的爱情诗歌。因为娶了一位女诗人为妻，余昭这个中秋节过得与众不同：万里海天，雾气弥漫，温酒御寒，不嫌风露衣裳冷；花阴满地，漫天云影，不知不觉已到月夜三更；夫妻对坐对饮，联诗唱和，一直坐到天色微明。难怪余昭与安履贞"旗鼓相当琴瑟静好"的"美才清福"，尤为时人所艳羡。

> 牵情隔不断重门，若果同心便受恩。费尽苦思难入梦，自从瞥见总
> 销魂。受簪云鬓花何幸，得绾香罗玉也温。打叠胸中多少话，到来相对
> 又无言。（《无题》）

余昭组诗《无题》一共4首，描写有情人难成眷属的痛苦迷惘。这是第二首。重门紧掩，却隔不断心有灵犀的有情之人；他对她惊鸿一瞥一见钟情，眼前却辗转反侧"费尽苦思难入梦"；男主人公有爱人却无法实现爱欲，转而羡慕女子云鬓间所簪之花，嫉妒女子香罗所绾之玉。花幸运，玉温馨，有情人心中纵有千言万语，彼此相对却又无话可说。……诗歌言浅情深，情景交融，真实细腻，让人梦绕魂牵难以释怀。

《悼亡室安恭人即题其遗稿》[①]组诗共7首七律，作者反复咏叹对妻子的爱与怀念，情感深挚，内心哀痛憾悔，安履贞的形象呼之欲出。

> 才德难逢系我思，良妻良友两兼之。情饶妩媚能强谏，事到糊涂待
> 决疑。仅有人夸诸葛配，从今谁和窦滔诗？章珠未了生前债，哭到灵帷
> 恸女儿。（其一）

> 凭栏夜半两心知，七夕当年有誓词。欲拟再生终有散，不如同穴永
> 无离。菟裘未就何先逝，马鬣当风竟独支。地下承欢先我去，羡他含笑
> 侍严慈。（其三）

> 圆灵自寓写冰襟，欲证前身可认名。有别竟教疏领略，好逑原不讳
> 钟情。照来月色偏愁我，开到梅花欲唤卿。纸阁芦帘谁与共？几回梦里
> 讶回生。（其四）

> 亦云福命历红尘，斑鬓骖鸾近六旬。懿范可垂传后裔，影衾无愧得
> 完身。惟余世上称佳偶，已在生前当古人。三十九年如梦过，不堪回首
> 暗伤神。（其六）

"无情未必真豪杰，怜子如何不丈夫"（鲁迅《答客诮》）。浏览古代诗歌史，凡大家、名家必善言情，忌讳言情不敢写情的人，大多是道貌岸然的伪君子，其创作成就一般不高。余氏家族自余家驹至余达父四代诗人中，余昭是唯一有妻无妾的诗人，他爱安履贞爱得专一，爱得深挚，爱得丰富多彩。由这些爱情诗，我们可以走进余昭情感世界的私密空间，感受他的真挚缠绵、怜香惜玉，欣赏他们

---

① ［清］余昭：《大山诗草》，成都：四川民族出版社，1994年版第311-314页。

夫妻的诗酒对吟、花前月下、相敬如宾。余昭这 30 首爱情诗何尝不是余氏家族"心史"的一部分？

（二）自然新变的创作个性

自然新变，是余昭一贯提倡的诗歌创作精神，也是他的艺术个性之所在。自然，即任情适性，不矫揉造作；新变，即创新变革，不因循守旧。余昭诗论中的自然新变观念是他对诗歌创作过程的深入理解和体验。如《偶作》[①]：

> 无意作诗人，诗亦偶然作。作或呕心血，欲言畅所乐。言必真性情，精气纸上着。或自矜名贵，置身台馆阁。或自写幽隐，不遗一丘壑。或古藻淋漓，绮交而绣错。或怒骂嬉笑，飞花粲齿谑。或探精奥旨，元机偷橐龠。或大放厥辞，黄河自天落。方其用力时，农夫望秋获。及其成功后，俨然縻好爵。一句不得意，便作十日恶。一句出意外，拍案自惊愕。一句偶遗忘，失之如失魄。失者追不得，未曾相遇若。得者如遗珠，拾之便喜跃。改诗如换骨，九转丹方烁。割爱如割肉，医痛难为药。此中甘苦味，尝来亦不薄。何乐而为此？自顾一大嚎。人曰居必传，口漫应曰诺。昂藏一丈夫，岂徒空言托？

作者描述的是诗歌创作的过程和感受。他认为，诗歌是作者真实感情的流露，应当自然而然。好诗乃妙手偶得，不可强力而致。创作没有禁区和定式，题材广泛，手法多样，嬉笑怒骂皆成文章。诗歌创作过程犹如农民稼穑，既有耕耘的艰辛，也有收获的快乐。得一好句欣喜若狂，失一好句如丧魂魄。改诗过程非常痛苦，如脱胎换骨，如烈火炼丹，如良药苦口。"无意作诗人，诗亦偶然作"是道家自然艺术观的体现，崇尚自然、平淡、朴素、简约，是道家美学思想的精髓。道家美学思想的核心是"自然"，这一学派认为，天地万物生存发展所遵循的法则规律是"道"，而"道"的本质是"自然"，是没有任何人为痕迹的存在和运行状态。庄子从道家的自然主义哲学出发，把天地万物的自然本性看作是真美、纯美，而一切人为的美则被视为对美的破坏。他认为最美的艺术是完全自然的艺术，没有一丝人为痕迹，人为之美不但不能实现美的理想，相反还会妨碍人们按照其本性去欣赏自然之美。文学艺术也是这样，只有摆脱功利色彩，才会出现真诗人，出现好作品。

早年的余昭因为渴望追求人生价值的自我实现，以追求儒家"三不朽"为志

---

① [清] 余昭：《大山诗草》，成都：四川民族出版社，1994 年版第 155 页。余昭有多首《偶作》。

向，充满阳刚之气："磨剑时当为用武，抛书心尚未忘名。词锋气贯三千弩，韬略胸藏十万兵。"（《遣怀》）而怀才不遇、报国无门的现实境遇，又使他看淡了世俗的人生，认为"立德立功非我分"，"无位能传诗始好，有才不仕性方真"，"拙守林泉犹足乐，虚生天地不为才"（《三十初度》）。在《题康炳堂〈四石山房诗集〉，即用谭荷生所题韵》①中，余昭也表达了与自然文学观相近的看法。

　　诗各以志言，言各无所忌。善鸣假之鸣，天岂有狡狯。才原大小殊，何能尽一义？大者仙与雄，神奇各尽致。缥缈烟霞姿，翻掀江海意。小者为群才，浓淡各树帜。外此徒虚浮，反不如绮丽。入主出则奴，物各尚其类。有或躐等思，蹴踖有必自。我爱仙与雄，立锥无余地。心魂一梦之，犹觉多冒昧。何君一卷诗，湛然而幽邃。题词有同心，何必吾言系。慧定与神通，请各呈游戏。爱君诗圆融，一道佛光霁。爱君诗铿锵，伽陵语音脆。微旨意中意，众香味外味。诗心与禅悦，两擅无其弊。所以与攫云，渊冲结古契。仙与雄之间，另有一席寄。从此不作诗，吾欲断吾臂。诗佛传正宗，两君门不二。皈依一家言，学步谈何易！

读其诗我们不难看出，作者追求仙与雄的创作个性，喜爱康炳堂诗歌圆融的创作风格、铿锵剔透的诗歌语言、诗心与禅心会通的创作心态。

余昭力主诗歌创作要不断创新，成为独树一帜的诗中王者；崇尚自然，不喜苦吟，写诗对他而言是乐事而不是苦事。"君强记博闻，才情豪放，每一落笔洋洋洒洒，雅不喜为选体。尝云：诗须自我作，故若依样葫芦，优孟衣冠，有何趣味！"（杨绂章《大山诗草序》）余昭继承发展了余家驹"安知后人不古我"、"我生自有面目存，效颦何苦傍人门"（《时园诗草·祭诗》）等创作理念，重视"文章本天成，妙手偶得之"的创作灵感——"妙悟翻疑有见处，好诗却在无心中"（《无题》）。

（三）雄浑的主体风格

余昭诗歌的主体风格趋于雄浑，也有一些柔婉清朗风格的诗歌。雄浑，即雄健浑厚。宋人严羽《沧浪诗话·诗辨》云："诗之品有九：曰高、曰古、曰深、曰远、曰长、曰雄浑、曰飘逸、曰悲壮、曰凄婉。"司空图《二十四诗品》描绘"雄浑"曰："大用外腓，真体内充。反虚入浑，积健为雄。具备万物，横绝太空。荒荒油云，寥寥长风。超以象外，得其环中。持之非强，来之无穷。""雄浑"

---

① [清] 余昭：《大山诗草》，成都：四川民族出版社，1994年版第204—205页。

是二十四品中最重要的一品，但其含义颇有争议。严羽《答出继叔临安吴景仙书》云："盛唐之诗，雄深雅健，仆谓此四字但可评文，于诗则用'健'字不得，不若《诗辨》雄浑悲壮之语为得诗之体也。毫厘之差不可不辨，坡谷诸公之诗如米元章之字，虽笔力劲健，终有子路事夫子时气象；盛唐诸公之诗如颜鲁公书，既笔力雄壮，又气象浑厚，其不同如此，只此一字，便见吾叔脚根未点地处也。"

"雄浑"是建立在老庄自然之道基础上的一种美，它得自然之道，包纳万物，横绝太空，气象浑穆，自然含蓄，言有尽而意无穷，充满变化和生命的律动。"大用外腓"之"大用"，当指艺术境界里类似于"无"或"道"，在艺术感受中它是一种虚幻空间。这种空间看似虚幻，但它恰恰是艺术之"大用"。"外腓"是说这种"大用"并不拘泥于语言文字，而是超脱于语言文字形迹变化出来的大用。细分之，余昭山水诗、军旅诗、咏史诗以雄浑为主，家事诗、爱情诗以柔婉为主。正如杨绂章所言："先生诗尤豪迈，所钟山川之奇，所撷经史之腴，不获展布，一一发之于诗。故气则雄浑，笔则刚健，确肖其为人。"（杨绂章《大山诗草序》）"其大气磅礴，健笔劲拔，超出恒流，非可以章句绳者。"（同前引）余昭《大山诗草》中，雄浑风格的代表作品如《登雪山关》①《水脑住宅》②《法硌古》③等：

灏灏乎高哉！雪山之顶堆银堆。十日之日暴不烈，一日之寒骨为摧。此日乘暑来快游，六月凛凛生寒飑。我欲叩禅院，可有人似月溪幽。我来坐道旁，都是尘寰名利俦。飘然拂袖飞步去，与天为徒坐上头。但见赤水远来如贯虹，群山竞舞作飞龙。一一鼍连到北岸，俯首不敢争奇雄。尽让此山独豪迈，巍然重镇群山中。此时痛饮倒回光，莫负豪情醉者场。左掷金轮放西海，右招皓魄升东冈。还执北斗作饮器，酌取银汉作酒浆。醉中忽见天门开，群真送别倾金罍。再与仙人借黄鹤，乘风送我归去来。（《登雪山关》）

雪山关位于今四川省古蔺县境内的赤水河畔，以险要著称。作者写雪山关的巍峨、奇险，赤水河的辽远，以及自己登关所见所为所感，想象奇特，画面苍茫，节奏顿宕，笔力雄壮，气象浑厚。

我宅鳌部万山中，高压群峦拔地摩苍穹。黔山滇云为障牖，呼吸謦欬直与天庭通。苍崖壁立连城削，赤水围绕如蝀虹。一片顽石嶙峋傲骨铺牙版，千年枯松偃蹇苍颜秃毛翁。时有星河入户欲泻不得泻，日月当

①［清］余昭：《大山诗草》，成都：四川民族出版社，1994年版第21-22页。
②［清］余昭：《大山诗草》，成都：四川民族出版社，1994年版第141页。
③［清］余昭：《大山诗草》，成都：四川民族出版社，1994年版第184-185页。

阶涌出红不红。谈笑烟霞满人口，还有云衣云絮裹人行坐睡朦朦。所以偶一语，亦被罡风曳过千岩万壑应噌吰。互歌而互答，直如同声一气共喉咙。风固多事者，云之狡狯同。……（《水脑住宅》）

诗人笔下的水脑住宅周围，万山巍峨嶙峋，苍崖枯松偃蹇，赤水蜿蜒如虹；烟霞遍布，风云狡狯，万壑噌吰。整首诗修辞手法多样，联想丰富，气势如虹，窾坎镗鞳。

（四）不事雕琢的语言

不事雕琢，即天然而成。自然天成讲求语言表现的自然和谐，不矫揉造作，无斧凿痕迹。自然天成美学观最早来自老庄。老子说："人法地，地法天，天法道，道法自然。"（《道德经·道经》第25章）庄子继承了老子这种自然观，将自然之道引入人生之道，是通往自由的审美境界。因此，庄子美学思想以自然为宗，其自然观渗透于对天地万物、人性、艺术的看法之中。对于艺术而言，"自然"就是经过依乎天理的艰苦修炼而达到的自由境界。

余昭诗歌经创作历了一个语言锤炼的过程。除了努力学习杜甫"语不惊人死不休"的精神，他还特别注重与诗友交流唱和，以提高诗歌技艺。1895年，毕节松山书院主讲、举人杨绂章点定余昭诗集并为之作序，在序文中有这样的描述："余自髫年，即耳其诗名。癸酉（1873年）应举，遇诸途次，即订忘年交。此后先生入城，必相唱和，己丑（1888年）之冬，犹谈诗客邸，期来岁续前欢。"邱宝森《〈大山诗草〉序》亦云："君伯父白庵公故能诗，自君少时，即辟呫诏之。君又性慧嗜学，年未弱冠，所为诗已裒然成帙。"[1]

余昭与志同道合者构建了一个诗艺交流的"艺术沙龙"：他的诗友，在大屯土司庄园有伯父余家驹、堂兄余珍等，在水潦土目旧居有爱妻安履贞、妻兄安阶平、儿子余一仪等，在毕节境内有康兆寅、谭咸茉、邱宝森、刘嘉藻、杨绂章（字慎斋），在叙永有举人李怀莲等。"奇文共欣赏，疑义相与析"的诗文创作交流，使余昭诗歌语言艺术不断提高。《大山诗草》中的诗歌，无论写景言情、论史评文，还是言说世事家常，都较为注重语境刻画和语言的自然天成。例如《登最高峰望云海》中把大小各异的群峰比作儿孙，颇为新颖："一峰突出群峰表，群峰罗列儿孙小。我来登此最高峰，白云冉冉人渺渺。挥袖直上千寻巅，白云转在峰际袅。"《送别安阶平十二韵》抒发了作者对诗人、挚友、妻兄安阶平遭受的不白之冤表示

---

[1] ［清］余昭：《大山诗草》，成都：四川民族出版社，1994年版第3–4页。

的深切同情，语调沉郁激愤："白眼苍生客，英奇一代殊。心随古今骋，道不近时趋。薄俗谁容汝？哀怜只有吾。才高人嫉妒，命蹇鬼揶揄。雌伏何为也？雄飞在此乎？捶胸眉倒竖，裂眦血糢糊。剑斫灯花落，词挥笔海枯。埋冤甘作厉，献媚耻同狐。酒盏风威战，旗亭雪片粗。恩譬轻草芥，身世走江湖。壮往钦明哲，依违笑腐儒。前程须努力，莫便泣穷途。"《自慰落第》语调先是自信豪迈，继而对落第心情加以自我宽慰，转而委婉旷达："笔巅横扫走风涛，一入文坛气便高。世上岂无千里马，途中谁是九方皋！思传后代情原壮，想到初心梦亦豪。富贵在天非战罪，莫将成败论吾曹。"

三、余昭的影响

余昭其人其作，一直到 20 世纪 90 年代才重新引起重视。1994 年，由余宏模搜集整理，陶应昌、陶学良参与注释的《大山诗草》由四川民族出版社出版。在左玉堂主编的《彝族文学史》[①]中，陶学良对余昭其人其作所作的探讨详细缜密。在《百年家学 数世风骚——大屯余氏彝族诗人家族研究》[②]一书中，有研究者把余昭诗歌的艺术特色分为五个方面：鲜明的地域性；善用各种诗体；精熟运用典故；风格雄浑豪放，想象奇特；部分诗作有浓郁的民歌色彩。余昭的诗作的确内容丰富，艺术手法高妙，"气则雄浑，笔则刚健"，颇得李白、苏轼一路作品精神气韵。

余昭是余氏家族历史上的第二位学者型诗人。除《大山诗草》2 卷外，他还有《叙永厅志稿》4 卷未竟，《土司源流考》1 卷未刊，《有我轩赋稿》2 卷，《德斋杂着》1 卷，可惜绝大部分文章都已失传。余昭所写 16000 多字的长文《平定猪拱箐苗匪始末记》，按时间先后顺序，记述了猪拱箐农民战争"自咸丰十年起事、同治六年始平，凡八年"的详细过程，细节生动，人物描写栩栩如生，语言文字简约得当，是研究猪拱箐农民战争也是研究余昭的珍贵史料。再读余昭《大山诗草序》、《四余诗草序》、《雄书安氏家谱谱序》和《通雍余氏宗谱》的多处原注，还有他对伯父余家驹、堂兄余珍、爱妻安履贞的传神描述，我们更可以感受到余昭"读书破万卷"的博大深沉。

余昭生前所著《大山诗草》3 卷，由其子余邃初于光绪戊戌年（1898）在大屯故里刊印，时昭已逝世 8 年。余邃初为刊印父亲的诗集，曾于光绪癸巳年（1893）

---

① 左玉堂：《彝族文学史》，昆明：云南人民出版社，2006 年版。

② 母进炎：《百年家学 数世风骚——大屯余氏彝族诗人家族研究》，贵阳：贵州人民出版社，2012 年版。

去信广东，求得邱宝森之序；1895 年前后，余邃初又将父亲的遗著送到毕节松山书院请杨绂章"点定"。也是诗人的杨绂章"课士之余，取其雒诵"，觉其"大气磅礴，健笔劲拔，超出恒流，非可以章句绳者"，于是"为遴其尤，序而归之"，期待余昭遗著"异日梓成，播诸士林，俾委靡平庸者奉为药石"。如果没有余邃初、杨绂章等人传承诗教的苦心孤诣，余昭很有可能会成为"文学史上的失踪者"。

余氏家族文化赖余昭等人得以传承弘扬，功不可没。余昭的家教、诗教，对妻子安履贞、儿子余邃初、孙子余达父一辈都产生了深刻影响。"公壮年豪情逸上，或与同辈击钵刻烛，乘危斗捷；或放言高论，凭吊古今；或游览山川，骋其胸臆……无不于歌咏见之。其为诗沉雄浩荡，不名家而自成一家。"（《通雍余氏宗谱》）兼资文武、马跨川黔两省、"不名家而自成一家"的诗人余昭，作品"沉雄浩荡"、"三分珠光，七分剑气"，既英雄气壮又儿女情长，既有不菲的数量，又有不俗的质量和高雅的品位，理所当然应该在彝族文学史乃至中国古代文学史上占有一席之地。

第四节　玉树临风，枝干犹劲——余氏家族女诗人文学创作论

余氏家族女诗人仅有安履贞、余祥元两人，但她们祖孙俩（曾祖母与曾孙女）却是共同支撑余氏家族文化大厦的两根石柱，犹如空谷足音、玉树临风，在少数民族文化史上也有不凡的意义。

一、安履贞、余祥元的生平

安履贞（1824—1880），因爱月而字月仙，一字廉娘，人称"乌撒奇女"。"自幼行止语默，迥异寻常，约束侍婢，语合箴戒"，"虽髫龄，非家人无见者"，"性淡静，明窗净几，萧然无尘。非忠孝节烈之书不读，尤嗜《离骚》，论古具只眼"，"读书十行，下笔文思若宿构。每梦阅一篆册，则诗性自发"。"其诗教多得于阶平，而成于令偶大山先生。然亦不多作，作亦不肯示人，盖深自韬晦，而不欲以才显"，"仆所获见而录存者，多思亲悼弟之作。阶平以家难，迄于沦亡，姑于母家，有沧桑之感，发乎情之所不得已也"。[①]从余氏家庭教师、举人、豫章 80 岁老人饶雁鸣咸丰元年（1851）写于乌撒阿克山阳书屋的这些文字，我们可以了解女诗人 27 岁前的生活阅历、性情尚好和创作状况。

---

① 此处诸引文均见清代余昭、安履贞《大山诗草》饶雁鸣序，成都：四川民族出版社，1994 年版第 5 页。

安履贞先世为彝族德布氏乌撒（今威宁）盐仓土司后裔，系乌撒 8 大部首目总几家支的阿克土目，辖地在今贵州赫章、毕节两县交界处红稗坝（今赫章县六曲河一带）。安履贞父亲安中立不仅是阿克土目，而且是当地有名的文人。安中立对安履贞"爱如掌珠，视诸公子异等"，安履贞之兄安履泰，字阶平，博学多才，有遗诗 10 首传世。安家和余家是世交，安履泰与余家驹、余珍、余昭是知交诗友，其《难中口占留别——白庵姻长暨子儒、子懋昆仲》七律 2 首，是临难前到大屯的诀别之作，诗中的"得逢知己一宵话，死到黄泉意亦平"感人肺腑。余昭不只在《吊安阶平》七律 2 首自注提及此句，还用"戚谊如君能几个，文章余我亦孤单。伯牙从此钟期渺，搥碎琴弦忍再弹"、"魂兮谁与赋归来，豪士无年实可哀。处世太狂成怪物，逢人便骂亦奇才"等诗句描述其为人性情。

阿克土目的特殊家庭环境，使安履贞与那个重男轻女社会绝大多数女性的命运迥然不同。她不仅得到了良好的早期教育，能读书写作，还有一位诗人安履泰家兄教其作诗。细品《读袁家三妹合稿，偶题二律并序》、《悼姒氏安淑人，淑人海山兄配水西安氏》或长或短 4 篇诗序，我们可以感受到安履贞的不俗文才。作为晚清偏远落后地区的一位杰出的知识女性，安履贞能够立德、立言，成就斐然，是由多种偶然性因素孕育的必然性。"且黔疆文教初开，问才于男子尚不多得，况妇人乎？有开必先，异日数此邦才女，必先屈指廉姑。即论德媛，亦当首及，当以吾言为不谬云。"饶雁鸣为安履贞诗集所作序中的这些话并不夸张。

"盖自改土归流以来，土目辖境的封建领主经济日趋没落崩溃。地方流官与外族豪民相互勾结，挑衅仇杀，兴讼冤狱，侵吞土目家产，兼并土地。"①在这种时代大背景下，安履贞的家族也日趋没落："安阶平兄弟以冤屈毙，以几阿克土目绝嗣"，安履贞"十七撄家难，兄弟遭冤奇。十八家被毁，兄逃母受羁"②。她曾筹划为兄申冤，不成就死在大堂上，却碍于母命，未能成行。就在安家因家境败落而极度困窘的时候，余家兑现婚约，19 岁的安履贞与 16 岁的余昭成为夫妻。"两才相遇，天予必厚德者有邻之称。鸿妻、莱妇、亮配、瑾室，皆为德邻，合德并耦，世泽必长。大山亦当世之才而有德者，两人之福，未可量也。"③

"（余昭）性慧嗜学，年未弱冠，所为诗已褎然成帙。娶安恭人亦能诗，旗鼓相当，琴瑟静好，美才清福，尤为人所艳羡。"（邱宝森《大山诗草序》）余昭、安履贞这两个彝族诗人的结合，曾在当地传为佳话。安履贞对丈夫的才华欣赏有

① 余宏模：《大山诗草前言》，成都：四川民族出版社，1994 年版第 5-6 页。
② [清] 安履贞：《圆灵阁集》（附于《大山诗草》之后，下同），成都：四川民族出版社，1994 年版第 324 页。
③ [清] 安履贞：《圆灵阁集》饶雁鸣序。成都：四川民族出版社，1994 年版第 5 页。

加，自愧不如："文澜壮阔有谁知，一首逍遥悟太初。跋浪自惊沧海裂，前身应是北溟鱼。"（《题子懋夫子〈大山诗草〉其一》）"愧我同为比目鱼，未成咏絮嫁时初"（《题子懋夫子〈大山诗草〉其二》）。余昭对安履贞的才华亦十分欣赏，以"有诗皆脱俗，无梦不通灵"（《赠内》）赞叹其诗作脱俗而富有灵气，以"闲看客邸莺花老，无那金闺咏絮人"、"余每从学从戎，皆勖启行，曰：'五伦中，独言夫妇有别，恐怀安也。情缘亦如福分，撙节则长，君何惜焉？'今则竟短，悔领略之疏耳！"①表达其对才华堪比谢道韫的妻子的思念。

安履贞亦能文。从《读袁家三妹合集，爰以己意，偶题二律并序》、《悼姒氏安淑人》等作品序，还有一些作品的标题，我们可以领略到这位"乌撒奇女"的文学修养与不俗文采。从她生前"拟修古今内史，条目已编'孝顺''慈惠''贞烈''忠义'数则，尚未成书"②、"病惟咳嗽，并无昏迷。临终前二日，俛我诵唐人小说，以作解闷。余诵《非烟》《小玉》诸传，曰：'非所乐闻，请诵龙女、红线、英雄诸传！'犹共评论，岂真乘雾去耶？"③等记载，我们可见她对文学的热爱一直坚持到生命的终结。

据余昭悼安履贞的诗句"三十九年梦中过，不堪回首暗伤神"判断，夫妻俩有过 39 年的恋爱婚姻生活。在这 39 年里，安履贞"端庄慈惠，律己以敬，待人以恕，相夫教子，永垂模范。课家务井井有条，能诗文，不欲示人。"（《通雍余氏宗谱》）"事姑嫜善察颜色，能曲体欢心；善矜恤下人，能周知委曲。持家揽大体，不严而整，内外家娣姒姑嫂，皆无间言。慈厚中又极孤高，巾栉罄匜，细节必谨。"④"貌以寻常"⑤的安履贞，不仅"新辟园林，多赖其力，常云'如此入俗更深'⑥"，是"情饶妩媚能强谏，事到糊涂待决疑⑦"的贤内助，还协助余昭

---

① 余昭诗句"有别竟教疏领略，好逑原不讳钟情"自注，见（清）安履贞《圆灵阁集》。成都：四川民族出版社，1994 年版第 313 页。

② 余昭：《悼亡室安恭人即题其遗稿》第七首"名列瑶台第几仙，拟修内史未成编"自注，见（清）安履贞《圆灵阁集》。成都：四川民族出版社，1994 年版第 315 页。

③ 余昭诗句"病里危躯强听书"自注，见（清）安履贞《圆灵阁集》。成都：四川民族出版社，1994 年版第 314 页。

④ [清] 安履贞：《圆灵阁集》饶雁鸣序，成都：四川民族出版社，1994 年版第 310 页。

⑤ 余昭：《悼亡室安恭人即题其遗稿》第一首诗句"仅有人夸诸葛配"自注，见（清）安履贞《圆灵阁集》，成都：四川民族出版社，1994 年版第 311 页。

⑥ 余昭：《悼亡室安恭人即题其遗稿》第二首诗句"归耕已遂园林愿，入俗偏将世味谙"自注，见（清）安履贞《圆灵阁集》，成都：四川民族出版社，1994 年版第 312 页。

⑦ 余昭：《悼亡室安恭人即题其遗稿》第七首注。见（清）安履贞《圆灵阁集》，成都：四川民族出版社，1994 年版第 315 页。

完成了对若煌、若璟等几个孙子的早期文化教育——"常课诸孙（生时有四孙，曰若煌、若璟、若琳、若钰，并二女孙）最严，家人有事禀白，必待课完。曰：此乐为最"。①不仅如此，安履贞还一视同仁，对儿子女儿都进行诗教，其《伤心词》中写其夭亡的 3 岁小女儿边吃奶边背诵唐诗的情况："年才三岁嫩如脂，终似花开一霎时。乳畔唐诗流水涌，至今人怕读唐诗。"光绪庚辰年正月二十六日戌时，安履贞在水潦寿终。10 年后，余昭在大屯逝世，族人"遵公与姒遗训"，将其灵柩送回水潦，与安履贞夫妻合墓。

安履贞《圆灵阁集》存诗 60 首，先有清光绪辛巳（1881）年以义堂单刻本《圆灵阁遗草》，饶雁鸣作序，后有四川民族出版社 1994 年版《大山诗草》后附之《圆灵阁集》。

余祥元（1918—2006），字善初，余达父次女，毕节大屯余氏彝族诗人中继安履贞之后的第二位女诗人。"姑随侍达父公时，多受家学，早习词章，惜生平不多作，旧作又尽佚失。"（余宏模《挹梅楼诗集序》）2003 年，余宏模编《赤水河畔扯勒彝》，收入余祥元 1985 年（67 岁）以后"闲拾"作品 96 题 189 首，命名为《挹梅楼诗集》。

《余达父诗文集》有五律《悼亡姬孙氏》②，诗序为："年四十，甲子（1924）年六月廿八日殁于毕节西门本宅。"由其尾联"丁零问元姐"句自注"所生女（指余祥元）小字符姐，今六岁"，我们可以推知，余祥元大约 1918 年出生于毕节，其母为余达父第三位夫人孙氏。1924 年母亲去世，是余祥元坎坷人生的开端，因为生身母亲是汉族，她在大屯彝族土司庄园里备受歧视、侮辱和欺凌："慈亲帏幄病呻吟，教我生日自记清。岂料鹤飞成永逝，抛遗幼女任飘零。"③"六岁归慈一苦女，脓血满首串虮铃。阿妮眼瞅婢随吼，贱我出生汉氏门。"④次年，余祥元到贵阳与父亲相见，女儿蓬头垢面的乞儿形象让父亲老泪纵横愧悔交加——"跨岁省垣谒老父，着衣仍是上三年。鼻脏两袖沾污垢，衣褐蓬头乞子颜。见女心慈落老泪，疑端掀起授夺权。促妻命去终成悔，泪雨潸潸恨永

---

① 余昭：《悼亡室安恭人即题其遗稿》第七首"课读曾欢孙绕膝"句自注。见（清）安履贞《圆灵阁集》，成都：四川民族出版社，1994 年版第 315 页。

② ［清］余达父：《余达父诗文集》，呼和浩特：远方出版社，2001 年版第 53 页。

③ 余祥元：《大雪病中忆旧》其三。见余宏模《赤水河畔扯勒彝》，香港：香港天马图书有限公司，2003 年版第 246 页。

④ 余祥元：《挹梅楼诗集·黄昏忆》其二。见余宏模《赤水河畔扯勒彝》，香港：香港天马图书有限公司，2003 年版第 257 页。

眠。"①余达父多妻妾,除早逝的安氏、孙氏外,还有陇氏、徐氏等,在那个大家庭里,一定发生过一些现在已不可考的家庭悲剧!

余祥元厄运连连:1932年,13岁的余祥元曾到南京求学,在学校里,她与好友共同成立"西南夷族文化促进会",却因家庭经济拮据未能继续升学——"藏尧曲木姓,三人皆莫逆。积极族事创,取号西南夷。文化促进会,舆论竟慕名。家拮难再寄,未能续高升"。②1934年古历六月,生父余达父在贵阳寓所凄苦病逝,余氏土司庄园因失去了主人而从此沧桑几度,余祥元亦"十五怙又失,棺前痛恸哭"。

后来余祥元得资助续读高中,却因与叔婶的家庭矛盾不能完成学业,在参加短期军训后投笔从戎:"辗转筑垣寄,入高继负笈。殊不容叔婶,短训乃作兵。从此成行伍,恰逢抗战期。"③"俗云懦者受强欺,瘦马常言被驭骑。嚣张倭人狂妄甚,一日数炸首都城。"④1937年余祥元再到南京,入蒙藏学校公读,"文凭已交入校后战起搬迁,不再招生,学历顿失"⑤,船行江上,"穿在英美两轮的夹缝中方得脱险"。后来余祥元以《偶忆逃亡》七绝8首追忆这一段惨痛经历。

此后余祥元辗转到贵州织金,为人妻人母人媳,27岁时爱子早夭,30岁时爱人去世,55岁时婆婆去世。新中国成立后,余祥元参与农村社会主义建设,她在"五载钢炉练半生"的艰苦劳动中改造自己——"铁心竖志改从新,炼骨锻筋自此名。百火千炼成干将,将来视作宝莫邪"。⑥从被生产队长表扬的"集体出工喜莫忧,凭心尽事汗长流。一声令下评挖技,博奖曾夸一步牛"⑦,到被选拔参加短期师范培训"领导庄严把话说,进身师范应欢乐。不期听罢双泪流,老母雏儿无

① 余祥元:《挹梅楼诗集·黄昏忆》其三、四。见余宏模《赤水河畔扯勒彝》,香港:天马图书有限公司,2003年版第257页。

② 余祥元:《挹梅楼诗集·冥悔》。见余宏模《赤水河畔扯勒彝》,香港:香港天马图书有限公司,2003年版第277页。

③ 余祥元:《挹梅楼诗集·冥悔》。见余宏模《赤水河畔扯勒彝》,香港:香港天马图书有限公司,2003年版第277页。

④ 余祥元:《挹梅楼诗集·偶忆逃亡》其二。见余宏模《赤水河畔扯勒彝》,香港:香港天马图书有限公司,2003年版第277–278页。

⑤ 余祥元:《挹梅楼诗集·偶忆逃亡》自注。见余宏模《赤水河畔扯勒彝》,香港:香港天马图书有限公司,2003年版第278页。以下两处引文均出自《偶忆逃亡》自注。

⑥ 余祥元:《挹梅楼诗集·忆火炼》其五。见余宏模《赤水河畔扯勒彝》,香港:香港天马图书有限公司,2003年版第252页。

⑦ 余祥元:《挹梅楼诗集·忆火炼》其十九。见余宏模《赤水河畔扯勒彝》,香港:香港天马图书有限公司,2003年版第254页。

处搁"①,再到 1956 年她 38 岁时终于走上教坛"褴褛全身不像师,脚裂手茧恐人嗤。生香牛粪犹闻臭,口不能言自己知"。其间她曾被选为县人大代表,直至年逾花甲光荣退休:"入教行年三十八,归家告老逾花甲。浇花灌树劳心力,卸担老牛喜英华。"②余祥元晚年定居云南昆明,2006 年以 88 岁高龄逝世。有《挹梅楼诗集》流传后世。

余祥元曾用五言古体诗《恨苦歌》描述自己的"苦恨"人生:"一生命多乖,少小未知福。幼岁叹萱凋,卧地犬弗如。十五怙又失,棺前痛恸哭。二七龄刚过,突遭爱子殁。三十比翼分,抚幼更艰辛。五五姑仙去,奄冬尽孝行。方息略喘气,次婿又目瞑。迈进八十五,杳然母女离。长寿有何夸,心创痛千疤。顾我亲人辈,黄泉再相会。此生苦恨多,待久眼无泪。"③余宏模在为《挹梅楼诗集》所作序文中,对余祥元如此赞美:"姑出身僻壤诗礼世家,幼而聪颖,志胜须眉。然一生命乖运蹇,茹苦含辛,几番劫难,逢凶化吉。身处逆境,卓然独立,姑之德操,有如大雪青松,暗香红梅。长期执教僻乡,育才桃李盈门,贤称邻里,邑人敬之。退休离黔,举家居滇。喜遇盛世,颐养天年。感时忆旧,闲恰诗篇。陶情冶性,自娱桑榆。"

二、安履贞、余祥元诗歌的主要内容

(一)安履贞诗歌的主要内容

在余氏文学家族 7 位有作品集流传的诗人中,安履贞作品最少。她的诗多为近体,内容大致可分以下 5 类:

1. 闺阁诗

大约 10 首,可分婚前、婚后两个时期。由于婚前、婚后境遇迥然不同,其闺阁诗在内容、风格上亦明显不同。婚前的闺阁诗,主要表现诗人天真烂漫、活泼开朗的少女情怀,还有对未来生活的美好憧憬。如其《闲适咏》④:

---

① 余祥元:《挹梅楼诗集·忆火炼》其二十一。见余宏模《赤水河畔扯勒彝》,香港:香港天马图书有限公司,2003 年版第 254 页。

② 余祥元:《挹梅楼诗集·执教忆》其四。见余宏模《赤水河畔扯勒彝》,香港:香港天马图书有限公司,2003 年版第 255 页。

③ 余祥元:《挹梅楼诗集·恨苦歌》。见余宏模《赤水河畔扯勒彝》,香港:香港天马图书有限公司,2003 年版第 255 页。

④ [清]安履贞:《圆灵阁集》(附于《大山诗草》之后,下同),成都:四川民族出版社,1994 年版第 316 页。

静坐阑闺无绪思，春来小院日迟迟。梨云绕屋堆香梦，柳絮扑帘凑好诗。呼婢频添金鸭篆，背娘潜下木鸡棋。个中情趣谁能识，我自清闲我自知。

在"梨云绕屋堆香梦"的优美环境里，小园里所感受到的春天来得有些慵懒。梨云为美梦添香，柳絮为好诗增韵，女主人公呼婢添篆、背娘下棋，生活充满情趣，即使别人不了解，也"我自清闲我自如"。此诗记叙春日一天饶富情趣的日常生活，刻画出诗人少女时代天真顽皮、活泼好动的可爱形象，可与李清照早期"和羞走。倚门回首，却把青梅嗅"、"知否？知否？应是绿肥红瘦"一类词作相媲美。

由于迭遭家难，安履贞婚后的闺阁诗比早期多了几分淡淡的幽怨和悲戚。以《春宵独坐》[1]为例：

花上杜鹃啼不住，一轮明月寒光素。鸟啼花落春将暮，仰望云天月移树。依窗无语添香米，徘徊更向花前步。

此诗描写诗人在暮春之夜心有所思而在花前徘徊漫步的情形。表面上是写诗人悠闲自得的闲适生活，但杜鹃"不如归去"的啼叫，明月清辉满地的凄凉，使得全诗笼罩在一种凄清的色彩之中，再加上诗人花前漫步的愁闷，更使得诗歌字里行间蒙上了一层悲戚的色彩。再如七绝《小园独步》[2]：

小园独步意深长，最爱蕉阴纳晚凉。宿鸟一声啼竹外，清风明月共悠长。

此诗通过描写蕉阴、宿鸟、啼竹、清风、明月等景物，表现诗人在小园中独步时闲适宁静的心情，但在蕉阴、宿鸟、翠竹、明月、清风所构成的意境中，诗人所刻画出的主人公却孤寂而稍带愁苦。另外一首《春闺》[3]：

夜深春雨滴涓涓，落尽残红二月天。绣阁未妆清早起，海棠花外有啼鹃。

同样是描写春景，但诗人却着意于暮春时节滴滴不尽让人不寐的春雨，二月的残红，以及催人归去的杜鹃，已经让诗人的心情无法闲适了。与诗人婚前的闲适诗相比，我们可以看到，诗中所描写之景偏于凄清暗淡，轻松愉悦的心境已经被愁苦烦闷所取代。在与夫君离别时，不时浮上心头的相思偶尔也会打乱诗人的

---

① [清] 安履贞：《圆灵阁集》，成都：四川民族出版社，1994 年版第 331 页。
② [清] 安履贞：《圆灵阁集》，成都：四川民族出版社，1994 年版第 340 页。
③ [清] 安履贞：《圆灵阁集》，成都：四川民族出版社，1994 年版第 339 页。

心绪，如《子懋夫子寄诗次韵和之》①：

> 东风归去草如茵，后院花飞白似银。杜宇惊回千里梦，兰闺送却一
> 年春。残灯留伴敲诗影，短榻能移忆远身。窗外融融今夜月，不知何处
> 照离人。

2. 写景咏物诗

这一类诗作有 10 来首，大多写家乡的时令景象、自然风物，描绘家乡宁静祥和的农村景色，富有浓郁的生活气息，表现诗人爱自然、爱家乡的美好情感。如《春日口占三首》之一②：

> 旷夜起东风，春发杏园中。晓来村舍女，开箧斗妆红。

一幅春光烂漫、群芳斗艳的美景图如在眼前。夜来东风拂过，满园杏花绽放，村姑们也打开竹筐拿出化妆品，要与粉红的杏花争红斗艳。再如《春日即事》③：

> 山鸟催耕橹，沿村唤未休。何关饶尔舌，亦复动人愁。柳絮飞无定，
> 榆钱散不收。春蚕新出纸，呼婢采桑柔。

山鸟催耕，柳絮飘飞，榆钱散乱，春蚕出纸，呼婢采桑。女诗人描述新春时节的农忙景象，生动展现农村日常生活，欢快中略带哀愁。再如《清明》④：

> 白浪江头柳絮飞，连天春树碍斜晖。一盂麦饭长亭晚，正是人家上
> 冢归。

江上白浪滚滚，江边柳絮翻飞；春树高耸入云，夕阳余晖不能透过枝叶；傍晚时分坐在长亭上分享一盂麦饭的，正是扫墓归来的人。诗作描写清明时节乡人祭祀祖先的情形，表现了宁静祥和的山村景色。在安履贞的写景诗中，有一首《不俗居》⑤显得分外独特，通过描写居住环境及日常生活的不落俗套，表明诗人清高自赏的寂寞而又略带无奈的心绪：

> 轩临翠竹午风清，书史闲看少世情。士到完名千古重，人无俗务一
> 身轻。诗随水月香花艳，心似冰壶澈镜明。最爱春阴常小住，悄听杜宇
> 一声声。

安履贞的咏物诗不多，都是描写菊花，以菊喻人，暗喻自己高洁的品行。

---

① [清] 安履贞：《圆灵阁集》，成都：四川民族出版社，1994 年版第 331–332 页。
② [清] 安履贞：《圆灵阁集》，成都：四川民族出版社，1994 年版第 338 页。
③ [清] 安履贞：《圆灵阁集》，成都：四川民族出版社，1994 年版第 346 页。
④ [清] 安履贞：《圆灵阁集》，成都：四川民族出版社，1994 年版第 332 页。
⑤ [清] 安履贞：《圆灵阁集》，成都：四川民族出版社，1994 年版第 321 页。

如《白菊》："亭亭玉质晚风前，雪艳冰姿独取怜。皎洁清香侬爱汝，携镫相伴倩无眠。"诗人通过描写晚风中的白菊亭亭玉质、雪艳冰姿，表示自己愿意为之携镫，展现了自己对白菊精神的礼赞，从而显示诗人高洁自许的内心追求。再如《菊径》："古砌苔深满径荒，西风过处暗闻香。一年一度三秋景，独许寒英傲晚霜。"诗人通过描写深秋的萧索时节，只闻菊花暗香，赞扬菊花傲晚霜的风骨，亦以梅自喻。

3. 思亲念友诗

安履贞的思亲诗一共17首，写她思念母亲、兄弟、丈夫、姑嫂、儿女，感情朴素真挚。

父亲安立中早逝，安履贞由母亲抚养成人。在安履贞的17首思亲念友诗中，抒发对母亲的思念、担忧的诗作就有8首，都写于诗人出嫁之后。如《于归后思亲》，描写诗人出嫁时对家中亲人的依依不舍，到达夫家后，耳旁仿佛还回响着母亲的亲切叮咛，透露出诗人对母亲的依恋之情。《闻家难思亲》："诸兄闻远散，老母竟何依。"诸兄远散、亲朋远避、仆婢稀少，在听到家中遭难的消息时，诗人最为牵挂的就是自己的母亲。两首七绝《闻鸟》更是其思亲代表作："兀坐帘栊昼掩门，夜阑月下泪添痕。慈乌哑哑啼将曙，声声未尽反哺恩。""宛转悲鸣悲欲绝，万里凄凉在喉舌。对此无语伤侬心，一般心事两难阅。"

此诗通过描写月下听乌鸦啼叫，化用"乌鸦反哺"的典故，表明自己对母亲的思念，更表达了自己因远嫁不能于母亲膝前尽孝的愧疚之情。诗人对母亲的思念，可谓无处不在，听到一声蝉鸣，看到一轮明月，度过一个中秋，见到一个使者，都会勾起她对母亲的深深思念之情。"离娘儿女思故乡，远嫁难归只自伤。年年春去人空老，北堂萱草可平康。……寂寞黄昏独踟蹰，蚕声亦自有时无。思亲念比江河水，何日昏昼不唏嘘"（《闻蝉念母》），远嫁所带来的寂寞与孤独，对母亲安康与否的挂念，在黄昏的蝉声中，更使诗人对母亲的思念如同江河水一般，不可遏制，没有尽头。"怅望中秋月，苍茫感慨多。乡心惊节序，归梦渺山河。定省无人问，音书不我过。慈亲今夜里，相依更如何？"（《中秋夜作》）中秋，本是一个团圆的节日，但由于出嫁难归，好长时间没有家乡音讯，一想到母亲无人侍奉，孤独寂寞，就不由心生惆怅。"送使南归日未阑，朔风轻峭逼人寒。临行寄语无他赠，好向亲前代问安。"（《送使》）诗人在太阳将落未落时送别南来使者，因"朔风轻峭逼人寒"而格外牵挂母亲，唯一的请求就是请使者在母亲面前代为问安。

她对夫君余昭的思念，情真意切。如《秋九月和子懋寄诗原韵》二首①：

西风一夜梦魂惊，坐看君诗寝未成。帘内虫声窗外雨，此时此际有同情。（其一）

春来夏去转经秋，鸿雁频飞独倚楼。愿借羽翰传远信，关山为寄一缄愁。（其二）

春天去了，夏天去了，秋天到了，冬天即将来临，而丈夫迟迟不归，女诗人因读丈夫的诗函而夜不成寐；一夜西风劲吹，帘内虫声不绝，帘外秋雨淅沥，诗人与丈夫彼此思念、关切，真可谓"心无彩凤双飞翼，心有灵犀一点通"。鸿雁频飞时，女诗人独倚危楼，希望南飞的大雁替自己传递书信，让正在"关山度若飞"的丈夫感知自己的满纸哀愁，而这样的愿望是无法实现的，女诗人只得继续忍受久别离带来的孤寂惆怅。在封建社会，女子无才便是德，安履贞能借诗传情，勇敢表达对丈夫的思念，实属难能可贵。《圆灵阁集》中的《病中口占》②和《品园家宴联句》③，更是文学史上难得一见的美好爱情见证。

云鬓蓬松步懒移，卷帘生怕晓风吹。强将笑语宽郎意，为捡残书立片时。（《病中口占》）

花拥红筵夜未阑（月仙），园开东阁尽情欢。举觞玉树临风立（子懋），酌酒金樽对月看。两幅诗收春锦绣（月仙），一家人坐影团栾。再添桦烛摇银焰（子懋），宝篆微烟学凤蟠（月仙）。（《品园家宴联句》）

不仅夫妻之间，姒娣之间亦结下了深厚的感情。在《悼姒氏安淑人（淑人海山兄配水西安氏）》序文中，安履贞以几组充满诗情画意的骈句表达了自己同安氏的深厚感情："论来夫婿机云，并擅才华；说到弟兄，羯末亦同凋谢（嫂兄弟亦故，以至乏绝）。不独天亲之谊，更联同病之情。嘘背分寒，是我闺中鲍叔；精心绝艳，知君世上兰仙。廿余年绮灿罗新，谁知苦恼？二百里山长水远，总寄相思。"

由此可知，她与海山之妻情深义厚的原因有四：一是两人夫君同为兄弟，才华都非常突出，如同晋代的陆机、陆云两兄弟；二是两人的遭遇非常相似：兄弟俩都早逝而无后嗣；三是诗人视嫂子为知音，可畅述衷肠；四是互相仰慕对方的风姿。故而两人交往了20余年而感情益深。每次分别时，女诗人都依依不舍，分外难过，甚至涕泗横流，难分难舍："姒来何太迟，姒去何太促。远望长相思，芳心几回曲。"（《送姒氏玉姒》）"久住忽分亦自愁，一声去也泪和流。明知此

① [清] 安履贞：《圆灵阁集》，成都：四川民族出版社，1994年版第337页。
② [清] 安履贞：《圆灵阁集》，成都：四川民族出版社，1994年版第334页。
③ [清] 安履贞：《圆灵阁集》，成都：四川民族出版社，1994年版第343页。

去无多别，怎奈当前不自由。"（《别姒氏》）

4. 悼亡诗

安履贞的悼亡诗有哀悼其五弟履晋、兄长履泰的，也有哀悼自己早夭的子女的，还有哀悼早逝的同辈的，均情真意切，发自肺腑。《吊阶平兄履泰》[①]对其兄履泰的哀悼最为悲切：

> 前岁来乡土，多难家遭苦。兄弟各天涯，愁心如结缕。正月悲侄亡，五月兄忽死。八月始闻讣，哀哉兄无子。兄今母尚存，谁可慰晨昏？兄今仇为复，何以慰精魂？母虽有弟事，仇多弟难恃。空怀秦女休，有愧聂政姊。连宵梦见兄，倜傥如平生。惺忪魂黯黯，哭诉难为情。昔兄教妹诗，骨肉曾兼师。今将诗当哭，一字一泪丝。

一年来家乡"多难家造苦"，两个亲人相继去世：侄儿正月去世，兄长五月猝殁。对于"骨肉曾兼师"的兄长安阶平的冤死，女诗人大为悲愤，想到年迈的母亲老来丧子，无人"慰晨昏"，自己想像秦女休一样为兄报仇，或者像聂政的姐姐一样自杀追随兄长而去。此诗一字一泪，长歌当哭。《梦先兄阶平》则表现了对兄长的无限怀念之情："寻兄梦里话衷肠，梦定来生结雁行。手足无缘今已折，空云来世令人伤。"兄长已逝，只能梦里才能遇见，能像往日一样畅谈衷肠，还商定来生再作兄妹，但梦醒后，一切依然，虚无缥缈的来世之约让诗人无限伤感。

在安履贞的悼亡诗中，有一组诗哀悼早夭的幼女端仪、庄仪。两个女儿皆聪明伶俐，尤其是端仪，周岁即识字，还在母亲怀里就开始诵读唐诗。但天道不公，两个女儿一个殁于 4 月，一个殁于 8 月。组诗一共 7 首，记述了爱女从生病到夭折的全过程，女诗人悲痛欲绝，读之悲不能禁。"面目焦黄病已深，犹宽祖母莫耽心。冰样聪明花样貌，夜台凄冷可能禁。"（《伤心词》之二）在女儿已病入膏肓、回天无力的时候，诗人还要强忍心中的悲痛，宽慰年老的祖母，把伤心绝望的泪水咽进肚里。当诗人看到女儿生前的玩具时，触景生情，不禁悲从中来："生前玩物尽销魂，泪湿重衫昼掩门。"（《伤心词》之三）想到受冤而殁的兄长，更是悲不能已："并命鸳禽舅与甥，韵芬于我有同情。每逢节序情尤苦，儿一声来弟一声。"（《伤心词》之四）

在安履贞的悼亡诗中，还有一首是哀悼一个年仅 15 岁名叫小环的仆人。在等级森严的封建社会，主子哀悼一个因病而殁的仆人，这在中国古代社会中并不多

---

① [清] 安履贞：《圆灵阁集》，成都：四川民族出版社，1994 年版第 333 页。

见。女诗人在序言中说："小环姓黎名络络，秀丽聪情，最为所爱。初学琵琶，弹即成声。死时年仅十五。甚为惋惜，频频如梦。"女诗人与小环主仆情深，不仅仅是因为小环的秀丽聪慧，更多的是小环"弹即成声"的音乐才华打动了诗人。小环虽然逝去，诗人仍然经常梦到她，每每泪水涟涟："侍儿如梦泪频挥，瘦骨纤纤不胜衣。"（《悼小环入梦》之一）每听到琵琶声，女主人也会想起小环："琵琶声断咽妆楼，惨蝶愁花恨不休。梦里浑忘呼小字，觉来空自锁眉头"（《悼小环入梦》之二）。

5. 关注女性命运的诗

安履贞对有才的女子分外关注，有惺惺相惜之意。其《无题》诗两首就记述了诗人对一个有才的土司之女的无限感慨、倾慕之情："异地传闻一绝诗，黔南渺渺系人思。声声杜宇无人夜，凝想兰闺下笔时。"（《无题》其一）仅仅听兄长转述此女《花无人》中的几句诗"事过宵柝两三更，更深人去尽，杜宇一声声"，安履贞便产生无限倾慕之情，想象在杜鹃声声的无人之夜此女独自作诗的情形。"扫眉底事有仙才，名字无传颇费猜。知否有人远相忆，顾随明月觅妆台"，甚至连对方的名字都不知道，她就"远相忆"，而且还想随同明月一起去造访这位无名的女诗人。

对有遭遇不公待遇的才女，诗人则不仅仅是欣赏、同情和惋惜。在《读袁家三妹合稿，爱以己意偶题二律并序》中，有"袁家三妹尽超群，命蹇才清数素文"句，诗人对袁枚三妹袁素文的命运表示了深切的同情，对虐待袁素文的夫家进行了谴责："夫既凶狂女又痴，怜君天道竟无知。"对袁素文的隐忍、任人宰割、逆来顺受表示惋惜："红颜有例何其酷，青史能传亦可悲。"安履贞主张不可盲目效仿古人，即使能青史留名但不能获得幸福亦无任何意义。在此诗的序中，诗人直言不讳地指出造成女性逆来顺受性格及行为的原因所在："盖妇之于夫，犹臣子之于父；君不仁，臣不可以不忠；父不慈，子不可以不孝。"夫妻关系其实就是君臣、父子关系的一个缩影、翻版，可谓一语中的，表现了诗人对封建时代女性命运的关注和对其遭受不公平待遇的同情，以及对虐待者的谴责。在文教初开的黔西北，一个女子能有如此之阅读视野及非凡胆识，无疑是值得人们注意并敬佩的。

（二）余祥元诗歌的主要内容

余祥元《挹梅楼诗集》中的作品，除大量感怀、忆旧诗外，还有数十首诗歌咏物、写景、纪行、纪实。

1. 感怀诗（词）

诗人创作了大量感怀诗。如《乙丑有感》、《有感》、《丙寅喜获先君遗照》、《苏幕遮·寄怀》、《鹊踏枝·夜思》、《睹嘉鳞侄孙时园小照怀旧》、《大雪病中忆旧》、《病中吟》、《归宁梦》、《无题》、《悼杨维英五姑》、《偶忆逃亡》、《冥悔》、《活广告》、《寿筵一瞥》、《观燕子衔取燕窝绝技》、《忆亲家刘孙氏生前点滴》、《老寨杨文彬》、《僻山野叟》等。其中有抒发对家人、家园怀念之情的"手捧慈颜在，犹闻教诲谆。此生伤死别，反哺未酬恩"（《丙寅喜获先君遗照》）、"魂阻阳关萋萋草，分袂卅年，相别缘何早。历尽艰辛知多少，静思辗转添烦恼。……孤雁独飞白云渺，何时归宿绿洲岛"（《鹊踏枝·夜思》）、"儿时欢乐时园里，长者悠闲幼稚嬉。……区区一滴园无主，筑垣寓内作千古。长幼屯庄哭昊天，沧桑几度浩劫苦。白驹过隙七十载，喜见旧貌换新颜。长歌一掬亲情泪，心潮澎湃忆时园"（《睹嘉鳞侄孙时园小照怀旧》），有抒发暮年内心孤独寂寞情怀的"残躯老迈不经冻，始羡梅花可抗寒"（《大雪病中忆旧其二》）、"床中病死无人晓，侍饮药汤夏莫奢"（《大雪病中忆旧其四》）、"别人喜幸才吟赋，我值焦头始用词。转瞬蹉跎八二载，辛酸自叹运何迟"（《大雪病中忆旧其五》）。有抒发对故人的怀念与感恩的"勤俭终生喜待客，我探老亲走僻岩"（《忆亲家刘孙氏生前点滴其一》）、"怪异苗族佬，文彬是大名。……济我一家饿，青豆赠频频。遗孤拖病体，照顾出真诚。异地迁家去，赠馈备远程。五十年去矣，酹酒奠忠灵"（《老寨杨文彬》）、"老汉手刃木，棒五尺递手。娘儿次第握，仨人水前汹。……上到溪沿处，母女脱天祸。心铭数十载，永记不忘却"（《僻山野叟》）。

余祥元的感怀诗情感细腻，情调哀伤，语言质朴。苦与恨的人生经历，使得她的诗歌充满了哀伤情调。如她的《忆火炼》、《黄昏忆》、《恨苦歌》、《触景伤怀》、《苦菜花》、《小雪忆女》、《伤怀》、《伤逝》、《鸥事一则有感》等。有的诗追忆了她坎坷的人生经历：6岁丧母，15岁丧父，27岁丧子，30岁丧夫，老来丧女，病魔缠身，孤独无依。如："六岁归慈一苦女，脓血满首串虮铃。阿妮眼瞅婢随吼，贱我出生汉氏门"（《黄昏忆其三》）、"十五怙又失，棺前痛恸哭。二七龄刚过，突遭爱子殁。三十比翼分，……迈进八十五，杳然母女离"（《恨苦歌》）、"泪雨频添千行线，难呼苦命女归宁"（《苦菜花》）、"儿兮长去矣，空洒老泪盘龙江"（《小雪忆女其二》）、"招魂应是黑头辈，未料白发哭少殇"（《伤怀其一》）。在余祥元的生命历程中，几乎所有的厄运都接二连三落在了她的头上，压得她喘不过气来，这是她诗歌感伤情调形成的基本原因。

2. 咏物诗

咏物诗是指用诗的语言对客观事物进行描述，抒发诗人主观感情的诗。这类诗歌数量也不少，有《咏早菊》、《喜雨》、《义犬两则》、《西藏雪莲花》、《比贬大山》、《红梅赞》等。《咏早菊》歌咏了菊花高尚、纯洁的品格，表达了诗人对傲霜之花的喜爱之情。《义犬两则》分别歌赞了诗人喂养的两条忠诚、仗义的爱犬"獒犬"和"小赐乌"，表达了诗人对爱犬的思念之情："年岁计有十余载，老态渐衰已龙钟。本性仍坚家院守，依然昼夜未停工。临殁泪坐堂中死，主子长嘘葬表忠。"（《义犬两则其一》）"小主牧牛随伴侍，不离左右守绳枢。穷人哪有兴训犬，是彼心诚护主居。"（义犬两则其二）。"雪莲出自藏，朵朵似白花。净奶溶入内，时时长势佳。日日对准时，乳奶可尝饮。……二次出魔掌，其效人刮目"（《西藏雪莲花》）描述了雪莲花的形态，歌咏了雪莲花神奇的药用效果。"巍巍比贬山，矗峙在云端。仰首冠即掉，低瞰万丈渊"（《比贬大山》）描写了家乡贵州织金县比贬大山的高峻，表达了对家乡的无比热爱之情。

3. 山水诗

这类题材的诗歌在《抱梅楼诗集》中颇具特色，代表作为《平远集锦七题》16 首。《平远集锦七题》组诗分别描写了平远县（今贵州织金县）东山寺、双堰塘、龙滩坎、日落碑现、三道坡、鱼山、八步湖等 7 个名胜风景区，歌赞了家乡自然山水的秀美和地方历史文化的悠久。如《东山寺》5 首，将织金著名古建筑东山寺的地形地貌、宜人风景、寺内建筑、东山寺钟声等进行了细腻的描写，绘声绘色地再现了风景名胜东山寺："一寺飞来半山崖，红墙绿瓦映碧纱。仰视恍惚如扑顶，哪敢多观眩目花。""四季逢春好踩青，提壶半盏漫闲行。幽谷盛产仙兰草，好运来时遇素馨。"《鱼山》5 首描写织金名山——鱼山，将鱼山的风景及革命遗址等内容展现出来："怪崮飞来酷似鱼，四方目测竟畴平。石阶陡起百级上，两进厅堂亮丽横。""后进高台百卉佳，池鱼吐水戏珠花。清泉涓涓能随饮，小鸟啾啾唱树桠。""织金解放壮汉现，特工主任王姓人。鱼山几载育忠士，耐苦勋劳党性纯。"《八步湖》描写了八步湖的形成、变化："从此八步湖盈水，湖边建筑景亭观。渔火舟楫忙昼夜，平远城头宴美餐。"

4. 纪行诗

此类作品有《偶忆逃亡》、《路难行》、《滇蜀行途中》、《归去来》等。《偶忆逃亡》9首诗是诗人青年时代漂泊他乡，历经战乱生活的实录："日机无忌炸金陵，财部突遭顶上击。鬼子头颅均可见，机关枪扫弹蝗飞。"（《偶忆逃亡其一》）"防空少备众遭殃，自找桃源把命藏。欸乃一声莲荫下，冥中脱壳寿延长。"（《偶忆逃亡其二》）这些诗均写出了抗日战争时期诗人在金陵历经战乱的艰辛与苦难。《路难行》、《滇蜀行途中》、《归去来》均为暮年时远行出游之作。《路难行》："春末之时将旅远，别离又惧远难还。……耄耋策杖路难行，只为了却平生缘。"写诗人暮年故地重游，往事历历在目，而今物是人非，凄凉之情油然而起。《滇蜀行途中》写诗人在云南与四川旅程中所见所感："昆明始显春料峭，元谋已是赤暑炎"，"崇山似豕猛飞奔，耳饰龙舌翠玉尖"，"黄昏暑气未消除，已逾峡谷眼放宽"。

5. 纪实诗

这类诗歌记录不同时期的社会现象或诗人自身的遭遇。有《沿江百态》、《斥李洪志法轮功》、《惊梦》、《乡里回顾》、《新旧一顾》、《保生态》、《清环卫》、《执教忆》、《记掉门牙》、《目异》、《长江》、《河包田》、《五里冲》等作品。有的痛斥邪教法轮功的反人类行径；有的反映自然生态遭受破坏的种种危害；有的记录诗人的工作经历、暮年生活；有的记录山川河流的变化，表现了诗人关注社会、关注自然的发展变化。如《沿江百态》中的"一街慢拐在江边，绿树红花遍地鲜"、"多多耳顺仍康健，摇头执扇开笑靥"、"声声丝竹江边闹，老少同欢娱乐场"、"百岁老妪智清楚，步履雍容耳目聪"等，从一个侧面描写了昆明盘龙江边芸芸众生的生活状态。

《乡里回顾》中"麻将桌旁坐四方，白头不是尽青装。光阴大好蹉跎过，岁月消磨无尺量"一针见血地指出了青年沉溺于赌博之中的不良现象。《斥李洪志法轮功》4首痛斥李洪志为首的法轮功的邪恶本质与危害："徒儿变炭心何忍，可见法师五脏毒"、"骗取钱财还骗命，医残治病法轮承"、"胡涂蠢辈幻天堂，梦想非非再世缘"、"孽蛟涌起千层浪，祸首终归入罪囚"。《保生态》2首、《清环卫》6首写出了人为破坏自然生态的危害与保护环境的重要性："回头五四铲灰忙，想获粮多乱砍荒。惹恼天公发震怒，黄龙滚滚破房廊"（《保生态其一》）、"处处宣传耕退林，人人守制幸无垠。平衡保态全民事，万代儿孙幸福临"（《保生态其二》）、"高原览胜明珠镜，令造围田人染污。数万日难除垢净，盲从祸患众民疏"。

三、安履贞、余祥元诗歌的创作特色

鉴于安履贞、余祥元诗歌数量有限，也未形成稳定风格，本部分只涉及其诗歌创作特色。

（一）安履贞诗歌的创作特色

安履贞是毕节大屯余氏诗人家族中第一位女诗人，也是贵州乌蒙山区最早的彝族女诗人，后人把她与同一时代的周婉如、陈枕云并称为"黔中三妙"。她以文化开放意识，自觉接受汉文化影响，努力学习汉诗的表现技巧，在诗歌创作上取得了较高的成就。安尚育认为："安履贞诗歌一方面表现出对汉族女性文学的认同，另一方面又表现出对本民族民间文学传统的继承，受民间文学幽怨诉说风格的影响，所以她的诗婉约、细腻，但又不乏本民族女杰精神影响而充满豪情，柔中带刚。我们把她的诗歌的文化类型称为"自我情感表现型。"[①]安履贞诗歌有如下创作特色：

1. 品味纯正

安履贞从小接受传统的儒家教育，思想纯正，品格高洁。尤其是严守传统伦理道德规范，读书有严格选择。她"非忠孝节义之书不读，尤嗜《离骚》"，"论古具只眼"，"读书十行，下笔文思若凤构"（饶雁鸣《圆灵阁诗集序》）。

这种循规蹈矩式的成长模式，对其性格和诗歌内容起到了严重的钳制作用，从而也形成了她诗歌品味"纯正"的特色。例如封建时代妇女规范在安履贞诗歌里就很突出，忠孝节义、恋母思亲、相夫教子几乎就是她的全部生活内容。《书怀呈子懋》表达了自己对丈夫的忠贞不渝："忝为才子妇，自顾拙如鸠。书岂前生读，缘疑隔世修。无心诗易好，不慧语偏投。淡泊安吾素，相将到白头。"

除了用诗歌表现自己严守妇女规范，她亲撰的四言座右铭《女戒十则》[②]更完整地表述了自己婚后应当严守的女性规范："离我父母，事人父母。既属天亲，同为父母。以心体亲，尽诚洁粮。亲安乃安，百行为首。（事亲）得意一人，是谓永毕。失意一人，恐遭谴黜。既属一人，终身从一。生死不渝，勤勖严慄。（事夫）妇无公事，以顺为则。义当劝行，利当辨惑。莫炫己长，无才为德。莫逞诡随，事人以色。（守分）自贵其身，如玉如金。矜持保重，缁磷莫侵。自洁其心，如日如星。纤芥不蔽，明则生灵。（处己）教子从孩，教妇初来。莫事姑息，训诲栽培。莫求责备，以养其才。名节为先，智愚取裁。（教诲）驭下以宽，宽不知尊；驭下以严，严则寡恩。不严而整，亦岂易论。顾其廉耻，平情意敦。（待下）奢则败度，俭则养廉。家无大小，必亲米盐。不勤而费，乃贫之渐。富而不惠，亦愧闾阎。（持家）读书无行，不如不读。读必敦行，化此钝浊。不读能行，虽曰未学。勿徒慕名，彤管轻掷。（徼名）勿耽于酒，勿迷于烟。白昼昏卧，获罪于天。嗜欲纵逸，百无取焉。凡我后裔，以此慎旃。（垂戒）不同匦架，不同巾栉。古于嫌疑，亦何谨密。婢不下堂，仆不入室。我于礼仪，非无所述。（避嫌）"

《女戒十则》虽为封建社会的妇女规范，大多已经过时，但其中也有传统美德成分，不可完全否定，如"老吾老以及人之老，幼吾幼以及人之幼"（《孟子·梁惠王上》）、严于律己宽以待人、节俭廉洁、不慕虚名、不耽酒色等德行，至今仍有价值。

2. 构思精巧

作者诗歌构思精巧。如《悼小环入梦》其二："琵琶声断咽妆楼，惨蝶愁花恨不休。梦里浑忘呼小字，觉来空自锁眉头。"首句写诗人听到琵琶声而引起了对小环的深切思念；次句写琵琶声引发诗人的无限遗恨；第三句写诗人入梦见到小环，全然已经忘记小环已逝，不觉叫出声来；第四句写诗人梦醒后，一切依旧，只能空自锁眉头。四句诗虚实结合，写出了作者整个思念的过程，时间跨度大，白天夜晚都涉及了。构思上的精巧，使全诗浑然一体，毫无转换的痕迹。在封建社会，一个足不出户的女子，学诗能达到这种水平和造诣，很是难得。

《不俗居》中，作者描写了自己高雅的诗意栖居生活，情景理交融，意境清新，令人神往："轩临翠竹午风清，书史闲看少世情。士到完名千古重，人无俗务一身轻。诗随水月香花艳，心似冰壶澈镜明。最爱春阴常小住，悄听杜宇一声声。"如此高雅的居所，如此澄澈的心性，真是无与伦比。正如饶雁鸣序中所说，安履贞"性淡静，明窗洁几，萧然无尘"。

3. 用典贴切

诗人对古代历史文化典籍和诗文作品非常熟悉，用典自如。如"慈乌哑哑晓将曙，声声未尽反哺恩"（《闻鸟思亲》），化用"乌鸦有反哺之意"的典故，抒发了诗人远嫁他乡而无法在母亲膝前尽孝的愧疚、悲痛之情，非常贴切，而诗人在化用典故时，又是以触景生情起兴，浑然无迹。又如"空怀秦女休，有愧聂政姊"（《吊阶平兄履泰》），连用秦女休为宗族报仇、杀人都市，聂政之姊自杀于其尸之下的典故，非常恰当地表现了诗人的满腔悲愤之情。《悼姒氏安淑人三首》中，作者用典出于《诗经》、《晋书》、《隋书》、《文心雕龙》、《艺文类聚》、《山海经》、《搜神记》、《新唐书》以及李白、王勃、元稹等人诗歌,与自身要表达的内容自然贴切。

即使是诗序也不乏文化含量。例如《悼姒氏安淑人》[①]诗序云:"星云黯淡,之子重泉;风雨凄其,伊人终古。以泛泛之交情,难堪回首;况浓浓之娣姒,能不伤心!一家作妇,两地分居。每钟怜于姑祖,又蒙誉于伯翁。论来夫婿,机云并擅才华;说到弟兄,羯末亦同凋谢。不独天亲之谊,更联同病之情。嘘背分寒,是我闺中鲍叔;惊心绝艳,知君世上兰仙。廿余年绮灿罗新,谁知苦恼?二百里山长水远,总寄相思。世界沙虫,才逢握手;天清风鹤,又促分襟。谈心未久,屈指无多。胡为豆蔻胎含,竟使蘼芜香断。天也?命也?然耶?否耶?白花飞蝶,正当春色十分;紫玉成烟,未过华年四十。巢空乌哺,仅余带血之雏;山咽猿啼,已失断肠之母。闻说弥留之际,尚呼弱女婴孩;若教再假之年,也算令妻寿母。可惜人间无不谢之花,天上少长圆之月。想本身凤诰鸾封,或填怨海;盼儿辈云蒸霞起,可补恨天。君其逝矣,我奈愁何!聊聊茧句,楚楚虫吟。"独立地看,此诗序就是一篇情辞兼善的优美骈文,它从另一个侧面反映了安履贞全面的文学修养。

4. 语言细腻

过于正统的家庭教育使得安履贞很少走出家门,生活面狭窄,思想较为封闭,情感表达也有所节制。当生活挫折来临时,她往往手足无措,只能在情感折磨中无助哀鸣,这是封建时代许多妇女的共同不幸。安履贞善于将这些情感的细腻变化诉诸诗,真挚动人。

在一些诗歌中,安履贞以女性的独特感受,以细腻的语言,表现了丰富曲折的心理活动,尤其是那些思亲吊弟之作,堪称抒情性与感染力俱佳的代表。如:"婉转悲鸣悲欲绝,万里凄凉在喉舌。对此无语伤侬心,一般心事两难阅"(《闻鸟思亲》)、"欲将音信寄,心乱不能挥"(《闻家难思亲》)、"惺忪魂黯黯,哭诉难为情。昔兄教妹诗,骨肉曾兼师。今将诗当哭,一字一泪丝"(《吊阶平兄履泰》)、"说是儿家儿未惯,梦魂犹恋旧妆楼"(《于归后思亲》)、"姊来何太迟,姊去何太促"(《送姒氏玉姊》)、"又怜娇女情更痴,昼夜啼呼阿伯母"(《纪别姒氏》)、"每逢节序情尤苦,儿一声来弟一声"(《伤心词》之四)等句,读之无不潸然泪下。

---

① [清] 安履贞:《圆灵阁遗稿》,光绪辛巳以义堂刻本。

在余氏家族女性诗人中，安履贞是首屈一指的，天性聪颖的她，出嫁前有家庭的浓厚文化氛围、胞兄的谆谆教诲，出嫁后有丈夫殷切的关爱和砥砺，这一切成就了她的诗歌创作。

（二）余祥元诗歌的创作特色

出身西南僻壤诗礼世家的余祥元，在诗歌创作上自有家学渊源。正如余宏模先生所言："达父公乃黔中诗坛巨擘，蜚声海外。姑（余祥元）随侍达父公时，多受家学，早习词章。"①然而由于世事维艰，命运多舛，余祥元"三十年中不吟诗，一宿梦幻仅侬知。桑田几番庸碌事，早付祝融化追思"②。细读这首余祥元写于1985年的七绝《乙丑有感》，我们可以推知，诗人在1955年以前可能曾经创作过诗歌，"惜生平不多作，旧作又尽佚失。今所存者，为姑古稀高龄，颐养天年，闲余而作，故姑称其诗作曰'闲拾'"。③在古诗词创作上，余祥元功力明显逊色于曾祖母安履贞等前辈诗人，但家学渊源中的文学艺术细胞，南北游学所打下的旧学根基，数十年从事语文教学的修养积淀，还有"一生多命乖，少小不知福"的坎坷人生阅历，为她的诗词创作提供了源头活水。她的作品，为余氏家族"幽光久沉酿"的百年家学增添了新的光彩。细读余祥元的诗词，以下几点让人印象深刻。

1. 语言朴实，以哀情动人

文以情动人，诗亦然。余祥元的作品语言质朴，意蕴单纯，不事雕琢，却多有感人笔墨。对此，余宏模先生如此评价："余读姑诗，其忆旧多哀怨，感时亦少唱乐。姑之平生也，阅尽人间喜怒哀乐，尝遍世上酸甜苦咸，情之所至，发乎为诗，诗吐心声，发乎自然。姑之诗作，故乃情真意实，朴素无华，非如时弊虚饰矫吟之流，诚难能而可贵也。"④哀情悲情，或者说是感伤情调，是中国古典诗词中情感抒发的一大传统，这种感伤情调在余祥元的诗词中体现得非常充分。"长歌一掬亲情泪，心潮澎湃忆时园"⑤，回忆昔日的苦难，追思逝去的亲人，抒发内

---

① 余宏模：《挹梅楼诗集序》。见余宏模《赤水河畔扯勒彝》，香港：香港天马图书有限公司，2003年版第239页。

② 余祥元：《挹梅楼诗集》。见余宏模《赤水河畔扯勒彝》，香港：香港天马图书有限公司，2003年版第243页。

③ 余宏模：《挹梅楼诗集序》。载《赤水河畔扯勒彝》，香港：香港天马图书有限公司，2003年版第239页。

④ 余宏模：《挹梅楼诗集序》。载《赤水河畔扯勒彝》，香港：香港天马图书有限公司，2003年版第239页。

⑤ 余祥元：《挹梅楼诗集·睹嘉鳘侄孙时园小照怀旧》。载余宏模《赤水河畔扯勒彝》，香港：香港天马图书有限公司，2003年版第243页。

心的忧患，珍惜今天的幸福，构成了余祥元诗词的主要内容。朴素真挚，落寞哀婉，是余祥元作品的感情基调。

在由 24 首七绝构成的组诗《忆火炼》中，诗人用近乎白描的手法，真实再现"大跃进"那一段苦难生活。

多难的时世、衰败的家世、多舛的命运，加重了诗人的心理负担，她只能用忧郁感伤的笔调来描述自己的悲欢离合喜怒哀乐。"日下西山霞影尽，回头一世路艰辛。黄泉咫尺何须惧，只恨苍天负我身"①，国事家事，春去秋来，人情世态及与朋友、与亲人的交往，均能引起她如潮的感情涌动。诗人所禀赋的才情，使她能用多样的语言形式来表达感伤之情：或忧叹离怀之意，或哀婉异地之思，或缠绵两情之悦，心灵的创伤、生活的磨难、痛苦的经历，浓缩在一首首诗中。

余祥元的作品，往往于无助中带有执著，于迷惘中凝结清晰，似暗淡而不低迷，似茫然而愈固执，形成了忧郁哀婉的感伤诗美，委婉曲折地刻画了一个幽咽凄迷的内心世界，一幅哀感顽艳的心灵图景，为悲剧时代唱出了一曲曲凄清动人的挽歌，成为余氏家族"心史"的重要组成部分。

2. 忠于现实主义传统

由《诗经》开创的现实主义诗歌传统，经汉乐府民歌和古诗十九首等传承发扬，由杜甫、白居易等大诗人推向巅峰。余氏家族的现实主义诗歌创作，在余达父时也达到顶峰。余祥元晚年以一种诗人的本能，自觉传承了父亲、家族和汉族古代诗歌的现实主义传统。读余祥元的作品，常常让人想起杜甫的"三吏"、"三别"、白居易的《新乐府》《秦中吟》。尽管由于阅历、学养、才情和胸襟视野的局限，余祥元可以与父祖、与古代优秀诗人相媲美的佳作还太少。

余祥元的一生，经历过旧、新两个社会，民国动荡，社会主义建设过程中的政治折腾，改革开放后物质上的丰富伴随着精神道德上的匮乏，在她的作品中都有记述。少年丧父，中年丧夫，晚年丧女；当农民，当教师，晚年得见父亲遗照，得读先辈遗著，喜百年家学传承后继有人……读余祥元的作品，我们不仅可以梳理出她一生的大致轮廓，还可以探寻大屯彝族土司庄园是非成败的蛛丝马迹，更可以触摸时代社会发展进步的基本脉络，喜诗人之所喜，忧诗人之所忧。

在余祥元 189 首诗词中，数量最多也写得最成功的，是现实主义风格的感怀忆旧诗。略举其古体诗数例：

---

① 余祥元：《抱梅楼诗集·黄昏忆》其一。载余宏模《赤水河畔扯勒彝》，香港：香港天马图书有限公司，2003 年版第 256–257 页。

《睹嘉鳝侄孙时园小照怀旧》①：

儿时欢乐时园里，长者悠闲幼稚喜。海棠红飞叶翡翠，兰蕙垂裳香石矶。修竹凌空欲参天，夏日蝉鸣噪其间。冬至朱梅唇绽绛，秋中老桂馥飘鲜。墙角俏眼山茶笑，国色娇容恒自傲。紫荆耿介屹岸立，玉骨暗香风霜操。玉簪袅袅轻行步，水仙婷婷动玉阶。四季花卉沁宗祠，余氏昭穆期万年。亭中小憩山雨避，雨霁光开战弈酣。偶遇风清月白夜，尝闻吟咏和箫喧。欢娱可叹流光去，瀑布飞湍悬崖注。正似昙花过眼前，祸降千金别离路。区区一滴园无主，筑垣寓内作千古。长幼屯庄哭昊天，沧桑几度浩劫苦。白驹过隙七十载，喜见旧貌焕新颜。长歌一掬亲情泪，心潮澎湃忆时园。

海棠飞红，兰蕙垂裳，修竹凌空，夏日蝉噪，冬至梅开，中秋桂馥，山茶、牡丹、玉簪花、紫荆、水仙各领风骚，……在这样一个亭台古雅、四季花香的成长环境中，长者悠闲，孩童欢喜，雨霁弈棋，风清月白之夜吟咏箫鼓，身为大屯彝族土司庄园的小姐，余祥元孩提时代拥有过的欢乐和幸福让人羡慕。很可惜，"祸降千金别离路"，余达父"筑垣寓内作千古"，大屯彝族土司庄园因为失去了主人而沧海桑田万劫不复！余祥元记忆中的时园，与余家驹、余昭、余珍、余达父等诗人的记述相互印证，早已成为历史的遗迹。

《小雪忆女》（二首其一）②：

昆明少大雪，平远冰凌剥。野外如冰窖，家中似暖阁。娇儿是否寒？我念汝心割。地下鸳鸯会，人间哀比厝。儿魂应此安，撒手归寂寞。时景催人泪，寒衫点点落。

2002 年，余祥元次女荷英猝逝，这让已是耄耋高龄且长期患病的余祥元肝胆俱焚。作者先将昆明和织金（平远）、野外和家中气候冷暖对比，再表达自己对身在九泉之下的爱女的关爱和祝福，将心如刀割的哀伤情怀写得催人泪下，"感于哀乐，缘事而发"的汉乐府诗歌传统在这里得到了复现。又如《归宁梦》③：

白发老迈始归宁，只为新人盼念深。一别数十载不回，苦命长嘘苦

---

① 余祥元：《抱梅楼诗集》。载余宏模《赤水河畔扯勒彝》，香港：香港天马图书有限公司，2003 年版第247–248 页。

② 余祥元：《抱梅楼诗集》。载余宏模《赤水河畔扯勒彝》，香港：香港天马图书有限公司，2003 年版第266 页。

③ 余祥元：《抱梅楼诗集》。载余宏模《赤水河畔扯勒彝》，香港：香港天马图书有限公司，2003 年版第275 页。

命根。幸喜延绵我长寿，始返胞衣暖亲情。家乡故里久生疏，禀告慈亲我已回。六十九载念归宁，提起归宁泪沾襟。倘是慈亲还在世，抱头痛哭泪纵横。归宁几度在梦中，都付萦回一念空。当年祖辈世居地，犹隔关山万千重。探望归宁原幻想，沧海桑田听哀鸿。……

诗题"归宁"借用《诗经·周南·葛覃》中"归宁父母"之句，以表达自己如同《周南·葛覃》中那位女奴一样，无时无刻不在期盼回家探望父母，句句哀婉，字字含泪。这首纪梦诗形象再现苦命长嘘、白发老迈的女主人，历经69载终于回到儿时生长的地方，重温儿时生活的温馨。少小离家老大回，叶落归根，原本是一个温暖无限的美好愿望，然而命运坎坷，世事沧桑，回乡梦无数次只能是在诗人心里泪水里——"探望归宁原幻想，沧海桑田听哀鸿"。

3. 不因黑暗拒绝阳光

余祥元一生阅尽沧桑，饱经忧患，但她执著坚毅，始终保持着人性的淳朴与美好，不因黑暗拒绝阳光。《雨霁即景》、《喜雨》、《题画》、《观燕子洞取燕窝绝技》、《长江》、《河包田》、《船头山无名氏》、《五里冲》、《平远集锦七题》、《比贬大山》、《滇蜀行途中》、《沿江百态》、《斥李洪志法轮功》、《乡里回顾》、《活广告》、《寿筵一瞥》、《保生态》、《清环卫》、《酒戒》等几十首咏物、写景、题画、纪实、议事作品，不时让人会心一笑。

"彩练当空坠，晴空万里碧。青翠浴山峦，绿蕉犹露滴"①的眼前奇景，"几树红花几树黄，婷婷笑靥俏篱旁。清质本是金秋客，傲枝繁绽斗骄阳"②的传神写照使人格升华，"麻将桌旁坐四方，白头不是尽青装。光阴大好蹉跎过，岁月消磨无尺量"③的感时劝世，"老寿当门坐，亲朋围绕贺。迎宾祝寿牌，临街过者睃。老板颜开喜，侍女口闭乐。财源来滚滚，只为广告活"④的场面生动，讽刺辛辣，花香浓郁，玫瑰刺少。

① 余祥元：《抱梅楼诗集·雨霁即景》。载余宏模《赤水河畔扯勒彝》，香港：香港天马图书有限公司，2003年版第244页。
② 余祥元：《抱梅楼诗集·咏早菊》。载余宏模《赤水河畔扯勒彝》，香港：香港天马图书有限公司，2003年版第245页。
③余祥元：《抱梅楼诗集·乡里回顾》。载余宏模《赤水河畔扯勒彝》，香港：香港天马图书有限公司，2003年版第251页。
④ 余祥元：《抱梅楼诗集·活广告》。载余宏模《赤水河畔扯勒彝》，香港：香港天马图书有限公司，2003年版第257页。

四、"安、余"之比较

"安、余"特指安履贞、余祥元。如前所述，这是余氏家族中曾祖母与曾孙女异代文学女性，她们与其他成员共同支撑了余氏家族文化大厦，余祥元又是余氏家族文化的当代传人之一。

祖孙二人出生于不同时代，不同家族，但都经历了大体相同的生活遭遇，因而形成了相近而又相别的创作个性。安履贞生于清道光甲申年（1874），是贵州乌撒（今威宁）盐仓土府后裔。其祖父安天爵为乌撒二十四土目之一。生活时代、家庭文化背景和个人遭际的差异是影响两人文学创作差异的重要因素。安履贞祖父安天爵是清代雍正元年（1723）癸卯科武举人，乌撒24土目之一，曾于雍正五年至八年（1727～1730）随清军征讨乌蒙，因功受禄，家产殷富，良田万顷。安天爵也是乌撒地区历史上首倡儒学，传播汉文化的开明之士、上层人物，他曾开设家塾学馆，招收村童就读。安天爵有3子1女：中豫、中咸、中立和倩姑，安履贞即中立之女。安中立虽承袭了父亲的土目职务，但早逝。作为祖父母、父母的掌上明珠之一，安履贞的童年时代物质生活较为优裕，精神生活温馨恬静。安家是文化氛围浓厚的诗礼之家，虽然政治地位略低于余氏，但学诗、写诗、传诗之风从未间断。安氏兄妹亲情浓郁，婚后的安履贞与丈夫余昭伉俪情深，诗酒唱和，游园赏景，结交贤达，过了一段值得回忆的美好生活。后来由于家庭的系列变故，安履贞经受了不少挫折。这些挫折对于人生是灾难，对于诗歌创作则是丰富的源泉和思想砥砺。

余祥元虽然也生活于土司家族，但她6岁时生母孙氏去世，坎坷人生伴随了她大半辈子。由于改土归流，父亲余达父并未得以继承土司之位，且经常在外地为官、奔波，生母的汉族身份在彝族土司家族妻妾中备受歧视，因此她很少享受到家庭的温暖。无论婚前还是婚后，余祥元很少有过曾祖母安履贞那样的幸福时光。尤其是婚后生活的煎熬、家庭成员的陆续早逝，使她精神备受打击，能够在晚年坚持进行断断续续的文学创作已经很不容易，更不要说顾及诗歌的系统性和艺术性提升。因此，祖孙二人的诗歌创作水准不可同日而语。

生活的苦酒铸就了余祥元的坚毅，同时也熏染了她诗歌的低沉和凄婉情调。余祥元的最大贡献就在于以其坚毅执著的精神传承余氏家族文化，成为继安履贞之后余氏家族汉语古诗词创作的重要女性传人，使家族文化传承的链条没有中断。虽然她的声音已经微弱了很多，但是，强弩之末犹能穿透鲁缟，她的影响只可论大小，而绝不会消失。正如余宏模所言："姑之平生也，阅尽人间喜怒哀乐，尝遍世上酸甜苦咸，情之所至，发乎为诗，诗吐心声，发乎自然。姑之诗作，故乃情真意实，朴素无华，非如时弊虚饰矫吟之流，诚难能而可贵也。读姑诗也，虽不足以'动天地，泣鬼神'，亦不足以'厚人伦，移风俗'，然掩卷之余，低首徘徊，慨惜嗟叹，更复敬意沛生，砥砺自勉。余既慨惜姑之生平坎坷，更敬姑之奋斗不已精神。惟此精神，耄耋矍铄。能处逆境而不惧，能容心创而不折，能抗病魔而不屈，能面天地而不愧。此宝贵精神财富，吾侪诸亲族及后代子孙，能不砥砺嘉勉，继承弘扬焉。"①

　　总体上看，在余氏家族中，安、余二人的文学成就逊色于余家驹、余昭和余达父。相比之下，她们的生活面狭窄得多，诗歌数量也明显少得多，但都能够以女性特有的眼光观察生活，以细腻感人的笔触表现生活，诉说亲情，抒写自己刻骨铭心的痛苦与不幸，彰显自己的坚毅和抗争，这一点又是家族中其他男性诗人无可比拟。尤其是安履贞文化修养深厚，品格纯正，诗歌技巧娴熟，成就与余珍相当，甚至可以说有过之而无不及。如果她的思想多一些开放，少一些封建女性规范，凭她的才情学识，一定会有更多好作品流传。

第五节　学者品性，大家气象——余达父文学创作论

一、余达父的生平和创作历程

　　余达父（1870～1934），名若瑔，号达父，自称"愫雅先生"，是贵州近现代文学史上的诗文大家，更是中国少数民族文学史上传承家学、彝汉交融、中日友好、学贯中西的罕见风景。真正"读万卷书，行万里路"、被誉为"法律名家"、"文学泰斗"的余达父，不仅关心自己和自己的家族，更关心时代、社会、国家和民族的发展进步。作为少数民族杰出文学家，他留下的诗文著述，不仅具有很高的艺术价值和历史价值，而且具有很高的思想研究价值。

　　余达父的一生大致可以分为下述四个阶段：

　　第一阶段：18 岁（1888 年）以前，余达父先在四川永宁水潦后在贵州毕节大屯读家塾。

① 余宏模：《挹梅楼诗集序》，载余宏模《赤水河畔扯勒彝》，香港：香港天马图书有限公司，2003 年版第 239 页。

1880 年，毕节大屯余氏家族第 10 世传人、30 岁的余象仪不幸早逝，无子，其继妻安氏遣人接来堂兄余一仪次子余若琼（字达父），过继为后，拟承管大屯。年仅 10 岁、原本生长在四川叙永水潦的余达父，被祖父余昭带到贵州，得以落籍毕节龙场驿大屯乡，成为土司庄园的少主人——不是土司却是大屯鼎鼎有名的"官家"、"余二爷"。1886 年，16 岁的余达父在毕节大屯婆威宁州处士安如椿之女为妻，妻子安氏比余达父大两岁。

"琼自束发受书，饫闻祖训庭训，颇厚望以读书明道，学古通今，卓然上企于古儒者之林。"①早期家庭教育，特别是来自祖父余昭的"祖训"，来自父亲余一仪（字邃初）的"庭训"，决定了余达父"读书明道，学古通今，卓然上企于古儒者之林"的人生价值和道路选择。叔曾祖、祖父、祖母、父亲 3 代诗人"诗是吾家事"的影响，还有"二十年前研杜集，几回清梦到夔州"②的学杜诗经历，奠定了他一生诗歌创作的文学根基。

第二阶段：从 18 岁（1888 年）到 35 岁（1905 年），余达父到贵州毕节求学，得补县学生员后，6 次到贵阳应试皆未中举。

1888 年，18 岁的余达父同长兄余若煌从四川永宁一起来贵州毕节求学，拜 1875 年举人、1898 年进士葛明远（字子惠）为师。1890 年冬，余达父、余若煌兄同补毕节县学生员，成为秀才，"归而先大父见背"（《亡兄伯煓先生行状》）。为"修举业，以慰先大父之望"（引文出处同上），余若煌、余达父兄弟俩又奉父亲余一仪之命回到毕节，拜松山书院主讲、1873 年举人杨绂章（字慎斋）为师，两试科举而不中。1897 年，杨绂章曾辑成《松山课士录》4 卷，共录 1892 年以来学生优秀诗文 262 篇（首），其中有余若琼的《前题》和《是也》，可惜今天已看不到原文。

1893 年，余达父到贵阳参加乡试落第而归，心情抑郁。次年，为贺三弟余若琳（字寿农）在平彝（今云南曲靖）续弦，余达父由黔入滇又由滇返黔，沿途作纪游诗 20 余首。回到毕节后，余达父又开始读书备考。1896 年冬，在四川叙永，余达父弟兄 4 人有过一次团聚，写有《偕家孟伯煓叔季昆圃季培秋郊远眺》③、《送昆圃弟由蜀之滇》④等诗作。

1897 年秋，余达父到贵阳乡试再次落第，心情沮丧哀怨。1898 年古历 5 月，

---

① 《致李岑秋先生书》。[清] 余达父：《余达父诗文集》，呼和浩特：远方出版社，2001 年版第 87 页。
② 《泊夔府》。[清] 余达父：《㤙雅堂诗集》卷 7，贵阳：贵州人民出版社，1989 年版第 75 页。
③ [清] 余达父：《㤙雅堂诗集》卷 4，贵阳：贵州人民出版社，1989 年版第 43 页。
④ [清] 余达父：《㤙雅堂诗集》卷 5，贵阳：贵州人民出版社，1989 年版第 45–46 页。

余达父生父逝世；次年端午节，余达父作七律《五日偶步出郊睹年时侍先君游览处，感恸作此》①。1900 年，余达父踌躇满志到省城贵阳乡试，却意外停科。就在余达父羁留贵阳期间，32 岁的原配夫人安氏在大屯去世，诗人作七律组诗《悼亡九首》②——"余悼亡九首，蓼虫言辛，不过自鸣其幽情旷恨耳。……鹣鹣比翼，玉折兰摧。落落只身，香消梦断，则有悼亡之作。"③八国联军攻入北京，诗人因"惊昆池之劫灰，念河梁之旧友"，"感念平生第一知己，惶惶然急欲一闻其平安消息"④，作《都门有警怀正父比部》等诗。同期所作《和刘嘉予感事韵》七律 4 首、《感事次杜工部〈诸将〉五首韵》七律 5 首，表达了对中国社会动荡时局的格外关切——"入今秋来，……颇多感触，愤洪流之板荡，悯周道之陵夷，则有《秋感》八首，并和刘嘉予感事之作。"⑤

1901 年夏天，余达父不畏强暴仗义执言，逐级上告家乡当政者刘某勾结土匪、鱼肉百姓，使事情有了结果。1901 年秋天，余达父又到贵阳应试，初识"风姿潇洒，言论谦退"的才子平刚。再一次乡试落第后，余达父曾将"所述《拾尘录》及近著词章，上呈经席，以求指南"⑥，李岑秋先生既赞赏余达父的词章考据功夫，又批评他在经书训诂方面尚欠火候："藉经训则诲其不及。"⑦1902 年春，恩师葛子惠卒于江西铅山县知县任上，1903 年古历 4 月 23 日，余达父因"见梦"作 30 韵五古《哭葛子惠师》。1904 年，时任北京刑部陕西司主事的挚友葛正父"降尊自称诗弟子，百篇投我随讥评"，余达父感念"平生知音能几人"，因而"敢齐所学无言诤"，作 33 韵七古《再寄正父长言》，比较详细地阐述了自己的诗艺追求和创作思考。

"棘闱六战北，萤案一经守"⑧，6 次科考落第，功名无望却又不得不皓首穷经，余达父"潦倒仍昔，胸中为世界风潮所薄激，不能无郁郁久居之慨"⑨。1905 年夏，在四川永宁，余达父"用杜老赠韦左丞韵"作五古一首，题写泸州人万慎

① [清] 余达父：《余达父诗文集》，呼和浩特：远方出版社，2001 年版第 37 页。

② [清] 余达父：《余达父诗文集》，呼和浩特：远方出版社，2001 年版第 37–38 页。

③ 《与葛正父比部书》。[清] 余达父：《余达父诗文集》，呼和浩特：远方出版社，2001 年版第 83 页。

④ 《与葛正父比部书》。[清] 余达父：《余达父诗文集》，呼和浩特：远方出版社，2001 年版第 84 页。

⑤ 《与葛正父比部书》。[清] 余达父：《余达父诗文集》，呼和浩特：远方出版社，2001 年版第 84 页。

⑥ 《致李岑秋先生书》。[清] 余达父：《余达父诗文集》，呼和浩特：远方出版社，2001 年版第 87 页。

⑦ 《致李岑秋先生书》。[清] 余达父：《余达父诗文集》，呼和浩特：远方出版社，2001 年版第 87 页。

⑧ 《送杨叔和大令之官鄂中》。[清] 余达父：《㟃雅堂诗集》卷 6，贵阳：贵州人民出版社，1989 年版第 64 页。

⑨ 《题邵镜湖所藏朱西帆画册》。[清] 余达父：《余达父诗文集》，呼和浩特：远方出版社，2001 年版第 94 页。

子的《山憨山房文集》，万慎子也为余达父诗集作序，称赞"余氏为毕节名族，自其先世，皆以能诗襮声黔蜀间，至君而恢张令德不怠以勤，束发至今兹已千余首，其可存者十之七八"①。后来的《愻雅堂诗集》1～6卷，存诗仅236首，还不到万慎子所见"千余首"的四分之一，远不是余达父早期作品全貌。

"故纸堆中卧几年，一经煅炼变云烟。墨花火候浮青晕，蕉叶灰残上绿天。"②"平生自写诗成记，衰病经年稿未藏。"③因为科考失意、身体病痛等原因自焚诗稿文稿，是余达父的遗憾，也是文学史的遗憾。这也许就是余达父诗歌不足千首的原因吧。

第三阶段：从36岁（1906年）到50岁（1920年），存诗290余首，存文20篇，为余达父一生诗文创作的最高产时期。

光绪甲辰岁（1904年），在叙永水潦办团防颇有成效的余若煌，为暂任永宁道台（后任四川总督）的权贵赵尔丰寻隙陷害，蒙冤入狱，被判处终身监禁，抄没家产。余达父为救兄长四处奔走却无能为力，被迫于1906年春率一子二侄东渡日本避祸。临行前，余达父作《和慎斋先生秋感韵八首（用杜<秋兴>韵避元韵)》④寄给恩师杨绂章，表达了自己对国事家事的看法以及"求师过海参新理，活国回帆想大同"的最终抉择。

船过泸州、合江、渝城、夔府、巴东、黄陵庙、宜昌，余达父都有诗纪行。船泊上海，得友人宁居一介绍，余达父与比他小9岁的毕节同乡周素园订交，此后终生不渝。到日本后，余达父入江户和法法律大学（又名东京法政大学，日本六大名校之一），直到1910年夏天毕业归国。1922年，余达父以《漫兴九首》⑤之第五首回顾总结了在日本5年的留学生活：

> 壮年负笈走倭京，法政钻研想治平。欲向申韩争讲席，更论盐铁著经生。异邦文士多龙虎，一夜繁声集燕莺。最是砾川寒翠馆，松风碧漾簟纹清。

1906年秋，比余达父只小一岁的"平生第一知己"葛正父在北京去世，诗人悲痛不已，"哭之以四律，并汇银百元赙之"。（《葛崇纲墓表》）同年年底，年仅

---

① 万慎子：《愻雅堂诗集叙》。[清]余达父：《愻雅堂诗集》，贵阳：贵州人民出版社，1989年版第14页。
②《检焚旧书字纸》。[清]余达父：《余达父诗文集》，呼和浩特：远方出版社，2001年版第31页。
③《新秋九日得曼杜书和之》。[清]余达父：《愻雅堂诗集》卷12，贵阳：贵州人民出版社，1989年版第149页。
④ [清]余达父：《愻雅堂诗集》卷12，贵阳：贵州人民出版社，1989年版第71-72页。
⑤ [清]余达父：《愻雅堂诗集》卷12，贵阳：贵州人民出版社，1989年版第155-156页。

22 岁的湖南革命志士刘道一回国领导平、浏、醴反清暴动失败，成为同盟会为革命流血牺牲的第一人，余达父曾作七言古体诗《衡山哀》，对烈士高度赞美；1909年，刘道一妻曹庄自缢殉夫，余达父得闻噩耗，又作五言古体诗《湘娥怨》，哀悼忠贞。1907 年 4 月，陈不浮（又名陈天听）乘日本"博爱丸"轮船回国，途中蹈海殉国，余达父曾为东京法政大学同人作祭文一篇——"集同意之诸人，想象烈士之英魂毅魄，唏嘘为文，望海天之洪阔深远处而祭之"①。

1907 年古历 8 月间，余达父幼弟余若琪率领家人御盗，"歼其魁，殪其从者一人"，结果所歼殪者竟然是做盗贼的巡防军人，余若煌也因此"冤系于狱"，家人即告知余达父。接到电文后，余达父"即日航海走广州，溯武昌，旬余间奔跳万余里，呼吁救于大吏之与某公因缘者，而事亦遂寝"②，作 37 韵五古《岁寒吟》对此作了完整记录。同年冬天，同学舒毓熙"以山口氏之口授为根底，旁征博引，淘其冗而撷其精，条理秩然"③，编成《平时国际公法》，余达父为之作序。

也大约就在同一时期，"革命和尚"苏曼殊给余达父寄来《本事诗》第九首④："春雨楼头尺八箫，何时归看浙江潮。芒鞋破钵无人识，踏过樱花第几桥。"余达父写了和诗："淹留异国伍员箫，感起胥江万里潮。欲访生公惨浩劫，野云封断隔溪桥。"⑤来自贵州的平刚、张绎琴、吴慕姚等友人，也与余达父有诗歌酬唱亲密交往。1909 年夏，奉清廷学部令来日本考察农业的罗振玉，在东京金地院僧舍为余达父诗集作序："丁未冬于汉口寓寮邂逅余君达父，挹其气盎然儒者。今年游东京，君方习政治家言于和佛法律大学。亟来玉馆，出其所为诗曰《㤉雅堂集》者见视。原本风雅，词旨温厚，非学养兼到不能道只字也。……睹此盈寸之稿已，可见君之素蓄，所谓得古人温柔敦厚之旨者非耶。"⑥

在日本留学期间，余达父以其"博识能文，好吟咏，与日本诗人森槐南结诗社，辄主其盟，故颇负时望"⑦（平刚《余健光传》）。他不仅与森槐南、郁曼陀（郁达夫长兄）、盛倚南等"思古吟社"成员有诗交，而且多次参与了明治朝全日本最重要的汉诗社团"随鸥吟社"的雅集酬唱。"随鸥吟社诸君，多一时耆宿"，

---

① 《日本东京法政大学同人祭福建陈烈士不浮文》。[清] 余达父：《余达父诗文集》，呼和浩特：远方出版社，2001 年版第 92 页。
② 《余母安太宜人七十寿叙》。[清] 余达父：《余达父诗文集》，呼和浩特：远方出版社，2001 年版第 96 页。
③ 《舒毓熙所编国际公法叙》。[清] 余达父：《余达父诗文集》，呼和浩特：远方出版社，2001 年版第 93 页。
④ [清] 余达父：《㤉雅堂诗集》卷 7，贵阳：贵州人民出版社，1989 年版第 84 页。
⑤ 《和曼殊上人有寄韵》。[清] 余达父：《㤉雅堂诗集》卷 7，贵阳：贵州人民出版社，1989 年版第 83 页。
⑥ [清] 余达父：《㤉雅堂诗集》罗振玉叙，余氏家集本。
⑦ 余宏模：《赤水河畔扯勒彝》，香港：天马图书有限公司，2003 年版第 14 页。

如"倭中文士泰斗"、伊藤博文"秘书"森槐南，"倭中文士泰斗"、"诗最后成，亦最工"、"书法为日本最有名者，画亦佳"、时任"随鸥吟社"社长的永坂石埭，"经理邮船会社"的"侍郎"永井禾原（其子永井荷风堪称日本现代文豪），"自号梦舟居士、能汉诗文有著集、喜与文士燕（宴）游，且雄于赀（资）"的冢原梦舟，"量才诗将"近藤恬斋，名士静冈村松研堂，还有土居通豫、结城蓄堂等，他们都成了余达父的异国诗友。

1910 年夏天，余达父毕业归国，经清朝学部测试，得中法政科举人。7 月，系狱 8 年的余若煌得释出狱，余达父母亲却溘然长逝，他不得不"奉讳归里"，为母亲守墓半年。作于"辛亥夏五月二日"的《南征百韵次杜甫<北征>韵，增三十韵》①，以 130 韵五古完整记述了自己留学日本前后五六年间的经历和思想情感。

1911 年 10 月 10 日，武昌起义成功。11 月 4 日，贵州宣布独立。"壬子正月，余以省议会议员至贵阳"②，"值武汉首戎，黔中应义，盗贼亦乘之蜂起，不得已出而与乡人维持梓里艰局，被举为临时省议员。共和肇造，国民程度本自难言，其时与行政之有方者议订立法行政之权限，一纸草案，本据法理以成，复有力者忌其锋芒，必欲龁而去之，终虽不能去，已成冰炭。故正式选举之日，璟虽被选，辞不就任，亦知难而退也"③。余达父于 1912 年年初抵达贵阳，任省议会议员。立法院选举完成，新议员正在集会时被唐继尧派兵鸣枪驱散。全体议员又自动集会，推举恭寿、余若璟为临时正、副主席，致函质问唐继尧。唐继尧强改立法院为省参议会，将周素园、余达父二人除名。余达父虽然当选省参议会议员，却辞不就任，不愿同流合污助纣为虐。

寓居贵阳期间，余达父作《春兴十五首》、《病中喜辉侄书至》等，对辛亥革命前后贵州及全国的形势多有描述。1912 年春夏之间，余达父从贵阳前往四川，"与蜀中家族聚处数月"。立秋后二日，《㤭雅堂诗集》得到了曾任贵州印江知县的文学家、书法家刘贞安的 40 韵题跋，余达父亦"次韵和之，兼以赠别"。继而，余达父"放流而东，至沪向乡人之营土药业者（按指葛亮曾）措资，皆以损失之余，靳而不与。逗留旬月，所获仍微，支绌来京，行同冒险"④。

在杭州、苏州，余达父逗留了 10 个月，与友人邵次公、张心燕等欢聚宴饮，留下了《西湖孤山公园》、《炼丹台望浙江潮》等近 50 首诗作，写美景，言绮情。

---

① [清]余达父：《㤭雅堂诗集》卷 9，贵阳：贵州人民出版社，1989 年版第 108—111 页。
② 《周素园文集叙》。[清]余达父：《余达父诗文集》，呼和浩特：远方出版社，2001 年版第 110 页。
③ 《与梁某书》。[清]余达父：《余达父诗文集》，呼和浩特：远方出版社，2001 年版第 99—100 页。
④ 《与梁某书》。[清]余达父：《余达父诗文集》，呼和浩特：远方出版社，2001 年版第 100 页。

在上海，余达父曾见过"席间话旧，凄楚欲绝"的一代名妓赛金花，作七律《申浦遇傅彩云有感》。从 1913 年冬到 1917 年夏，余达父寓居北京宣武门一带，任过法政学校教员、律师等，一边艰难谋生——"纵有文章惊海内，岂知书剑老风尘"，"近来海内为长句，昨日厨中乏短供"①，一边与黄侃、袁嘉谷、郁曼陀、平刚、安舜钦、周素园、柳诒徵、漆铸成等交游。在此期间，余达父曾作七律《季刚以诗贺余纳姬，依韵和之》，据此诗可知他与夫人徐立芳的结合应该就在此时。

1913 年古历 11 月 12 日，余达父在宣武门外廉价购得玉印两方，喜爱之至，"适家伯彬先生书来，为余修葺恢雅堂，遂颜其庑曰'双玉印斋'，曰'松声竹韵'"（《双玉印斋记》）。1914 年古历 2 月 28 日，17 岁的长子余祥桐卒于东京，暂埋于"横滨之中国谊园"，余达父哀痛之极，作《男祥桐权厝志》。1914 年古历 9 月，余达父亲书 1912 年古历 3 月所作《恢雅堂记》，与江苏淮安籍著名书法家田步蟾的古篆"恢雅堂"一起寄回毕节，制成木匾，现存于大屯土司庄园。

1916 年 5 月 8 日，陈其美在上海被袁世凯花 70 万大洋收买的刺客暗杀，余达父代安舜钦作 22 韵五古《挽陈英士》，借安氏之口，表达了自己对陈英士革命精神的赞美，对革命领袖的崇仰，以及对袁世凯这个暗杀主使者的痛恨。1916 年古历 4 月，在北京明德大学堂任教的著名学者柳诒徵为《恢雅堂诗集》作序，称赞余达父及其文学家族："鳌部振采，煜于龙鸾。黔水绩文，蔚乎瀌浼。灵淑所闷，晚近益恢。毕节余子，磊落英多。……出其一艺，已轶九能。"②

1917 年古历 4 月 3 日，余达父在北京作《平少黄感遇集叙》，叙述自己与平刚十几年来在贵阳、日本、上海、北京的交游与情谊。同年古历 4 月 23 日，余达父从天津大沽口乘船到"横滨之中国谊园"，接取爱子余祥桐寓榇。在日本 20 余日，余达父作诗 10 余首，其《十四日西京道中阅晚报言中国复辟事》七律 2 首，对张勋、康有为拥护溥仪复辟一事进行了愤怒的指斥和辛辣的嘲讽。古历 5 月 22 日，接到三弟发来的电报，得知长兄余若煌在大屯病故，余达父椎心泣血，作《亡兄伯彬先生行状》；古历 6 月 2 日，余达父在北京代撰《黎总统二次通电》；古历 9 月 2 日，余达父作《周素园文集叙》，随后启程南归。"余九月廿六日至家，廿九日葬亡儿归榇，十月朔即往蜀会葬伯兄"③。

从 1918 年到 1921 年，余达父"痛发于背，垂危之际，复中风疾，右手足拘

---

① 余达父旅居北京"洒扫庭除"时所作楹联，见《余达父诗文集·与梁某书》第 100 页。
② ［清］余达父：《恢雅堂诗集》柳诒徵序，贵阳：贵州人民出版社，1989 年版第 16 页。
③《郁曼杜大理以衙斋望西山怀余诗见寄，依韵和之》自注。［清］余达父：《恢雅堂诗集》卷 12，贵阳：贵州人民出版社，1989 年版第 148 页。

挛不仁，卧蓐（褥）三载，始倚杖而行"①，除却与郁曼陀的近 10 首唱和之作，作诗其少。1919 年 10 月 15 日，余达父接到电报：一直追随陈英士、孙中山转战南北的革命健将余祥辉，戎马倥偬积劳成疾，在上海英年早逝。余达父再一次白发人哭黑发人，作 38 韵五古《哭辉侄》，心情灰暗、悲观之至。1920 年，他在大屯杉木冈为自己营建生圹（生前预造的坟墓，《通雍余氏宗谱》记载"若琭生圹，有月台"）书写墓碑"诗人余恢雅先生之墓"，落款"民国九年庚午三月八日若琭达父自题"。同年古历 5 月 20 日，余达父作七律《五十初度》："入梅天气晻如秋，卧病还乡笑郐侯。久苦闾阎兵未解，岂堪割据势常留。阋墙斗鼠穴中困，跋浪横鲸海内愁。半百生涯忧患里，独乘风雨上南楼。"②之后卧病还乡。

第四阶段：从 50 岁（1920 年）到 64 岁，存诗近百首、文 9 篇。

1921 年古历 2 月，余达父在贵阳，与王蔬农、柳小汀等有诗交。9 月底，余达父返乡；10 月，第二位夫人陇氏去世。同年古历 12 月 20 日拂晓，"仁怀县礼播里之土贼赵清河、潘凉臣等，率其徒六七十人捕系吾管庄人陈德周，以攻余宅。财物破散，且舆余至礼播里之龙井，辗转八十日"③。在此期间，余达父"孤身陷贼八十日，转徙颠连百里间"④，苦不堪言，"三月十日，迨孙旅之刘营兵士搜山，始出盗窟"（《陈德周墓志铭》）。余达父于古历 4 至 5 月抵达赤水县、泸县，作《端午日泸县观龙舟竞渡》、《晨登忠山》等诗。1922 年闰 5 月 5 日，余达父作七律组诗《漫兴九首》，回顾十几年来自留日到流落申沪到返乡的艰辛历程，再次对军阀割据、兵匪横行的现状表示不满，忧国忧民却无力回天。

1922 年秋，因乡间兵匪频仍，余达父携家入居贵阳。得周素园向省长袁树铭力荐，"时以法制委员任大理分院推事，寻刑庭长"，从"救贫暂出仕，荐作大理迁"（《戊辰人日时园独酌》）到 "我无活国术，投效请归田"（引同前），前后五六年。在贵阳，余达父与乐凉澄、马道穆、徐露园、张仲民、向义（知方）、牟思敬（惠老）、孙蔬农、聂树楷（赘园）、龙幼安、张绎琴、寇子春等有诗交，所作诗歌论书法、谈诗艺、讲对联，追怀苏轼、郑珍。

1925 年 3 月，孙中山先生在北京逝世，噩耗传到贵阳，余达父代贵州大理分

---

① 《豁然篇并序》。[清] 余达父：《恢雅堂诗集》，贵阳：贵州人民出版社，1989 年版第 186 页。

② [清] 余达父：《恢雅堂诗集》卷 12，贵阳：贵州人民出版社，1989 年版第 151 页。

③ 《陈德周墓志铭》。[清] 余达父：《余达父诗文集》，呼和浩特：远方出版社，2001 年版第 115 页。

④ 《壬戌人日口占·时在仁怀小路乡》。[清] 余达父：《恢雅堂诗集》卷 12，贵阳：贵州人民出版社，1989 年版第 153 页。

院作此挽联①：

　　　　卅年革命，两次游京，筹画定规模，忽闻霜露凄零，徒令上将挥神笔；

　　　　三民主义，五权法宪，经纶冠中外，正看风云奋斗，长使英雄泪满襟。

　　1925 年，黔军将领彭汉章回贵州主政，余达父代法院全体同人作《彭仲文省长就职祝词》，为贵州的未来发展献计献策，但次年彭便被"桐梓系"军阀周西成等赶出了贵州。1927 年 10 月，余达父毅然辞官归隐。1928 年，在大屯故居及大湾山庄，余达父"小筑林亭当招隐，时携笔砚校残书"②。冬，为避兵祸前往云南。1929 年正月初七，余达父寓居迤东确佐（今云南曲靖境内），作七律 4 首，对刘显世、彭汉章期间的军阀混战表示愤慨，对周西成治下的"三年苛政猛于虎"深恶痛绝。古历 3 月 15 日，余达父到达昭通。4 月 14 日，在乱兵攻打昭通城之前，余达父得到彝族名人龙涌泉及其子孙帮助，经炎山入松萝村，得以避兵祸。古历 9 月 10 日，留学日本时的首批同盟会会员、曾任大元帅府（军政府）中将参议等职的彝族革命家安舜钦殁于昆明，余达父在乌蒙客邸得到挚友噩耗，作五律 1 首，痛悼其壮志未酬。

　　1929 年初冬，余达父到达昆明，袁嘉谷为其《愫雅堂诗集》题七绝 2 首，诗下附注称"愫雅先生来游吾滇，喜得重晤，读近作益深佩仰，谨题二绝"③；余达父除依韵和诗外，也为袁氏《卧雪堂集》题写 30 韵五古 1 首，彼此惺惺相惜。1929 年春，在昆明，余达父同旧友禄介卿、王铁珊等同游黑龙潭、滇池、大观楼、翠湖等云南名胜。

　　从 1931 年到 1933 年，在大屯，在毕节，余达父一边养病，一边著述。其《蠖盦拾尘录》的修订补充、《且兰考》相关资料的收集、《通雍余氏宗谱》后半部分的续写、《愫雅堂诗集》的最后编定，很有可能都在这两年里完成。1934 年，贵州省主席王家烈聘余达父为省政府名誉顾问，余达父举家迁到贵阳。新春 15 日，余达父作《葛崇纲墓表》；稍后又作《葛继升墓表》。古历 4 月底，余达父作《题大定双烈园石壁》，纪念在 1912 年牺牲的辛亥革命烈士谭冠英、简忠义。《愫雅堂诗集》第 14 卷最末的《葛希颜钞寄昔年长春怀余之诗，次韵和之》④，是余达父的最后诗作。

---

① 《代贵州大理分院挽孙中山联》。[清] 余达父：《余达父诗文集》，呼和浩特：远方出版社，2001 年版第 58 页。

② [清] 余达父：《愫雅堂诗集》卷 13，贵阳：贵州人民出版社，1989 年版第 170 页。

③ [清] 余达父：《愫雅堂诗集》袁嘉谷题诗，贵阳：贵州人民出版社，1989 年版第 19 页。

④ [清] 余达父：《愫雅堂诗集》卷 14，贵阳：贵州人民出版社，1989 年版第 190 页。

二、余达父的思想情感、家学渊源与创作个性

通读余达父诗集和其他存世作品，我们大致可以描绘出余达父一生的思想情感轨迹：一生崇儒，却"棘闱六战北"，作为被科举戕害者，晚年曾对八股反戈一击。抑道尚法，以法政科举人身份任贵州高等法院刑庭庭长，却壮志难酬，只能像庄子那样执著批判黑暗现实。同情改革，倾向革命，思想进步，却未能加入同盟会，成为像挚友平刚、周素园、安舜钦、侄儿余祥辉、余祥炘那样的革命者。关心国家治乱，忧民之忧亦乐民之乐。疾恶如仇，义薄云天，重亲情友情师生情，富有仁民爱物精神。胸襟博大，眼界开阔而又保持着本民族文化特色。博雅好古而又学贯中西，独立思考而又转益多师。继承传统而又批判创新，源于家族而又超于家族。这些价值追求和精神境界不仅影响着余达父的人生道路，也影响着他的学术研究和文学创作个性。

余达父丰富的情感、深刻的思想、独特的创作个性来自于他深厚的家学渊源和对社会人生的理性思考。祖父余昭、祖母安履贞、生父余一仪，是余达父得以传承百年家学的两代桥梁。余昭"家居课子孙，手一卷终岁不辍"，安履贞"常课诸孙读，最严，家人有事禀白，必待课完"，余一仪、余达父是直接受益者。余达父对祖父的作品非常熟悉，格外欣赏。1894 年冬余达父由黔入滇，住宿高山铺，见到"先大父"余昭 1873 年所留"墨痕黯淡"的暮春题壁诗《高山堡》[①]："行程偶过乱峰巅，春色无人也自妍。踯躅笑开疑抹血，蕨苔怒起欲挥拳。山如奇鬼蹲还立，云似飞仙住又迁。到此尘凡都涤尽，沁心侵骨有甘泉"，曾"摩挲手泽，不知涕泗之何从也。敬志数言，谨依元韵"[②]：

> 崎岖历尽万山巅，重见遗徽幸有缘。拂拭墨痕尘黯黯，摩挲手泽意拳拳。千秋华表魂归去，廿载浮云事变迁。欲效谢生述祖德，自拈斑管涤新泉。

尾联将余达父以著述来传承弘扬祖德的追求表达得真实生动，让人回味无穷。余达父 40 岁时，曾以"一卷诗成惊万户，三杯酒竭散千愁"诗句表达了以诗歌创作影响社会的人生追求。1920 年古历 5 月 20 日，进入天命之年的余达父用"先祖四十初度韵"作七律《五十初度》[③]：

---

① [清] 余家驹、安履贞：《大山诗草》，成都：四川民族出版社，1994 年版第 258 页。
② [清] 余达父：《余达父诗文集》，呼和浩特：远方出版社，2001 年版第 30 页。
③ [清] 余达父：《恢雅堂诗集》卷 12，贵阳：贵州人民出版社，1989 年版第 151 页。

入梅天气晻如秋，卧病还乡笑郲侯。久苦间阎兵未解，岂堪割据势常留。阋墙斗鼠穴中困，跋浪横鲸海内愁。半百生涯忧患里，独乘风雨上南楼。

此诗用唐人李泌典，对当时贵州军阀割据、战火不断的动荡时局表示担忧，对自己怀才不遇、报国无门，只能卧病还乡闭门读书的处境表示无可奈何。

余达父生父余一仪（1851—898），字邃初，"天姿高雅，澹于荣利。幼传词章家学，亦精举子业，一试不中，即弃去不复习。性好酒，耽书，偶成吟咏，不自收拾，集存者《百尺楼诗草》3 卷（已佚）"①。他参与母亲《圆灵阁遗稿》木刻本的刊刻，留下了不多的文字，对舅舅安履泰冤死狱中他慨叹其"以不覆之才，惨遭奇祸，年甫冠，冤愤而殁"，"千古诗人之厄，无逾于此！命奇于人，人奇于诗，无之而不奇，斯无之而不奇也。袁中郎以之称徐文长，人以为知言。舅之厄，胜文长百倍；身后之知，有如中郎者乎？"（《圆灵阁集·吊阶平兄履泰》题注）文字虽少，颇见其才情个性和文史积累。

"庚寅（1890 年）冬，若瑔与亡兄同入学补弟子员，归而大父见背。先考邃初府君谕兄与若瑔曰：'宜修举业，以慰先大父之望。'"（《亡兄伯郴先生行状》）余一仪恪守父训，在余昭去世后，再次将已在 1890 年同补县学生员的长子若煌、次子若瑔送往毕节求学。松山书院主讲杨绂章曾与余一仪为同学，余一仪对这位中举之后潜心家乡教育的昔日同窗满怀信任。余若煌、余若瑔虽然"好学，为院中诸生冠"，却"两试未捷"。1899 年端午节，余达父"偶步出郊，睹年时侍先君游览处"，感恸作诗，表达自己因为读书应举而忠孝未能两全的莫大遗憾："早识趋庭只短景，未应入世请长缨。"

根据贵州人民出版社 1989 年 12 月出版的《愫雅堂诗集》和远方出版社 2001 年出版的《余达父诗文集》，余达父现存诗歌累计 610 首：含七律 275 首，七绝 157 首，七古 47 首，五律 55 首，五古 76 首。无论从数量还是从质量上讲，余达父都将大屯彝族文学家族的诗歌创作推向了最高峰。除了传承由余家驹开创、余昭等发扬光大的百年家学，他还像杜甫那样"不薄今人爱古人"、转益多师，为贵州近现代文学树起了一根标杆，在全国少数民族杰出文学家族中也是不可多得的人才。

---

① 余家驹原著、余昭原注、余若瑔续修、余宏模整理：《通雍余氏宗谱》中文部分第 20 页，日本学习院大学东洋文化研究所 1999 年 12 月发行。

余达父对诗歌创作的继承与创新问题有独到理解,他在《再寄正父长言》①中写道:

> 短章截句争丰神,长篇大著喜严正。情言绮靡肠百折,英词排顺力盘硬。汉魏风骚涵濡深,晚唐北宋格律靓。山斗宗师望杜陵,遗山玉溪好梯磴。横流未必尽苏黄,俯仰随人徒优孟。旁门斜途多伪体,陈奇斗巧翻新咏。筝琶筑缶悦俗耳,朱弦疏越动天听。愿君守此不二法,贯彻洪纤出幽夐。

这是 1903 年在北京任刑部陕西司主事的葛正父"降尊自称诗弟子",问诗道于余达父时余所作的一首论诗诗。它比较详尽地阐明了余达父的诗歌艺术追求:要从汉魏风骚学精神,向晚唐北宋学格律,以元好问、李商隐为梯磴,以杜甫为山斗宗师。既要学习古人又要自出机杼——学苏黄可以,但不能亦步亦趋;如果只讲究技巧和辞藻翻新,这不是创新而是误入旁门左道。由此诗可见,余达父已经明确认识到诗歌创作要继承传统、转益多师,但继承不是目的,创新才是。这些看法也是余达父诗歌创作个性的体现,它充满批判精神和创新精神。或许可以这样说,批判精神和创新精神始终是余达父诗歌创作个性之所在。另一首《赠万慎子并速其为余叙诗集用杜老赠韦左丞韵》也非常鲜明地表达了这种创作个性:"古学多奥窈,新理在精神。因循非守粹,破坏想群亲。若夫豪杰士,孤往不求邻。冥心有独诣,歧途无问津。"②

余达父的诗学主张和诗歌创作个性主要来自于杜甫等著名诗人的影响,尤其是杜甫。杜甫曾主张"不薄今人爱古人,清词丽句必为邻。窃攀屈宋宜方驾,恐与齐梁作后尘","未及前贤更无疑,递先祖述更谁先。别裁伪体亲风雅,转益多师是汝师"(《戏为六绝句》),余达父则认为"生平好奇读楚骚,招魂意营增冰状"③,"上接风流师屈宋,远增壁垒望曹刘"④,"文章百世后,光焰烛天辉。唐代设词科,斯人道岂非"⑤,"四更吟老杜,千里梦希夷。倘(倘)可斯人作,师乎是我师"⑥,"二十年前研杜集,几回清梦到夔州"⑦。诗圣杜甫在余达父心

---

① [清] 余达父:《雿雅堂诗集》卷 6,贵阳:贵州人民出版社,1989 年版第 66~67 页。
② [清] 余达父:《雿雅堂诗集》卷 6,贵阳:贵州人民出版社,1989 年版第 69 页。
③《十二月十五日晨起》。[清] 余达父:《雿雅堂诗集》卷 4,贵阳:贵州人民出版社,1989 年版第 35 页。
④《除日祭诗》颔联。[清] 余达父:《雿雅堂诗集》卷 5,贵阳:贵州人民出版社,1989 年版第 50 页。
⑤《咏怀》第 10 首。[清] 余达父:《雿雅堂诗集》卷 4,贵阳:贵州人民出版社,1989 年版第 38 页。
⑥《夜起玩月》其三颈联、尾联。[清] 余达父:《雿雅堂诗集》卷 5,贵阳:贵州人民出版社,1989 年版第 46 页。
⑦《泊夔府》。[清] 余达父:《雿雅堂诗集》卷 7,贵阳:贵州人民出版社,1989 年版第 75 页。

目中至高无上的地位，没有任何一个诗人可以替代。在余达父现存 610 首诗作中，至少有 15 首模拟杜甫或用杜甫诗韵，杜甫诗歌"以序为题"的特点，在余达父 40 多首诗作的标题中得到了反映，由杜甫所开创的"组律"在余达父那里得以继承和发展。对杜甫所开创的"拗律"，余达父也有过创作尝试——《愫雅堂诗集》卷 14 有《庚午日禄介卿招游黑龙潭，同行者李子邕、王铁珊、徐从先。次壁间挐经老人二律韵，余作拗律》①（2 首）。

余达父诗歌创作受李商隐、杜牧、苏轼、王士禛等人的影响也很大。在余达父的诗集中，命名《无题》的有 22 首，其中 1909 年冬作于日本的 2 首特地注明"用玉溪生昨夜星辰昨夜风韵"。在余达父几十首描写爱情七绝中，我们还不时可以感受到晚唐"刻意伤春复伤别，人间惟有杜司勋"（李商隐语）的杜牧气息。"文字结习度春秋，平生最佩苏眉州"②，余达父对苏轼非常敬佩，苏轼的诗文风格对其诗文的影响也不可小觑。

对清代诗人，余达父早年最佩服王士禛，晚年最服膺"西南巨儒"郑珍。王士禛是山东新城人，清代中叶的诗坛领袖，他在诗歌创作上标举的"神韵说"，要求诗歌应有清亮的音节、高妙的意境和天然的韵致，富于言外之味，曾风靡一时。《四库全书总目提要》说："当我朝开国之初，人皆厌明代王（世贞）、李（攀龙）之肤廓，钟（惺）、谭（元春）之纤仄，于是谈诗者竞尚宋元。既而宋诗质直，流为有韵之语录；元诗缛艳，流为对句之小词。于是士禛等以清新俊逸之才，范水模山，批风抹月，倡天下以'不著一字，尽得风流'之说，天下遂翕然应之。"

《带经堂诗集》是王士禛作品集之一，《秋柳四首》是其成名作。余达父《愫雅堂诗集》卷 3 中，有形神毕肖的《秋柳·次王新城韵》七律 4 首，这组次韵之作表达了他对王士禛的推崇。余达父晚年服膺"清诗三百年，王气在夜郎。经训一蕾畬，破此南天荒"③的郑珍："上怀黔文献，惟有柴翁亢。下悯斯民伤，饥溺元由障。欲传郑学薪，盱衡经巢访"④，"晚年遗稿尤精粹，杜之秦蜀忧虞中。……

---

① ［清］《愫雅堂诗集》卷 14，贵阳：贵州人民出版社，1989 年版第 134 页。

② 《丙寅人日徐露园伻来，得简展视，则马道穆以拜东坡生日诗书似，即次道穆韵答之》。［清］余达父：《愫雅堂诗集》卷 13，贵阳：贵州人民出版社，1989 年版第 165–166 页。

③ 钱仲联：《论近代诗四十家》，《当代学者自选文库·钱仲联卷》，合肥：安徽教育出版社，1999 年版第 407 页。

④ 《题牟惠老自娱轩诗草》。［清］余达父：《愫雅堂诗集》卷 13，贵阳：贵州人民出版社，1989 年版第 162 页。

静读公诗数甲子，沧桑往复心神通"。[①]

余达父喜爱的古代诗人，除前面提到的屈原、宋玉、曹植、刘桢、杜甫、韩愈、孟郊、李商隐、杜牧、苏轼、黄庭坚、陈师道、元好问外，还有《读阮嗣宗咏怀诗》里"升沉两无意，无用作诗才。幽玄而沉郁，慷慨含清哀"的阮籍、《咏怀》第九首里"身是羲皇人，性爱山林叟。东篱种野菊，前门植高柳"的陶渊明、《旅夜》第一首中"长安多韵士，谁叹子昂琴"的陈子昂、《阅蒋苕生重搜逸卷诗有感》中"藏园才地重词林，尤索潜蛟费苦心"的蒋士铨、《书饴山老人因园集后》中"嗟乎先生负盛名，只因歧创功愈进"的赵执信等，对这些诗人的作品、生平经历和创作得失，余达父别有会心如数家珍。

尽管"词赋诗歌，乃其余事"（平刚所题像赞），但对余达父来说，博取百家，自出机杼，已经是他生命和生活的重要组成部分。《拟鲍明远东门行》、《四月十五日游陶然亭和香冢诗韵》、《登甲秀楼次鄂文端韵》、《庚午日禄介卿招游黑龙潭。……次壁间㩭经老人二律韵，余作拗律》、《怀西洞精英砚，用朱竹垞梦砚歌韵》、《竹醉日冢原梦舟招饮寒翠庄消夏，和厉樊榭夏至前一日韵二首》、《题杨惺吾历代舆地沿革险要图》、《和王湘绮法源寺留春宴集诗韵》等诗依次涉及鲍照、白居易、鄂尔泰、阮元、朱彝尊、厉鹗、杨守敬、王闿运等古今诗人、名人。余达父与苏曼殊、黄侃、郁曼陀、平刚、万慎子、刘贞安、袁嘉谷、葛正父、杨绂章、牟思敬、聂树楷、马道穆、周素园、葛天回等人高山流水的诗歌酬唱，允称风雅。余达父与森槐南、永坂石埭、永井禾原、冢原梦舟、土居通豫、静冈村松研堂等热爱中国传统文化的日本汉学家的诗交，更是堪称盛事。广泛的文化交流使余达父开阔了胸襟，启迪了他的诗学观和文学创作个性的形成。

三、余达父诗歌的创作特色

余达父以其如椽之笔叙写自己的人生经历，将家事国事天下事融汇诗中，展现了清末至民国年间国内的一些重大社会世相，表现出丰富的情感和深刻的思想。他的诗歌内容丰富，体式较为完备，艺术手法高妙，既是诗人之诗，又是学人之诗，尽显名家、大家气象。

---

① 《丙寅三月十日郑子尹先生生日和蝥园韵》。[清] 余达父：《㤉雅堂诗集》卷 13，贵阳：贵州人民出版社，1989 年版第 167–168 页。

（一）高度娴熟的近体诗写作技巧

在余达父现存的 610 首诗歌中，近体诗几近四分之三，其中律诗共有 330 首，占其全部诗作的 54%。律诗是中国古典诗歌最典范最具有代表性的形式，它形成于初唐，要求甚严，每首 8 句，讲究粘对、拗救、格律和韵致等。读余达父的诗歌，我们可以见识他深厚的功力。

《愗雅堂诗集》一共收录了 275 首七律，该诗集以组律《漫成四首》开始，以七律《葛希颜钞寄昔年长春怀余之诗，次韵和之》结束，始终保持了七律创作的高水平。如《葛希颜钞寄昔年长春怀余之诗，次韵和之》：

> 春初题表故人墓，荡气回肠万古心。今日凤毛能念我，新研龙尾答知音。文章流略趋尤浅，世道奇衰斗更深。欲问玄亭奇字谊，不如爨下理焦琴。

首联叙述自己为葛正父题写墓表时"荡气回肠"的无比欢欣——1934 年旧历正月初三，余达父在贵阳寓邸完成该墓表的写作，正月十五日，亲临毕节题写《葛崇纲墓表》；颔联表达欣然酬唱时的快乐和兴奋——对葛天回这个贵州毕节历史上的第一个大学生，余达父发自内心地赞赏，在他眼里，葛天回不仅是他的知音，还是家乡毕节凤毛麟角的优秀人才；颈联一忧文运浅薄，一忧世道衰微，表达了对当时社会的失望；尾联用典表达内心愤激——与其请教玄妙高深的学问之道，不如到灶前弹一通焦尾琴！

余达父的组诗，既是自传，又是家史、省史、国史，很有研究价值。1900 年所作《悼亡》9 首[①]，写于原配夫人安氏去世："鹣鹣比翼，玉折兰摧，落落只身，香消梦断，则有悼亡之作"[②]，"嗟余总被浮名误，远使红兰萎绛河"[③]，"悲歌当哭浑无绪，罗袂生尘冷玉墀"[④]。诗人悔恨交加，情感深挚沉痛。

36 岁时所作《和慎斋先生秋感韵八首，用杜秋兴韵，避元韵》[⑤]中，"万里之别自兹始，倚装留别强摛词"，与恩师道别，从国仇、家难写到自身际遇，表达对黑暗社会政治、军事、经济、外交、文化教育的彻底绝望，决心"求师过海参新理，活国回帆想大同"。39 岁时所作《吊伊藤春亩》五首[⑥]，其一、其二赞

---

① 此处述及的 9 首悼亡诗，均载于余达父《余达父诗文集》，呼和浩特：远方出版社，2001 年版第 37–38 页。

② 《与葛正父比部书》。[清] 余达父：《余达父诗文集》，呼和浩特：远方出版社，2001 年版第 84 页。

③ 《悼亡》其一。[清] 余达父：《余达父诗文集》，呼和浩特：远方出版社，2001 年版第 37 页。

④ 《悼亡》其九。[清] 余达父：《余达父诗文集》，呼和浩特：远方出版社，2001 年版第 38 页。

⑤ [清] 余达父：《愗雅堂诗集》卷 7，贵阳：贵州人民出版社，1989 年版第 71–72 页。

⑥ [清] 余达父：《余达父诗文集》，呼和浩特：远方出版社，2001 年版第 41 页。

美安重根是"愤椎秦"的"亡韩志士",将其与荆轲、岑彭相比,其三、其四、其五指斥伊藤博文对韩国的"三年苛政",嘲讽他名为"报国"实则贪婪无厌、野心勃勃、不自量力,对这位维新"功臣"、侵华罪魁进行了无情的鞭挞和抨击。42岁时所作《春兴十五首》①叙述贵州辛亥革命前后历史,对革命成果被立宪派和耆老派拱手交付云南军阀唐继尧,余达父愤填膺却无力回天;1922年闰5月除日所作《漫兴九首》②,描述贵州军阀混战盗贼蜂拥鱼肉百姓的惨状,回顾自己留日归来一事无成流落京沪的坎坷历程;1929年正月初七所作《己巳人日春感》③4首,愤怒控诉军阀周西成等给贵州人民带来的深重灾难。

余达父的单首七律,像《怡园午睡》、《武侯祠》、《可渡河》、《除日祭诗》、《三冠山晚眺》、《十月廿八日夜泊瞿塘峡口》、《和万慎子见怀韵却寄》、《曼杜得余九月晦日书自京师却寄一律依韵和之》、《新秋九日得曼杜书和之》、《戊辰十月筑大湾山庄》、《炎山望金沙江》等,堪称佳作。

余达父的五律,数量不多,但精品不少。《㸌雅堂诗集》共收录五律55首,占全部律诗的六分之一,大多为纪游、酬唱之作,用万慎子评价其早期作品的话来说,是"其可存者十之七八"。像《旅夜》、《涌珠寺观井》、《平山铺》、《山居即景》、《㸌石精舍》、《夜起玩月》、《酒罢口占赠梦舟居士,即次梦舟赠郁曼陀韵》、《清水寺》、《三十日偕村松研堂游滨松普济寺,访全师上人即留午餐,席间赋此赠之》、《十月十八日夜泊夷陵》、《夏日偕曼陀访梦舟,登寒翠庄小阁乘凉。用陆放翁伏中官舍极凉戏作韵》、《丰臣冢》、《十一月初七夜泊虎须滩》、《十二月一日晨度雪山关》、《赠乐凉澄》、《炼丹台望浙江潮》、《挽魏午庄制府》、《㸌石精舍小坐》、《新正夜月》、《乌蒙客邸闻安舜钦九月十日殁于昆明》、《四月七日宿花贡驿》、《往大湾山庄书途中所见·癸酉十二月十七日》等。略举数例。

《茶亭寺望江》④:

　　岁暮仍为客,愁心郁壮哉。大江浮地出,孤塔压山来。沙鸟沉沉没,
风飘叶叶开。黔中回首望,野色没尘埃。

此诗首联奠定悲壮感情基调;颔联、颈联状眼前奇景让人如同身临其境;尾联呼应开头,融情于景,言有尽而意无穷。全诗沉郁古朴,唯颈联"风飘"二字与前句"沙鸟"对仗欠工,若为"飘风"更佳,这也许是诗人的偶尔疏忽。

---

① 《春兴十五首》,[清]余达父:《㸌雅堂诗集》卷10,贵阳:贵州人民出版社,1989年版第113–115页。
② [清]余达父:《㸌雅堂诗集》卷12,贵阳:贵州人民出版社,1989年版第155–156页。
③ [清]余达父:《㸌雅堂诗集》卷14,贵阳:贵州人民出版社,1989年版第171–173页。
④ [清]余达父:《㸌雅堂诗集》卷6,贵阳:贵州人民出版社,1989年版第68页。

《清水寺》①：

　　　　千二百年前古刹也。山水灵奇幽邃，为余至倭得未有之境。

　　　　古刹千年在，名山万里无。岩峦幽处回，蹊径转时纡。倦客思息影，
高僧尚垒跌。枫樱迷大壑，寒玉散成珠。

清水寺建造于公元 798 年，平安时代与金阁寺、二条城并列为京都三大名
胜，1994 年进入世界遗产名录。余达父这首五律，四联均为对偶句，写出清水
寺这座"千二百年前古刹"的"灵奇幽邃"、"为余至倭得未曾有之境"的叹
赏发自内心。

《往大湾山庄书途中所见，癸酉十二月十七日》②：

　　　　匝月多凝雪，阳曦递隐沦。道冰荆杞折，林脱荒秽繁。独见沿溪上，
争呈秀麦蕃。始知天意远，低下有温存。

此诗作于 1933 年旧历 12 月 17 日，作者回到大屯故里，在冰天雪地里竟然看
见了春天——"始知天意远，低下有温存"，这种冬天里的人间温暖让人备感抚
慰，读来有陶诗情致。

现存余达父的近体诗，只有七绝没有五绝。余达父的 157 首七绝，像《毕节
竹枝词》、《秋柳》、《宫怨》、《恼春截句》、《暮春十九日看樱花，归途经上野，憩
不忍池桥，回望林壑，杂花生树，真在绝妙画图中行也》、《吴门秋韵十五首，用
下平韵，癸丑秋八月廿九夜，自苏台还申浦作》、《剡溪女子晏宛若广陵题壁诗十
首，凄怆飘零，哀感顽艳，依韵和之》、《江南柳十五首，用上平韵，为吴姬柳依
依作也，并序》等，大多为言情之作，从作品中我们可以不时嗅出晚唐杜牧和李
商隐的格调气息。略举几例。

《西湖孤山公园》③：

　　　　无复灵和斗柳腰，玉钩斜畔日沉销。沧桑一片宫人草，曾见刘郎贮
阿娇。"

此诗以汉写清，化用汉武帝金屋藏娇典故，慨叹昔日繁华热闹，眼前沧海桑
田，颇得杜牧《过华清宫》、《泊秦淮》一类作品情致。他如《十三日国府津道中，
望富士山残雪甚微，若隐若现，以视山形之雪山逊矣》④："倭人艳说兹山雪，未
道山形雪更深。千古成名多浪得，不应广武独沉吟。"《五月十二日仙台道中望

① ［清］余达父：《悇雅堂诗集》卷 9，贵阳：贵州人民出版社，1989 年版第 105 页。
② ［清］余达父：《悇雅堂诗集》卷 14，贵阳：贵州人民出版社，1989 年版第 188 页。
③ ［清］余达父：《悇雅堂诗集》卷 10，贵阳：贵州人民出版社，1989 年版第 120 页。
④ ［清］余达父：《悇雅堂诗集》卷 12，贵阳：贵州人民出版社，1989 年版第 145 页。

山形县之雪山皑皑出没云霄间》①："昔年曾餐富士雪，今日独赏山形山。等是晶莹高万尺，名称显晦岂相关。"作者 1917 年在日本所作这两首七绝，将富士山与山形山之雪比较，为山形山鸣不平，寓含了余达父回国后身为法学家却报国无门的身世之悲。

（二）古体诗尽显名家、大家气象

在余达父现存的 610 首诗歌中，古体诗有 123 首（约占 20%）：五古 76 首，七古 47 首。余达父早期古体诗习作，有五古《拟鲍明远东门行》、《拟美女篇》、《拟西北有高楼》，七古《拟燕歌行》、《拟行路难》、《拟行路难补遗》等，在拟古的同时，已经有了自己的面目——用古人创造的形式，表达自己的思想感情。

1894 年所作《小河岸阻水向暮迷路投宿》②，在"绳床置破荐，僵卧几曾温"的暂住环境中，诗人却不失"鄙怀虽郁郁，浩气长轩轩。莫嫌沟壑转，犹将云梦吞"的豪迈自信。作于 1896 年前后的 10 首《咏怀》③，集中表达了作者早期的思考和人生价值追求，是我们理解余达父的一面镜子、一扇窗口。《赠万慎子并速其为余叙诗集，用杜老赠韦左丞韵》中，"古学多奥窈，新理在精神。因循非守粹，破坏想群亲。若夫豪杰士，孤往不求邻。冥心有独诣，歧途无问津"④是极具个性的自我认识和自我评价；1906 年赴日途中所作《夜泊合江城下》中，"今夕出大江，洪阔无涯涘。汇此万里流，利济生民恃。上接昆仑高，下入海门迤。合之大瀛寰，蒸汽为蒙汜。霖雨浹苍生，不过竭原委。泫流念乡关，鞭影亦策己"⑤，触景生情，托物言志，慷慨激昂。

在日本，余达父留下了多首五古佳作：1907 年所作《岁寒吟》，以"一朝泊长崎，大雪漫空蔽。绰约姑射仙，雪肤映云鬓。次日经山阳，铁道入云细。皑皑富士山，掠我窗前逝。侵晨抵江户，万瓦明霜丽。客中复作客，归来已卒岁"⑥纪行，以"神州已陆沉，何止帝不谛。颇闻孤注说，破坏建设继。惜哉闻空谈，着手何时励。历史活国流，后起扶前毙。又闻疑似说，表里恐相悖。安得伏阙书，便售纶扉计。陈东满天下，伊周遍尘世。果无利禄思，贱子亦同诣"⑦述感，诗人

---

① [清] 余达父：《㦸雅堂诗集》卷 12，贵阳：贵州人民出版社，1989 年版第 145 页。
② [清] 余达父：《㦸雅堂诗集》卷 1，贵阳：贵州人民出版社，1989 年版第 11 页。
③ [清] 余达父：《㦸雅堂诗集》卷 4，贵阳：贵州人民出版社，1989 年版第 36 页。
④ [清] 余达父：《㦸雅堂诗集》卷 6，贵阳：贵州人民出版社，1989 年版第 69 页。
⑤ [清] 余达父：《㦸雅堂诗集》卷 7，贵阳：贵州人民出版社，1989 年版第 74 页。
⑥ [清] 余达父：《㦸雅堂诗集》卷 7，贵阳：贵州人民出版社，1989 年版第 81 页。
⑦ [清] 余达父：《㦸雅堂诗集》卷 7，贵阳：贵州人民出版社，1989 年版第 81–82 页。

心系国家安危，对孤注一掷、前赴后继、先破坏后建设的种种主张不以为然，怀疑它们不过是"表里恐相悖"的空谈而已。作者心目中最理想的救国方式，还是像古代士大夫那样伏阙上书，让开明统治者接受自己经纶天下的治国大计。1909年所作《湘娥怨》，通过对忠贞不渝的悲壮爱情赞美和歌颂，表达了对革命和革命党人的深切同情："万古伤心人，都在湘江湄。……夫婿人中龙，才名地上虎。少年抱奇节，凌厉世无伍。……湘女弹寡鹄，啼红泪如雨。频死竟不遂，幽怨纷千缕。望夫山头石，要离墓上土。去去复去去，含冤叫帝阍。石不填海平，胶不止河浑。蓬莱多神仙，不救精卫魂。"①1909年古历冬月间所作《己酉冬仲重游箱根仍宿环翠楼四十二韵》②，既有旧地重游故地物是人非、人生苦短的伤感失落，又有对丰臣秀吉霸业雄图风流总被雨打风吹去的深沉感慨；既有"侧望富士岳，半腹雪皑皑。山巅入白云，回薄无暂开"的异国奇景描写，又有"触物感岁暮，因念故山梅"的浓烈思乡之情，让我们不仅了解日本的历史地理和箱根的风土人情，也更全面地了解诗人。同年所作《永井禾原将游清韩，招同人留别于来青阁，即席赋诗饯之二十五韵》③，先以"林园新绿净，天气暮春和。严装远行客，招我唱骊歌。斯游亦壮哉，清韩两经过"交代写作背景、缘由，再铺叙禾原出马关经"箕子国"（今朝鲜）逾铁岭越雄关，先到天津、北京，再到洛阳渡黄河，炎热的夏天在江夏（今武汉）"霸业吊周郎，胜慨怀东坡"，再到金陵秦淮春申江，明白晓畅的诗句中洋溢着对祖国名山大川、文物古迹、历史文化、风土人情的热烈赞美。"古人重闭关，咫尺皆坎坷。今日同文轨，万里非逶迤。我歌送君行，归梦想烟萝。交谊彻金石，千载永不磨。结此文字缘，融和汉与倭"表达对日本友人的深情厚谊。

1911年5月2日所作《南征》④，是余达父五古中最为经典的一首作品。这首叙事长诗共260句，1300字，是余达父作品中的大手笔，是国史、家史、作者个人的心史，真正地成了"诗史"。

"履道不避险，任天不卜吉。衰病丁艰难，涕泣望庐室。遥指云南云，遂别日下日。"作者离京返蜀为丁母忧，在"悲风动草木，惊沙振筅篝"的惨淡凄凉气氛中，"车发正阳门"、"倏忽过丰台"、"析津驻火车"、"顷时出大沽"、"换御新铭舶"，从北京到天津，乘火车坐轮船，从陆路到海路。"疮痍被原野"

---

① [清] 余达父：《慊雅堂诗集》卷9，贵阳：贵州人民出版社，1989年版第108–111页。
② [清] 余达父：《慊雅堂诗集》卷8，贵阳：贵州人民出版社，1989年版第88–89页。
③ [清] 余达父：《慊雅堂诗集》卷8，贵阳：贵州人民出版社，1989年版第95页。
④ [清] 余达父：《慊雅堂诗集》卷9，贵阳：贵州人民出版社，1989年版第108页。

的丰台，让诗人想起了 18 年前八国联军对中国人的残忍屠杀，"番楼白如云"、"租界日骈阗，幕府久寂灭"的天津，让诗人感受到了列强之强与中国之弱；"炮台三崩裂"的大沽口，让诗人感慨自己"大言参军国，白望少事实。落落到鲰生，老大固成拙"。"行行出海湾"、"侵晨入芝罘"，从成山经黑水洋到上海到南京到武昌到夷陵，诗人将自己的行程记录得非常详细。在芝罘，作者感慨昔盛今衰，"秦汉事东封，此间最风物。今日辟商埠，系亡仅一发"，因而"回轮下成山，心绪犹郁结"。在武汉，作者感慨湖北洋务虽有实绩却并不令人满意，处于"瓜分豆剖祸，蜩螗况纷呫"的严峻形势下，张之洞的"中学为体，西学为用"已经是跟不上时代发展："江汉古汤汤，经营今疏阔。虽颇负时名，甘饮原为渴。""嗟嗟南皮公，安能持旧说。"接下来，作者"移装买蜀船"，过黄陵，次泄滩，溯三峡，泊夔门，上涪陵，惊心动魄，历尽艰辛。在重庆小住时，余达父可能遇到了一位超尘脱俗壮怀激烈的革命斗士："道逢王子乔，论史伤妹妲。冀展扶轮手，极溺从英哲。弘愿不可知，浩气长凛烈。果使斯民康，何独邦国活。"诗人对这个不满慈禧太后专权误国，希望能够一展"扶轮手"救民于水火的壮士充满敬意。再上浮图关，转永宁路，宿雪山关，作者终于在冬月二日到达家乡。这位被清廷授予法政科举人功名的诗人，放弃在北京"等分配"的大好机会，不远万里，跋山涉水，为母送终。

长诗的后半部分，作者先追述往事："回忆五年前，飞光何飘忽。尔时撄家难，手足遭羁绁。东海正扬波，国事亦兀危。家国多艰虞，岂任终弩劣。意欲与世绝，废食遂咽噎。手携儿子辈，远游万里越。泛海求大药，或有生民术。风雪辞膝下，涕泪殊涌溢。挥泪出里门，酸楚犹蹙额。"再现五年前离别的背景、经过，真切感人。"七日至江户，委顿随提挈。就学法家言，中西欲贯彻。一住逾五稔，沧桑几更迭。逐队入都门，考功就评骘。回翔中书堂，鸂鹥同虮虱。"此 10 句叙述自己从日本学成归来，到北京接受考核，内心充满愤懑抑郁。就在这个时候，他接到了母亲的讣闻："偶作海淀游，归来赴（讣）书悉。岂知一绝裾，终天成永诀。百悔已无及，万死何足恤。赋此南征篇，哀恨犹可述。"子欲孝而亲不待，作者的哀痛让人感同身受。

《南征》一诗继承杜甫的诗史传统，融入中国近现代历史和自己的家世以及生活阅历，以沉郁顿挫笔法叙事抒情，思考历史、现实的焦点问题。记旅程述往事历历可数，写景状物如在目前，抒情深挚凄恻动人，理性思考深沉剀切，成为余达父一生诗歌创作最骄傲的成就。

1912 年所作《病中喜辉侄书至》，与 1919 所作《哭辉侄》前后呼应，比较完整地表达了余达父辛亥革命以来对社会政治的认识，以及拥有一个革命侄儿的欣慰和自豪。然而面对白发人送黑发人的惨痛现实，他从心底迸发出的悲凉和痛苦让人刻骨铭心："我病已经年，策杖行踽踽。转将衰老泪，哭此千万绪。天末大招魂，伤此支撑柱。"①1915 年所作《送周澍元南归二十九韵》，叙述了"乙卯春初，素园来京师主于余，相聚百余日，两人皆濩落无所就，而相得极欢"②的真挚情谊，表达贵州辛亥革命后两个友人辗转南北，"始信有乘除，熙和生非妄。俯仰观物理，人生亦同况"③的人生体悟。余达父 1916 年代安舜钦作《挽陈英士》④，由衷赞美像孙中山、陈英士这样的革命家，同情革命并且希望革命真能够救民于水火，对革命后内讧不断的社会现实极度失望和不满，作者对陈英士、安舜钦两人身世经历的表述，对辛亥革命后中国社会的体认，都可以当历史来读。"小岛百数十，点缀极天工。或岐似双髻，或圆如覆钟。卧或如蚕尾，踞或似老翁。半环留玉玦，通透穿月宫。"⑤"东望奥羽山，麟袭若奔驰。南望太平洋，洪波没天地。西北一回顾，群山若孙儿。屈伏鹰森下，献媚不自持。远者如聚米，圆秀无支离。近者多连绵，宛转复逶迤。"⑥余达父 1917 年在日本所作的这两首诗，是诗人描写海景不可多得的佳作。1929 年所作《松萝行并序》⑦，描述"我从去年冬，避地滇东客"的坎坷艰辛，表达诗人渴望和平安宁而"民国十八载，宇宙纷戈戟。大盗日殃民，水火争溺炙"。

"天道穷则变，人心抑更扬。金堤溃蚁穴，火汁裂昆冈。嗟彼辛壬际，先烈何辉煌。吾乡双烈园，创义尤坚强。方见先复光，旋遭喋血僵。且使廿年余，精灵委凄怆。今以园表烈，千秋有声光。但欲望天国，后顾殊茫茫。民生竟憔悴，奠安勿彷徨。"⑧这是 1934 年旧历 4 月 28 日（古人称月末为"晦日"）余达父的最后一首五古，题为《题大定双烈园石壁》。在诗中，余达父讴歌烈士为革命抛头颅洒热血的崇高精神，称赞贵州大方修建双烈园表彰革命烈士的创举，

---

① 《哭辉侄》。[清] 余达父：《雊雅堂诗集》卷 12，贵阳：贵州人民出版社，1989 年版第 150 页。

② 《周素园文集叙》。[清] 余达父：《余达父诗文集》，呼和浩特：远方出版社，2001 年版第 110 页。

③ 《送周澍元南归二十九韵》，[清] 余达父：《雊雅堂诗集》卷 11，贵阳：贵州人民出版社，1989 年版第 131 页。

④ [清] 余达父：《雊雅堂诗集》卷 11，贵阳：贵州人民出版社，1989 年版第 138－139 页。

⑤ 《五月十日晨起由盐釜泛小舟入松岛》。[清] 余达父：《雊雅堂诗集》卷 12，贵阳：贵州人民出版社，1989 年版第 143 页。

⑥ 《雨后挂帆游鹰森，归途并海外寻西南诸岛之胜》。[清] 余达父：《雊雅堂诗集》卷 12，贵阳：贵州人民出版社，1989 年版第 144 页。

⑦ [清] 余达父：《雊雅堂诗集》卷 14，贵阳：贵州人民出版社，1989 年版第 179 页。

⑧ [清] 余达父：《雊雅堂诗集》卷 14，贵阳：贵州人民出版社，1989 年版第 189 页。

既为烈士在 20 多年后终于"千秋有声光"而欣慰，又为"民生竟憔悴"的社会现实而抑郁。

余达父的 47 首七古，大多写得自然流畅，大气磅礴，不仅有充沛的感情，而且知人论世，有见识有学问。《螺蛳山谒阳明洞》、《梁王台怀古并叙》、《喜雨行》、《碧鸡梦·效玉溪生河阳诗体》、《题带经堂诗集后》、《踏青晚归中途遇大雨》、《咏蝉》、《十七日大雪长言十四韵》、《和东坡松风阁下梅花盛开之韵》、《题杨惺吾历代舆地沿革险要图》、《书饴山老人因园集后》、《拟行路难》、《大雨伤稼》、《火车行》、《拟行路难补遗》、《再寄正父长言》、《衡山哀·为刘道一作也》、《江户川夜樱》、《鹦鹉洲吊祢正平·思古吟社分题》、《刘问竹书余憼雅堂诗集后长言四十韵，次韵和之，兼以赠别。时新秋三日，问竹严装归奉节，行有日矣》《袁树五以乌蒙近出土孟孝琚碑拓片见惠，赋诗纪之》、《丁巳二月晦日雪》、《癸亥元日喜晴·次东坡烟江叠嶂图韵》、《丙寅人日徐露苹来，得简展视，则马道穆以拜东坡生日诗书拟，即次道穆韵答之》、《丙寅三月十日郑子尹生日和聱园韵》等，洵为佳作。略举数例：

《喜雨行》[1]写久旱不雨，百姓椎牛饮血叩铜鼓祈雨，旱情反而更加严重，让人喜出望外的是"昨宵黑雨垂天低，芭蕉敲梦醒迷离。重泉树杪意中见，竹鸡杜鹃相应啼"，诗人"始知造物有主张，人力哪可与天齐。志士未遇感遭逢，不殊大旱望云霓。风雷未启蛰龙坏，蟠屈偃塞皆沙泥。一朝遭际作霖雨，苍生涵濡应无暌"，这是科举落第后的自我安慰和解脱。

《咏蝉》[2]托物言志，借咏蝉讽刺那些趋炎附势、阿谀谄媚却不学无术的"短命"小人："蝉兮蝉兮尔何物，藏枝翳叶趋炎郁。一生肆口无所诎，暂时迁地倚高楼。更矜繁响绝伦俦，从来咏赋皆名流。……春秋未识焉足齿，凉飙一过枯寂矣。"《螺蛳山谒阳明洞》[3]表达作者对一代伟人王阳明的景仰之情，将被贬为龙场驿丞的王阳明与"贵州人文初祖"尹珍、召父（西汉名臣召信臣）相媲美，言其与诸葛亮各有千秋，高度评价王阳明在罗甸、贵阳设帐讲学，培育人才的巨大贡献。"庙食揭阳韩昌黎，建祠浣花杜工部。三人忠义足千秋，功名谁与公为伍"更是将王阳明与韩愈、杜甫相提并论高度赞美。这首诗的结句"安得笔力如牛弩，濡染淋漓作风雨。也学苏子韩庙碑，日月千秋不堕窳"，表达希望自己能有"濡染淋漓作风雨"的如椽大笔，像苏轼为潮州韩愈庙写碑文那样，使王阳明千秋万

---

① ［清］余达父：《憼雅堂诗集》卷 3，贵阳：贵州人民出版社，1989 年版第 24—25 页。
② ［清］余达父：《憼雅堂诗集》卷 4，贵阳：贵州人民出版社，1989 年版第 41 页。
③ ［清］余达父：《憼雅堂诗集》卷 1，贵阳：贵州人民出版社，1989 年版第 5 页。

代，与日月争辉。

《题杨惺吾历代舆地沿革险要图》①写诗人读杨守敬著作，赞叹其"上自禹贡迄明代""废置沿革见朱墨""实事求是"，批评"陋儒读史无特识，历代地志徒纷纭"、"学人注疏互得失，点读聚讼难平反"，赞扬"地理创汉志，郡县国邑赅繁纷"的班固、"郡国利病百廿卷"的顾炎武贡献特出。认为无数"后来专家"虽有"释地水道海国"之著却"卷帙太浩博"，若《历代舆地沿革险要图》一册在手即可"河山百代归笼樊"、"罗列眼前似聚米"。最后四句"自昔地利无常险，坐谈纸上犹空言。安得大手一一区画而整饬，巩固疆域奠乾坤"的慨叹充满了爱国激情，一个博览多思、关心国家前途命运的近代知识分子形象跃然纸上。

《丙寅人日徐露园枉来，得简展视，则马道穆以拜东坡生日诗书拟，即次道穆韵答之》②是余达父对苏轼的推崇："文字结习度春秋，平生最佩苏眉州。""白虎之瑟③苍龙簴，引公披发从天下。九百年间变今古，文章气节湖山主。"从"阳羡买田庆初度"到"新宫铭待公草者"等18句，记述苏轼"一生九死谁能信"的坎坷仕宦经历，既赞赏马道穆的才华，又哀叹自己"黄河远上知难睹"的力不从心。

《丙寅三月十日郑子尹生日和聱园韵》④写于1926年古历3月10日。那天是郑珍生日，仡佬族诗人聂树彬（晚号"聱园居士"）写有诗作，余达父依韵和之。诗的开头，56岁的余达父先哀叹自己40年来事与愿违的沧桑人生，继而回顾贵州经学史，高度评价大学问家、大诗人郑珍："吾黔经术启毋敛⑤，汉二千石仍发轫。后来经师寂千载，巢经巢起穿樊笼。黔学绍尹更追许，先郑后郑源宗风。文章坚卓涵唐宋，黄陈韩孟我厥（鞠）躬。……遂使西南衍郑学，发聋振聩开颟蒙。手述五种编播志，补漏天缺天无功。晚年遗稿犹精粹，杜之秦蜀忧虞中。"

在余达父笔下，五古和七古几乎无所不能。他用古体诗写评传、游记、自述，写自荐信、寓言，写诗文评论、墓志铭。余达父现存的130来首古体诗，让我们读出了一个亦诗亦文的名家、大家气象。如果不是晚年"衰病经年稿未藏"，余

---

① [清] 余达父：《惔雅堂诗集》卷5，贵阳：贵州人民出版社，1989年版第49—50页。

② [清] 余达父：《惔雅堂诗集》卷13，贵阳：贵州人民出版社，1989年版第165—166页。

③ "白虎之瑟"：贵州人民出版社1989年版作"白虎之瑟"，今据《惔雅堂诗集》民国活字本改。瑟、簴均为古代乐器。

④ [清] 余达父：《惔雅堂诗集》卷13，贵阳：贵州人民出版社，1989年版第167页。

⑤ 毋敛：亦作"冊敛"，《华阳国志》："尹珍字道真，冊敛县人也。"

达父留给彝族文学史的精品力作会更多。

（三）既是风人之诗，又是学人之诗

余达父的作品，既是风人（诗人）之诗，又是学人（儒者）之诗。明人孙承恩说："儒者之诗，主于明理，诗人之诗，专于适情。"（《书朱文公感兴诗后》）宋人杨亿说："善歌者必能继其声，不学何以言其志。"（杨亿《广平公唱和集序》）事实上，诗歌创作中二者可以得兼。余达父是真正的学者型诗人，其诗歌既善于写景抒情，又善于叙事说理；既艺术再现风声、雨声、读书声，又忠实记录家事、国事、天下事。写景则情景交融，叙事则理寓事中。试举几例。

《可渡河》（其二）①：

> 削铁青连万仞冈，跻攀九折走羊肠。奔流激岸沙惊语，大岭过云石怒创。凿险可能朝缅象，弯弧直欲射天狼。滥觞一线崩洪水，南去盘江路正长。

这首七律想象奇特，夸张、对偶、比喻、拟人等多种修辞手法的运用得心应手，"射天狼"寄托作者意欲像苏轼那样卫国杀敌、建功立业情怀。全诗写得情景交融，豪迈奔放，撼人心魄。

《秋雨晚归》②：

> 昏鸦阵阵薄林飞，杨柳烟迷望欲稀。十里沙堤鞭马滑，一天风雨趁人归。秋声隔院惊桐叶，夜气侵帘冷葛衣。自把银釭照花砌，芭蕉萧瑟海棠肥。

此诗写景状物，既得苏轼《海棠》诗的神采，又有王士禛"神韵说"韵致。

《四月七日宿花贡驿》③：

> 杨松始听莺，花贡子规啼。不觉三年远，犹为独客行。乾坤方战伐，山水自澄清。归去桑麻好，闲身看弈枰。

由滇返黔途中，作者听子规啼叫，看山水澄清，想归去桑麻的隐逸之乐，以超然物外的心境缓释战争的搅扰，获得心绪的暂时宁静。

《梁王台怀古并叙》④这首七言古风颇得韩愈诗歌好奇尚险的神韵。余达父是奢崇明的第 12 世孙，此诗写其先祖之事。崇祯天启年间，奢崇明曾在西南地区起

---

① [清] 余达父：《㑇雅堂诗集》卷 2，贵阳：贵州人民出版社，1989 年版第 17 页。
② [清] 余达父：《㑇雅堂诗集》卷 3，贵阳：贵州人民出版社，1989 年版第 33 页。
③ [清] 余达父：《㑇雅堂诗集》卷 14，贵阳：贵州人民出版社，1989 年版第 186 页。
④ [清] 余达父：《㑇雅堂诗集》卷 1，贵阳：贵州人民出版社，1989 年版第 9-10 页。

兵反抗明朝统治者，围困成都，攻占重庆，自称"大梁王"。战争历时9年，奢崇明全军覆没。诗人以大气磅礴而又沉郁悲壮的笔墨描述历史惨剧："鸿沟割断长城毁，惊天石破风云靡。援辽兵变渝城开，十万铁骑横江死。……一朝震电扫南荒，英雄竖子同仓皇"，结尾"我来只余一抔土，崔嵬偃拔将军树。黄沙怒卷朔风来，犹疑控弦卤簿挝铜鼓"余音袅袅。全诗犹如一幅历史长卷，在咏史怀人中探求历史真相，情景理交融，尤其是在诗序中作者用相关历史资料论证自己眼前所见并非真正的"梁王台"，探幽发微，颇有学者风范。

《拟行路难补遗》①上段写星空景象，诗人用拟人手法，让星光璀璨的夜空绮丽斑斓，却又"小星乱落如血红"，充满难以言说的凄艳悲凉。下段则用对比手法，抒发怀才不遇之抑郁愤懑："荆山抱片玉，一献刖一足。沧海遗明珠，愈沉光愈伏。同为希世珍，出处均难淑。燕石得宋人，袭锦韫诸椟。郢客唱巴曲，一和千人属。同怀鄙陋姿，遭遇擅时独。君不见贾长沙，才高年少被迁逐。又不见冯敬通，雄文贞义老颠覆。太宗世祖特圣明，潦倒二生真何物。"作者借卞和献璞、沧海遗珠、燕石宋贵、下里巴人、贾谊迁逐、冯唐难封等历史典故，表达自己怀才不遇、报国无门的极度悲愤，对以"太宗世祖"自居的统治者的强烈不满。

《晨登忠山》②是作者1922年5月14日晨登忠山之后所写的作品。忠山是可以俯览泸州的最高峰，在"露气沉山凉，江流荡空泻。一径苍翠来，桐柏青无罅"的清幽气氛中，作者回顾泸州被划入四川的惨痛战史："我闻九年事③，滇军歼城下。浮桥揽大江，挫败虫沙化。崛（同"倔"）强赵将军，殉泸犹悲咤。苍头插白羽，横戈甘兴霸。一战遂画疆，滇黔无迫压。"作者对赵又新将军高度赞美，不以成败论英雄。结尾部分通过对南宋陈损之题字"江山平远"的评赏，表达自己像陶潜一样归隐田园的强烈愿望："江山固平远，得无乏蕴藉。深山大泽间，倘有桃源舍。我欲问沮溺，过江行税驾。"④

万慎子谓余达父诗"沉郁劲健，取法少陵，而声调之高朗，景光之绚烂，笔力之兀傲，有出入义山、东坡、山谷者"⑤，罗振玉谓余达父作品"原本风雅，词旨温厚，非学养兼到不能道只字也"⑥，刘贞安谓余达父"尤耽诗句揽时弊，务探

---

① [清] 余达父：《余达父诗文集》，呼和浩特：远方出版社，2001年版第36页。

② [清] 余达父：《㦟雅堂诗集》卷12，贵阳：贵州人民出版社，1989年版第154—155页。

③ 1920年4月，杨森脱离滇军加入川军，同年8月，杨森率部攻破泸州，守城滇军溃退，军长赵又新阵亡。

④ [清] 余达父：《㦟雅堂诗集》卷12，贵阳：贵州人民出版社，1989年版第154—155页。

⑤ 万慎子：《㦟雅堂诗集叙》. [清] 余达父：《㦟雅堂诗集》，贵阳：贵州人民出版社，1989年版第14页。

⑥ 罗振玉：《㦟雅堂诗集序》，见《㦟雅堂诗集》民国活字本。

六艺弃糟粕。唐音不减陈正字，谊义端裁许南阁"①，柳诒徵谓余达父"毕节余子，磊落英多。纷纶五经，皋牟百氏。胜鹰洨长，上溯结绳。唒藏郑堂，……声韵之作，篇什尤富。玉积玄圃，珊交邓林。……综厥诗景，跨越乡贤"②。这些评价的共同之处都是肯定余达父风人之诗和学人之诗兼具的特点。的确，余达父在文学、史学、经学、文字学、音韵学等多方面的素养，提高了他作品的艺术品位，却增加了作品的阅读难度。

清代后期，宋诗派风靡全国，自乾嘉以来，经翁方纲大力提倡，程恩泽、何绍基等推波助澜，成为诗歌的主要流派，他们以杜甫、韩愈、黄庭坚为宗主，力求语必惊人，字忌习见，必有来处，句必寓典故。郑珍、莫友芝等都服膺于此，成为宋诗派的主将，给贵州诗坛带来了相当大的影响，余达父自然受到了时代诗风的熏染。但是余达父并非盲目跟风，他在学习宋诗派长处的同时，又有创新。关于这一点，第五章第一节中有详述，此不赘言。

余达父作品既是诗人之诗，又是学人之诗，这是他的优点，也是他的"硬伤"：现存余达父诗文集，因不少生僻字、异体字、繁难字一般人难以辨识，加之用典频繁，牵涉到的古代文化知识广博，读者理解存在较大障碍，这给他的作品传播带来了一定的负面影响。

（四）旧瓶装新酒，久而弥醇

1899 年前后，梁启超、谭嗣同等人倡导的"诗界革命"，"颇喜捃扯新名词以自表异"（《饮冰室诗话》），不知是有意还是无意，余达父以自己的诗文创作，用新名词新语句表达新思想，汇入了这一历史进步潮流。这表明余达父虽然崇尚传统文化，但并非食古不化，而是与时俱进。他以旧瓶装新酒的方式接受新事物，表现新思想，在近代诗坛上可堪称道。

1. 新名词，新语句

1906 年春赴日留学前，余达父所作《和慎斋先生秋感八首，用杜秋兴韵避元韵》③，第一首、第二首已有新名词"强权"、"民权"——"强权政略四维侵，反动生民爱国忧"、"民权今日已根芽，触处风潮不用嗟"。1909 年留日期间，

---

① 刘贞安：《慷雅堂诗集题后》。[清] 余达父：《慷雅堂诗集》，贵阳：贵州人民出版社，1989 年版第 17 页。
② 柳诒徵：《慷雅堂诗集叙》。[清] 余达父：《慷雅堂诗集》，贵阳：贵州人民出版社，1989 年版第 16 页。
③ [清] 余达父：《慷雅堂诗集》卷 7，贵阳：贵州人民出版社，1989 年版第 71–72 页。

余达父的《近藤恬斋招宴即席赋赠次恬斋天心阁原韵》①诗中出现了"电影"这个新名词——"从事酒兵严战垒，量才诗匠唤筵开。珠光电影春如海，可少元龙（三国时陈登）座上来。"1911 年所作《刘问竹书余愫雅堂诗集后长言四十韵，次韵和之，兼以赠别。时新秋三日，问竹严装归奉节，行有日矣》②，用到了新名词"卢梭"、"进化"——"惨令天国变修罗，卢梭梦见应惊却。我赋大招招国魂，欲促进化披蝉壳"。1919 年所作《哭辉侄》，出现了"共和"、"民主"——"壮志造共和，生民无忝祖。……一旦清社屋，更始新民主"。③

2. 新情感，新思想

1898 年戊戌维新失败，"六君子"被杀，余达父所作《拟行路难》和《拟行路难补遗》表达对维新志士的同情，对统治者的不满。1900 年前后，满清朝野曾为能否修建铁路吵得沸沸扬扬，余达父写了七古《火车行》，对抱残守缺、阻挠社会进步者的指斥振聋发聩："果使辅轮不自坏，中国交轨仍非妨！"④

"蜗争有限终何极，博得青山号夜郎。"⑤"棋局会看看莫近，中心方格不能平。"⑥"金堤溃蚁非朝夕，不塞涓涓到横流。"⑦"岂甘东晋持王谢，尚忆西陲用范韩。"⑧"后人论古泥成败，颇以爱憎任臧否。"⑨"帝王情种寻常事，索引红楼枉费词。"⑩，在余达父的作品中，有不少像这样有个性，有思考，有穿透力的诗句。

即便是在一些看似包含少量封建伦理忠孝节义的诗文中，余达父也有自己的扬弃：以巾帼不让须眉、"从容申大义"的气节来表达自己对苟且偷安的"贤士大夫"们的鄙夷和不屑，这有点类似于陈寅恪晚年借表彰陈端生、柳如是以表彰中华民族"独立之精神，自由之思想"。

---

① [清] 余达父：《愫雅堂诗集》卷 8，贵阳：贵州人民出版社，1989 年版第 91 页。
② [清] 余达父：《愫雅堂诗集》卷 10，贵阳：贵州人民出版社，1989 年版第 117–118 页。
③ [清] 余达父：《愫雅堂诗集》卷 12，贵阳：贵州人民出版社，1989 年版第 150 页。
④《火车行》。[清] 余达父：《余达父诗文集》，呼和浩特：远方出版社，2001 年版第 36 页。
⑤《咏黔中事迹古人分得唐蒙》。[清] 余达父：《愫雅堂诗集》卷 1，贵阳：贵州人民出版社，1989 年版第 2 页。
⑥《答客问》。[清] 余达父：《愫雅堂诗集》卷 5，贵阳：贵州人民出版社，1989 年版第 56 页。
⑦《和刘嘉予感事韵》其三。[清] 余达父：《愫雅堂诗集》卷 6，贵阳：贵州人民出版社，1989 年版第 62 页。
⑧《和刘嘉予感事韵》其四。[清] 余达父：《愫雅堂诗集》卷 6，贵阳：贵州人民出版社，1989 年版第 62 页。
⑨《鹦鹉洲吊祢正平·思古吟社分题》。[清] 余达父：《愫雅堂诗集》卷 9，贵阳：贵州人民出版社，1989 年版第 99 页。
⑩《题陈孟韩绘红楼梦大观园图》。[清] 余达父：《愫雅堂诗集》卷 13，贵阳：贵州人民出版社，1989 年版第 162 页。

在余达父的诗歌中，已经很少有屈原、杜甫作品中那种"一饭不忘君恩"的忠君思想，对"帝制五千年，一当方成功"的辛亥革命，他发自内心地歌颂赞美，也因为对革命后的社会越来越多的失望不满而不无惋惜。因为他的理性和清醒，我们得以更真切地感受到那一页页历史的脉搏和心跳，感受到他为余氏家族心史所增添的种种新鲜内容。

3. 新题材，新内容

余达父足迹踏遍了大半个中国，他的诗歌记录了一个离我们渐行渐远的时代，清末民初那种以诗会友、崇尚文学文化的书香气氛，让我们既熟悉又陌生，既憧憬又惆怅。余达父有几十首诗歌，写大屯、毕节、赫章、威宁、贵阳、水潦、叙永、曲靖、昭通、昆明等地风物，具有浓烈的云、贵、川地域特色，读来让人耳目一新豁然开朗。余达父 3 次东渡日本，12 年间 6 次经过神户。在日本，余达父作诗近 80 首，樱花、富士山、山形山、江户川、横滨万珍楼、箱根环翠楼、松岛白鸥楼、鹰森外海西南诸岛，以及八百松楼、随鸥吟社、思古吟社、寒翠山庄、天心阁、来青阁、普济寺、清水寺等诸多日本名胜和异域风情，都在余达父的诗集里留下了文情并茂的生动记录。

"旧瓶装新酒"的与时俱进，既艺术再现风声、雨声、读书声，又忠实记录家事、国事、天下事，让余达父的诗歌创作既有个性魅力，又有艺术魅力和思想张力。

四、余达父诗歌的风格

余达父是余氏家族诗歌的集大成者，在诗歌创作方面成就最大。受杜甫、李商隐、韩孟诗派、江西诗派、宋诗派以及家族前辈影响，其诗歌风格多样。他早期诗风趋于秾丽奇崛，中晚期趋于沉郁顿挫。秾丽奇崛，即华丽优雅、新奇刚健。秾丽，论者多谓李商隐诗风[1]；奇崛，多谓韩愈诗风。[2]"沉郁顿挫"本是杜甫《进

---

① 关于李商隐诗歌风格，历来有多种说法，相关的如吴调公《论李商隐诗歌风格的形成和发展》将李商隐一生诗歌风格的形成和发展分成三个阶段，认为"李商隐的十年应举时期的诗歌早已表现其承传李贺的秾丽的特色。而他的'沉博'风格则更多地表现为爱情诗中内心矛盾的体贴入微和对情境色泽丰富多彩的描绘，……至于天涯漂泊、幕府生涯时期的诗歌的'丽'，则表现为异乡风土的描绘、斑斓陆离的色彩和伤悼诗中凄楚的冷色。"《文艺论丛》第九辑，载上海文艺出版社，1980 年版。

② 关于韩愈诗歌风格也有许多说法，相关的如王新华《试谈韩诗奇崛艺术风格之成因》，上海师范大学学报（哲学社会科学版）1987 年第 2 期；王修华《论韩愈奇崛诗风的特征及其成因》，《唐山师范学院学报》2000 年第 3 期。

雕赋表》评扬雄、枚乘辞赋的话，后人以此指杜诗的风格特色。清人吴瞻泰说："沉郁者，意也；顿挫者，法也。"（《杜诗提要》）所谓"沉郁"，主要指诗歌内容深广，意境雄浑，感情深沉；所谓"顿挫"，主要指诗歌表情达意抑扬跌宕，音调声情起伏迭变。这些说法几乎概括了沉郁顿挫诗风的内涵。

体现余达父早期诗歌秾丽奇崛风格最典型的作品是作于 15 岁时的《漫成四首》以及稍后的《竹城曲》、《子夜歌》等。《漫成四首》是余达父 15 岁时的作品。这 4 首七律用典故近 20 个，涉及班超、马援、廉颇、孙坚、魏绛、王夷甫、马少游、诸葛亮、荆轲、苏轼等近一批历史人物。全诗对仗工整，法度谨严，气魄宏大，不仅展示了作者扎实的文史功底，还显示了一种经过严格训练的诗艺早熟。《竹城曲》①近似于唐人卢照邻七言歌行《长安古意》格调，以传统题材写现实生活。这首 280 字的古诗托名写竹王古城，实则写近代末期贵阳山城的历史人文，意象缤纷，主旨扑朔迷离。《子夜歌》本为古乐府吴声歌曲名，曲调相传为晋代一个叫子夜的女子所创作，现存晋、宋、齐三代歌词 42 首，收入宋人郭茂倩《乐府诗集》中。余达父善于向传统的民间诗歌学习，丰富自己的创作，在其《子夜歌》②中写一位叫"欢"的男子与其心仪对象浓情蜜意、缠绵悱恻、刻骨铭心的爱情，诗歌风格秾丽，寄托遥深，别有韵致。

> 杨花着浮萍，无意来相遇。好种连理枝，莫变天涯树。璇宫夜深织，瑶台月下逢。一见便相亲，多情若个侬。了髻③绾绿云，倩影衬红玉。密意恐人猜，背郎伴剪烛。亲手调冰水，含羞持向郎。多少相思味，愿郎亲自尝。良时不可驻，只有一日欢。见人强笑语，寸寸摧心肝。侬恨鸡声断，欢恨马蹄忙。早知有今日，恨不作参商。一自别欢来，深闺罢妆饰。明月复无情，穿帷照颜色。剪取紫丝绦，绾作同心结。欢莫等闲看，染是啼鹃血。忆欢别侬时，忍泪几回眸。搴帘送行处，尘满珊瑚钩。寄欢红豆子，聊以慰相思。但解相思味，莫忘相别时。侬有紫香囊，待欢悬斗帐。祝欢早归来，侬作山头望。

余达父中晚期诗风的代表作有《南征》、《漫兴九首》等。前者是其刻意学习杜甫《北征》而创作的史诗性作品，可谓波澜壮阔、曲折逶迤，融家事国事天下事于一炉，风格沉郁顿挫。七律组诗《漫兴九首》中，余达父回顾了自己十几年

---

① ［清］余达父：《慬雅堂诗集》卷 1，贵阳：贵州人民出版社，1989 年版第 4 页。
② ［清］余达父：《慬雅堂诗集》卷 3，贵阳：贵州人民出版社，1989 年版第 27 页。
③ 了髻：当为"丫髻"，是古时汉族男女儿童与成年未婚女子的发式。古代，凡未成年或成年但未婚嫁的女子，多将头发集束于顶，编结成两个髻，其状左右各一，与树枝丫杈相似，故名。

来从留学日本到流落申沪再到返乡的艰辛历程，对国内军阀割据、兵匪横行的现状极其不满而又无力回天的愤懑之情，风格亦沉郁顿挫。

除了在咏史诗、时事诗中体现主体风格，余达父也写过一些清丽淳美的田园诗。代表作如《意园八咏》、《山居即景》等。《意园八咏》以 8 首诗写大屯土司庄园中的意园风光，情趣盎然。如其一："棠梨叶圆麋芜齐，暮春三月花草迷。芭蕉一夜西窗雨，侵晨半展窗光低。偶然散步花径里，新笋掀泥一寸起。名园四载客重来，庭花鱼鸟跫然喜。"[①]另如《山居即景》之一："长夏浑无事，山居觉更幽。黄梅惊鸟落，绿筿动鱼游。时有凉风至，遥闻细涧流。乍看烟里竹，新笋出林修。"[②]

余达父主体诗风的形成大致来自三个方面的影响：一是自身经历的影响，二是杜甫诗歌主体风格的影响，三是宋诗派的影响。余达父经历过清末、民国两个时代，他从土司继承人到著名法官、学者、诗人，从就学私塾到留学日本，从封闭落后的山乡走向省城、京城，又从觥筹交错、尔虞我诈的政坛走向书斋，近乎隐居。土司家族继承人和潇洒倜傥文人的脾性使他在树立崇高人生目标的同时又不断滋生享乐主义；改土归流后家族地位的一落千丈以及他亲眼目睹权贵赵尔丰对家兄的迫害、民不聊生的现实与官场的种种怪现状，使余达父养成了冷静观察与解剖社会，热心结交诗友文朋，在错综复杂的社会环境中辨别真伪，在人生挫折中砥砺意志、陶冶学风的品性。

时代诗风几乎是一些诗人难以摆脱的影子，晚清及近代前期的宋诗派就是明证。宋诗派本为清朝道光、咸丰年间诗坛上兴起一个以程恩泽、祁寯藻为领袖，偏重于宋诗格调的流派，影响甚大，波及近代诗坛，就连何绍基、郑珍、莫友芝、曾国藩等人都心追手摩。宋诗派以"三元"（开元、元和、元祐）大家为旨归，合学人、诗人之诗为一，他们宗法杜甫、韩愈、苏轼、黄庭坚，注重学理与诗性相结合，这种开拓创新精神正契合了余达父正在形成的诗歌创作个性和价值取向，表现在诗歌创作中，沉郁顿挫自然成为他追求的风格主调。其实余达父少年时期诗歌已经有了相当的功力，我们从《漫成四首》可见一斑。青年时期开始，他努力学习杜甫为代表的现实主义诗人，又广泛吸纳其他诗人诗派的长处，在扬弃中创新，中晚年时期形成了基本稳定的沉郁顿挫风格。《㸌雅堂诗集》中的 20 多首学杜诗，以及相当数量的咏史诗、咏怀诗、时事诗完全可以诠释余达父浓厚的杜甫情结和明显的杜诗风格。

---

① ［清］余达父：《㸌雅堂诗集》卷 4，贵阳：贵州人民出版社，1989 年版第 41 页。
② ［清］余达父：《㸌雅堂诗集》卷 2，贵阳：贵州人民出版社，1989 年版第 22 页。

五、余达父散文的创作特色

比较而言,余达父的文学成就主要在诗歌方面,但其散文也很有特色。"百年家学"的濡染熏陶,葛子惠、杨绂章等名师的精心指导,十年寒窗科举制艺文章的刻苦训练,还有"家藏书三万余卷"、"时携笔砚校残书"的博览深思,让余达父在散文创作上取得了骄人的业绩。

余达父的散文,主要保存在《罌石精舍文集》、《蟪盦拾尘录》、《通雍余氏宗谱》、《且兰考》、《罌石精舍联语录存》中。《罌石精舍文集》共 4 卷,内收散文41 篇;《蟪盦拾尘录》2 卷,共 79 则;《通雍余氏宗谱》1 卷;《且兰考》1 卷,分《且兰旧事考》、《且兰考历代建置考》、《历代世系考》、《且兰历代建置总表》4 个部分,附录《夷族土司仪礼论》。《罌石精舍联语录存》有对联近 20 副。

（一）《罌石精舍文集》①

该文集包括墓志铭 12 篇:《亡妻安孺人墓志铭》、《陇氏妹墓志铭》、《男祥桐权厝志》、《书薛烈妇赵氏》、《亡兄伯彬先生行状》、《陇母安太宜人墓志铭》、《余仲穆墓志铭》、《徐母魏孺人墓表》、《陈德周墓志铭》、《王九安先生墓表》、《葛崇纲墓表》、《葛继升墓表》。书信、电文 10 通:《与葛正父比部书》、《复葛正父书》、《与葛正父书》、《致李岑秋先生书》、《与田莆侯监督索咨文书》、《与潘花农论乳母期书》、《与梁某书》、《与某总长书》、《旅沪蜀商会致内阁总理熊希龄电》、《黎总统二次通电》。策论、政论 5 篇:《原气》《书历代史案樊哙请击匈奴》《书史案樊哙为汉初第一诤臣》《秦始皇帝论》《元祐君子论》。诗文集序 4 篇:《平少黄感遇集叙》、《周素园文集叙》、《舒毓熙所编国际公法叙》、《葛季皋医案叙》。祭文 2篇:《日本东京法政大学同人祭福建陈烈士不浮文》、《诔陇举卿文》。寿叙 2 篇:《史母田太淑人九十寿叙》、《余母安太宜人寿叙》。记 3 篇:《悇雅堂记》、《双玉印斋记》、《陈壁光先生义仓记》。祝词 1 篇:《彭仲文省长就职祝词》。题画 1 篇:《题邵镜湖所藏朱西帆画册》。题像 1 篇:《许少卿遗像赞》。

墓志铭 12 篇,文风质朴,叙事简洁,抒情浓烈。例如为主捐躯的贤仆陈德周、英年早逝的孝子余仲穆、视节操重于生命的烈妇赵薛氏、修桥补路乐善好施的麻哈富商王九安、廉洁自爱不受不义之财且教子有方的赫章魏孺人,读之使人印象深刻,洋溢着余达父的夫妻情、弟兄情、母子情、朋友情、父子情,还有作者崇

①《罌石精舍文集》,载《余达父诗文集》,呼和浩特:远方出版社,2001 年版第 81–118 页。

尚忠孝节义等传统美德的古道热肠，让人感动。《亡妻安孺人墓志铭》如话家常，亲切感人："光绪二十六年庚子八月四日，若璩以乡试停科，尚稽会垣。薄暮出游，夜归邸，家僮二人先在，见余，持书却立。惊问曰：'家有事乎？'僮以他语支吾。启函，兄伯彬先生手书。七月二十日，璩妇以产后血气壅滞病卒。余即次日束装归，归则吾母安太孺人持孙祥桐大恸，语不成声而告若璩曰：'亡妇来十四年，无几微忤我，今死已逾两旬，吾伤之，无日不心肝如摧也。'"①

书信、电文10通，内容丰富，手法各异，文采斐然。《与葛正父比部书》、《复葛正父书》、《与葛正父书》表达作者对"平生第一知己"葛正父的牵挂感怀。《致李岑秋先生书》是作者又一次乡试落第后的反省、总结、思考和抉择。同为毛遂自荐之作，《与田莆侯监督索咨文书》为骈俪文，通篇为对偶句，用典繁密，文采斐然。《与梁某书》、《与某总长书》述事，说理，求助，读后让人动容。《与潘花农论乳母期书》是旁征博引的学术考证，《旅沪蜀商会致内阁总理熊希龄电》、《黎总统二次通电》是关乎重大史实的"代撰"之作。

策论、政论5篇，理据充分，议论精辟，气盛言宜。《书历代史案樊哙请击匈奴》、《书史案樊哙为汉初第一诤臣》为读史批注，翻案文章对樊哙的否定有理有据富于气势，很有说服力："汉当吕后称制时，内已萌诸吕之难端，而将帅之材复蔺灭将尽，使听樊哙之言，边衅一开，中国困弊，诸吕乘之构难，汉将不可为矣。"②"哙，一木强男子耳！诤亦其能事，然以诤为哙功则惑矣。……揆其坚强鲠直，当应在周昌之下。"③《秦始皇帝论》开门见山，立论高屋建瓴，反问发人深省："法积久而弊生，弊则不能变，变之诚善，历万世而长治久安可也。然秦始皇帝变法，二世而亡，何哉？"④作者认为，变法是应当的，但不能盲目变法朝令夕改，否则就会扰乱天下，最后得出结论："秦之亡，非亡于变法，特亡于不能行所变之法耳。假二世如始皇励精图治，实力行之，虽天下至今存可也。"⑤古代的法制并非都不好，变法亦无可厚非，贵在"法以变，而兵不扰民"、"法以变，而官不易方"⑥。《元祐君子党论》先论朋党的产生，再叙元佑党争的根源："神宗、英宗，求治太急，拂众贤之迟缓，而骤用安石（王安石）。安石挟其刚愎

① [清] 余达父：《余达父诗文集》，呼和浩特：远方出版社，2001年版第83页
② [清] 余达父：《余达父诗文集》，呼和浩特：远方出版社，2001年版第86页
③ [清] 余达父：《余达父诗文集》，呼和浩特：远方出版社，2001年版第87页。
④ [清] 余达父：《余达父诗文集》，呼和浩特：远方出版社，2001年版第88—89页。
⑤ [清] 余达父：《余达父诗文集》，呼和浩特：远方出版社，2001年版第89页。
⑥ 《罂石精舍文集》，载《余达父诗文集》，呼和浩特：远方出版社，2001年版第89页。

自信之术以干之，为同气所不与，遂不惜倒行逆施，引小人以助其纷，更操切之虐，而门户别遂若泾渭之流，冰炭之置"，最终"干戈起于萧墙，仇雠争于同道"。接下来，作者列举历代党争的历史教训："汉用十常侍，使李膺诸人为党锢，而桓灵之祚忽焉。唐用李宗闵、牛僧孺，使李德裕诸人为党魁，而懿、僖之世终之。明尊魏忠贤配孔子，使高、顾诸人据东林，而神、熹之祀熸矣。"①

诗文集序 4 篇，谈诗论文，知人论世，小中见大。1907 年冬，在日本，同学舒毓熙"以山口氏之口授为根底，旁征博引，淘其冗而撷其精"②编成《平时国际公法》，余达父为之作序。他结合卢梭《社会契约论》的观点，追溯人类、国家、国际和国际法的起源，慨叹"中国自秦统一以来，至今二千余年，不知有国际法久矣。强则禽兽夷狄视外国，或卵翼而雏鷇之；弱则割地迁都，甚者据而代之，而今日之外交着着失败者又何足云？此皆由中国人误视一国家为一世界，不知复有国际，则不特不知法，亦并忘其国矣"，日本则知中国所谓"万国公法"之不详而更正之，"观念一变，国势勃兴"，余达父由衷希望国人读了舒毓熙的这部启蒙爱国之作，"憬然悟，幡然改，将有投袂而起之日矣"。③

1911 年闰六月 20 日，余达父为毕节名医葛季皋的 60 余篇医案作序，不仅展示了自己对医学的了解，还将医人与"活国"结合起来，从中国看世界，又从世界看中国，表达自己对国家民族社会进步的理解和思考："世界列强，其国势之蒸蒸日上者，皆以医学一科与伦理、法律、理、工、农、商平列而尊重之，其何故哉？盖列国之所谓圣帝明王循吏能致长治久安之业者，其要不过曰排去人民之患难，增进人民之幸福而已"，④"余深叹活国之无术，而幸活人者之犹大有人也。且厚望今日吾国人民之能重视医学，与伦理、文章、法律、政治、理工、农商同为一揆，则国民庶有瘳乎？"⑤余达父由衷希望当政者像"世界学术之中心点"德国那样，"以排去人民之苦难，增进人民之幸福为不二之政策"，其"开眼看世界"的和谐社会政治理想，可谓发前人之所未发，高屋建瓴高瞻远瞩！

《平少黄感遇集叙》、《周素园文集叙》叙述自己与贵州两个著名革命家的亲密交往，描写了彼此之间惺惺相惜却又爱莫能助的深挚情谊，既交代了平刚诗集和周素园文集的写作背景，又表达了对朋友的期待和祝福，读来跌宕起伏，荡气回肠。

---

① 此段所引《元祐君子党论》诸处，见《余达父诗文集》，呼和浩特：远方出版社，2001 年版第 91 页。
② 序文为《舒毓熙所编国际公法叙》，见《余达父诗文集》，呼和浩特：远方出版社，2001 年版第 92-93 页。
③ 此段所引诸处，见《余达父诗文集》，呼和浩特：远方出版社，2001 年版第 93 页。
④《葛季皋医案叙》。见《余达父诗文集》，呼和浩特：远方出版社，2001 年版第 95 页。
⑤《葛季皋医案叙》。见《余达父诗文集》，呼和浩特：远方出版社，2001 年版第 95 页。

祭文 2 篇，手法多样，骈散相间，如泣如诉。"苌弘之血化碧，而昧者以为顽石；荆卿之气成虹，而疑者以为淫氛。填东海之冤禽，博物者识为精卫；获西狩之异兽，著经者感而泣麟。万古同此一死，或视为泰山，或视为鸿毛，斯其中亦有幸不幸之可云。"[1]1907 年 4 月 19 日，陈不浮（又名陈天听）乘日本"博爱丸"轮船回国，因"恨微躯不能以一木支大厦，……希冀振起吾同胞萎疲困惫之呻吟"[2]，毅然蹈海殉国。余达父"集同意之诸人，想象烈士之英魂毅魄，唏嘘为文，望海天之洪阔深远处而祭之"[3]。这篇祭文开头化用"苌弘化碧"、"气贯长虹"、"精卫填海"、"西狩获麟"几个成语典故，再引用司马迁名言"人固有一死，或重于泰山，或轻于鸿毛"，通过对比形象描述了世人对烈士之死的不同态度；中间叙述烈士殉国之惨烈，讴歌烈士之崇高精神；最后将生者与死者对比，"觉慷慨赴死者之数见不鲜，似较贤于吾辈饱食暖衣，游息异国，悠游养望，坐作身价者之可讥"[4]，是非爱憎溢于言表。《诔陇举卿文》在小序之后，用 300 余字四字韵语正文，描述了陇举卿这个"善人"的非凡家世、奋斗历程和泽惠桑梓的不朽业绩，读来如同一首文情并茂的古风体叙事诗。

余达父"自束发受书，饫闻祖训、庭训"，18 岁后又到毕节接受来自举人葛子惠、杨绂章等的科举应试教育，"早治经韵，穷研子史"，虽六试举人不中，但其古文功底和旧学根基自是不凡。《罍石精舍文集》中通篇对仗的骈俪文《与田莿侯监督索咨文书》，多段铭文及像赞、祝词的四字韵语，还有《憀雅堂诗集》中不少诗序，都展示了诗人余达父的旧学风采。读其政论仿佛贾谊，读其记叙类文字仿佛韩愈，读其闲情逸致类文字则有如苏轼，而其学贯中西、"开眼看世界"的远见卓识，恐为贾、韩、苏诸公所不及。

（二）《蠵盦拾尘录》[5]

《蠵盦拾尘录》2 卷，第一卷 44 则，第二卷 35 则，一共 79 则。除第二卷第 19 则到 31 则大致抄录洪北江（亮吉）《贵州水道考》对沅水、辰水、赤水河、南

---

① 《日本东京法政大学同人祭福建陈烈士不浮文》。见《余达父诗文集》，呼和浩特：远方出版社，2001 年版第 92 页。

② 《日本东京法政大学同人祭福建陈烈士不浮文》。见《余达父诗文集》，呼和浩特：远方出版社，2001 年版第 92 页。

③ 《日本东京法政大学同人祭福建陈烈士不浮文》。见《余达父诗文集》，呼和浩特：远方出版社，2001 年版第 92 页。

④ 《日本东京法政大学同人祭福建陈烈士不浮文》。见《余达父诗文集》，呼和浩特：远方出版社，2001 年版第 92 页。

⑤ 《蠵庵拾尘录》，载《余达父诗文集》，呼和浩特：远方出版社，2001 年版第 61–79 页。

盘江、北盘江、蒙江等十几条江河的简介外，均为余达父自己的散文（学术随笔）。这些文章短小精悍，或纠正旧说舛误，创立新说；或阐释器物和方言土语，无不体现作者的真知灼见。

1. 纠正舛误，创立新说

余达父"少好学，于书无所不读，务记览，工词章"[1]，善于发现并纠正著作舛误。如：

> 《奥雅堂丛书》有虞山简缘冯武《重刻西昆酬唱集·序》，先云："黄山谷、陈后山雅好粗豪，尊昌黎为鼻祖，而牵连杜工部径直之作为证，遂名黄陈，号江西体。"后云："西昆者，取玉山策府之意云尔。赵宋之钱、杨、刘诸君子，竞效其体，互相唱酬，悉反江西之旧制，为文锦之章，录成一集，名曰西昆酬唱。"观此叙意，则似江西陈黄之流派在前，而钱、杨、刘诸公以西昆酬唱矫其失矣。倒因为果，纰缪殊甚。且先言山谷、后山，皆不着年代，而后言钱、杨、刘之上，必着赵宋，亦是小疵。如此有名之丛书名集，而简端序文芜葳若此，自不必震其威名而恕之也。（第一卷第一则）

2. 阐释方物，兼以考证

余达父对地方风物、语言非常熟悉，其阐释往往带有考证色彩。如：

> 《新唐书·孔戣传》："蕃舶泊步，有下碇税。"余按：舶，即《说文》"板"之俗字。今通用之"埠"，即"步"之俗字也。"瓜步"之"埠"，亦谓泊船处。（第一卷第三十则）

> 日本谓洞箫曰"尺八"，其名盖出于隋唐间。《新唐书·吕才传》："王圭、魏徵盛称才制'尺八'，凡十二枚，长短不同，与律谐契。"（第一卷第二十七则）

3. 以新知验证旧知

> 应制试帖诗，始于唐天宝十三载。玄宗之御勤政楼试四科制，举人于策外加诗赋各一首，相沿千余年。至清之癸卯乡试，而试帖诗与八股文俱废。此无关人事、政治之文章，其宜废早矣，而偏能沿袭如此之久，可见中国人保守性质之固。（第一卷第六则）

---

[1] 周素园：《大理分院推事余君墓表》。载《周素园文集》，贵阳：贵州人民出版社，1994年版第34页。

茶之有税，按《新唐书》，始于唐德宗贞元八年，盐铁使张滂之所奏，其年茶税已得钱四十万贯。又《宋史·王禹偁传》："茶法从古无税，唐元和中，以俑兵齐蔡，始税茶。"唐史称是岁得钱四十万贯，今则数百万矣。以今日人口百物与唐宋较，无不数十百倍于唐时，而茶税之收入尚寥寥，可见中国进步之难。（第一卷第七则）

4. 吸收外来文化

唐高宗咸通三年，吐蕃大臣仲琮入朝，对语中有吐蕃富庶不当中国万分（之）一，但上下一力，议事自下，因人所利而行，是能久而强也。此可为欧美议院自治之先声。且知自古逮今，国之能强者皆由此道。（第一卷第三十六则）

"目的"二字，近世沿用日本人所创定的法律名词。皆知所谓目的者，如悬射的于前，其目存之者，有希望至的中之意，故谓之目的。其词意既明确，中国虽沿用之无碍也。……（第二卷第一则）

余达父《蠛盦拾尘录》第二卷体裁近似顾炎武《日知录》，行文风格颇类他所赞赏的《水经注》。"琼故不揣耷陋，以所述《拾尘录》及近著词章，上呈经席，以求指南。而夫子于词章考据，均过为奖，藉经训则诲其不及，终之复以厚望，期其必成。"①（《致李岑秋先生书》）由此可知《蠛盦拾尘录》而立之年便已开始写作，李岑秋相当欣赏余达父这一类"词章考据"之文。留日归国之后，余达父以其在语言文字学、文学、史学等多方面渊博丰厚的积累，为贵州文化史上留下了《蠛盦拾尘录》这部不可多得的学术散文随笔。

《蠛盦拾尘录》体现了余达父"早治经韵，穷研子史"的学术功力和批判精神。即便是冯武、段玉裁、翁方纲、康有为这样的名家、大家，余达父也大胆质疑，指出其著述中盛名之下其实难副的"通人之谬"。《蠛盦拾尘录》知识视野辽阔，古今、中西、新旧学问兼而有之，持之有据，严谨缜密。

（三）《且兰考》②

《且兰考》分"且兰旧事考"、"且兰历代建置考"、"历代世系考"、"且

① 《致李岑秋先生书》，见余达父《余达父诗文集》，呼和浩特：远方出版社，2001 年版第 87 页。
② 余达父的史学著作有《且兰考》、《且兰野史》等，流传下来的只有《且兰考》。该书最初为余达父以蝇头小楷写成，民国三十三年（1944）三月大汉贵州军政府行政总理、史学家周素园作序。经杨仿岩校正，余宏模补注后，由台湾国学文献出版社出版，1999 年 2 月由日本学习院大学东洋文化研究所影印出版，作为学习院大学博士后期课程教材，2011 年 5 月再次由贵州大学出版社影印出版。

兰历代建置总表"4个部分，附录《夷族土司礼仪论》。按周素园先生的说法，《且兰考》是一部未竟之作："大抵搜辑材料，采摭群言，是为著作家一般之初步工作。"①读《且兰考》，我们可以知道彝族尤其是西南各省彝族起源及历史变迁情况，以及诸如诸葛亮南征、傅友德调北征南、奢香内附开龙场九驿、明末奢安之乱、清初改土分流的一些历史细节。余达父在有生之年，以汉文典籍参照彝族历史文献，搜集相关资料并作了不少注解，却未能如愿以偿完成这部彝学专著，实在是莫大的憾事。

"倭寇蹯我京畿，国府适应抗战迁都重庆，于是川、滇、黔边省形势一变，而西南少数民族尤引起广泛之注意。海内政治家、学者、輶轩之往来，朋俦之谈论，佥欲征求其文献，了解其生活。"②国难当头，西南少数民族的生活状况引起了社会各界的普遍关注，在这样的历史大背景下，1941年，杜门谢客的周素园抱病为余达父遗作《且兰考》作序，从国家民族社会发展的高度，充分肯定余达父这部未竟之作的史料价值："余以为研究少数民族问题，得汉族之著作百，不若得土族之著作一；得生存土族之著作十，不若得过去土族之著作一。宏大之宝藏，必有瑰异之发现。他日祭司死亡，土族旧籍之文化，亦将随之澌灭，岂惟土族之不幸，抑亦中华民国之损失也。"③

《且兰考》为编年体学术著作，重在考证扑朔迷离的且兰古国（一说为扯勒彝族）历史，具有人类学视野，其考证的系统性、严谨性为学术界称道。《且兰考》语言简洁文风朴实，但一些观点不免带有封建"正统"色彩，如称农民起义军失败为"流贼……伏诛"等："乙酉二年，故明流贼张献忠寇四川，伪称西朝，僭号'大顺'。……丙戌三年，大兵入川，献逆伏诛。"（《且兰考》下卷"且兰旧事考四"）

余达父的散文，在一定程度上弥补了自己部分诗作的欠缺，使作为文学家的余达父更加具体、真实、完整。"吾人读书贵卓识"的余达父，不愧为贵州高原上最早"开眼看世界"的少数民族优秀知识分子。读他的一些散文佳作，我们不能不佩服其学贯中西的学养和高瞻远瞩的真知灼见。

（四）《罌石精舍联语录存》④

联语又称楹联、对联等，是中国古老的文学形式之一。作为一种习俗，它是

---

① 周素园：《且兰考序》，载《余达父诗文集》，呼和浩特：远方出版社，2001年版第4页。
② 周素园：《且兰考序》，载《余达父诗文集》，呼和浩特：远方出版社，2001年版第4页。
③ 周素园：《且兰考序》，载《余达父诗文集》，呼和浩特：远方出版社，2001年版第4页。
④《罌石精舍联语录存》，载《余达父诗文集》，呼和浩特：远方出版社，2001年版第56—59页。

中华民族传统文化的重要组成部分，随着各国文化交流的加强，楹联早已传入越南、朝鲜、日本、新加坡等国，这些国家至今还保留着张贴楹联的风俗。2006年，国务院把楹联习俗列为第一批国家非物质文化遗产名录（见国务院2006年5月20日公布的"510IX-62楹联习俗"）。楹联由律诗的对偶句发展而来，它保留了律诗的某些特点，又有骈文的某些特征：上下联字数相等，讲究平仄和对仗，词类相当，结构相应，更讲究立意、意境和艺术构思，等等。

余达父是楹联高手，其所作立意高远，切合人事、时地、景物，高雅含蓄，平仄和谐，对仗工稳。《罨石精舍联语录存》现存楹联近20副，虽然其中有三四副已有部分字句脱落，但我们仍能感受到他深厚的旧学功底。

1910年6月，余达父重游贵州毕节蟠龙岗，为惠泉寺撰写了这副楼联：

　　地从别后，十年绿树清泉，忽见昙云飞鹫岭；

　　我自归来，万里瀛洲蓬岛，每因风景忆龙岗。①

阔别10年，惠泉寺绿树、清泉依然，鹫岭上昙云涌动。"昙云"，弥漫着浓烈的宗教气息——昙花在佛经中指优昙钵华；"鹫岭"，写山之高峻，化静为动，让人意出尘外，浮想联翩。此联切人切事，情景交融，境界高妙，言有尽而趣无穷，堪称诗中有画画中有诗。

1925年3月，59岁的孙中山先生在北京逝世，噩耗传到贵阳，时任高等法院刑庭庭长的余达父，"代贵州大理分院"作挽联一副：

　　卅年革命，两次游京，筹画定规模，忽闻霜露凄零，徒令上将挥神笔；

　　三民主义，五权法宪，经纶冠中外，正看风云奋斗，长使英雄泪满襟。②

上联综述孙中山"卅年革命"（遗言中有"余致力于国民革命，凡四十年"句）、"两次游京"（1912年5月，应袁世凯之邀赴京，共商国是，调和南北冲突，实现政局稳定；1924年8月，应冯玉祥之邀赴京，力求实现全国和平统一）的人生历程和"筹画定规模"的丰功伟绩，表达"忽闻霜露凄零"而北伐大业未成的无比叹惋；下联评赞孙中山"三民主义，五权宪法"的历史贡献和"经纶冠中外"的雄才大略，再次传达"正看风云奋斗"而伟人逝世的无尽哀伤。上联的"徒令上将挥神笔"出自李商隐的《筹笔驿》颔联，下联的"长使英雄泪满襟"出自杜甫的《蜀相》尾联，都是化用、活用唐代大诗人纪念诸葛亮的名句，工整

---

① 《罨石精舍联语录存》，载《余达父诗文集》，呼和浩特：远方出版社，2001年版第57页。

② 《罨石精舍联语录存》，载《余达父诗文集》，呼和浩特：远方出版社，2001年版第58页。

得体，天衣无缝。这副 52 字长联，概括完整精辟，描述生动贴切，完整表达自己对伟人的理解，四字句、五字句、六字句、七字句参差错落珠联璧合，主旨与孙先生的遗言"革命尚未成功，同志仍须努力"异曲同工，即便置诸同时代诸多名公巨子为孙中山所作挽联中，亦毫不逊色。

除《嚣石精舍联语录存》外，余达父《与梁某书》①记载他寓居北京宣武门（今"宣南文化"纪念遗址所在地）时所作楹联两副：其一曰"纵有文章惊海内，岂知书剑老风尘"；其二曰"近来海内为长句，昨日厨中乏短供"。一个年逾不惑、学有专长却报国无门、谋生无计、一日三餐难以为继的落魄文人形象跃然纸上！大屯土司庄园内的亦园有石刻楹联"莺花日办三春课，风月天生一稚人"，此联为余达父自撰自书。上联谓大屯土司庄园中的莺、花一年四季都用鸟语花香给人带来春天，陪伴园中人读书；下联谓主人不仅天生喜爱吟风弄月，气质高雅，而且出身高贵——所谓"稚人"，在秦汉时指的是贵族子弟。余达父通过这副对联，表达了对大自然天籁之音的由衷喜爱，也表达了作为大屯土司庄园第 11 代百年家学传承者的由衷自豪。

六、余达父的影响

余达父是中国杰出的少数民族文学家，从水潦到大屯，从毕节到贵阳，从中国到日本，无不留下他的足迹。他在土司作家中赫赫有名，在彝族作家中独树一帜。他在诗文创作方面的功力，在法学、史学、语言学、民族学等方面的造诣，均成为那个时代的一面旗帜。文化的自觉意识、思想的深邃无垠、襟怀的开阔博大完全统一于余达父身上。他是贵州文化史上卓越的彝族文学家，是对贵州学术有过突出贡献的学者，也是地域文化、家族文化的杰出传承人。

余达父的去世，在贵州曾产生过不小震动。1934 年古历 6 月 25 日，余达父在贵阳南通街寓所逝世，享受的待遇近乎"省葬"。生平挚友、贵州著名革命家平刚以四言诗为其遗像题写《像赞》："早治经韵，穷研子史。词赋诗歌，乃其余事。愫雅堂集，传之后世。东渡扶桑，习新法制。直道彰闻，为代议士。法界任职，时赖有多。惜不大用，溘然长逝。载瞻遗容，低回闳置。"②当时的贵州省主席王家烈、省政府秘书长兼省民政厅厅长万宗震、省财政厅厅长郑先辛、曾任省高等法院审判厅厅长的窦觉苍、前清进士安顺杨恩元等，也亲笔为余达父题写《像

① ［清］余达父：《余达父诗文集》，呼和浩特：远方出版社，2001 年版第 99 页。
② 余宏模：《赤水河畔扯勒彝》，香港：香港天马图书有限公司，2003 年版第 160 页。

赞》，高度赞誉。

"黔中诗家，焜耀海内。俶落雪鸿，袭弈桐野。郘亭经巢，堂庑弥廓。雄夺万夫，秀掩千哲。鳛部振采，煜于龙鸾。黔水缋文，蔚乎濔浍。灵淑所闷，晚近益恢。"①20世纪中国近现代史学先驱、中国文化学的奠基人、现代儒学宗师柳诒徵为余达父《愫雅堂诗集》作序时有这样一段评价的话。论者将鳛部诗人余达父与清代蜚声贵州文坛的著名诗人谢三秀、周渔璜、莫有芝、郑珍相提并论，并将其比喻为鳛部之龙凤，这说明在一些著名学者心目中，余达父完全可以进入贵州晚清至现代杰出诗人之列。

作为学者，余达父"罄石作舍，愫雅名堂"、"读书万卷，用弘取精"、"述作琳琅"、"惟留此不朽精神在平生著作"；作为诗人、文学家和书法家，余达父"生于荒裔而耽文学"、"尤擅诗文，遗集待刊"，"工书善文，昔擅诗名"，"家居遣兴，惟诗与酒"，不愧"文学泰斗"；作为法政科举人、省高等法院审判厅刑庭庭长、贵州第一代法学家，余达父"法理深邃，守正持平"，"学究申韩，辩媲苏张。长才郁郁，以翱以翔"，在当时的贵州不愧"法律名家"；作为凡人、哲人，他耿介性情，鲠直率真，卓尔不群，温良端庄，先进老成，平易近人，精神不朽，有大家风范，富有个性魅力和人格魅力："岳岳余君，鲠直率真。东瀛讲学，革命精神。""古蔺握晤，令我心倾。言论风采，卓尔不群。""蔼蔼余公，先进老成。耻附权贵，耿介性情。""毕山苍苍，毕水浃浃。哲人挺生，冠冕乡邦。其德温良，其貌端庄。"②

后人在余达父1920年自书"诗人余愫雅先生之墓"碑上加写"前清法政科举人、贵州大理分院刑庭庭长、贵州省政府顾问"。1934年10月，余达父挚友、前执政府顾问、贵州政务厅长周素园为其撰写《贵州大理分院推事余君墓表》1000余字，并题写墓道"雅道沦亡"；1935年4月，著名书法家熊伯琭为其书碑文，并题写墓道"荫远德明"，其墓碑对联云："节概应登独行传；典型留作后人师。""郁郁佳城，喜见山心钟闲气；遥遥华胄，更从作述大家声。"

1929年冬，余达父游滇，与时任浙江学政的袁嘉谷老友相逢，袁嘉谷读其近作"益深佩仰"，以此二绝题写余达父诗集："乡风郑子（郑珍）巢经巢，古愤庄生盗跖篇。金碧湖山待君染，知君不负彩云天。""犹记燕都击筑时，枣花香写碧帘诗。衰年双鬓一狂啸，北地高闾南总持。"袁氏将余达父诗文与郑珍、庄

---

① [清]余达父：《愫雅堂诗集》柳诒徵序。贵阳：贵州人民出版社，1989年版第16页。
② 以上像赞，均录自于余宏模《赤水河畔扯勒彝》，香港：香港天马图书有限公司，2003年版第160–166页（影印件）。

子、高闾等相提并论，高度赞美其文学创作成就。余达父生前以诗文饮誉一时，找他代笔作诗、撰联、写序、题碑的人，上至名公巨卿社会贤达，下至平民百姓。卒后所享"省葬"待遇，还有"工书善文，昔擅诗名"、"读书万卷，用弘取精"、"法律名家"、"文学泰斗"这样的崇高评价，足以表明余达父生前在西南一带其更广范围的影响和声望。1988 年，余达父故居大屯土司庄园从省级重点文物保护单位升格为全国重点文物保护单位。

余达父文章的流传似乎较为曲折。"余君达父之卒，其夫人徐立芳，哀次生平著作，曰：《傧雅堂诗集》十四卷；曰：《罶石精舍文集》四卷；曰：《蝼盦拾尘录》二卷；曰：《通雍余氏宗谱》一卷。"①靠第四位夫人徐立芳、彝族好友杨仿岩等苦心孤诣的保存，余达父的上述著作才不致湮没无闻。"文革"浩劫后，经过余达父侄孙、贵州省民族研究所原所长余宏模十几年不辞辛劳的搜集整理，《傧雅堂诗集》、《余达父诗文集》分别于 1989 年 12 月、2001 年 7 月由贵州人民出版社、远方出版社出版发行，《通雍余氏宗谱》1999 年 12 月由日本学习院大学东洋文化研究所出版发行，《且兰考》2011 年 5 月由贵州大学出版社出版发行。但是，上世纪 90 年代后出版的《毕节地区志》和《毕节县志》，对余达父的简介都只有相当简略的寥寥数百字，这说明本地人对余达父还知之甚少。

余达父的影响自 20 世纪 90 年代以后逐渐"升温"。李力主编的《彝族文学史》、黄万机所著《贵州汉文学发展史》，用不短的篇幅简介余家驹、余昭、安履贞、余珍、余达父及其诗作。何仁仲主编的《贵州通史》、安尚育所著《20 世纪贵州诗歌史》、芮增芮所著《彝族当代文学》，比较简略地评介了余达父及其家族的文学创作成就。2011 年 11 月，由母进炎主编、贵州大学出版社出版的《黔西北文学史》以《余达父：黔西北文学史上的杜甫》为题，用近 2 万字篇幅专章、专节评介余达父诗歌散文；2012 年 2 月，母进炎主编、贵州人民出版社出版的《百年家学 数世风骚——大屯余氏彝族诗人家族研究》，以 8 万余字评介余达父其人、其诗、其文，论述其在国内外的影响，同时对余达父的社会交游进行详细梳理，对其诗歌作品进行编年。2012 年 6 月，赵敏俐、吴思敬主编的《中国诗歌通史》由人民文学出版社出版，其中的《少数民族卷》对余达父及其家族的学术成就与文学成就有介绍评论。2012 年 12 月，王天玺、张鑫昌主编的《中国彝族通史》对余达父及其家族的学术成就与文学成就有介绍评论。这些工作的开展，加大了余达父研究的力度，填补了不少空白，增进了本地和外地人对余达父的了解。

─────────────

① 周素园 1941 年所作《且兰考序》，载《余达父诗文集》，呼和浩特：远方出版社，2001 年版第 4 页。

第六节 强弩之末，尚有余力——余宏模文学创作论

一、余宏模的生平

余宏模（1932～2014），字淑范，笔名一泓、耿恒，原籍四川省叙永县水潦彝族乡。1950年参加工作，1961年毕业于四川大学历史系，先后在贵州大学历史系、贵阳六中任教，后调任贵州省民族研究所副所长、所长兼党委书记。

余宏模本人与贵州毕节的渊源久远，关联密切：曾在毕节读过小学和中学，1949年11月贵州解放初期，社会混乱，休学在家，1950年由毕节参加工作，走上革命道路。之后又考上大学，开始学术研究和古诗词创作。

作为土司后代，余宏模秉承家族先贤余昭、余达父既做学问也写诗歌的传统家风。他仰慕祖、父辈的诗才并潜心搜集整理、努力学习："幸入僻乡访彝寨，祖诗五集获入目。时园诗草仰高风，四余遗稿清香馥。大山巍峨音节亮，圆灵阁钞催人哭。煌煌巨著悇雅堂，波涌狂澜泻大瀑。我读祖诗坐春风，如觐祖面入拜屋。"（《一泓诗草·清福》）

学术研究方面。1976年开始，余宏模以贵州民族研究为重点，并旁及其他，发表学术论文百余万字，编撰出版多部文集。如《明代贵州彝族历史文献选编》、《贵州彝族研究论文集》、《贵州彝学》、《余宏模彝学研究文集》、《明代彝族女杰奢香》、《彝族历史文化论丛》，整理、注释了家族诗集《悇雅堂诗集》、《时园诗草》、《四余诗草》、《圆灵阁集》、《大山诗草》、《挹梅楼诗集》等。余宏模曾兼任国内外多家学术机构的行政职务或研究人员，如中国西南民族研究学会和贵州省民族研究学会副会长兼秘书长、云南省社科院楚雄彝族文化研究所副所长、日本国学习院大学东洋文化研究所客座研究员等。还多次赴美国、泰国、日本讲学。

古代诗词创作方面。余宏模出生于诗歌世家，深受彝文化、汉文化熏陶，几十年来，在学术研究之余，创作了大量汉语古诗词。其诗歌虽未直接标明体式，但实际上包括了古诗、律诗、绝句、杂体等。

二、余宏模诗歌的基本内容

余宏模的汉语古诗词创作发轫于20世纪60年代，《一泓诗草》中最早的诗歌

是《题刘复莘先生赠画墨竹》（作者自题"1968 年作"），最晚的诗歌当为 2010 年秋所作部分诗歌。《一泓诗草》汇集了作者从 20 世纪 60 年代到 90 年代约 40 年间的诗歌共 333 题 370 首。另有补遗 23 首，全部收入贵阳草堂诗社 2010 年编印的《草堂诗选》第二集中，是他 1995 年 8 月至 2010 年秋创作的汉语传统诗歌。余宏模从 36 岁起正式创作，80 岁仍笔耕不辍，近 50 年总共创作诗词 393 首（阕）。

从题材内容上看，余宏模诗歌可主要分为以下几类：

（一）纪行诗

这类诗歌是《一泓诗草》中数量最多的，占全部诗歌的 70% 左右。出于工作需要，余宏模常常到一些国家考察、讲学，或在国内参加各种活动。从《一泓诗草》中我们可见，40 年来余宏模访问（讲学）日本 2 次（1986、1996），美国 1 次（1995），泰国 1 次（1991），省内调查访问次数更多。每到一地，他都要以汉语古诗词形式及时描述自己的见闻、感受，或发表自己对历史事件、历史人物及现实社会的看法。将纪行与咏物结合起来，描写、咏赞国内外山川风物，抒发自己的感受。如《访日诗抄》共 16 首，分别描写了大阪市、京都平安神宫、奈良唐招提寺、富士山、浅草寺、东京上野公园等地风光，展现了独具特色的异域风情。如《游览大阪市》：

溪流纵横架千桥，庭园丹枫分外娇。古城遗堡何遐迩？歌舞伎乐竞妖娆。尤喜地下隐街衢，喷泉瀑布绝尘嚣。难波堤畔海天远，起航遣使忆前朝。

《访美组诗》有 11 首，写于 1995 年 3 月。作者应华盛顿大学人类学系主任郝瑞之邀赴西雅图参加首届国际彝学研讨会，会后又应龙云之子龙绳德邀请到波士顿、华盛顿、哈佛大学参观，写下了这组诗。作者描写了途中所见太平洋、印第安人保护地陈列馆、北美独立战争发源地等处自然和人文风光，犹如一幅幅风景画、风俗画。

（二）感怀诗

以诗感怀，是中国古代诗人的抒情方式之一，余宏模也不例外。《一泓诗草》中有大约 15% 的感怀言志诗，由这些诗我们可以窥见诗人的志趣、情怀、性格、思想，以及对历史人文的认识，从而走进诗人的心灵世界，倾听诗人的吟哦。余宏模诗集中最早的感怀言志诗是作于 20 世纪 70 年代的《水西道上感怀》[①]：

六诏一脉千年祚，八穆分支百世沦。阿哲旧事存彝史，扯勒古礼循

---

① 余宏模：《一泓诗草》，云南省镇雄县志办公室、云南镇雄诗词楹联学会 1999 年内部编印本第 5 页。

周深。鸭池象阵急鏖战，玉龙烽火哀劫尘。人间沧桑血与泪，化作杜鹃
泣早春。

诗人回顾阿哲彝族自蜀汉以来的发展历史，沉痛感慨明代水西之战对百姓生命的摧残，寄托自己对未来的美好希望。

《赴神户眺海感怀二首》①作于 1986 年日本讲学后。"平楚天低野气清，今朝烟雨晻迷离。最是羁人肠断处，六度登桴话别时"写诗人于烟雨蒙蒙的清晨远眺沉思，联想先叔祖父余达父曾于辛亥革命前后 6 次渡海，到日本求取知识和真理，力图挽救积贫积弱的祖国，感慨万千。

怀古诗、自嘲诗也属感怀诗一类。《一泓诗草》中有少量的此类诗作。如《西昌泸山怀古》："邛人讴咏俗牂牁，螺髻源流传暮窝。南中一统蒙舍诏，罗甸台登慕义歌。狂飙漫天炽烽火，黑云压地舞干戈。建昌明月水西桥，清辉长夜映碧波。"②《自嘲》："难得胡涂自揣摩，邻邦闲馆暂蹉跎。诗峰有径人攀上，艺海无风桨荡波。唯有灵通勾斗少，怎抛际遇是非多。凌云燕雀舒双翅，不识鹏飞入网罗。"③前一首是对彝族源流以及战争的认识，后一首是对自己身处勾心斗角是非境地的心态描绘。《老骥二首》、《引退》是余宏模退休前夕所写，抒发了作者接近耳顺之年的情怀："老骥识途漫古道，驽钝蹇步迟征尘。脱却辔头逸原野，不误春风得意人。"（《老骥二首》之一）

访古凭吊诗作亦可归于此类。如《鸡鸣三省访古行组诗》共 12 首。这组诗歌由黔西北境内的历史遗迹写起，至四川、云南境内的历史遗迹，笔触所及有遗址、驿站、桥梁、庄园、纪念馆、人物等，每一首诗都涌动着历史的潜流，诉说着彝族的沧桑。如《重游毕节大屯土司庄园》④：

残碉古堡犹阴森，一入庭园曲径深。愫雅堂前阶露冷，时园桥畔古
木春。檐下依稀觅燕巢，枝头恍惚听莺声。竹韵松风吟夜月，清声沁腑
醒诗魂。

《凭吊黔西奢节衣冠冢》⑤沉痛哀悼、赞颂了贵州水西历史上著名的彝族女英雄奢节：

阴霾大野苦催征，遍地哀鸿血泪痕。驱虎义旗鼙鼓振，殪狼雪剑铁

---

① 余宏模：《一泓诗草》，云南省镇雄县志办公室、云南镇雄诗词楹联学会 1999 年内部编印本第 39 页。
② 余宏模：《一泓诗草》，云南省镇雄县志办公室、云南镇雄诗词楹联学会 1999 年内部编印本第 57 页。
③ 余宏模：《一泓诗草》，云南省镇雄县志办公室、云南镇雄诗词楹联学会 1999 年内部编印本第 144–145 页。
④ 余宏模：《一泓诗草》，云南省镇雄县志办公室、云南镇雄诗词楹联学会 1999 年内部编印本第 155 页。
⑤ 余宏模：《一泓诗草》，云南省镇雄县志办公室、云南镇雄诗词楹联学会 1999 年内部编印本第 134 页。

骑奔。水西烽火急鏖战，南疆硝烟阻国门。巾帼英雄遗青冢，铁骨丹心梅花魂。

这首诗所咏之奢节是元朝水西人，水西彝族女酋长、元朝顺元路亦奚不薛总管府总管阿里之妻。阿里去世后，她摄总管职，文武兼备，勤政爱民，安定社会，深得百姓拥护。元成宗大德五年（1301），朝廷派中书右丞刘深率湖广兵二万远征云南"八百媳妇"（人名），路过贵州时，大肆搜刮民财，人民不堪重负。是年8月，奢节在水西率众起义，与水东军一起围攻顺元城（今贵阳），杀死知州张怀德，夺回粮饷马匹。继而云南、广西的少数民族也纷纷起义响应，全国震动，元朝廷被迫罢征"八百媳妇"，处死刘深，以谢天下。之后，由于元朝廷调集湖广、四川、云南、陕西、思州、播州等地的兵力围剿，经过大小40余战，水西、水东军伤亡惨重，奢节于大德七年（1303）被俘就义。死后，她被水西人民称颂为"烈姬"。

《赫章可乐遗址考古》看似平淡却蕴含着激情："望帝西去千峰隐，秦王东来五尺开。牂牁烟波迷古渡，夜郎峰峦拥云堆。铁剑玉钺闪晶雪，铜鼓金罍动怒雷。荒榛断垣觅'弄姆'，落霞夕照点将台。"[1]作者把一腔思古之情融于荒烟落照之中，用艺术语言描绘古夜郎的画卷，具有历史的纵深感。

作者既凭吊古人，也凭吊今人（多为他的亲朋好友）。这首《挽禄国琳兄》就写得深婉动人："少年萍踪遇，患难共余生。冷眼向沧海，傲骨对峻嶒。世代亲情重，相知更可珍。伯牙琴弦断，空谷尽悲声。"[2]诗以俞伯牙与钟子期的故事为典，叙其与禄国琳的患难交往，赞美禄国琳的铮铮傲骨，自然贴切。

（三）赠答诗

赠答诗，古已有之，根据现存资料，最先以赠答命题出现在诗集中的是东汉后期的朱穆、桓麟、秦嘉、徐淑和蔡邕等人所写的10首诗。余宏模这类诗歌有更多的生活色彩，是作者社会交往的见证。有时诗人赠答的对象是一个集体，如这首《赠大方县凤山彝族乡》[3]：

凤山屹立何峭峣，白鹤低回遥伏朝。昂首振翅重抖擞，扶摇冲天鸣九霄。

以描绘凤凰形象赞美凤山乡，形象生动。

---

[1] 余宏模：《一泓诗草》，云南省镇雄县志办公室、云南镇雄诗词楹联学会1999年内部编印本第47—48页。

[2] 余宏模：《一泓诗草》，云南省镇雄县志办公室、云南镇雄诗词楹联学会1999年内部编印本第159页。

[3] 余宏模：《一泓诗草》，云南省镇雄县志办公室、云南镇雄诗词楹联学会1999年内部编印本第10页。

又如这首《赠毕节地区彝文翻译组》[1]赞美彝族文化的源远流长：

龟甲殷契千年藏，羊皮彝字源流长。神驹稀世伯乐识，玉璧湮沉下和殇。盛世欣逢沐雨露，满园花卉灿春光。几枝红杏出墙头，海内瞩目瑰丽章。

更多的情况下，作者以诗赠友。余宏模诗集中最长的一首赠答诗是《茅坝访古行——兼赠王荣辉同志》[2]，全诗 128 句，640 字，仿歌行体。这首诗兼有怀古与赠答双重意蕴，涉及不少文物、古迹、地名、人名，如嘉靖钟、古箭道、龙吟寺、则溪、九仓、汉把张等。作者在追述茅坝历史的同时，表达了各民族团结，共同富裕的心愿。

（四）题画（照）诗

余宏模还有少量的题画（照）诗。题画诗是余氏家族诗歌创作的传统题材之一，大屯彝族文学家族的第一代余家驹，第二代余珍，既是诗人又是书画家，其作品中自然有题画之作。余达父继承家族传统，写有《题葛崇刚四时景屏》、《题曾师南女士百蝶图即次师南原韵》、《题杨孝慈所藏电灯下倭娘小像》、《题邵镜湖所藏朱西帆画册》等近 20 首题画、题照诗。余宏模的题画诗，将家族传统进一步发扬光大，如《题刘复荤先生赠画墨竹》、《日本小河修次教授赠素娟折扇，绘有富士山图，题此致谢》等。

题照诗是晚清时期随着照相技术传入中国而兴起的。最早的照相机由供职于中国海关的法国人于勒·埃及尔（Jules Itier）1846 年带进中国，清人周寿昌的《思益堂日札》记载：道光丙午年，他旅居广州，见到取影器（即照相机）。目前可见标明"题照"诗的，是清代著名诗人纳兰性德的词《南乡子·为亡妇题照》。纳兰性德的这首题照诗实际上是题画像诗，是他为亡妻画像所题，还不是真正意义上的题照诗（按：纳兰性德生活于 1655—1685 年间，那时照相技术还未传入中国），但它已开启了名义上的中国题照诗的先河。余宏模的题照诗如《丙辰深秋李荣庆表兄偕慧媛表侄女来筑，同游黔灵公园菊展摄影留题》、《陪正绪参加老年大学迎春联欢会留题》、《与乌谷在西雅图华盛顿大学合影题赠》、《参加四川大学百年校庆，学友相聚，多已年逾花甲，合影留题》等。诗虽不多，但写得真挚动人。

---

① 余宏模：《一泓诗草》，云南省镇雄县志办公室、云南镇雄诗词楹联学会 1999 年内部编印本第 28—29 页。
② 余宏模：《一泓诗草》，云南省镇雄县志办公室、云南镇雄诗词楹联学会 1999 年内部编印本第 70—73 页。

三、余宏模诗歌的创作特色及明显不足

（一）余宏模诗歌的创作特色

1. 丰富的生活内涵

余宏模从事诗歌创作约 40 年，坚持不懈，难能可贵。在写作过程中，他非常注重生活的积累，从现实生活中撷取素材，在现实生活中历练思想，丰富的生活积累成就了他的诗歌创作。他的诗歌具有丰富的生活内涵，所写均缘事而发。他在《一泓诗草·自序》中说："写旧体诗，要耐得住寂寞，我生性恬淡，甘坐冷板凳，为了充实素养，丰富生活，抽暇读诗写诗，也就自得其乐。后来我明白了'功夫在诗外'的至理名言，特别是从 1976 年开始，我告别教书岗位，调去专门从事民族研究工作，因为事业的需要，每年都抽出时间下基层，跑村寨，从事田野调查。改革开放的春风使我又有机会去祖国各民族地区考察，并几次出国去学术交流，增加阅历，开阔视野，这样，便真的有了写诗的冲动。"①

毫无疑问，是丰富的现实生活激发了他的诗情，开阔了他的视野。余宏模人生阅历丰富，他参加革命工作早，在中学、大学教过书，做过编辑，后来长期在科研部门工作；他经历过土司家族的终结，也经历过本民族走向新生、走向社会主义制度的开始和发展。这些都成为他诗歌创作的部分素材来源。

余宏模始终保持积极的人生态度。从参加工作初期对新中国的憧憬，到 1976 年"文革"动乱岁月的结束，他始终未改变其积极的生活态度。如他在《丙辰深秋李荣庆表兄偕慧媛表侄女来筑，同游黔灵公园菊展摄影留题》一诗中写道："秋来黄花香正浓，伏枥犹念千里征。"即使是在退休后，他依然想到"浇铸心血谱宝典，留与后世溯根苗。"（《赴昆明参加〈中国少数民族大辞典系列·彝族卷〉编审工作》）

2. 呈现地域民族风情

像大屯彝族文学家族的余家驹、余昭、余珍等诗人那样，余宏模常常在诗歌中描述民族风俗，这些描写也兼有地域特色。如写于 20 世纪 80 年代的《观清镇红枫湖上寨拍摄彝族风俗》写彝族婚俗："骏马披毡迎亲来，彩门吟唱华堂居。

---

① 余宏模：《一泓诗草》，云南省镇雄县志办公室、云南镇雄诗词楹联学会 1999 年内部编印本第 11 页。

棍打媒人抹花脸，背背新娘出门徐。女伴联翩歌相送，古朴彝礼溯周书。"《织金县大方寨观彝俗"做戛"》①是一首更为典型的彝俗诗，诗中所写的画面极具民族特色：

法座翁车夜未央，旌旗星列鼓扬场。四围藤索分山雉，八面火塘驱晚凉。唢毕献牲酹美酒，武雄刺鬼掷神枪。刀横偃月长蛇阵，罗甸雄风掣夜郎。

诗中所写"做戛"为彝族椎牛送葬之礼。其他一些少数民族（如苗族、布依族等）也有此风俗。贵州布依族做戛有热戛和冷戛之分，丧期做的叫热戛，葬后做的叫冷戛，"如果是将几辈过世老人的'古庄'放在一起做，即'冷戛'和'热戛'一起做，便是布依族传统葬礼中场面最为隆重的仪式。"（罗剑：《铜鼓文化与夜郎文化的历史渊源》）椎牛送葬乃我国少数民族古老的葬礼之一。宋人朱辅《溪蛮丛笑》："八寨，人死，亦有哭泣，椎牛，敲铜鼓，名曰闹尸。"明人郭子章《黔记》："卡尤仲家，……凡丧事，贫者用牛一，富者数牛，亲戚族友各携鸡酒致祭，绕牛而哭，祭毕屠牛分肉毕而散。""波笼仲家，……丧则屠牛招亲友，以牛角欢饮，……殁用火葬，招魂于野，结松棚设灵幄之翁车，椎牛野祭，击鼓吹喇叭，亲戚会葬者数百人，谓之'做戛'。"

除了写彝族风情，余宏模还写羌族风情（《访茂县三龙乡羌寨》），写纳西族风情（《丽江听纳西族洞经音乐二首》）、傣族风情（《游芒市傣族泼水节》）、土家族风情（《参观溪州土家族民俗博物馆》）、白族风情（《游大理周城观白族火把节》）等。但总的来看，他写得最多的仍是彝族风情，这与他出生于彝族世家有关。描写的广泛性也使他的诗歌成为增进民族团结的独特方式。

余宏模诗歌中较多地描绘黔西北地域风光与历史遗迹。如《宿赫章发达彝村》写彝村风光，犹如生动的素描："夕照青藤爬豆架，晚炊烟霭起彝家"、"荒榛断垣寻弄姆，落霞夕照点将台"写赫章可乐遗址，"乌撒鹿卢向天冢，残台三垒远峰低。登临绝顶探斗柄，天人合一星汉齐"写威宁盐仓的向天坟，都具有历史人文内涵。此外他还写黔西的朵泥桥，大方的奢香墓，毕节的大屯土司庄园等。这些描写不仅刻画了黔西北地域的形貌，而且写出了诗人与黔西北的地缘关系、情感联系。

3. 较长于歌行体古诗

歌行体古诗自由奔放，以七言为主，句数可多可少；用韵自由，可以换韵。

---

① 余宏模：《一泓诗草》，云南省镇雄县志办公室、云南镇雄诗词楹联学会1999年内部编印本第50页。

这一体式深受古代一些诗人的欢迎。但不是任何人都写得好歌行体古诗，它体式自由而有章法，奔放而不油滑，古朴而不古板，可换韵但不可乱换，格调以高古为佳。王士禛教导他的弟子时说，七古换韵之法，"或八句一韵，或四句一韵，或两句一韵，必多寡停匀，平仄递用，方为得体。……亦有通篇一韵，末二句独换一韵者，虽是古法，宋人尤多"①。

余宏模所作诗歌，艺术上较为成熟的是少数歌行体古诗。例如作于 1977 年的这首《丁巳春月，偕王蕚华兄谒画家刘之白先生，归赋长句以赠》②七言古诗，全诗 40 句 280 字，用韵平仄交替，仄韵偏多。情感充沛，辞意畅达，格调古朴，差可代表余宏模诗歌创作水平：

> 我本乌蛮鳛部人，禀赋鲁直性不苟。蛮荒不习诗礼乐，平生三字"愚聋丑"。飞觥豪醉三百石，弯弓能射獐鹿走。月下篝火歌"先基"，林中驻马听折柳。雄鸡一唱天下白，远人扬眉喜昂首。红日光辉照边陲，春风沐浴恩情久。负笈蓉城初学史，驽钝多负大师口。迤来夜郎苦笔耕，学疏识浅荒所守。陋室白丁爱留茶，山村老农喜酌酒。微波词长垂青睐，提携芝兰谒师友。顽石多劳镌刻工，茅塞顿开启户牖。栖霞礼遇商山皓，南河初拜凤阳叟。凤阳老人近古稀，银发朱颜双星眸。精神抖擞云中鹤，意态清闲水上鸥。心如白云何洒脱，性似秋水静沉浮。洁身世俗明淡泊，高逸竹林堪匹俦。丹青四壁妙笔传，诗话一斋雅人留。议论倾座听娓娓，山石隐目神悠悠。解颐顿忘俗子虑，语涩又负贫窭羞。归来此情萦长夜，浮想中天月如钩。

诗歌创作，除了要求立意深刻，还要求刻画的形象生动传神。作者先写自己的性格爱好、学习经历，次写与刘之白先生的交往以及求师过程。描写画家刘之白的部分形神兼备，斐然成章，语言疏而不滞："凤阳老人近古稀，银发朱颜双星眸。精神抖擞云中鹤，意态清闲水上鸥。心如白云何洒脱，性似秋水静沉浮。洁身世俗明淡泊，高逸竹林堪匹俦。丹青四壁妙笔传，诗画一斋雅人留。议论倾座听娓娓，山石隐目神悠悠。"这些描写，近乎传神，是全诗的精彩词章。

（二）余宏模诗歌的明显不足

以古诗词形式表现当代人的思想、生活，实属不易，正如闻一多所说，是"戴着脚镣跳舞"（《最后的演讲·诗的格律》）。写作古典诗歌，清规戒律甚多，诸如

---

① 程千帆主编：明清文学理论丛书《诗问四种》，济南：齐鲁书社，1985 年版。
② 余宏模：《一泓诗草》，云南省镇雄县志办公室、云南镇雄诗词楹联学会 1999 年内部编印本第 6 页。

体式的选择、格律的运用、词语的锤炼、典故的融入，以至构思的精妙、格调的形成等，都是要讲究的，否则就不能轻易地说自己是在写某种格式的古诗。余宏模谦虚地称自己的诗作"几乎篇篇都有格律之病，只可称之曰'仿古'而已"（《一泓诗草·自序》），此话可谓实事求是精神的体现。大体说来，余宏模诗歌的明显不足有以下方面。

一是格律稍欠严整。遵守格律是写作传统诗歌的基本要求之一，诗家既要熟练运用，也要善于变通，基本原则是在遵守格律的前提下尽可能不以文害辞，不以辞害意。《孟子·万章上》云："说《诗》者不以文害辞，不以辞害志。"清人袁枚《随园诗话》卷七云："太白'斗酒诗百篇'，东坡'嬉笑怒骂，皆成文章'，不过一时兴到语，不可以词害意。"说的都是辞与意的变通问题。遵守格律与不以辞害义二者以何为先？我们主张，对于初学写作格律诗者而言，以遵守格律为先，熟练掌握格律者应当注重不以辞害意规则。标准的格律诗，一首诗只能押一个韵（平声韵），这种严格要求有时会给诗人带来不便，于是唐朝中期以后有了松动，引入了"邻韵"概念，出现了"辘卢格"和"进退格"（含"葫芦格"）两种用韵方式，称为"变体"，但应用并不普遍。到了宋代，出现了"衬韵"，即律诗第一句若用韵，就用邻韵，以衬托后面的本韵。这种使用邻韵的方式仅限于第一句，被大多数诗人接受并风行一时，成为一种正格。归结起来，律诗首联可押邻韵者（平声）有 15 类。

观察余宏模的传统诗歌创作，我们可以看到，他努力地遵从格律诗的写作原则，在词句与格律不能两全其美的情况下，有时往往顾此失彼。如作于 1968 年的《登昆明大观楼》，若从写作五律的要求看，第四、五句失粘，但颔联、颈联意境好，词句佳。七言律诗中也有类似情况，《游湘西永顺县不二门》："石裂双扉西水边，雄芒列戟巍楚天。半壁藤蔓攀高木，一廊诗词镌岩前。莫道来此人即佛，尘俗萦绕我非仙。八阵图里迷前路，独步踽踽对云烟。"①颔联上句失粘，颈联上句不仅失粘，还与下句失对。《重游毕节大屯土司庄园》："残碉古堡犹阴森，一入庭园曲径深。愫雅堂前阶露冷，时园桥畔古木春。檐下依稀觅燕巢，枝头恍忽听莺声。竹韵松风吟夜月，清声沁腑醒诗魂。"②颈联用了邻韵，与全诗不统一。"碧泓千顷漫孤山，绣出芙蓉水上装。琼阁金亭悬峰影，云天旭日映波光。中流砥柱屹惊浪，极顶登临跻碧苍。离合烟霞蓬岛渺，风铃静听动江川。"（《游抚仙

---

① 余宏模：《一泓诗草》，云南省镇雄县志办公室、云南镇雄诗词楹联学会 1999 年内部编印本第 74 页。
② 余宏模：《一泓诗草》，云南省镇雄县志办公室、云南镇雄诗词楹联学会 1999 年内部编印本第 155 页。

湖孤山赠壮族诗人黄士鼎先生》）[1]全诗首、尾联使用了两个完全不同的韵。

余宏模的词作不多（20 余首），也存在守韵不严现象。例如《风入松·桑梓情》："时空难断桑梓情。梦萦禄州城。古塔灵峰云飘渺，双井映月波轻盈。虎踞山头碧树，倒天河畔瀑声。　少年无邪豪气盛。肝胆抒赤诚。踏青野去聚芳草，谈笑拾芥博功名。今日苍鬓皓叟，更爱月白风清。"[2]《风入松》词牌相传为晋嵇康作，见于郭茂倩《乐府诗集》。双调 74 或 76 字，上下阕各 6 句 4 平韵。《词谱》收有 4 种体式，以北宋晏几道词和南宋吴文英词为正体，另有变格。现列出吴文英正格词《听风听雨过清明》作为参照："听风听雨过清明。愁草瘗花铭。楼前绿暗分携路，一丝柳、一寸柔情。料峭春寒中酒，交加晓梦啼莺。　西园日日扫林亭。依旧赏新晴。黄蜂频扑秋千索，有当时、纤手香凝。惆怅双鸳不到，幽阶一夜苔生。"若从押韵角度看，余宏模《风入松》下阕"盛"字当改用平声字，若用仄声字，显然不符合四平韵格律要求。另外，它处也不甚合律。

诚然，余宏模并未具体标明他的每一首诗歌是何体式，只有词是标明词牌的，而我们是用古诗、律诗、绝句或词的写作要求来看待他的全部格律诗（词）的，这是因为余氏家族的每一位成员在本课题研究中都要经受"中国少数民族杰出文学家族"这一称号的检验，这也就难为了余宏模先生。

二是一些词句欠缺锤炼。所谓锤炼，就是反复推敲词句，使之准确、生动、简练、含蓄。余宏模是努力锤炼诗句的，但也难免有功力未到时。如有的诗句过于直露："欺世文墨皆粪土，窃位衣冠鄙沐猴。野鹤飘然翔天外，不再羁锁做马牛。"（《感怀》）一些词语用得重复累赘，如"一湾秋水透碧泓，两岸翠岚映波中"（《宿永顺县临泉楼》）"秋水"、"碧泓"都有水之意（水深而广谓之"泓"）。一些词语较为生僻，如"银帐抨奸佞，金阙剖忠丹"（《大方奢香夫人铜像礼赞》），"银帐"一词常见工具书《辞源》、《辞海》等均未收入。

三是诗歌艺术探索不够。文学创作是一个艰辛的过程，须经过艺术积累、艺术构思和艺术表现三个阶段。而旧体诗的创作，作者不仅需要丰厚的艺术积累，还需熟练掌握各体格律，具备大量的古代文化知识，并善于继承创新，形成自己的风格。古今著名诗人无不经过了艰辛的艺术探索，终成名家。余宏模诗歌数量近 400 首，但不少作品仍有进一步提高艺术质量的空间。

余宏模一生都坚持业余创作传统诗歌，他的诗歌（包括词）从一个侧面反映

① 余宏模：《一泓诗草》，云南省镇雄县志办公室、云南镇雄诗词楹联学会 1999 年内部编印本第 112 页。
② 余宏模：《赤水河畔扯勒彝》，香港：香港天马图书有限公司，2003 年版第 287 页。

了时代的某些面貌以及个人的经历、思想和情感，不可否认，他是贵州能写古诗词的学者之一。余宏模的文化意义在于以自己不懈的文学创作和学术研究努力在当代传承家学，延续家族文化传统。随着余宏模的逝世，这个家族的传承链条已经暂时中断，不能不说是一种遗憾。

第五章

余氏家族对中国地域文学和家族文学的贡献

第一节 余氏家族对中国地域文学的贡献

地域是文学生成的空间条件，它既是地理的，也是历史的、文化的；地域乃文学精神的孕育之所，也是作家风格形成的重要土壤。古代学者早就注意到了地域与文学的关系。《文心雕龙》说《诗经》"事信而不诞"，《楚辞》"酌奇而不失其真，玩华而不坠其实"，间接论及地域与文学的关系。魏徵《隋书·文学传序》中直接论述了南北文学家不同的风格倾向："江左宫商发越，贵于清绮；河朔词义贞刚，重乎气质。"有人将地域对作家性格的影响而形成的秉性称为地域性格，即指一个国家或一个地区因地域环境、人文和经济发展不同，人的性格也会出现较大差异的现象。但地域性格并不是一成不变的，而是变化发展的，它随着社会政治、经济和文化的发展而发展，随着地域生活环境和生活方式的变化而变化。地域对文学的影响主要表现为以下方面。

地域影响人的文化个性　战国初期思想家、教育家子思（前 483—402）所著的《中庸》第十章中有子路与老师的一段对话："子路问'强'。子曰：'南方之强与？北方之强与？抑而强与？宽柔以教，不报无道，南方之强也，君子居之；衽金革，死而不厌，北方之强也，而强者居之。'"这段话是对两千多年前民族性格南北差异的概括。明人陆应阳在《广舆记》中说："西北之人直，其失也狠；东南之人诈，其失也易。故西北之政宜以严致平，东南之政宜以宽为治，……西北之风浑，其失也悍；东南之俗偷，其得也和。故西北以强胜而多失之乱，东南以治隆而多失之弱。"①当然这些概括并不完全妥当，甚至可能是偏见，而且随着时代的变迁、南北文化交流、国际文化交流增多、作家生活地域的变化等因素，必然会导致其文化个性的变化。

不同地域的作家，其文化个性有明显差别。以今而论，山西是黄土文化的代表之一，远离海洋，临近黄河，但海洋的开放文化对山西人影响似乎很少，而受黄土文化和中国传统思想影响很大，因此山西作家具有憨厚朴实、相对守旧的性格特点。广东是海洋文化的代表地区，海洋文化是开放的文化，在近海地区生活，与其他国家和地区海上航行交流的机会很多，受外来文化的影响也多，这就形成了广东作家容易包容与接受外来文化和新鲜事物的性格特征。同一地域的作家也会有不同的文化个性。譬如同为出生于浙西的作家，"与鲁迅的刚硬文化个性相比较，茅盾的文化性格，受到浙西儒雅风尚的浸淫，明显烙有浙西文人的印记。'浙西以文'的特点，造就此地'慕文儒，不忧冻馁'、'好读书，虽三家之村必储经籍'的崇文传统，于是在'儒雅'风尚浸淫下，浙西独多'清流美士'，当然也不乏对我国的文化和文学做出重要建树的饱学之士与诗文大家。"②

地域影响文学作品的风格 钱穆认为，各种文化精神的不同，最先是由于自然环境的区别，从而影响其生活方式，再由生活方式影响到文化精神。③其实，地域影响的岂止文化精神，文学作品风格也必然受到熏染。同为古文大家，韩愈的古文和欧阳修的古文风格迥异："六一之文，与昌黎同出太史氏，而韩得其刚，故其文雄；欧得其柔，故其文逸。"④这是因为欧阳修为吉州永丰（今江西省吉安市永丰县）人，韩愈为河南河阳（今河南焦作孟州市）人。当然也有同一地域而风格不同的作家，例如同为巴蜀名家的李白与苏轼，李白以豪放飘逸为主，苏轼以旷达清峻为主。王必胜认为："地域或者方位者，实际上是文学精神的聚集地、凝固剂。文学乃人的灵感激发，文学产生于创作者个体的精神劳动。但文学无论是巨篇还是短制，是宏大建筑还是抒情小章，无不打上地域的印痕，刻上大地的烙印。文学的地域性，文学的本土意识，文学的风习化，既是文学的根基，也是

①［明］陆应阳：《广舆记》，济南：齐鲁书社，1997年版影印本。
② 鲁雪莉、王嘉良：《地域文化背景与作家的文学个性差异：吴越文化视域中的鲁迅与茅盾》，《绍兴文理学院学报》2013年第5期。
③ 钱穆：《中国文化导论》，上海：三联书店，1988年版第2页。
④ 陈起昌：《唐宋八大家文章论序》，《国专月刊》1935年第7期。转引自曾大兴《文学地理学》，北京：商务印书馆，2012年版第82页。

文学与生俱来的气味和印记。中国文学是艺术流派和地域性较为强大的一支。楚地阔无边，细草微风岸，人口稠密，气象奇诡，神秘浪漫的楚辞应运而生；当伟岸的大山和峻急的河流横亘于世，在大漠落日、马鸣萧萧的气象下，西部文学的豪放油然而出。诚如有论者所说，南方北方，南人北人，其性情不一，其风习与心性有别。鲁迅所谓的饱食终日，无所用心，群居终日，言不及义，一定程度上表示不同地方的人的性情差异。地域成为文学永远不可回避的话题。"①由于历史的原因，一些少数民族由原来的长江中下游平原迁徙至云贵高原的深山老林，这种变化必然带来民族或家族文学风格的变化。云贵川一带的独特地域风貌造就了彝族的文学灵性、文学品味。余氏家族生活于我国西南边陲之地，受西南一带自然、人文之风熏染既久，在遵从汉语古诗词创作规范的基础上，其文学作品特别是诗歌具有浓郁的"西南风味"，这种风味在南方少数民族中是十分可贵的。

地域是文学家族的根脉和成长的摇篮　地域是文学家族生存的土壤，也是文学家族的根脉。"自然资源为家族发展提供经济支持，而乡贤遗迹、地域文献、民间传说等人文资源又层累为丰富的地域文化资源，对后辈进行潜移默化的影响。唐代关中家族惯以京兆、弘农、武功、扶风等地为郡望，并以'三辅'、'关内'概称，既源于此乃家族隆兴之地，也是内心以乡邦自豪的表现。关中家族文学中常见之描写乡土风物、怀念父兄族亲者，不仅是地域文化在文学中的显现，也是家族精神特质的诗意化、情感化呈现"。②家族的形成必定依赖于特定的地域，地域影响作家文学创作，作家也可影响地域文学，尤其是那些杰出的文学家族，可以在开辟地域文学创作风格、形成地域文学流派等方面起到引领作用。

地域是文学家族成长的摇篮。张剑、吕肖奂提出了地域对造就文学家族"性情文化因素"观点："家乡地域的山川地理、风土民情、习惯追求、历史传统、文化氛围的熏陶教育等等，是家族成员成长的重要自然与人文环境因素，是造就一个家族性情文化的最基本条件。即使是对于迁徙的家族而言，家族成员的性格性情、知识结构，一般在他们成年及第或为官离乡之前就已经形成。因此，地域文化对家族成员最基本的性情文化因素，虽然不是全然决定性的塑造，但也会是最基本的培养，并在其内心深处留下最为深层的印象，使其成人后的文化文学活动都带有故乡文化的烙印。此后无论怎样迁徙，其性格性情、知识结构都不会完全改变或被遗忘，这是文学家族在离开故乡还能保持家族风格与地域特色的最重

---

① 王必胜：《地域与文学》，人民日报 2011 年 11 月 2 日第 24 版。
② 王伟：《家族与地域：唐代关中文学创作的文化价值》，中国社会科学报 2014 年 7 月 17 日。

要原因。"①这一看法无疑是正确的。实际上,地域对家族文学的影响远不止于此。

作为起源、发展于西南地区的有 1400 余年历史的土司家族,余氏家族对中国地域文学的贡献主要体现在以下方面。

一、在地域描写中彰显民族情结

民族情结是作家有意或无意地在作品中表现出来的民族自我意识,也是地域赋予作家的特性。凭借民族情结可以区分作家作品,尤其是具有地域色彩与民族情结双重特质的作家作品。应该说,余氏家族文学创作大多体现了这种双重特性。

(一)以严肃的土司文学守"道"

土司文学在中国已经成为一个历史时期特定地域的文化符号,主要指明代至民国时期少数民族土司家族的文学创作。西南地区土司家族所占比例最大,因此土司文学也最为发达。土司家族一般都生活于边疆地区,距离京畿遥远,不利于朝廷管束,地域的边缘性和文化的封闭性使其文学创作呈现出与中原地区不同的色彩。同时,汉代以来受中原文化影响,西南地区一些土司家族开始学习中原文化世家学术研究和文学(艺术)创作并重的家族文化发展模式,产生了一些著名家族。如丽江纳西族木氏家族、容美土家族田氏家族、毕节彝族余氏家族等。

受儒家思想影响,余氏诗人群将文学创作视为家族事业,视为实现人生价值的重要途径之一,以严肃态度认真对待。这就是所谓的"守道"。以开山诗人余家驹为例,其侄余昭尝谓:"伯父白庵公,以贡生不出应试,奉我祖母,孝养终身。居家勉励儿辈,大率以为朝廷广醇风,为祖宗绵世德,为末俗挽衰弊,经济皆当于读书中求之。"(《时园诗草跋》)余家驹以"为朝廷广醇风,为祖宗绵世德,为末俗挽衰弊"的人生态度从事文学创作,为后辈开了家学正道。在其《示儿》一诗中,余家驹告诫后辈子侄:"有田不为少,有屋不为小。虽无隔岁储,衣食尽温饱。能俭及能廉,无欲斯烦恼。心虚见事明,气恬随遇好。遭际太平时,守道与行道。"即如余珍那样的"四余"诗人,好像只是把诗歌创作当做生活中的余事来做,其实他的《感怀偶作》就表现出正统价值观:"丈夫不虚生,虚生不丈夫。造物大无情,累我此诗书。毛锥焉杀贼,不如一狗屠。从此欲弃之,十年曾勤劬。谓书能有用,视若怀中珠。我已不负书,书其负我无?……"第一、二句即决定了人生的进取基调,后面的诗句看似消极,其实也有"行道"与"守

---

① 张剑、吕肖奂:《两宋地域文化与家族文学》,《江海学刊》2007 年第 5 期。

道"的原则。

余达父出生于土司家族，改土归流使他失去了做土司的机会，但却成就了他的学术与文学。他青年时期就对文学创作产生了浓厚兴起，其至顶礼膜拜。《慊雅堂诗集》卷2《山居即景》中有"文章千古事，留并好山青"诗句。《慊雅堂诗集》卷4《咏怀》以10首五古（组诗），表述其学术和文学追求。作者回顾历史上一些文化名人诸如孔子、老子、庄子、商鞅、韩非、孙不害、董仲舒、班固、司马迁、扬雄、贾谊、许慎、郑玄、应劭、孔融、马融、贾逵、袁绍、郭泰、李膺、皇甫规、黄宪、朱买臣、卫青、霍去病、李广、马援、陶渊明、杜甫、苏轼等，对他们的名节、学术或文学贡献赞赏有加，对一些人的遭遇寄予同情。同时也客观评价其学术文章，例如说老庄之学虚无、清谈误国，扬雄的《太玄经》较多官场气。这首诗几乎就是先秦至宋代学术史的浓缩，作者以之为鉴，表达自己刻苦读书、做有益于世的大学问的志向。余达父在诗中对孔子、贾谊、李膺、陶渊明、杜甫、苏轼尤为推崇，中晚年更是追寻杜甫的足迹，充满忧患意识，以仁民爱物、活国救民的严肃态度创作了大批史诗般的作品，成为余氏家族中成就最大的杰出诗人。

一个没有责任感的民族，不可能将文学创作视为家族事业，更不可能以严肃的态度对待文学创作，至多把它当做消遣的玩物而已。当然严肃的载道文学与文体是没有多大关系的，1947年10月1日，《中国作家》第1卷第1期刊登了朱自清的《论严肃》，该文对"严肃的文学"与"消遣的文学"提出了看法：

在中国文学传统自己的范围里，只有诗文（包括赋）算是正经的，严肃的，虽然放在道统里还只算是小道。词经过了高度的文人化，特别是清朝常州派的努力，总算带上一些正经面孔了，小说和曲（包括戏曲）直到新文学运动的前夜，却还是丑角打扮，站在不要紧的地位。固然，小说早就有劝善惩恶的话头，明朝人所谓"喻世"等等，更特别加以强调。这也是在想"载道"，然而"奇"胜于"正"，到底不成。明朝公安派又将《水浒》比《史记》，这是从文章的"奇变"上看；可是文章在道统里本不算什么，"奇变"怎么能扯得上"正经"呢？然而看法到底有些改变了。到了清朝末年，梁启超先生指出了"小说与群治之关系"，并提倡实践他的理论的创作。这更是跟新文学运动一脉相承了。

在朱自清眼中，除了诗、文、赋，词、小说、戏曲同样可以载道，可以成为严肃文学，仅凭文体来评价作家严肃与否是不科学的。传统观念中，诗赋为严肃文学，因为诗言志，赋体物。余氏家族的文学创作基本上还囿于正统诗文，余家驹、余珍、余昭、安履贞、余达父完全不写词曲和小说，余祥元、余宏模有极少量词。这个家族群体在百余年时间，以大量富含地域特色和民族特色的汉语诗文（或谓土司家族文学）彰显中国文学的多样化特质，作为边疆地区一个少数民族文学家族，以如此方式守中国文学之"道"、中国文化之"道"，令人钦佩。

（二）以鲜明的地域元素增色

民族与地域有天然的联系，因为任何民族都起源、生存和发展于一定地域，文学家族也是如此。地域造就了土司文学的乡土味，余氏家族长期生活于云贵川边缘地带，其成员的文学创作大多取材于西南一带的历史人文。家族开山诗人余家驹《时园诗草》384 首诗歌中，109 首诗歌具有西南地域特征，如标题为《白云谷》、《登公鸡峰》、《清浓山》、《登鹰坐山》、《落太赫山》、《九里箐》、《纳羊箐神驴》、《水潦滇黔一览楼》、《毕城旅店甚隘，邀盖景皋、杨旭初、绪文僧游双井寺》、《水脑河》、《发夏大湾涨瀑》、《川主》、《顺德夫人墓》、《成都草堂杜公祠，果亲王自西域致六尺水晶四方作门壁，与公高寒之像颇为雅称》、《以列天生桥遇雨》、《行黔蜀间见山其奇询之无名》、《入芒部山中》、《永宁道》等诗歌。有的诗歌标题中甚至有彝语音译地名，如余家驹诗歌《法夏山》中的"发夏"是彝语"岩上"之意，余昭《大山诗草》中的《法硌古》是彝语"石壁岩"之意。《夯觭崖观音洞》、《蚂蚁洞》、《登雪山关》、《天台囿》、《七星关》、《登大定玉皇阁》、《灵峰寺》、《石柱女土司秦将军良玉》、《黔西州廨香海棠歌》、《白沙翠崖山庄》、《往大屯途次遇雨即景》等，都嵌入了滇黔川境内的地名。余达父《㦮雅堂诗集》610 首诗歌，有 51 首写西南一带景物和人文，如《甘荫堂和壁间韵》、《登甲秀楼次鄂文端韵二首》、《螺蛳山谒阳明祠》、《梁王台怀古并叙》、《武侯祠》、《养马川》、《七家湾》、《岈巴山》、《威宁海》、《可渡河》、《来宾铺》、《炎方驿》、《三月十五日至昭通》、《炎山望金沙江》、《萌三月三日泛舟滇池》等。

西南一带的历史人文也是余氏诗人群关注的中心。例如余家驹诗歌《朱将军》是对出生于贵州平远（今织金县境）、后来做了将军的朱射斗事迹的赞颂，其序云："将军讳射斗，平远人，从征面（缅）甸，受知于傅忠勇公。嘉庆二年以平苗兵赴川破白连贼屡有功，五年，经略额领兵赴甘肃，以川省军务交署总督魁仑。仑无略，尽撤防御兵自卫，贼遂啸渡嘉陵江，犯定远、西充，围蓬溪。仑苍黄，檄将军驰救，至高院抵贼营，人马汗喘，孤军无援，贼围之数十重，裹瘢血战，贼益愈众，贼素畏恶将军，故致死力守备。母之慕等皆死，将军独奋勇跳跃，手斩数十贼，而殁时正月十九日也。"①朱将军的英雄事迹主要是按照朝廷旨意征缅、征苗、征白莲教，战场上的他"叱咤风生阵云飞，十万妖狼破一鼓。……猖獗凭陵压蓬溪，苍黄星夜走檄羽。将军奉檄进兼程，孤军飞驰抵贼营。槐枪吐芒氛势恶，裹疮鏖战死力争。……大声呼天天不应，碧血淋漓尸纵横。"诗人一方面讴歌朱将军的英勇无畏，另一方面鞭挞了朝臣甚至皇帝苟且偷生的丑恶灵魂："男儿誓死沙场上，忍负君王暂偷生。为臣自愿得死忠，将军断头是善终。"

余家驹的《秦良玉遗剑》是对重庆石柱宣抚使马千乘之妻秦良玉（后来代宣抚使职）的讴歌。诗人采用睹物思人的手法，通篇表面写剑而又实在是写人，剑已经成为人格的象征："玉玺金章委尘埃，何况蛮方铁三尺。绝徼孀帼一妇人，死守残疆誓报国。一泓秋水落人间，寒光犹惨风云色。断蛟剚犀锋如故，英气所存神呵护。夜来风雨响淙淙，定生鳞甲化为龙。"秦良玉率领兄弟秦邦屏、秦民屏先后参加抗击清军、张献忠等战役，战功显赫，被封为二品诰命夫人，曾经奉命参加平定"奢安之乱"，作者仍然把她当做英雄来颂扬，可见其心胸之宽广。

余昭《大山诗草》中写本土历史人文的作品不多，以《七星关》②为例：

> 诸葛三巴去，烽烟六诏沉。雄关留胜迹，过客纪新吟。水势盘弓劲，山形插剑深。去天才一握，入地已千寻。险落征夫胆，奇穷造化心。苌献思蜀汉，阨塞控滇黔。宝气埋铜鼓，高怀渺石琴。德原能远服，功不在多擒。部落相兴替，疆舆更古今。碑镌名士笔，募费道人金。岁老风云壮，时平草木森。七星桥下路，到此爱凭临。

顾祖禹《读史方舆纪要》卷一百二十·贵州一载："七星关，在乌撒卫东南百七十里、毕节卫西九十里。其地有七星山。山有七峰，置关其上。杨慎云：孔明禡牙之地也。关下为七星河，两崖壁立，逶迤而东。鸟道崇冈，屹然天险。水经其中，奔腾澎湃，险不可犯。初立铁柱，系铁鏁以渡。后为浮梁，架以七舟，名曰应星桥。然泛涨时辄至漂坏，易舟以济，则横流冲激，尤多覆溺。嘉靖间，道士黄一中者，始创为七星桥。经营相度，纠工聚材。其徒继之，功始集。公私便利。今从云南沾益州而北，道乌撒，越七星关，趋毕节，而后臻赤水、永宁。关当云、贵、川三省之交，为喉叭之要矣。元末，大理段功追败明玉珍于七星关。明洪武十四年，傅友德自曲靖引兵捣乌撒，寻大破蛮兵，得七星关以通毕节，进至可渡河即盘江。四川乌撒府，而东川、乌蒙、芒部诸蛮皆下。关盖必争之所也。

---

① ［清］余家驹：《时园诗草》（上卷），光绪辛巳有我轩刻本。
② ［清］余昭：《大山诗草》，成都：四川民族出版社，1994 年版第 110 页。

今有官军戍守。"余昭把这些富含西南历史人文的元素熔铸于地域描写中，强化了历史纵深感。

（三）以突出的民族内涵溢彩

余氏家族诗人群虽以汉语古诗词为创作体式，但具有明显的彝族内涵。这类诗歌很多，也最有风采。如余家驹《奢夫人》满怀深情讴歌彝族杰出政治家奢苏："南方有贤女，文运以之昌。皇皇奢夫人，坐镇西南土。欲以德化顽，修文而偃武。草昧初开创，华夷语不通。振铎为译训，荒裔起聩聋。"《禄安人》赞颂乌蒙土府禄天伦次女二禄氏的"苦节坚贞"品格。《家园》对祖辈所置的园林——大屯土司庄园倾心描绘，对置身其中的逍遥日子无限怀念。《发戛宅》对余氏叙永水潦故宅的描写情深意切："我宅黔山中，绕屋万竿竹。开门见蜀山，青苍日在目。山林足幽胜，胸次亦宽舒。酌我家中酒，读我厨中书。"《听读夷书》是对本民族文化的顶礼膜拜："苍莽夷寨乱山中，中有白发老夷翁。左翻倒念韪书字，手写口训授夷童。我本夷人解夷语，字虽未识义能通。命翁一读我试听，其义皆与经籍同。此书亦惟言仁义，与子言孝臣言忠。忆昔未曾入版图，圣教何由至荒区。始信人生性本善，华夷虽异理无殊。我闻当年始造字，创自古夷名补哺。其人应是大贤圣，故能垂范类典谟。别开教化西南土，仓颉而外文字祖。至今遗泽尚未央，男忠妇烈代踵武。西域夷书竞谈佛，崇尚虚无称祸福。是非谬于圣人经，翻译空劳费简牍。何如老夷一编书，同符经籍尚可读。"《听吹木叶》[1]更是一首充满彝族文化特色的优秀诗歌：

> 柔肠女儿怨离别，私将木叶代喉舌。遥闻山外一声吹，穿云破竹金石裂。花谷春深莺语娇，枫林霜冷蝉声切。忽然变节起低昂，乍断乍续鸣幽咽。万壑松梢响秋涛，飙风骤雨易消歇。圆如明珠走玉盘，快如并刀剪蕉叶。别恨离愁诉不穷，一字一泪详细说。含声未发心先结，余音未歇喉先绝。离人何可对月听，不待曲终头似雪。

此诗题原注："夷人采生木叶贴唇吹之，音极清越。"以原始自然物为乐器是我国古代艺人的创造。吹木叶的传统由来已久，隋唐时代的九部乐、十部乐中就有"吹叶"，从五代时期的古墓中发掘出来的石刻上，也有吹叶的雕像。少数民族尤爱吹叶，因为木叶随手可摘，音色独特。这一吹奏技艺广泛流行于黔、川、滇、湘、鄂、桂、闽、海南、内蒙古和东北各地。可以吹奏的植物叶子有10多种，

---

① [清] 余家驹：《时园诗草》（上卷），光绪辛巳有我轩刻本。

如龙眼叶、竹叶、柳叶、桔树叶、冬青叶、桐叶等。新鲜、柔软、厚薄均匀的叶子，可发出清脆、优美动听的音调，用以伴奏或独奏。

余家驹《听吹木叶》在短短的 18 句诗中，刻画出了一个彝家女子高超的吹叶技艺，表现了吹叶艺术的独特魅力。作者或夸张："穿云破竹金石裂"、"万壑松梢响秋涛，飙风骤雨易消歇"，或比拟："花谷春深莺语娇，枫林霜冷蝉声切"、"圆如明珠走玉盘，快如并刀剪蕉叶"、"不待曲终头似雪"。也有音乐对听者的撼动所达到的效果描写：如离人对月，执手相望，未发声而先哽咽；如泣如诉，曲未终而人先老。此诗的音乐描写主要借鉴白居易的《琵琶行》，但并非简单复制。例如并刀之喻，宋代以来，"并刀"意象经常出现于文学作品中，诗家有并刀剪水、并刀剪龙须、并刀剪尺幅、并刀剪翠、并刀剪柳、并刀剪愁之喻，而几乎未见并刀剪蕉叶之喻。"穿云破竹金石裂"喻乐音高亢、铿锵有力，苏轼《东坡乐府·水龙吟序》中有"善吹铁笛，嘹然有穿云裂石之声"，《听蜀僧弹琴》中有"蜀僧抱绿绮，西下峨眉峰。为我一挥手，如听万壑松"，"飙风骤雨"喻乐音之猛烈、迅疾。以蝉声喻乐音，是余家驹的创造。总之，这首诗是对民族传统器乐魅力的诗化展示，无论是对吹奏者形象刻画还是对其吹奏艺术效果的描绘，都可谓别开生面。

余昭也有一些表现彝族文化内涵的诗歌。如这首《西南女子多建奇功，如奢香通道，陇佛靖兵，奢夫人请立义学，禄安人劝谕改流，皆赫赫在人耳目者。因阅乘志，偶为合咏》："忠贞两道不殊途，公事何须妇职无。坐靖兵戎釐号佛，先开文教女为儒。山河凿险奢香老，世业捵消禄氏孤。同是西南坤柱在，谁云巾帼少雄图？"这首诗是对彝族历史上的 4 位杰出女土司——奢香、奢苏、陇应祥、禄氏二女功德的崇敬赞美，无不体现出余昭对本家族、本民族的自豪感。

余达父《梁王台怀古并叙》追述"奢安之变"的情况："鸿沟割断长城毁，惊天石破风云靡。援辽兵变渝城开，十万铁骑横江死。长驱貙虎撼龟城，严城千里壁危旌。浑沌血流殷地紫，蚩尤终冀大横庚。一败归来山河小，且博尊名玩台沼。孤注真成避债台，西南杀气櫩枪绕。一朝震电埽南荒，英雄竖子同苍皇。蒟酱食残箰竹尽，土花剥落野芸香。我来只余一抔土，崔嵬偃拔将军树。黄沙怒卷朔风来，犹疑控弦卤簿挝铜鼓。"（《慥雅堂诗集》卷一）这首诗既是对"奢安之变"真相的追问，也是对其先祖"大梁王"的深切怀念，最后 6 句凸显了苍凉悲慨的意境。

有时诗人直接以彝语入诗，更增添了彝族文化特质。如余昭《法硌古》中有"水出洞入洞，崖有垠无垠。我亦不能状，问翁洞何名。翁曰法硌古，历来乡所称。译言'崖石壁'，取象肖其形。"余宏模《一泓诗草》中的《织金县大方寨观彝俗做戛》有"呗耄献牲醑美酒"句，"呗耄"，通常译作汉文的"毕摩"，"毕"为"念经"之意，"摩"为"有知识的长者"。毕摩是古代彝族专门替人礼赞、祈祷、祭祀的祭师，神通广大，学识渊博。余宏模《一泓诗草》中的《西昌泸山怀古》有"邛人讴咏俗祥祠，螺髻源流传暮窝"二句。"暮窝"是贵州省大方县彝语地名（见作者自注）。正是凭借这些彝文化元素，我们才了解这个民族的所在地域、人文情怀和审美观念。因此，认识一个民族的最好方式便是了解他们的地域文化，阅读他们的文学作品。

二、在继承传统中昭示创新精神

继承与创新，是作家文学能否取得长足进展的关键因素，也是作家成长的必由之路。中国历史上的少数民族杰出文学家概莫能外。可贵的是，一些少数民族杰出诗人除了继承本民族的文化传统，还学习和继承汉文化传统，并在此基础上努力创新，余氏家族诗人群就是一例。

安尚育《20世纪贵州诗歌史》认为："真正在旧体诗词写作中既继承古典诗词传统，又受到'新体诗'影响，赋予诗以新的内容的当是彝族诗人余达父。"[1] 余达父的确是继承和创新方面的范例，他的诗歌在学习、继承杜甫诗歌方面用力尤多。万慎子的评价充分说明了这一点："天宝乱离，成就杜少陵一部诗稿。今之时势，列强环视，睒睒眈眈，云谲波诡，倾侧扰攘，视唐天宝，殆犹过之。君其宏览乎名山大川，广交乎魁人胜流，阅历乎吏疢民瘝，开拓襟抱，增益知识，必有奉先北征悲凉激越洋洋大篇，贶我于无穷者。"（《惔雅堂诗集叙》）余氏家族的继承与创新体现在下述方面：

（一）继承本民族文化传统，努力拓展文学视野

彝族具有非常悠久的文化传统。考古学意义的彝族文化起源时间可以追溯到晚中新世早期的开远古猿时代，古猿上颌骨、牙齿化石发现于云南开远小龙潭，距今1400万年。西南彝区出现最早的是巫山人，生活于约200万年前，遗址发现于重庆巫山县庙宇镇（大庙）龙坪村龙骨坡，是直立人，[2]其次为元谋人（约170

---

① 安尚育：《20世纪贵州诗歌史》，贵阳：贵州民族出版社，2000年版第7页。
② 王天玺、张鑫昌主编：《中国彝族通史》第一卷，昆明：云南出版集团公司、云南人民出版社，2012年版第4-6页。

万年前）、盘县人（约 30 万年前）、水城人（旧石器中晚期）、黔西人（中更新世末期）、桐梓人（更新世中晚期）、昭通人（中更新世晚期）、丽江人（晚期智人）、昆明人（晚期智人）、蒙自人（晚期智人）、姚关人（晚期智人）。"黔西人的文化，在我国旧石器时代的三大文化体系中，是新安文化的代表。"①自黔西人开始进入母系氏族，实行族外群婚，而姚关人已进入父系氏族，婚姻形态为对偶婚。距今7000～3300 年的西南彝区新石器时代，稻作农业区出现，种植业有了发展，人类学会了定居生活，且有青铜器遗存。彝族在漫长的发展过程中留下了厚重的文化遗产，例如毕摩文化、宗教文化、建筑文化、服饰文化、歌舞文化、天文历法文化、丧葬文化、医药文化以及丰富多彩的文学艺术。余氏家族以学术研究和诗歌创作方式继承了彝族文化的某些传统，诠释了某些文化理念。例如彝族宗教观念中的敬天敬地天地观、敬山敬水生态观、敬动植物自然观、敬宗敬祖伦理观等。彝族认为，苍天掌管万物生长，若要保证万物生机勃勃，就必须敬重上天，和上天"搞好关系"，因此要举行祭天仪式。如云南大姚县等地彝族每年农历 11 月29 日举行的祭太阳仪式，毕摩诵《太阳经》，祈求太阳神保佑人间永远光明。彝族敬仰大地，认为大地是万物之母，因此在特定日子举行祭地活动。高山大石是山神的化身，不能亵渎，更不能破坏一草一木；彝族崇拜水，每年要祭祀龙潭。祭祀时严禁在龙潭旁大声喧哗，严禁在龙潭周围谈情说爱，砍伐树木。彝族视各种动物为朋友或保护神，崇拜虎、熊、狼、豹、鹰，把虎、鹰奉为保护神。彝族崇拜树木，认为其神圣不可侵犯，不准任意砍伐神树，不准在神林中狩猎、放牧。这些观念虽然是宗教的，但是它恰好契合了文明社会的进步生态观，具有深远的环境保护意义。同时因为它是宗教观或宗教规定，早已形成习惯法，对彝族内部具有很大约束性，对其他民族也具有深刻的启示意义。用文学形式表现这些观念，本身就是弘扬进步的生态观。

自然山水历来是陶冶性情的良方，古人有"智者乐水，仁者乐山"（《论语·雍也》）之说。余氏家族作家不少山水诗描绘了自然山水给人带来的乐趣，折射出他们对大自然的崇敬之情，也蕴含着本民族的自然崇拜宗教观。山水于人之功用，或开阔胸襟，或荡涤杂念，或清心悦目，或作为艺术家创作之源泉。例如余家驹《时园诗草》中的《登公鸡峰》："步上公鸡峰，愈觉夜郎隘。顿豁尘蒙胸，披襟一何快。如登大将坛，指挥气豪迈。坐受万山降，层层来罗拜。蔚蓝宗动天，浮

---

① 王天玺、张鑫昌主编：《中国彝族通史》第一卷，昆明：云南出版集团公司、云南人民出版社，2012 年版第 10 页。

云扫纤芥。我欲乘长风，遨游三千界。"①作者以自然山水入佛教境界，而这种境界正是由于登公鸡峰而产生的。《溪上》："镇日春溪对翠微，渚鱼沙鸟共忘机。一湾芳草青迷渡，几树垂杨绿护矶。断塔欲随流水去，孤云常在乱山飞。沧浪自是平生性，绿笠青蓑澹不归。"②作者目睹溪上春景而生忘机之念。忘机，道家语，意为消除机巧之心。诗人常用以指甘于淡泊，忘掉世俗，与世无争。"情怀烟月憾难消，楚尾吴头客路遥。一片孤帆天外竖，万山倒影抱春潮。"（余珍《题画》）末句意境尤妙：春潮涌起，若出万山倒影，孤舟自天外而来，恰好进入倒影之中，美妙至极。余珍擅画，一生作诗不多，这首题画诗波澜迭起，情景交融，当为上乘之作。

余氏家族作家胸襟开阔，努力拓展文学视野。该家族虽为西南边陲之地的彝族，但是由于其接受中原文化熏陶较早，且主动学习儒家文化，把文学创作和学术研究作为家族事业传承。浓厚的读书氛围、广泛的社会交往促成了这个家族开阔的文学视野。余达父在本家族中读书最勤奋、做学问最认真、知识面最广，他遍读古代彝汉典籍，少好词章之学，精通彝语、汉语、日语，留学日本期间，又主攻法律政治，与日本汉学界众多名宿交往。例如与著名汉学家森槐南等成立的思古吟社、明治朝全日本最重要的汉诗社团随鸥吟社成员雅集酬唱，并以其"博识能文，好吟咏，与日本诗人森槐南结诗社，辄主其盟，故颇负时望"（平刚《余健光传》）。他具有豁达的胸襟，"不谓意见不合，意气乘之，意气用事，意见扰之"（余达父《元祐君子党论》）。

余氏家族其他诗人的文学视野也足可观。例如余家驹广泛接触社会各阶层，文学视野开阔，他的诗写蛮王、土司、公主、将军、画师、硝匠、道士、残僧、隐士、渔者、乞丐、道旁翁、村女、闺妇等，涉及面很广。余昭也是遨游山水、广交诗友、文学视野开阔的诗人。他的足迹遍及滇川黔三省，笔触所及有自然风光、历史人文，帝王将相、诗侣文朋、烈妇节女、渔翁樵夫等。余宏模的游踪遍及国内外，每到一地都有诗歌。余氏家族诗人中，只有安履贞、余祥元限于当时条件没有远足游历。

一般来说，文学视野与创作技巧是相互联系的，技巧受制于视野。因视野的局限，作家的想象力会受到制约，同时学养也不能更好地发挥。学养可以成为造就学人之诗的重要因素，但作家仅有学养而无视野还不行，他（她）可能只会"掉

---

① [清] 余家驹：《时园诗草》（上卷），光绪辛巳有我轩刻本。
② [清] 余家驹：《时园诗草》（上卷），光绪辛巳有我轩刻本。

书袋",古人提出的"读万卷书行万里路"可谓既增进学养又开阔视野的经验之谈。无学养而有视野只能眼高手低,有技巧而无视野只善于做文字游戏。刘勰谈到作家的识见、视野问题时有几句名言:"凡操千曲而后晓声,观千剑而后识器。故圆照之象,务先博观。阅乔岳以形培塿,酌沧波以喻畎浍。无私于轻重,不偏于憎爱,然后能平理若衡,照辞如镜矣。"(《文心雕龙·知音》)外国著名作家也是注重开阔文学野视的:"莎士比亚的作品素材遍布欧洲,他心中的人性是世界性的。他的视野和思想也是超越时空界限的。特别是他那高超的文学语言和虚构技巧都是后人所无法企及的。视野是文学创作的重要基石。一部没有视野的作品很难传世。"①

(二)继承现实主义传统,构建宏大叙事空间

中国诗歌的现实主义传统开创于《诗经》,后世诗人加以继承发扬,形成了中国诗歌创作的民族传统,出现了陈子昂、杜甫、白居易等大批现实主义文学家和一些流派。杜甫对现实主义文学发展的最大贡献就是确立了"诗史文学"的地位,成为杰出的现实主义诗人,受到不少后世作家的追慕学习,余氏家族诗人余达父就是一例。余达父《㤥雅堂诗集》中有多首次韵杜甫的诗歌,尤其是《南征》,更是学习杜甫《北征》诗史手法的成功之作。

"诗史"之说,最早见于唐代孟棨的《本事诗》:"杜逢禄山之难,流离陇、蜀,毕陈于诗,推见至隐,殆无遗事,故当时号为'诗史'。""诗史"还有另一说,宋人胡宗愈《成都草堂诗碑序》云:"先生以诗鸣于唐,凡出处、动息劳佚、悲欢忧乐、忠愤感激、好贤恶恶,一见于诗,读之可以知其世。学士大夫,谓之'诗史'。"②前一说强调史实的真实性,后一说强调作者情感的丰富性,两种说法综合起来就是:诗史手法要构建宏大的叙事空间,真实表现重大历史事件的全过程或某一完整局部,饱含诗人的情感和思考,使人读之"可以知其世"。杜甫用诗的语言写出自己在安史之乱中的见闻和感受,全面而深刻地反映了这一时期的社会现实,被称为"诗史",如著名的叙事组诗"三吏"和"三别",以及长篇叙事抒情诗《北征》等,描绘了这场战乱给国家和人民带来的深重灾难,表现了深沉的家国之痛和忧患意识。

诗史类作品叙事空间的构建尤为重要,它不仅包括地理空间、时间空间,还

---

① 李霄明:《文学视野与技巧》,《民族文学》2014 年第 6 期。
② [宋]鲁訔撰、[宋]蔡梦弼会笺:《成都草堂诗碑序》,载《杜工部草堂诗笺》丛书集成初编本。北京:中华书局,1985 年版第 17 页。

包括作者心理空间，且彼此相互关联。为构建宏大的叙事空间，余达父《南征》展现了宏大的叙事背景，即中国近代和现代早期广阔的社会图景，渗透作者沉重的沧桑感，交织着自己留学日本前后五六年间的经历和思想情感，以及对母亲溘然辞世的悲痛与怀念。

1910 年夏天，余达父由日本留学归国，经清政府学部测试，得中法政科举人。7 月，得知母亲长逝的消息，他不得不"奉讳归里"，守墓半年。此诗写于辛亥（1911 年）五月。余达父一家当时居住在北京城，衰病之中，他接到老家来信，便仓促南行。在时局动荡、陆路很不通畅的情况下，他决定选择相对较为便捷的水路，由北京乘火车出发，过丰台，到通州进入京杭大运河最北段乘船，到达杭州后再乘船由长江过上海、南京、武汉、重庆，最后由四川泸州叙永县（古称永宁）的一条崎岖山路到达偏僻的水潦老家。他从秋天的某日出发，直至冬月初二才到达家中，行程大约一个月。

每过一地，余达父都要描写山川地貌，系联历史、议论时局、抒发情感，如过丰台时联想到八国联军摧残过的北京城及周围"村落颇荒失"、"疮痍被原野"的残败景象。经过天津大沽口时，作者的感慨更加复杂。1840 年到 1937 年，英、法、日等国军队 7 次入侵京津，其中 5 次由大沽口登陆。在侵略者的坚船利炮威逼下，清廷与八国侵略者签订了《天津条约》、《辛丑条约》，全部拆毁大沽口炮台。十年过去了，面对国家主权岌岌可危，炮台崩裂，仅存遗址的状况，余达父心中无比酸楚。

经过上海黄浦江（诗中称"申江"）、南京钟山、湖北武昌等地，作者表达了对张之洞的看法："嗟嗟南皮公，安能持旧说。"这位贵州出生的洋务运动首领，提出过影响深远的"中学为体，西学为用"学说，组织兴办过各类新式学堂，操练过水军，修建过江汉铁路，但最终也无法改变中国的命运，留下了许多遗憾。

山东半岛北端的芝罘，是京杭大运河的必经之地。据史书记载，明洪武三十一年（1398），为防倭寇侵扰，朝廷于临海北山上设烽火台，又称烟台。烟台开埠后，海上往来频繁，遂于 1905 年在烟台山上设置了灯塔。《南征》诗中所写"标灯光明没，汽笛声呜咽"即为当时景象。作者笔下的夷陵、三峡奇险无比，惊心动魄，加之樯折帆破，他差点葬身鱼腹。在这奇险的途程中，余达父仍关心时局，对清廷的腐败无能、割地赔款、葬送国家前途命运表示极度愤慨，同时寄希望于豪杰之士（扶轮手）："冀展扶轮手，极溺从英哲。弘顾不可知，浩气长凛烈。果使斯民康，何独邦国活。"

经过数千里之遥的跋涉，作者终于接近家乡——四川永宁水潦。"近乡情更怯"的余达父在雪山关住了一夜："雨宿雪山关，重衾冷似铁。"被子的异常冰冷，象征作者心情的沉重冷寂。雪山关位于四川泸州叙永县境内，海拔 1800 余米，西临赤水河，为四川盆地南沿最高峰，因山顶终年积雪而得名，亦是古时由川入黔滇的必经之路。1916 年 1 月，为反对袁世凯倒行逆施，恢复帝制，蔡锷率讨袁护国军行至雪山关时，与当时正在蔡锷部下任支队长的朱德合撰了一副对联："是南来第一雄关，只有天在上头，许壮士生还，将军夜渡；作西蜀千年屏障，会当秋登绝顶，看滇池月小，黔岭云低。"

阔别家乡十年，余达父害怕听到任何不祥的消息，然而，噩耗还是传来了。迈进家门的那一刻，他对眼前景象目瞪口呆："倚庐一呼天，哀伤动忉怛。万里徒归来，春晖失电瞥。窀穸归丘山，庐墓编茅绝。"本来想为母亲送终，而遥远的路途已经错过了机会，只有看看那冰冷的墓室。春晖不再，音容犹存，家国多艰，时局动荡，这一切复杂感慨纷至沓来。于是作者回忆起五年前离家的情景："尔时婴家难，手足罹羁紲。东海正扬波，国事亦兀臲。家国多艰虞，岂任终驽劣。意欲与世绝，废食遂咽噎。手携儿子辈，远游万里越。泛海求大药，或有生民术。风雪辞膝下，涕泪殊涌溢。挥泪出里门，酸楚犹蹙額。"为躲避当时永宁道权臣赵尔丰的迫害，余达父挥泪辞别家人，携一子二侄东渡扶桑，求取"大药"，拯救生民。他努力地学习法律知识，广泛结交日本汉学名士，传播中华国粹（诗词），赢得了日本汉学家的赞誉，回国后洗雪了家族的沉冤。本想将这些好消息告诉母亲，"岂知一绝裾，终天成永诀。百悔已无及，万死何足恤。"

史诗应该具有宏大的叙事空间，足以表现宏大的历史内容。为构建宏大的叙事空间，余达父以数千里跋涉探亲为线索，一路行程中系连国事家事，叙事地域由北而南、由中而外，融汇历史与现实。《南征》采用五古长篇叙事，自由挥洒。五古长篇难度较大，不易写好，古人早有论述。叶梦得说："长篇最难，晋魏以前，无过十韵者，盖古人以意逆志，初不以叙事倾倒为工。至杜子美《述怀》、《北征》诸篇，穷极笔力，如太史公纪传，此古今绝唱也。"（《石林诗话》）钟惺说："读少陵《奉先咏怀》、《北征》等篇，知五言古长篇不宜作。当于潦倒淋漓、忽正忽反、若整若乱、时断时续处得其篇法之妙。"（仇兆鳌《杜诗详注》）唐代的五言古诗虽源于汉、魏，但决不因袭模拟，呈现出自己的面貌，具有鲜明的时代特色。唐初陈子昂、张九龄等力追建安风骨，通过自己的感遇，表现出自己的性格，开启了一代有思想、有个性、有特色的诗风。继后李白、杜甫勃兴，或抒发性灵，寄托规讽；或缘事而发，忧国伤时；而王维、孟浩然等又以其清澹婉约之风吹拂其间，在繁星丽天的盛唐诗歌中闪烁着耀眼的光彩。清代文坛巨擘王士禛之弟子问师："五言古、七言古，章法不同如何？"士禛答曰："五言著议论不得，用才气驰骋不得。七言则需波涛壮阔，顿挫激昂，大开大阖耳。"①这种看法几乎已成定论，仿佛只有七古诗方能臻于此境。其实不然，无论《北征》还是《南征》，都突破了这种局限。余达父《南征》学习老杜写法，以五言古体叙事，沉郁顿挫，波澜起伏，"开合粲然，音韵铿然，法度森然，神思悠然，学问充然，议论超然"②。

仅以用韵为例，为构建宏大的叙事空间，余达父《南征》比杜甫《北征》增加了 31 韵，总共 101 韵（作者概言"百韵"），依次为：吉、室、日、筚、出、失、勿、切、惚、毕、瑟、血、灭、窟、滴、裂、辙、悦、栗、漆、实、拙、没、末、穴、骨、卒、物、发、结、咽、雪、箧、膝、折、褐、泄、慄、列、栉、抹、阔、渴、喝、聒、说、卒、豁、鹘、突、匹、决、疾、夺、拔、发、碣、杀、月、绝、别、析、姐、哲、烈、活、阒、阙、缺、达、嵲、茶、阅、铁、辍、怛、瞥、绝、忽、綵、黩、劣、噎、越、术、溢、额、跌、轶、谧、歇、热、挈、彻、迭、臂、虿、悉、诀、恤、述。

上述 101 韵全部为入声字，完全可以从王力《古代汉语》所列先秦古韵 30 部中查到。以入声字入韵，便于表现慷慨激烈、沉郁顿挫的情感色彩。唐代释处忠称"入声直而促"，明代释真空称"入声短促急收场"。选择大量入声字入韵，更能够表现低沉、剀切、慷慨、激昂的情绪。同时，能够以如此众多的入声字入韵，且次序与杜甫《北征》相同，可见余达父这位彝族诗人对汉语音韵学有精深的研究和把握，以及对杜甫诗歌的潜心追慕。这是一般少数民族诗人难以达到的高度。《南征》为余达父的中后期作品，是《恢雅堂诗集》中最长的诗，也是作者继承现实主义传统，努力学习诗史手法的杰作。

（三）近师郑、莫，远法少陵，探索文学创新途径

如何认识余达父诗歌的渊源和创新？贵州学者黄万机认为是"近师黔中名家郑子尹、莫友芝，远法杜少陵"③，这一说几乎成为定论，我们也由此展开讨论。

余达父对郑珍的确非常钦佩。1926 年农历 3 月 10 日，他写了《丙寅三月十日郑子尹生日和聱园韵》④，时仡佬族诗人聂树彬（晚号"聱园居士"）亦有诗作，

---

① ［清］王士禛等《诗问四种》引姜夔《白石道人诗说》答弟子问，济南：齐鲁书社，1985 年版第 78 页。
② ［明］胡震亨《唐音癸笺》卷 3 引杨载语。此论虽言七古，但优秀的古五亦不例外。
③ 黄万机：《贵州汉文学发展史》，贵阳：贵州人民出版社，1999 年版第 390 页。
④ ［清］余达父：《恢雅堂诗集》卷 13，贵阳：贵州人民出版社，1989 年版第 167 页。

余达父依韵和之。诗中，余达父回顾贵州经学史、诗歌史，高度评价郑珍："吾黔经术启毋敛，汉二千石仍发轫。后来经师寂千载，巢经巢起穿樊笼。黔学绍尹更追许，先郑后郑源宗风。文章坚卓涵唐宋，黄陈韩孟我厥躬。……遂使西南衍郑学，发聋振聩开颛蒙。手述五种编播志，补漏天缺天无功。晚年遗稿犹精粹，杜之秦蜀忧虞中。"这也许就是余达父"近师黔中名家郑子尹"的依据吧。

从文学史上看，郑子尹、莫友芝均为清代宋诗派中坚。郑子尹（1806—1864），名珍，字子尹，号子午山孩、五尺道人，晚号柴翁，贵州遵义人。道光十七年（1837）举人，选荔波县训导，咸丰间告归。同治初补江苏知县，未行而卒。学宗许、郑，治经学、小学，为晚清宋诗派作家，其诗风格奇崛而伤于艰涩，与独山莫友芝并称"西南巨儒"。郑子尹曾师法汉学家、宋诗运动领袖程恩泽和著名诗人莫友芝，潜心钻研宋代诗艺，为后来同光体作者所崇尚，被同光体诗人胡先骕推为清代诗人第一（《读郑珍巢经巢诗钞》）。钱仲联《论近代诗四十家》中写道："清诗三百年，王气在夜郎。经训一菑畲，破此南天荒。"①郑珍诗宗奉杜甫、韩愈、孟郊、黄庭坚，而能"历前人所未历之境，状人所难状之状，学杜、韩而非摹仿杜、韩"②。以上评价对于确立郑珍在贵州诗坛的地位起到了推波助澜的作用。但是，并非郑珍就是难以逾越的高峰。梁启超《巢经巢诗钞跋》云："时流咸称子尹诗为能自辟门户，有清作者举莫及。以余观之，吾乡黎二樵（简）之俦匹耳。立格选辞，有独到处，惜意境狭。"黎二樵何许人也，竟得梁任公如此美誉？文献记载，广西南宁黎简，小名桂锦，字简民，又字未裁，号二樵，乾隆时期被誉为诗、书、画"三绝才子"。黎简传世诗歌约 2000 首，收入《五百四峰堂诗钞》中。其诗力避软滑甜熟媚俗，喜用新奇语汇创造幽深曲折意境，风格峻拔清峭，特色鲜明，因此梁启超认为其足以与郑珍抗衡，甚至过之。

莫友芝（1811—1871）字子偲，自号郘亭，又号紫泉、眲叟，贵州独山人。"西南巨儒"之一，晚清金石学家、目录版本学家、书法家，宋诗派重要成员。有《郘亭遗诗》8 卷，收集诗 546 首，《郘亭诗钞》6 卷，收诗 401 首，《影山词》2 卷、外集 1 卷，收词百余阕。莫友芝诗风不拘一格，"前期诗风清新明丽，轻快愉悦；后期诗风悲凉感慨，凝重沉滞"③，"孤寂幽峭中，蕴涵着清新秀丽；雄奇险怪里，隐藏着洒脱狂放；既老成沧桑，又儒雅风流。既有宋诗特点，也有唐诗风神。其诗歌工于起调，追求意象、语言的陌生化，形式求新、求奇，是杜甫、

---

① 《当代学者自选文库·钱仲联卷》，安徽教育出版社，1999 年版第 407 页。
② [清]陈衍：《近代诗钞》，台湾：商务印书馆民国二十四年版。
③ 诸葛忆兵：《论莫友芝诗风之转变》，《国学学刊》2012 年第 1 期。

韩愈、黄庭坚诗歌风格的一脉相承。同时，莫友芝许多诗歌也可见李白、李贺、苏轼等人的影响"①。莫友芝生活的时代，诗派林立，继性灵派、格调派、神韵派、肌理派之后，道光、咸丰年间宋诗派兴起，这一派与乾嘉以来汉学考据学风的盛行密切相关，其主要作家都是有汉学根柢或糅合汉学与宋学的，基本创作倾向是"合学人、诗人之诗二而一之"②。宋诗派吸收了宋人学唐而又"力破余地"③的创造精神，追求诗歌的独创性。

　　一般认为，宋诗派代表作家之一的郑珍，诗歌确有其独自风格，不过由于他缺乏新思想，生活面较为狭窄，诗歌的现实内容较为贫乏。余达父与郑珍稍有不同。黄万机谓余达父"近师黔中名家郑子尹、莫友芝，远法杜少陵"之说指出了余达父诗歌的渊源和学习途径，其实，学郑、莫，是其近期目标，学杜才是其终极目标。余达父诗歌有明显的学杜倾向，但却没有明显的学郑、莫倾向，关于这一点我们可以从他的诗歌中看出来。他的《惔雅堂诗集》中有一首《再寄正父长言》④，较为清晰地表明了自己的学诗途径："汉魏风骚涵濡深，晚唐北宋格律靓。山斗宗师望杜陵，遗山玉溪好梯隥。横流未必尽苏黄，俯随仰人徒优孟。"对这几句诗，我们可以作这样的理解：余达父力主学习汉魏风骨的深刻内涵，学习晚唐和北宋诗的格律，以杜甫为宗师，以元好问、李商隐为梯隥，以苏轼、黄庭坚为借鉴创新的参照。何谓"梯隥"？此词最初见于佛教典籍，《汉文大藏经》云："羯磨为德，其盛矣哉，必过，未及现在。人行之而证觉位，可谓渡海之舟航，登楼之梯隥者矣。"丁福保《佛学大词典》解释曰："渐渐升高之木阶也，以譬渐教。止观一曰：'渐则初浅后深，如彼梯隥。'同辅行曰：'梯者，说文木阶也。极高用梯，次高用隥故。隥字亦可从足，谓升蹑也。从木者雉莛反，非此所用，从石者谓山坡渐高也。亦可义用。正应从邑。何，此蹬字亦梯类也，可以升高也。'"作为一种攀登高处的工具，梯、隥只是余达父的工具，而不是目标，他的目标是学杜甫。

① 马黎丽：《论莫友芝的多样化诗歌风格》，《国学学刊》2012年第1期。
② [清]陈衍《近代诗钞》："有清一代诗宗杜韩者，嘉道以前推一钱萚石侍郎，嘉道以来则程春海侍郎、祁春圃相国，而何子贞编修、郑子尹大令皆出程侍郎之门，益以莫子偲大令，曾涤生相国诸公，率以开元、天宝、元和、元祐诸大家为职志，不规规于王文简之标举神韵，沈文悫之主持温柔敦厚，盖合学人诗人之诗二而一之也。"北京：商务印书馆，1935年版第1页。
③ 同光体诗分闽派、赣派、浙派三大支，三派都宗宋，而宗尚对象不同。闽派陈衍主张诗有开元、元和、元祐"三元"之说，谓"今人强分唐诗、宋诗，宋人皆推本唐人诗法，力破余地耳"。参见陈衍《石遗室诗话》，北京：人民文学出版社，1998年版。
④ [清]余达父：《惔雅堂诗集》卷6，贵阳：贵州人民出版社，1989年版第66—67页。

实际上，余达父学郑、莫，是学习他们如何在诗歌中融汇才学识见，而非全盘接受，并且有所扬弃，力求创新。余达父的创新之处是：比郑、莫少了几分象牙塔的学者气，多了几分普通人的烟火气；少了几分苏东坡的潇洒飘逸，多了几分杜少陵的沉郁顿挫。他的代表作《南征》及其一些诗歌以诗史笔法描述自己的人生历程、思想追求，关注国家命运和百姓安危。他的不少诗歌既充满理性思考又洋溢着磅礴激情，既有深厚的本国民族情结又有广博的国际视野，既充满时代气息又对民主、法治怀着无限憧憬。这些内容在"西南巨儒"郑珍、莫友芝诗歌里是几乎看不到的。当然莫友芝也有一些反映时事内容的诗歌，如《邵亭遗诗》、《邵亭诗补》中的《围城九日》、《遵乱纪事》、《退贼口号》、《塞一士谓大令率募卒剿桐梓杨逆余党，以十一月十日战没于其县西三十里之四冈，踰月归其柩于遵义，为赋挽诗四章》、《铜仁陷》、《松桃厅、印江县、思南府相继失守》、《有豺》等，甚至有《自省南往独山，道不通，且一岁始得犹子远猷来书，知州人以社团自保，城尚无恙，却记示一百韵》①这样的长篇五古。郑珍在文学方面的成就，主要表现在一些具有浓厚生活气息的诗作上。如《捕豺行》、《六月二十晨雨大降》、《者海铅厂三首》、《酒店垭即事》、《经死哀》等。但总觉得仍然缺少几分余达父诗歌的沉郁顿挫格调。

如果说余达父诗歌受到宋诗派影响，最根本的影响就是促进了他向学人之诗与诗人之诗的融合。郑珍是在这条道路上的先行者，余达父是后继者，但他并不满足于仅仅做一个后继者，他要为学人之诗增添光彩。钱钟书在其《谈艺录》中曾列举四种类型的学人之诗②：

（1）以学人而为诗人的诗，如杜甫的"读书破万卷，下笔如有神"就"破万卷"说，已经是学人，但不靠编织故事以为诗，还是写出诗人之诗。

（2）虽够不上称学人，但好学问或"不求其解"，即以"诗人之学"而为"诗人之诗"，如韩愈、欧阳修、陶渊明。

（3）既是学人，有时又搬弄词藻典故来做诗人之诗，成为搬弄典故词藻的诗。如王安石的诗。

（4）"文章殆同书抄"的"学人之诗"，如《诗品》中说的。

余达父差可列入第一类诗人。他是知识渊博的学人，又是激情澎湃的诗人，学识与才情在他的诗中得到了较为完美的结合。当然从今天的角度看，余达父诗

① 《邵亭遗诗》卷3，第317–319页。
② 见周振甫、冀勤：《钱钟书〈谈艺录〉读本》，上海：上海教育出版社，1992年版。

歌由于受宋诗派影响，有时用典太多，学理太深，也给一些阅读群体造成了理解障碍。

三、"戴着脚镣跳舞"的自由舞者

1926 年，闻一多先生在其《诗的格律》一文中说："这样看来，恐怕越有魄力的作家，越是要戴着脚镣跳舞才跳得痛快，跳得好。只有不会跳舞的才怪脚镣碍事，只有不会做诗的才感觉到格律的缚束。对于不会做诗的，格律是表现的障碍物；对于一个作家，格律便成了表现的利器。"①这段话虽然是闻一多先生针对新诗格律化问题而言，但却从一个侧面证明写好古诗词更为艰难。写作古诗词应遵守的清规戒律其多，古代的一些大诗人也不可能全部做到，对于母语不是汉语的少数民族作家，那就更难了，正是这样，闻一多先生以"戴着脚镣跳舞"这一生动形象的比喻说明写好古诗词之艰难。

诗歌需讲求韵律美，而押韵是其重要手段。彝语和汉语在押韵问题上有很大区别。因为彝族传统诗歌是押音的，并非押韵。罗曲、曾明、杨甫旺在其《彝族文献长诗研究》中认为："彝语与汉语均属汉藏语系，但属于两种语族。彝语与汉语相比较，有一个突出的特点就是汉语韵母多，彝语声母多而韵母少，按四川规范彝文的标准音点来看，只有 10 个韵母。在非规范语音点，超过 15 个韵母的也很少，所以，彝族这样的语言特点，反映在诗歌音乐性的音律上，必然与汉语不同而有自己的个性。……彝语诗歌的音律也虽然是用韵的，但与汉语诗歌相比较有很大的差别。汉语诗歌主要表现为押韵脚，而彝语则不是。"②那么，彝语诗歌的"押音"在何位置呢？根据南齐时期彝族诗学家阿买妮在《彝族诗文论》中的论述，彝族诗歌有 407 个韵，常用的有 43 个，首字押音的现象较为普遍，也可字字押，句句押。③彝族诗歌实质上是押音节（包括声、韵、调），而不像汉语诗歌那样只押韵。"这里所说的'押音'或'押音节'，就是彝族古代文论所阐述揭示的、受制于彝语特点的格律中的音律表现。既然彝文原文中都明确说的是押音，在翻译时就不一定要按照汉语诗歌押韵的特点，非要译为'押韵'不可。"④

---

① 此文原载《晨报·诗镌》第 7 号，1926 年 5 月 13 日。
② 罗曲、曾明、杨甫旺：《彝族文献长诗研究》，北京：中国社会科学出版社，2009 年版第 323 页。
③ [南齐] 举奢哲、阿买妮原著，王子尧翻译，康健、王冶新、何积全整理：《彝族诗文论》，贵阳：贵州人民出版社，1988 年版第 111 页。
④ 罗曲、曾明、杨甫旺：《彝族文献长诗研究》，北京：中国社会科学出版社，2009 年版第 329 页。

这种说法是很有见地的。

语言学家徐通锵、胡吉成将世界语言分类为 13 个语系、45 个语族。各种语系大都有自己的文字，瑞士语言学家索绪尔把汉字定性为语素文字，美国语言学家列·布龙菲尔德赞同索绪尔的观点。①吕叔湘、朱德熙、李荣、叶蜚声、徐通锵等人赞成语素文字说。吕叔湘说："世界上的文字，它的形式是多种多样的，但是按照一定的原则来分类，也就是按照文字代表语言的方式来分类，可以分成三类。一类是音素文字，一个字母代表一个音素（又叫做音位）。英语、法语等等所用的拉丁字母（罗马字母），俄语、保加利亚语所用的斯拉夫字母，都是音素文字。第二类是音节文字，一个字母代表一个音节，就是辅音和元音的结合体。日语的字母（假名）、阿拉伯语的字母，都属于这一类。音素文字和音节文字都是拼音文字，拼音文字的字母原则上都是没有意义的，有意义的是偶然的例外。第三类文字是语素文字，它的单位是字，不是字母，字是有意义的。汉字是这种文字的代表，也是唯一的代表。汉字以外的文字都只是形和音的结合，只有汉字是形、音、义三结合。"②汉字是当今世界上唯一仍被广泛采用的语素文字，为中国、新加坡、马来西亚等国使用。日本语、越南和韩语/朝鲜语也使用部分汉字。

彝语和汉语这两种语言及其文字在表现各自的诗歌特色上各有优势。彝语属汉藏语系藏缅语族彝语支，一般认为它的书写形式彝文字是音节文字，使用一套文字书写符号，每个符号代表一个音节。彝字和汉字的基本笔画很相似，有点、横、竖、横折几种基本笔画，大致有象形、会意、指事、假借四类造字法，因此也有人把彝文字称为表意文字或语素文字。汉语属汉藏语系汉语语族，与彝语同语系不同语族，语音、语法差别大，文字也有较大差别。目前还没有人研究出严格意义上的彝语音韵系统，更没有韵书供诗歌写作者遵守，而汉语在三国时期就有《声类》，晋代有《韵集》，唐代有《切韵》，宋代有《广韵》、《集韵》，元代有《中原音韵》，清代有《礼部韵略》（平水韵）等韵书，还有专供创作诗、词、曲所用的《切韵》、《礼部韵略》、《词林正韵》、《中原音韵》等。唐人作诗，依据陆法言《切韵》（206 韵），由于同韵字少，允许近韵通押，有所变通。我们认为，如果少数民族作家选择的是汉语古诗词为表达体式，还是遵从古诗词创作的形式规定为好，这就需要少数民族作家克服语言障碍，尽可能保持汉语古诗词形式上的原有风貌。

① [瑞士] 索绪尔：《普通语言学教程》，北京：商务印书馆 1980 年版；[美] 列·布龙菲尔德：《语言论》，北京：商务印书馆，1980 年版。
② 吕叔湘：《汉语文的特点和当前的语文问题》，中国青年报 1985 年 1—2 月。

我们称余氏家族诗人群为"戴着脚镣跳舞"的自由舞者，是因为他们虽然是彝族，但优秀诗人够熟练运用第二语言——汉语及其古诗词形式自由表达，在体式、格律、技巧和风格等方面趋于成熟。

（一）体式较为齐全，基本遵守格律

从余氏诗人群现存诗集看，常见体式基本齐全。例如余家驹《时园诗草》2卷，全部标明体式。计有五古49首、七古70首、五律50首、五排6首、七律46首、五绝29首、七绝97首、六古2首、杂体35首，共计384首。余珍《四余诗草》1卷，共录诗96首，虽未细分体式，实际上包括五、七言绝句，五、七言古近体和杨柳枝词。余昭《大山诗集》3卷，存诗350余首，未标明体式，实际包括四言和五、七言绝句，五、七言古近体。安履贞只留下60首诗，未标明体式，实际包括五、七言绝句，五、七言古近体。安履贞写诗不多，专以"课读儿孙"为乐，培养了余昭、余达父这样的著名诗人。余达父作诗最多，有1000余首，仅存世610首，且未标明体式。事实上，《㑇雅堂诗集》中有五古76首、五律55首，七古47首、七律275首、七绝157首。诗集中仅缺五绝体式。余氏家族当代诗人余祥元现存诗歌76题183首（包括词2阕），未分体式，收录为《抱梅楼诗集》。余宏模共有诗词393首（含补遗诗23首，词24首），未分体式，收录为《一泓诗草》和《一泓词抄》。总体上看，余氏家族诗人中，古代及民国时期的余家驹、余昭、余达父不仅功力深厚，诗歌数量较多，体式也较为完备，余珍、安履贞虽有功力，诗写得不错，但作诗不多，影响也不太大。而当代两位诗人功力明显不及前面所提3人。余氏家族诗人的大部分诗歌未标明体式，有三种情况：一是作者当时没有标明，后来的编辑者嫌麻烦，不愿细分，笼统编为一帙；二是有的诗人作品本来就很少，后来的编辑者不便细分；三是当代人所写诗不合格律处甚多，若按体式标明，反而不妥。

余氏家族诗人群中，只有余家驹《时园诗草》严格按照体式编排，编排者是作者好友、四川诗人李怀莲。他在清光绪辛巳有我轩刻本《时园诗草序》中说："丙午予馆其家，见壁上诗读而异之，因索其全集。而令嗣名珍字子儒者，出《时园诗草》二卷见示，予遍读之而后叹其才之独迈也。……第白庵不自收拾，此二卷乃子儒所手掇而存者，其编次无年月可识，而古近体又复杂揉。予乃为之较（同'校'）次订正，使各体以类相附，而嘱子儒另书而藏之。"从遵守诗歌格律的情况看，余氏诗人群多数能够遵守平水韵和其他基本规范，体式分明，韵律和谐，自由表达思想情怀，尤其是余家驹、余珍、余昭、安履贞、余达父等古近代诗人。

当代诗人则显得功力不足（这方面已在第四章中具体讨论过，此不赘言）。

（二）艺术技巧较为娴熟，注重意境营造

意境，是情与景、心与物融合统一的艺术境界。意境是一种艺术的创造，而技巧则是实现创造的手段和本领，作家通过娴熟的语言驾驭功力、巧妙的布局构思，从而构建情景交融的艺术美。意境的构成模式大致有两种：一是触景生情，情随境生；二是移情入景，景中生情。意境创造在诗歌创作中非常重要，明人朱承爵《存余堂诗话》云："作诗之妙，全在意境融彻，出音声之外，乃得真味。"①此谓诗歌意境当浑融通透，且自然出于诗歌音律之外，完全合于音律不一定就是好诗。余氏家族优秀诗人能够娴熟运用艺术技巧，创造融彻的意境。

写景诗，心与物融。 余氏诗人群中，余家驹、余昭、余达父均善于写景，善于将诗歌意境与人的心灵、景物变化浑然相融。余家驹的诗有恢弘高远之意境，如《法戛大湾涨瀑》中"天坠压岩危欲倾，山飞水立势骄横"，《登高望云海》中"手持绿玉杖，挥袖拂开千重云，飘然独立群山上"。有幽深曲折之意境，如《秋山》中"屐响秋山下，人行落叶中。峰高群雁转，径小一樵通"，《乡村》中"离城七八里，茅屋两三家。曲径随山折，柴门枋树斜"。还有苍凉沉郁之意境，如《荒庙》中"断碣文残蜗有篆，空梁泥落燕留踪。老狐蹲灶寒吹火，野鬼登楼夜撞钟。檀越不来僧已去，满堂佛祖尽饥容"。作者的笔力真可谓入木三分，连佛祖都有"饥容"，人何以堪！

余昭《登雪山关》写四川省古蔺县境内的雪山关"灏灏乎高哉！雪山之顶堆银堆。十日之日暴不烈，一日之寒骨为摧。……但见赤水远来如贯虹，群山竞舞作飞龙。一鼍连到北岸，俯首不敢争七雄。尽让此山独豪迈，巍巍重镇群山中"，创造了奇崛瑰丽的意境。《过德胯囤》"荒寒霜气肃，古屋架枯杈。入室香添粪，图墙字篆蜗。麦苗新剃发，豆瓣老垂牙。树色红黄里，秋云护几家"渲染了绮丽斑斓的秋色，创造了清新质朴的意境。《龚润山刺史嘱和近作》"残秋将近小阳天，文酒流连滞我鞭。满院虫声疑急雨，一帘花气欲成烟。山围罗甸峰无数，地接牂丛路几千。画意诗情兼吏治，此中作宰有神仙。"恬淡闲适，残秋将近、丽日高照、满院虫声、花气袭人，置身于如此意境中，诗人不禁文酒流连。

余达父《惜雅堂诗集》中的写景诗略占其全部诗作的百分之四十，他精心营造各种意境。如《夜泊合江城下》写贵州境内的鳛水："……江水浊似泥，含纳

————————
① ［明］王兆云、顾元庆、朱承爵等：《挥尘诗话、夷白斋诗话、存余堂诗话》，北京：商务印书馆 1936 年版。

无臧否。鳛水清于矶，湍激净不滓。有如孤僻士，高洁爱清泚。急狭不容易，蛙若皆诋訾。今夕出大江，宏阔无涘涯。汇此万里流，利济生民恃。上接昆仑高，下入海门迤。合之大瀛寰，蒸气为梦汜。霖雨浃苍生，不过竭原委。涓流念乡关，鞭影亦策已。"诗歌描绘了各种状态下的鳛水，展现其高洁、宏阔、利济生民的"水德"，营造了博大深沉的意境。《来宾铺望远》："历尽崎岖路，平原纵两眸。长空盘一雁，瘠土叱双牛。日落天疑近，风来地欲浮。渐看山色暝，远道动乡愁。"描绘家乡的道路崎岖，山重水复，农民在贫瘠的土地上辛勤劳作，罡风、暝色、远道拨动了作者的乡愁，意境渐趋凝重。

抒情诗，情与景融。余家驹《时园诗草》中有《小河别墅》，情景理交融："少负烟霞癖，林泉自祖传。春深草木盛，麋鹿性悠然。山邑立四壁，天垂覆顶圆。此中一涧水，千古响潺湲。倚山园半亩，临流屋几椽。水作风雷雨，山无日月年。有时行沙岸，老牛舐犊眠。还来矶石上，坐看鱼忘筌。山顶多烟户，炊云种天田。夜半灯火起，光杂万里悬。我自居深谷，如鱼故在渊。不出亦不隐，非佛亦非仙。"余家驹深得王维旨趣，不仅生活方式学王维，写诗也学王维。稍有不同之处是，王维亦官亦隐，余家驹不出不隐。这种生活方式与天然的山水最为切近，更需要山水滋养。有论者将其与王维山水诗比较："余家驹的山水田园诗与王维的相比，虽然在书写的对象上有些区别：余关心彝族的历史传统、风俗人情、现状和未来，同时对时事的密切注视等等是不同于王维的，但是二者在隐的心境、诗的意境、诗的思维等等方面有许多相似的地方，可见彝族的汉文古诗的创作在清代已经达到了很高的水平。"[①]余昭的《高山堡》野趣横生，呈现出另一番境界："行程偶过乱峰巅，春色无人也自妍。踟蹰笑开疑抹血，蕨苔怒挺欲挥拳。山如奇鬼蹲还立，云似飞仙住又迁。到此尘烦都涤尽，沁心侵骨有甘泉。"春色无人自妍，蕨苔这类野生植物被作者赋予人的性情行为；山如奇鬼，云似飞仙。作者返境观心，涤尽尘烦。这首诗意象怪诞，而意境清幽寂灭，近于宗白华先生《中国艺术意境之诞生》中所言之"宗教境界"。

余达父《㸌雅堂诗集》卷7中有《和张正阳海上望月韵》："饮酒频中圣，说经独尊王。横流柱岳岳，海天风浪浪。野行见龙战，流血纷玄黄。求仙入东海，海黑吞天光。吐纳回薄气，分抉云汉章。红霞白波间，三壶何渺茫。采药徐市去，射鱼祖龙亡。惟见秦时月，仿佛依扶桑。心澄万寓静，血热炎风凉。回首看神州，陆沉不忍忘。"全诗抒发神州陆沉的不忍情怀，实境与虚境结合，历史与现实交

---

① 王菊：《"我生自有面目存"：余家驹与王维山水田园诗的比较》，《贵州民族研究》2006年第3期。

融，塑造了一个悲慨万端的望月者——抒情主人公自身形象，意境苍凉。意境的构成与取境有很大关系，唐代诗论家皎然论及诗歌意境的营造时说："取境之时，须至难、至险，始见奇句。成篇之后，观其气貌，有似等闲，不思而得，此高手也。有时意静神王，佳句纵横若不可遏，宛若神助。不然，盖由先积精思，因神王而得乎？"（《诗式·取境》）余达父诗歌的取境之法类似于此。

说理诗，理与辞谐。 余氏家族诗人中，余昭、余达父均善于以诗歌说理，从而构成诗歌的哲理之境。余昭《大山诗草》中有一些史论诗，可以归入说理诗之类。说理诗有全诗说理和部分诗句说理之分，后者居多，且篇幅短小精悍。好的说理诗将抽象事理蕴含于鲜明的艺术形象之中，深沉、含蓄、隽永。说理诗之"理"最好建立在客观物象或人物形象刻画基础之上，否则就会"理过其辞"。余昭《淮阴侯》"胯下归来一饿夫，登坛上将虎貔驱。虏齐破楚兵何锐，摄印封王志本粗。恩有千金酬漂母，冤无只箭比黥徒。受欺儿女英雄恨，可慰犹存粤地孤。……"评说了叱咤风云的汉代名将韩信一生大起大落的经历。韩信先为"胯下饿夫"，后为"上将虎貔"，"摄印封王"，最后被冤夷三族。诗歌通过韩信的遭遇隐喻世事无常、兔死狗烹的社会现象。《西楚霸王》写项羽"学书学剑总无成，鲁莽称王气概横。盖世英雄能好色，同盟昆仲不分羹。舆图失尽雅何逝，血战归来狗亦烹。弟子八千同日殉，死头犹赠故人荣"，凸显其气概过人而又鲁莽行事、刚愎自用的个性，隐含"性格决定命运"的哲理。

《虞美人》中，余昭巧妙地将历史人物虞姬比喻为虞美人花："夫婿君王盖世雄，美人休泣霸图空。香魂未散河山在，化作名花舞帐中。"诗中，人与花、花与人已然融为一体，妥贴自然，又隐含着历史的沉思、哲学的理趣。此诗取材俨然有据，明人冯梦龙《情史·情贞类》记载："（虞）姬遂自刎。姬葬处，生草能舞，人呼为虞美人草。"

余昭的《偶作》可以看作诗歌创作的宣言书，表达了诗歌要自然抒发真性情；作诗要勤于修改，忍痛割爱，反复琢磨；要以精美的作品流传后世，不辜负大丈夫的一世英名等真知灼见，足以诠释余昭诗歌创作态度的执著、严肃。

余达父尤其善用诗歌评论史实和时事，构建意境。如《俶雅堂诗集》卷8这两首《荆轲》："鲁莽酬恩不自知，刺秦非计速燕危。咸阳纵使戕西帝，衍水终难振北师。眣眦竟忘逃盖聂，头颅虚掷负於期。误人一死嗟何及，先事田光后渐离。""剑术虽疏计不疏，白虹贯日兆非虚。祖龙果得先推刃，指鹿何堪窃乘舆。遂使燕云长带砺，岂须博浪见椎车。萧萧易水寒风烈，吊古英雄比望诸。"作者以评述荆轲为主，牵涉到秦始皇、樊於期、盖聂、田光、聂政、高渐离、赵高、张良、乐毅等历史人物。两首诗均评论历史人物荆轲，史实主要取自司马迁《史记·刺客列传·荆轲》，但第二首诗没有像第一首那样否定荆轲，而以其与一代名将乐毅相提并论，足见作者对荆轲的钦佩，而且肯定了他剑术虽不精而计谋可取，精诚感天。两首诗蕴含着丰富的史实，议论不乏真知灼见，既有诗的韵味，也有哲理的厚度。

《憨雅堂诗集》中有不少诗篇评论时事的诗歌，这些诗刻画世相淋漓尽致，揭露时弊借题发挥，笔锋犀利。如卷6中的《秋感八首》描绘了八国联军侵犯北京、内战不断、贪官污吏遍地、民不聊生的状况，慨叹幸而有康有为等人的"公车上书"，才使国家稍微看到一丝希望。因此作者在诗中急切希望"安得二三豪杰出，早弯弧矢殪封狼"。同卷中的《感事次杜工部〈诸将〉五首韵》鞭挞了慈禧太后从北京仓皇出逃，后来与八国列强签订《辛丑条约》，滥用奸臣，使忠臣蒙冤受屈的丑陋行径。卷7中的《和慎斋先生秋感韵八首用杜秋兴韵避元韵》反映了中国近代晚期强权政治下民权的潜滋暗长，同时也揭露酷吏草菅人命，冤狱处处可见的现实，表达自己欲从异邦学习法律知识，维护民权的愿望："求师过海参新理，活国回帆想大同"。读到这些凿凿可据、正气凛然的诗歌，不得不佩服余达父思想之深邃。

（三）诗歌风格多样，趋于成熟之态

古希腊哲学家、教育家亚里士多德从文艺作品外部形式和修辞学的角度认为，"风格是思想的外衣"[①]。18世纪法国启蒙主义思想家和文学家布封从创作主体角度认为，"风格即人"[②]。黑格尔从艺术表现方式角度认为，"风格在这里一般指的是个别艺术家在表现方式和笔调曲折等方面完全见出他的人格的一些特点"[③]。在我国，刘勰最早对文学风格进行完整的经典论述，其《文心雕龙·体性》提出的"典雅"、"远奥"、"精约"、"显附"、"繁缛"、"壮丽"、"新奇"、"轻靡"等"八体"（即文章风格的八种类型）[④]，对后世产生了极大影响。概言之，文学风格是作家通过作品表现出来的相对稳定的反映时代、民族或作家个人的思想观念、审美理想、精神气质等内在特性的外部印记。风格是作家超越幼稚

---

① [古希腊]亚里士多德：《诗学》，北京：商务印书馆，1979版。
② [法]布封：《论风格》，北京：《译文》，1957年9月号。
③ [德]黑格尔：《美学》第1卷，朱光潜译，北京：商务印书馆，1979版第373页。
④ 关于文学风格类型，我国古代还有另外几种分类。如曹丕《典论·论文》分为4种，皎然《诗式》分为19种，司空图《二十四诗品》分为24种。

阶段，趋向或达到成熟的标志。风格的形成有主、客观的原因，主观方面，作家由于各自的生活经历、思想观念、艺术素养、情感倾向、个性特征、审美理想的不同，必然会在艺术创作中自觉或不自觉地形成区别于其他艺术家的各种具有相对稳定性和显著特征的创作个性。刘勰归结为才、气、学、习四大因素："才有庸俊，气有刚柔，学有浅深，习有雅郑。"（《文心雕龙·时序》）客观方面，作家创作个性的形成必然要受到所属时代、社会、民族等社会历史条件的影响，即"文变染乎世情，兴废系乎时序"（《文心雕龙·时序》）。文学风格是多样性和同一性的统一、变易性和连续性的统一、时代共性与作家个性的统一。

余氏诗人群形成风格的作家有余家驹、余昭、余达父三人。总体上看，余氏家族开山诗人余家驹诗风豪放飘逸中兼有旷达潇洒。豪放飘逸者如其《时园诗草》中的《水脑河》[①]：

> 水奔西去山奔东，山起排云水拍风。山水互相争倔强，譬如乱世斗群雄。一山一水竞奇怪，逞强比胜不少懈。奇峰插下黄泉中，飞流冲出青天外。忽然青天入地底，群山无根立不起。欲倒未倒动摇摇，赖有白云为撑倚。回见天卷作穹窿，疑是天翻来压己。多年顽石老成精，奋欲啮人状狰狞。千斤之重悬一发，当头堕下心魂惊。白云冉冉乱山中，水面蓬蓬起大风。似欲吹人入银海，客星去犯斗牛宫。探奇更向深深走，云中仙人乱招手。君不见古来群雄斗纷纷，空付后人一杯酒。

这是一首七言为主的歌行体长诗，写家乡水脑河的状貌：鳝水奔腾于群山之中，山水若群雄争斗，互不相让；奇峰下插黄泉，飞流冲出天外；顽石若吃人精怪，狰狞可怖；白云冉冉升起，水面大风蓬蓬。诗中水、山、云、天、石、风等意象浑然一体，构成一首豪壮的交响曲。为了表现豪放飘逸风格，作者采用不限韵、不限句的相对自由的歌行体，换韵凡5次，每次都似进入新的境界，令人眼球一亮。此类诗歌还有如《堪舆图》、《瀑布》、《登高望云海》、《蛮王》、《高峰绝顶》、《滩心石》、《上以开河山》等。

余家驹豪放飘逸诗风主要受到李白影响，也是地域、作者性格等因素相互作用的结果。四川诗论家李少青云："牂牁、夜郎之间，万山突兀，其天地之灵气，自开辟以来，閟而不发。明入版图，虽代有诗人，然草昧初开，厥道未广。先生西南世家，其胸襟之阔大，宜与寻常文士不类，又能特立风尘之外，以养其高标。故为诗沉雄浩荡，不名一家，当其上下千古，绝所依傍。奇情快论，破空而出，

---

① ［清］余家驹：《时园诗草》上卷，光绪辛巳有我轩刻本。

山川景物，无不另开生面。其气魄固足雄压一切，而语带烟霞，不染尘氛，又如姑射仙人，遗世独立，尤飘飘乎有凌云之气，而非山泽之癯所可望也。性灵所发，方不屑为清才，又何能测其为仙与雄哉！"（《时园诗草序》）李少青另撰余家驹行述云："公为人风流潇洒，而皆秉乎天真。少喜读书，而非以求名，故能不汩于俗。学而淹贯乎古今，兼善为诗，常不雕琢而成，故其词亦豪亦仙，而翛然畅其胸襟。尤喜饮酒，凡栖与勺，无时不擎。虽乐在醉乡，而神明皎然独醒。盖酒中之圣贤，而不侪乎举世之醉醺。家有时园，佳荟敷荣，常日涉乎其中而书。于是读诗，于是就酒，于是倾醉，或枕花而眠，栩栩然以欤畅乎心神。"由此可见，自然山水启迪了诗人的灵性，处于土司地位的独尊权势，铸就了余家驹的豪放潇洒性格，加上其学养深厚淹博，酒助豪情，发而为诗，自然豪放潇洒，又能旷达飘逸。

余家驹也有一些诗歌风格或清新澹远，或闲适淳厚。清新澹远如："独立人如鹤，长空万顷田。秋光清化水，夜气白凝烟。露洗星芒锐，风磨月影圆。何当因羽化，飞入广寒天。"（《对月》）"漠漠平畴曲水边，昔阳人语隔溪烟。春风吹绿沿堤柳，半拂清流半荫田。"（《春郊》）其他如《可人》、《雨后看山》、《梅林》、《暮春山行》等。这种风格的形成，显然接受了陶渊明平淡自然、王维清新淡远诗风的影响，也与其生活旨趣有关。作为余氏家族的开山诗人，他既要引导子孙积极用世，"为祖宗绵世德，为朝廷广淳风"，又不忍完全丢掉自己的个性，于是将兼济天下的豪迈与独善其身的闲适融为一体。他的《闲适吟》[①]颇能诠释其闲适淳厚诗风形成的原因：

> 耕田足新谷，种桑足新丝。衣食苟不阙，何用营谋为？衣服不必丽，但取寒暑宜。饮食不必旨，但取饥渴时。胡为悦口体，而劳我心思。我爱惟有酒，每晨中一卮。醉余花间卧，自吟鄙俚诗。吾惟守吾拙，安问人不知。

《闲适吟》表明，余家驹竭力追求平淡质朴的生活品位，以诗酒自娱，像陶渊明那样"守拙"于田园，构成了他的生活主调。

余昭诗歌风格明显受到伯父余家驹的影响，以雄浑刚健为主调，兼有飘逸清朗。雄浑刚健之诗如《镇西隘口》、《登雪山关》、《七星关》、《夜行夜郎道中》、《水脑住宅》、《中秋夜纪事并序》、《法硌古》诸篇。《镇西隘口》[②]写位于黔滇蜀接壤

---

① [清]余家驹：《时园诗草》下卷，光绪辛巳有我轩刻本。
② [清]余昭著：《大山诗草》，成都：四川民族出版社1994年版第15页。

处山崖陡峭，道路逼仄，怪石"狰狞"，于是诗人联想到人世之险恶以及化险为夷之信心：

> 峭崖长亘天，斗绝面如削。石磴盘空过，毫无尺土托。叱驭走羊肠，马慄人足躩。喘气杂云蒸，蹄声应崖壑。石磴危欲翻，怒向当头落。崖齿森开张，狰狞将来嚼。野茨牵人衣，枯藤绊人脚。路逼身欲倾，风摇立不着。俯仰偶一思，一坠讵何若？举首在青霄，足下翻雕鹗。下看人世间，啾喷如群雀。历险身乃高，谈笑心挥霍。我觉崎岖幽，谁云崎岖恶。世路虽多艰，其奈天宇廓。

《登雪山关》风格近乎李白《蜀道难》，开篇写雪山关的高峻、气温变化大，先声夺人："灏灏乎高哉！雪山之顶堆银堆。十日之日暴不烈，一日之寒骨为摧。"继而写作者六月乘暑游关，关上依然白雪皑皑，只好"飘然拂袖飞步去，与天为徒坐上头"；俯瞰地面，"但见赤水远来如贯虹，群山竞舞作飞龙"；最后写自己豪饮之态："还执北斗作饮器，酌取银汉作酒浆。醉中忽见天门开，群真送别倾金罍。"诗人联想丰富奇特，时而人间，时而仙界，大有喝令三山五岳开道的雄杰气概！《七星关》以五言排律12韵展现了七星关的雄姿和诸葛亮的历史功绩："……水势盘弓劲，山形插剑深。去天才一握，入地已千寻。险落征夫胆，奇穷造化心。苌狖思蜀汉，阨塞控滇黔。宝气埋铜鼓，高怀渺石琴。德原能远服，功不在多擒。部落相兴替，疆舆更古今。"[1]余昭有过短暂的从军经历，写过《从军曲》6首（组曲），刚健豪迈，如其中两首："不停招降便请缨，自家忘却是书生。闲来偶谱从军曲，都带车辚铁骊声。"（其一）"立马黔南第一关，武侯曾此说征蛮。指挥陡壮风云气，遥拜旌旗十万山。"（其二）[2]

余昭的一些诗歌写得飘逸清朗。如《晚眺》："瓦雀争栖急，烟暝半落晖。牧童牛背卧，横笛入柴扉。"[3]《炎方驿》："到晚争投宿，荒荒古戍楼。石膏驮栈马，电线运车牛。出入烟迷眼，欠伸屋打头。酒醒凉月上，诗梦淡于秋。"[4]两首诗的后二句很有韵致，清朗之风全出。邱宝森《大山诗草序》言其"博闻强记，才情豪放，每一落笔洋洋洒洒，不喜为选，……而君高卧山林，啸歌自适，春秋愈高，学问愈邃。"把余昭的学识才情、性格特征描述得历历在目。这应该是余昭诗风形成的个人因素。

---

① [清] 余昭著：《大山诗草》，成都：四川民族出版社1994年版第110页。

② [清] 余昭著：《大山诗草》，成都：四川民族出版社1994年版第273页。

③ [清] 余昭著：《大山诗草》，成都：四川民族出版社1994年版第13页。

④ [清] 余昭著：《大山诗草》，成都：四川民族出版社1994年版第304页。

余达父是余氏家族文学的集大成者，在诗歌创作方面成就最大。受杜甫、李商隐、韩孟诗派、江西诗派、宋诗派以及家族前辈影响，其诗歌风格多样。他早期诗风趋于秾丽奇崛，中晚期趋于沉郁顿挫。《㦸雅堂诗集》第一卷差可体现其早期诗风。这卷诗写作时间长达 10 年（1885—1894），作者 15～25 岁，正是风华初展时候，其诗辞藻华丽、用典繁复、铺张扬厉。《漫成四首》是其第一首组诗，创作时虽为 15 岁少年，但诗歌已俨然有幽燕老将之气。第一首即表明自己的远大志向："长风吹浪海扬波，横海千军老鹳鹅。百粤云山征赤雅，三宣天府艳红河。岂无少㧱思投笔，应有降王待枕戈。惆怅中朝贤太尉，筹边楼下几经过。"

《竹城曲》[①]是一首歌行体长诗，文辞华丽，意象迷离，主题费解，是其早期诗风的代表作之一。

> 百丈游丝绕玉鞭，玫瑰红映紫萝筵。娇坠柔绿燕钗腻，鲛人泪湿青玉烟。鹦鹉帘前唤惊起，双眸一寸澄秋水。兔魄常盈月桂中，蝶灰合散烟花里。西风狙猎开秋荷，茉莄帐底闻清歌。湘兰窈窕无人惜，莲房泣露空蹉跎。三尺金徽调楚弄，响遏南云绕云梦。鸳鸯枕上绿狸眠，翡翠楼边玄鹤控。玉树歌残红桂春，冷落翠被凄芳尘。咫尺银河不得渡，繁花怨絮迷天垠。玉湾不钓愁菱芰，守宫血溅胭脂渍。一朵樱桃郑国花，千竿斑竹湘江泪。海内重来兜率宫，蜻蜓翼断碧纱笼。绿绣笙囊怜尚在，金销舞袖却成空。清溪白石望空壁，芳草天涯何处觅。永叹消沉越客舟，奈何惆怅桓伊笛。渴雁南飞自苦辛，鲤鱼莫妒猩猩唇。当时怅望明河远，海客乘槎亦问津。仙踪幻迷三里雾，雄龙雌凤常相慕。研丹擘石感天公，铁丝网出珊瑚树。

这首诗的难解之处有三：一是诗题中的"竹城"究竟在何处？与本诗所写是否吻合？二是诗歌意象繁复，且多隐含李商隐朦胧诗句意。三是诗中大量用典，但看不出这些典故与竹城的直接联系。以下笔者尝试进行解读。

根据一些历史记载，《竹城曲》所写的竹城似为古夜郎国竹王所居之城，竹王当为夜郎王多同。竹王城在何处？有人认为，"根据司马迁《史记》记载，古夜郎国中心就在安顺。而根据专家研究发现，夜郎国国王竹王的'根'就在镇宁"[②]。贵州镇宁确有一支蒙正苗族至今保持着敬竹王的习俗，"竹王节"已有两千多年的历史，2007 年被贵州省列为省级非物质文化遗产。[③]另外还有一些说法，如贵

① [清] 余达父著：《㦸雅堂诗集》卷 1，贵阳：贵州人民出版社，1989 年版第 4 页。
② 周强：《"夜郎竹王城"建设拉开大幕》，贵州都市报 2014 年 11 月 3 日。
③ 《竹王传说与竹崇拜》，金黔在线、贵州日报 2008 年 4 月 23 日。

州福泉市有竹王城，四川成都有竹王山，邛崃有竹三郎庙，大邑及荣县有竹王庙遗址，广西阳朔、三江、凌云等县有竹王庙，湖南苍梧、新晃有竹王祠，鄂西恩施有竹王庙。从地域上说，这几个所谓的"竹王城"都是古夜郎国属地①，到底哪个是当年竹王所居之城，是否有历史文献和地下发掘依据？

《史记·西南夷列传》："乃拜蒙为郎中将，将千人，食重万余人，从巴蜀筰关入，遂见夜郎侯多同。蒙厚赐，喻以威德，约为置吏，使其子为令。……夜郎侯始倚南越，南越已灭，会还诛反者，夜郎遂入朝，上以为夜郎王。"《华阳国志·南中志》："有竹王者，兴于遁水。先是，有一女子浣于水滨。有三节大竹，流入女子足间，推之不肯去，闻有儿声。取持归，破之，得一男儿，养之，长有才武，遂雄夷濮。氏以竹为姓，捐所破竹于野，成竹林，今竹王祠竹林是也。"《后汉书·南蛮西南夷列传》："夜郎者，初有女子浣于遁水，有三节大竹流入足间，闻其中有号声，剖竹视之，得一男儿，归而养之。及长，有才武，自立为夜郎侯，以竹为姓。武帝元鼎六年，平南夷，为牂柯郡，夜郎侯迎降，天子赐其王印绶。后遂杀之。夷獠咸以竹王非血气所生，甚重之，求为立后。牂柯太守吴霸以闻，天子乃封其三子为侯。死，配食其父。今夜郎县有竹王三郎神是也。"彝文献《夜郎史传》："武僰夜郎根，夜郎僰子孙，夜郎竹根本，夜郎水发祥。"②"多同弭之世，住多同弭谷。"（编译者注：多同弭谷，地名，在今云南曲靖一带。）③

《平越直隶州志》载："废竹王城，在杨老驿东半里，古老相传为竹王所建。"平越直隶州即今之福泉市，明洪武十四年（1381）置平越守御千户所，十五年闰二月升平越防御千户所置平越卫，治所在今贵州福泉市。福泉竹王城相传为古夜郎国竹王多同所建，位于福泉市城东25千米凤山镇杨老驿东隅小山上，城墙用青条石垒砌，宽3米，高约4.5米，周长3000余米。汉武帝元鼎六年（前111）平南越，在牂柯斩竹王，废竹王城。明、清两代先后在古城内修建了兵营、关帝庙、城隍庙、武显庙、二郎庙、寿佛寺、万寿宫、文昌宫、三郎祠等庙宇。清康熙年间设羊老驿于城内，建庙宇15座，并设江西、四川、湖南3个会馆，后来城内建筑多毁于兵燹，现仅存东城门和莲花岩等遗迹。《中国名胜词典》载："（竹王城）在福泉县杨老驿，此处河水萦洄，竹树畅茂，相传有竹王城座落在东半里小山上，

---

① 《后汉书·南蛮传》："有夜郎国，东接交址，西有滇国，北有邛都国。""安帝永初初年，九真徼外夜蛮夷，举土内属，开境千八百四十里。"按照此说，夜郎国疆域大致为东至湖广，西及黔滇，北抵川鄂，南达东南亚各国，地广数千米。

② 王子尧、刘金才编译：《夜郎史传》，贵阳：贵州大学出版社，2011年版第3页。

③ 王子尧、刘金才编译：《夜郎史传》，贵阳：贵州大学出版社，2011年版第9、11页。

山上确有古城遗址，时代不明。"①

余达父《竹城曲》所写之竹王城似在贵州境内但又不完全是，因为诗中显示地域标志的湘兰、楚弄、云梦不具有黔地特征。湘兰是沅湘水边的兰草，楚弄是楚国风情的音乐，亦称"楚风"。"云梦"古时属荆州，即周朝时为云梦荆州泽，春秋时属郧国，战国时属楚国，今属湖北孝感。而《㤭雅堂诗集》中《春兴十五首》描述的竹王城似指贵阳城："回忆西风九月吹，竹王城上帜离披。绿营细柳迎黄祖，玉帐高牙拥敬儿。未老赵佗娱自帝，无家杨仆请偏师。劫来一局成嬉戏，走死流亡恨已迟。"②依据是，1912年盛夏，余达父患脾泻（指饮食或寒湿伤脾导致脾虚泄泻）卧病于贵阳，作《病中喜辉侄书至》，有句云："近卧竹王城，溽暑患脾泻。"③此处所写的竹王城与《竹城曲》中所写的竹城并不吻合，前者有许多景物、人事和场景描写，但具体地域不明；后者有旌旗离披、绿营细柳、玉帐高牙描写，看似具体，实则模糊，贵阳城中何处有此景？

以上史料，只能够证明多同就是夜郎王，不能确认竹王城的具体位置。关于竹王城的传说甚多，有福泉竹王城、安顺镇宁竹王城，以及其他地方的竹王城约10来处，都能找到一些文献依据，但都缺少确凿的考古依据，更无法确认竹王城的具体位置。因此竹王城位置是难以索解的，正如两千多年前就已被汉王朝灭掉的夜郎国一样，它给人们留下的只是一段难以言说的历史和无尽的迷惘。

余达父是一个严肃的学者型诗人，其《竹城曲》正是对一个难以确认具体地理位置的竹王城的不确定性描述。作者大抵以爱情的失落和寻情者的理想幻灭隐喻历史的风云变幻，隐含着许多不可言说的情愫，这种以爱情隐喻政治历史的表现方式近于李商隐无题诗（朦胧诗）的表现方式。作为土司家族成员，改土归流使余达父失去了土司宝座，他目睹了家族的繁华和衰败，在当时情况下某些政治见解又不便直接述说，只好用隐喻手法表达朦胧的主题和情感。诗歌前半部分写得依丽怅惘，后半部分写得凄清冷寂，充满"风流总被雨打风吹去"（辛弃疾：《永遇乐·京口北固亭怀古》）的惋惜。诗的总体风格哀感顽艳，所选意象也切合这种风格。除了《竹城曲》这样的早期诗歌，余达父中期诗歌（约 1894～1899年所作）还有《碧鸡·效玉溪生河阳诗体》等也显示出哀感顽艳风格。

余达父后期诗歌（约1900年以后所作）主要受杜甫影响，风格趋于沉郁顿挫，典型的如《南征》、《秋感八首》、《和慎斋先生秋感韵八首用杜秋兴韵避元韵》、《岁

---

①《中国名胜词典》，上海：上海辞书出版社，2003年版第913页。

②［清］余达父：《㤭雅堂诗集》卷10，贵阳：贵州人民出版社，1989年版第113页。

③［清］余达父：《㤭雅堂诗集》卷10，贵阳：贵州人民出版社，1989年版第116页。

寒吟》、《春兴十五首》、《刘问竹书余〈愫雅堂诗集〉后长言四十韵，次韵和之，兼以赠别。时新秋三日，问竹严装归奉节，行有日矣》等。《秋感八首》①大致作于 1900 年，作者回顾自己 30 年的人生经历，感时伤事。第一首云："卅载儒生误一冠，出山非易入山难。乾坤荆棘三千里，世路干戈十八滩。已见内讧伤气脉，早知边衅肇顽残。析津万里烽烟彻，应照铜仙泪未干。"对于军阀混战、万方多难的祖国，他痛感无力拯救，只有在诗中寄希望于那些豪杰之士："安得二三豪杰出，早弯孤矢殪封狼。"《和慎斋先生秋感韵八首，用杜<秋兴>韵避元韵》②是留学日本期间的余达父面对外国列强宰割中华、当权者辱国丧权、酷吏草菅人命的惨痛现实，决心"求师过海参新理，活国回帆想大同"的叙写，全诗在沉郁顿挫中透露出几分豪宕凌厉。

总之，余达父后期诗歌越来越接近沉郁顿挫风格，不仅是他对杜甫诗歌的潜心学习，也是其人生经历、思想和艺术长期历练的结果。余达父自少年时期开始就树立了远大理想，勤奋读书，立志报国；中年时期留学日本，探求新知，回国后任法政科举人及贵州立法议员、大理分院推事，在寓居北京的五年中，他目睹了京城及各省的政治变故，感受了中西方思潮的激荡，并遭遇中年失子之痛。他秉性刚直，绝不趋炎附势，虽才华横溢而穷愁潦倒，晚年仍然不减战斗精神，创作了许多抨击现实丑陋、关注民生疾苦的诗歌，愈发努力学杜甫沉郁顿挫诗风，得到了一些诗论家的认可。如四川万慎子说："其诗沉郁劲健，取法少陵，而声调之高朗，景光之绚烂，笔力之兀傲，有出入义山、东坡、山谷者。……昔人云：天宝乱离，成就杜少陵一部诗稿。今之时事，列强环视，眈眈耽耽，云谲波诡，倾侧扰攘，视唐天宝犹过之。君其宏览乎名山大川，广交乎魁人胜流，开拓襟抱，增益智识，必有《奉先》《北征》悲凉激越洋洋大篇，贶我于无穷者。"（《愫雅堂诗集叙》）老杜之诗，一般人岂敢妄加比拟，但是对于余达父这样倾心学杜诗、卓有成就之人，我们只不过为说明他的诗风来源而已。一个伟大的诗人有不同层次的众多追慕者和潜心学习者，这是很自然的现象。

第二节　余氏家族对中国家族文学的贡献

家族是中国文化的基石，中国文化大厦从家族建筑而起。中国古代社会是宗法社会，它在结构上的鲜明特征就是家国同构，即家族与国家在组织结构上存在

---

① [清] 余达父：《愫雅堂诗集》卷 6，贵阳：贵州人民出版社，1989 年版第 60–61 页。
② [清] 余达父：《愫雅堂诗集》卷 7，贵阳：贵州人民出版社，1989 年版第 71–72 页。

共同性，家是小国，国是大家。正如孟子所说："天下之本在国，国之本在家。"（《孟子·离娄上》）"朝代可以变迁，社会制度可以改变，但家庭却跨越朝代，历经社会制度变迁而以基本常态的面貌流传下来。"①家庭家族除了繁衍后代、发展经济的生产功能之外，传播文化是其最重要的精神功能。余氏家族是中国西南一带成长起来的少数民族杰出文学家族，它的典型意义不仅仅在于为我国地域文学提供个案，而且对家族文学的传承也具有积极意义。

一、注重家族文学的当代传承

余氏家族最重要的贡献在于家族文学的当代传承。众所周知，家族文学在古代的传承是没有问题的，因为它早已成为我国各民族的家族传统、价值理念、审美需求。纵观我国文学家族，绝大多数均止于清末民初，传承到当代的可谓凤毛麟角。比较一下本书涉及的 6 个少数民族杰出文学家族，其他 5 个在当代之前已经陆续退场，只有余氏家族坚持下来，这就是贡献。

（一）文学创作的传承

余氏家族文学创作的传承链条从未间断过，从清代到民国，从现代到当代；从余家驹到余达父，到余祥元、余宏模均持续不断，虽然每个人的偏爱不一致，水平也有高低，但家族传统始终未丢掉。当代余氏家族，女诗人余祥元即使耄耋之年仍有诗作，即使在生活最困顿、感情最受煎熬的时期仍然创作不断。余宏模哪怕是在斯文扫地的"文革"时期，在写作旧体诗词要承担政治风险的时代，也从未停止过诗歌创作。为提高诗歌创作水平，余宏模曾拜访过贵州当时的一些著名诗人，虚心求教。他有一首长诗《丁巳春月，偕王蕚华兄谒刘之白先生，赋长句以赠》，42 句 280 言，受到刘之白称赞，苏晓星也称其"流走自然，无为文造情之痕；述事抒怀起伏跌宕，激情如涌，有彝人自豪而又尊师之风"（《几番吟咏几断肠——序〈一泓诗草〉》）。余祥元、余宏模的诗词创作虽然还不够成熟，也有不少格律之病，但是从家族文化传承的角度说，其意义不完全在于他们的创作水平如何，而在于他们竭尽所能传承家族文学。环视当今，附庸风雅的"诗人"很多，包括一些写旧体诗的人，每每喜爱标明某体某格，实质上相去甚远。余宏模意识到了这些，知道自己的不足之处，他曾在《一泓诗草自序》中说自己的诗"几乎篇篇都有格律之病，……浅显直露，难入法眼"。随着余祥元、余宏模的离世，

---

① 王建科：《元明家族叙事文学研究》，中国社会科学出版社，2004 年版第 13 页。

余氏家族当代能写诗的人已经几乎没有了,仅四川叙永水潦还有一位古稀老人偶尔写写,作品很少,尚未成集。家族文学这道风景在当代的消逝不是个别现象,汉族家族也许还有一些延续,少数民族家族则微乎其微,像余氏家族这样能够将文学创作传承到当代的算是奇迹。

(二)家族文集的编印

余氏家族文学的传承方式之一是编印家族文集,这个工作自古至今从未间断。例如余家驹《时园诗草》由其子余珍组织编刻。李怀莲《时园诗草序》云:"丙午予馆其家,见壁上诗读而异之,因索其全集。而令嗣名珍字子儒者,出《时园诗草》二卷见示,予遍读之而后叹其才之独迈也。……此二卷乃子儒(余珍)所手掇而存者,其编次无年月可识,而古近体又复杂揉。予乃为之较(校)次订正,使各体以类相附,而嘱子儒另书而藏之。"余珍的《四余诗草》是经其堂弟余昭编辑的,余昭《四余诗草跋》云:"(余珍)以其余技,旁及山水人物、翎毛花卉,写生雕镂,无不神妙。尤嗜古今金石碑版,名人字画,搜罗甚富。常购古砚百方,自号'百砚斋主人',以此致累,晏如也。年方强仕,竟尔溘逝,士林惜之。所遗《四余诗草》,糅杂仅存。象仪、振仪二位,余为抚养婚娶,又复英年短折。今不付梓,则我兄之心血手泽,后将谁知?此余之所以悲恸涕零而不能言,又不能不以一言述其梗概也。"《时园诗草》、《四余诗草》尚有经过余氏家族当代文化传人余宏模整理、贵州民族出版社 1993 年出版的合集。

余昭《大山诗草》当由本人初编,其子余遽初于光绪年间组织刻印。邱宝森《大山诗序草》云:"吾邑为古近体诗,多半习试律,读唐人咏物诸作,遂相仿效,故其音韵不艰涩即萎靡。独余君子懋(余昭)不然,……年未弱冠,所为诗已褒然成帙。……光绪庚寅,均以寿终于家。其明年春,哲嗣遽初兄谋刻君诗集,以书来粤索序于予。"余达父续修《通雍余氏宗谱·昭公行述》云:"公自少及壮,治而乱,乱而治,阅世数十年,惕虑忧勤,听夕无闲。而笔砚书史,习与性成,一日不对,则忽忽不怡,其天性也。家藏旧帙,半毁于兵燹,而公购残补缺,必成完善。黄卷缥缃,颇足供披览。于是考据,于是歌咏,箸(著)《叙永厅志》稿四卷未竟;《土司源流考》一卷未刊;《有我轩赋》稿二卷、《德斋杂箸》一卷、《大山诗集》三卷,戊戌年刊。"由于整理刊刻工作没有及时进行,《叙永厅志》、《土司源流考》、《有我轩赋》等今已亡佚。愫雅堂锓版《大山诗草》初集、二集、三集,由余昭玄孙、余氏家族当代文化传人余宏模搜集整理,余宏模、陶应昌、陶学良注释,1994 年 6 月四川民族出版社出版。安履贞《圆灵阁诗草》是在"然亦不多作，作亦秘不示人"（饶雁鸣《圆灵阁集序》）的情况下写成的，咸丰年间刊刻于家集之中，1994 年经其玄孙余宏模整理注释，四川民族出版社出版时附于《大山诗草》之后。

余达父的《㤱雅堂诗集》是其侄孙余宏模 1983 年 4 月跋山涉水，在贵州省金沙县契默公社的彝乡山寨访得并整理编辑。余宏模新编的《㤱雅堂诗集》仍依照余达父光绪乙巳年（1905）自选刻本顺序编排，以时间先后为序共分 14 卷，1989 年由贵州人民出版社印行，与家藏原本对照，整理本错讹很多。余达父诗歌数量远不止 600 多首，至少为 1000 首以上，光绪年间四川泸州诗人万慎子作《㤱雅堂诗集叙》云："余氏为毕节名族，自其先世皆以能诗襮声黔蜀间，自君（按指余达父）而恢张令德不怠以勤，束发至今兹已千余首，其可存者十之七八。"余氏家族当代女诗人余祥元的《挹梅楼诗集》由其侄儿余宏模整理，附于香港天马图书有限公司 2003 年出版的《赤水河畔扯勒彝》之后（余宏模《一泓词钞》亦附于该书之后），而余宏模的《一泓诗草》则由本人整理注释、云南镇雄诗词楹联学会编辑，内部编印，至今尚未公开出版。

综上所述，余氏家族虽遭遇"奢安事变"、改土归流、文化大革命等政治因素影响，家族文集有过几次较大散佚，但是他们懂得保存家集、传承家族文学的意义，不惜代价，不计得失，代代相续。尤其是当代文化传人余宏模对家族文学的传承起到了独木支大厦的作用，虽勉为其难，但意义深远。余宏模在《赤水河畔扯勒彝》一书后记中说："我收集整理出版了几部先祖辈遗留的诗文集后，收到了一批亲朋好友、世交知己寄来的评论文章和诗词创作，有的评论和诗词则是对我本人的勉励和鞭策。我把这些评论文章和诗词汇编一组辑入书内出版，作为纪念，流传后人，也是对诸亲好友深表致谢的一种回报。"①

二、以诗、史兼修作为家学路径

诗与史兼修，是不少著名汉族文学家族的治学路径，余氏家族主动学习借鉴，形成了自己的家族治学路径。就汉族文学家族而言，如此的家学路径很常见，算不上多大贡献，但对于少数民族文学家族而言，它们由宏观上学习汉文化到微观上掌握汉文化的研究和传承路径，是从感性到理性的飞跃，因而我们认为是一大贡献。

---

① 余宏模：《赤水河畔扯勒彝》，香港：香港天马图书有限公司，2003 年版第 290 页。

从中国学术史看，汉代以前，中国学术中的文、史、哲呈融合状态，文人家族大多有兼修经、史、哲、文的传统，因此，史学大家往往也是哲学大家、经学大家、文学大家。先秦时期已有《诗》、《书》、《礼》、《易》、《春秋》五经，汉武帝时设立了五经博士，以后逐渐增为十三经，著名经学家有马融、孔颖达、郑玄、袁安、杨震、李固、陈蕃等。一些史学大家也是兼通经学、小学、文献学和文学的，例如汉代的刘向，南宋的郑樵，明末的顾炎武，清代的洪亮吉、戴震，近代的王闿运、俞樾等。清代《四库全书》将中国古代典籍分为经、史、子、集四大类，这四类典籍本身就有内在的联系，不少经书兼具史学、文学价值，一些史著成为文学经典，甚至成为融汇经、史、哲的学术文献，集部虽然说是个人专集的汇编，但不少文献蕴含着文学、史学、经学、哲学等丰富内容，因此自三国时代以来有"六经皆史"之说①。

诗歌是鲜活的历史，它以生动的方式向人们娓娓述说历史的变迁和社会的沧桑；历史是凝固的诗歌，它将岁月埋藏在自己的地窖中，如陈年老酒供人们慢慢品味。诗歌与历史早就结缘：以诗歌叙述历史的手法在《诗经》时代甚至更早的口头文学时代就已开启。杜甫更是构建了"诗史"的新天地，使"诗史"不仅成为重要的现实主义表现方法，而且成为中国文学批评史上一个重要的文学概念。唐人孟棨在《本事诗》中首先使用该词来指称杜诗，到宋代，"诗史"已经得到文人们的广泛称引。后经明清两代文人持续地辩论与阐发，"诗史"一词遂成为拥有丰富内涵和深远影响的重要文学概念。

以诗证史、诗史互补一直为学术界所公认的研究方法之一。"以诗证史"是现代史家颇为推崇的一种治史方法，它可以有狭义和广义的两种理解，狭义的"以诗证史"就是"以诗入史"，以诗为史料来证史说史；广义的"以诗证史"可泛指以文学作品为史料来研究历史，举凡中国古代的诗词、文论、小说、寓言，乃至政论文章，都可包括在内。陈寅恪先生是"以诗证史"的行家高手，一部《元白诗笺证稿》所达到的高妙境界，为他人难以企及。读《元白诗笺证稿》，处处可见陈先生从时间、人事和地理诸方面相结合来"以诗证史"。②正因如此，中国古代汉族文学家族几乎都是从读经、读史、撰史、写作诗文入手汲取知识、涵蕴学养、传承文化的，这已经成为他们的家学路径。例如众所周知的汉代司马迁、班

① 《三国志·荀彧传》中注引何劭记荀粲说六籍为"圣人之糠秕"，钱钟书《谈艺录》认为这正是"六经皆史"的开端。（郑卜五：《"六经皆史"还是"六经皆经"？》，中华读书报 2011 年 12 月 28 日第 10 版。）
② 张耕华：《"以诗证史"与史事坐实的复杂性——以陈寅恪〈元白诗笺证稿〉为例》，复印报刊资料（历史学）2006 年第 12 期。原载《华东师范大学学报》（哲学社会科学版）2006 年第 5 期。

固家族几代修史，司马迁、班固既是著名史学家，也是著名文学家。

彝族先哲早就掌握了诗、史兼修的治学路径。齐梁至明清时期，黔西北彝族先哲撰写的 12 部文艺论著①（其中包括部分史学内容）全部用彝语五言诗写成。彝族古代史学巨著《夜郎史传》，其彝文手抄本全部以五言诗形式记载彝族先民武部族夜郎家支（包括相关支系）的历史。正是在中国古代史学和文学传统的影响下，在古代汉、彝民族先哲诗史兼修治学路径启迪下，清代以来的两百多年中，余氏家族成员秉承家族文化传统，在史学、文学方面取得了突出成就，尤其以诗歌创作见长。我们从三位诗、史兼修的家族成员那里可以明显地看出。

余昭除了创作《大山诗草》3 卷，存诗 350 余首流传后世，还有史著《叙永厅志稿》4 卷、《土司源流考》1 卷，惜未流传。余昭的勤奋学习精神和严谨治学态度也是超过常人的。据《通雍余氏宗谱》记载，余昭"自少及壮，治而乱，乱而治，阅世数十年，惕虑忧勤，听夕无闻。而笔砚书史，习与性成，一日不对，则忽忽不怡，其天性也。家藏旧帙，时毁于兵燹，而公购残补缺，必成完善，黄卷缥缃，足供披览。于是考据，于是歌咏"。由上可见，考据和歌咏是余昭诗史兼修的明证。唯其考证，即有《土司源流考》等问世；唯其歌咏，即有《大山诗草》流传。余昭诗歌融经史于一炉，取山川之奇入诗，自由挥洒性情，沉雄浩荡，自成一家，受到时人的高度赞誉。清代贵州松山书院山长杨绂章评价余昭诗歌说："先生诗尤豪迈，所钟山川之奇，所撷经史之腴，不获展布，一一发之于诗，故气则雄浑，笔则刚健，确肖其为人。②并说余昭诗歌可以"俾委靡平庸者奉为药石，则有裨诗教，岂浅鲜哉！"③

余昭的诗、史兼修学术路径直接影响到第二代诗人余达父，余达父又影响第三代诗人余宏模。余达父具有全面的学术素养，经、史、子、集了如指掌，文学、法学、文字学、音韵学、训诂学研习精深，是国内少数民族杰出的文史学者。同盟会贵州分会会长、贵州省参议长平刚《余若瑔遗像赞》云其"早治经韵，穷研子史。词赋诗歌，乃其余事"。余达父的史学著作有《且兰考》、《且兰野史》等，流传下来的只有《且兰考》。

---

① 彝族古代 12 部文艺论著：即举奢哲《彝族诗文论》、阿买妮《彝语诗律论》、布独布举《纸笔与写作》、布塔厄筹《论诗的写作》、举娄布佗《诗歌写作谈》、布麦阿钮《论彝诗体例》、布阿洪《彝诗例话》、佚名《彝族诗话》、佚名《诗音与诗魂》、佚名《论彝族诗歌》、漏侯布哲《谈诗说文》、实乍苦木《彝诗九体伦》。

② [清] 余昭、安履贞：《大山诗草》，成都：四川民族出版社，1994 年版，第 5 页。

③ [清] 余昭、安履贞：《大山诗草》，成都：四川民族出版社，1994 年版，第 5 页。

钱理群认为，诗歌和历史一样古老，与历史相伴随。一部古今中外诗歌史，就是全人类、各民族的精神史，情感、心理发展史，社会、文化史。中国诗教十分重视诗歌的认识功能与精神沟通的功能，强调要通过对诗歌的学习、鉴赏，建立起每一个人（特别是青少年）与本民族、人类的历史和内在精神的联系，这是一个承接民族和人类文明精神成果的最佳途径。诗歌是全人类的艺术，对于人的心灵的沟通，是超越民族、种族、国家、地区、时间和空间的。诗歌从来都是各民族民间交流的最佳手段，因为它直通人的灵魂。[1]这证明，余氏家族诗、史兼修的家学路径是非常明智的选择。

三、文学理论与创作实践同步

诗歌创作与诗歌理论研究的齐头并进，是余氏家族的家学传统之一。中国古代著名诗人多有诗歌理论建树，成为诗人兼诗论家。例如汉代班固有《汉书·礼乐志》、扬雄有《法言·吾子》，魏晋时期曹丕有《典论·论文》、陆机有《文赋》，唐代王勃有《上吏部裴侍郎启》、陈子昂有《与东方左史修竹篇序》、杜甫有《戏为六绝句》、白居易有《与元九书》、韩愈有《荆潭唱和诗序》，宋代苏轼有《江行唱和集序》、黄庭坚有《答洪驹父书》、李清照有《词论》，陆游有《论诗诗》，金代元好问有《论诗三十首》，明代高启有《独庵集序》、王世贞《艺苑卮言》等，都是诗人论诗的佳作。

余氏家族部分诗人对文学理论的思考，更多的是在诗歌中表达自己的艺术见解，而非以专著或专文形式出现。如余家驹《时园诗草》中的这首《祭诗》[2]：

> 诗是心血费呕吐，不祭无乃负心苦。罗列肴核奠酒浆，祭诗先遣诗人尝。案头横陈诗一卷，卷中似有鬼神现。他人祭神祭古人，我之祭神祭我身！安知后人不古我？我先祭我胡不可？我生自有面目存，效颦何苦傍人门！祭诗醉枕诗卷卧，梦中忽见青天破。五云幻彩天门开，中有神人下降来。向我吟诗复饮酒，一斗吟成诗百首。自言非仙非佛亦非儒，万古无双一酒徒。

这首诗包含的诗学观主要为：诗歌创作是心血的凝结，好诗应该归功于诗人，而不是神灵；诗人要有创作个性，诗歌创作要有丰富的联想和灵感；酒能催生大

---

① 参见谢冕、孙玉石、洪子诚主编：《新诗评论》（2015 年总第 19 辑），北京：北京大学出版社，2015 年7 月版。

② ［清］余家驹：《时园诗草》下卷，光绪辛巳有我轩刻本。

量诗歌，"我"就是一个非仙非佛非儒的万古酒徒。

在七言古诗《赠挥岚李君成章》[①]中，诗人表达了这样的诗学观："好诗不必分唐宋，好山不必是蓬瀛"，"山到有名多近俗，诗到无格是通灵"，"画得好山即好句，读之一往有深情"。这是较为公允的论断。正如看山、画山，名山有可观可画之处，无名之山也有可观可画之处，关键在于诗家要有一双发现美的眼睛。就这一点而言，余家驹已经突破了一些偏狭的诗论观，如前七子的"文必秦汉，诗必盛唐"。

余昭也是诗人兼诗论家，他的一些诗歌表达了诗学见解。最典型的是《大山诗草》中这首《偶作》[②]：

无意作诗人，诗亦偶然作。作或呕心血，欲言畅所乐。言必真性情，精气纸上着。或自矜名贵，置身台馆阁；或自写幽隐，不遗一丘壑；或古藻淋漓，绮交而绣错；或怒骂嬉笑，飞花粲齿谑；或探精奥旨，元机偷橐钥；或大放厥辞，黄河自天落。方其用力时，农夫望秋获。及其成功后，俨然縻好爵。一句不得意，便作十日恶；一句出意外，拍案自惊愕；一句偶遗忘，失之如失魄。失者追不得，未曾相遇若；得者如遗珠，拾之便喜跃。改诗如换骨，九转丹方烁。割爱如割肉，医痛难为药。此中甘苦味，尝来亦不薄。何乐而为此？自顾一大噱。人曰"君必传"，口漫应曰"诺"。昂藏一丈夫，岂徒空言托？

《偶作》要表达的观点包括作家论、创作论两个方面：诗人是自然产生的，不是刻意炒作的。诗歌要流露作者真性情。创作的题材和手法很自由，可以自写幽隐，也可描写丰富多彩的大自然，可以嬉笑怒骂，大放厥词。好诗出于妙手偶得，不可强力而致。诗人要善于修改自己的作品，舍得忍痛割爱。

关于诗人的地位和处世态度，余昭也有自己的见解：诗人没有社会地位（"干济有才怜国士，英雄无用作诗人"[③]）；诗人既可安贫乐道，也可沙场博取功名（"诗人面目无妨瘦，处士家风岂讳贫。典尽奇书胸里有，枕戈草莽早称臣"[④]）；诗歌创作忌落俗套（"骚坛树帜成奇功，敌必当王真足雄。妙悟翻疑有见处，好诗却

---

① [清] 余家驹：《时园诗草》上卷，光绪辛巳有我轩刻本。
② [清] 余昭：《大山诗草》，成都：四川民族出版社，1994 年版第 155 页。
③ 《赠刘雨生茂才嘉藻从军并慰其贫》其一，[清] 余昭：《大山诗草》，成都：四川民族出版社，1994 年版第 99 页。
④ 《赠刘雨生茂才嘉藻从军并慰其贫》其二，[清] 余昭：《大山诗草》，成都：四川民族出版社，1994 年版第 100 页。

爱无心中……"①）；诗歌应当雅正（"性情诗好忍从删，雅不如风索解难。……也有雎麟真意思，何须脂粉污词坛"②）。

余昭还认为，好诗应当作为传家之宝。如这首《挽外姑安太君》③中的最后几句："待我参天扶风雨，去作当今栋梁材。笑我阿大犹儿嬉，尽将碎语写新诗。写成留待青箱长，令解臣叔殊不痴。"青箱，本为古代收藏书籍字画的箱笼，引申为青箱之学，后指世代相传的家学。《宋书·王准之传》记载："（王准之）曾祖王彪之，尚书令，祖临之，父讷之，并御史中丞。彪之博闻多识，练悉朝仪，自是家世相传，并谙江左旧事，缄之青箱，世人谓之青箱学。"这些观点是余昭创作好诗、传承家学的精神支柱。

余达父是杰出的诗论家，他的一些诗歌表达了精辟的诗学见解。如这首《题向知方六碑堪联语》④：

> 天地有辟阖，物性有奇耦。文章穷百变，骈散随天受。而于骈俪文，尤为世所右。远自六经出，下逮百氏后。触目便琳琅，采掇皆莹琇。今于骈俪中，独向联语取。古人亦有作，清词丽句首。但无关文献，似抄兔园手。向子喜文章，读书窥二酉。拟张黔文献，搜讨极山薮。昨日示此编，精博无不有。千山足茧瘝，一字钩琼玖。精金披泥沙，嘉禾抽稂莠。地志与文献，即此能导牖。欲陟万仞岗，必先登步墟。他日名山业，百卷期不朽。坚约脱稿日，远寄牛马走。

自古以来，楹联似乎仅为文人把玩消遣之物，很少有人把它作为文学作品看待，余达父这首诗则高度评价楹联的文学价值，对我们是一个启示。

《㦧雅堂诗集》卷6中的《再寄正父长言》⑤是一首奇特的论诗诗：

> ……短章截句争丰神，长篇大著喜严正。情言绮靡肠百折，英词排顺力盘硬。汉魏风骚涵濡深，晚唐北宋格律靓。山斗宗师望杜陵，遗山玉溪好梯磴。横流未必尽苏黄，俯仰随人徒优孟。旁门斜途多伪体，陈奇斗巧翻新咏。筝琶筑岳悦俗耳，朱弦疏越动天听。愿君守此不二法，贯彻洪纤出幽夐。……

①《无心得句，偶同古人，客曰："君落古人套矣！"余曰："古人落我套耳！"客不服，曰："古人前乎！"曰："余无心而落古人之套，亦犹古人无心而先落我之套耳！"客无以应，因戏酬之》，[清] 余昭：《大山诗草》，成都：四川民族出版社，1994年版第157页。

②《闽中戏题》，[清] 余昭：《大山诗草》，成都：四川民族出版社，1994年版第257页。

③[清] 余昭：《大山诗草》，成都：四川民族出版社，1994年版第74–75页。

④[清] 余达父著：《㦧雅堂诗集》卷13，贵阳：贵州人民出版社，1989年版第163页。

⑤[清] 余达父著：《㦧雅堂诗集》卷6，贵阳：贵州人民出版社，1989年版第66–67页。

这首七言长篇古诗，归结起来大致包含以下诗学观：短章截句（当指绝句之类的诗）与长篇大著（当指长律或歌行体之类的诗）各有千秋——绝句风神独秀，长律或歌行严正板重；情言（抒情之言）缠绵悱恻，英词（美好的文辞）语句新奇，不落窠臼。汉魏风骨内涵深刻，晚唐北宋格律鲜明。杜甫为诗家一代宗师，元好问、李商隐是值得学习的榜样。而今模仿苏轼、黄庭坚的人很多，但都徒有其表，有的甚至误入歧途，一味争奇斗巧。诗歌本应雅俗共赏，正像用筝、琶、筑、缶演奏的音乐可以愉悦俗耳，用练丝（熟丝）制作琴弦的乐器演奏的音乐舒缓美妙，可以感动上天听闻那样。遵守诗歌的不二法门，才能透彻理解境界的大小与幽深皆各得其妙。

余达父向来钟情于诗歌创作，其评论也重在诗歌，但他对小说亦有自己的看法。《愫雅堂诗集》卷 3 中有《题陈孟韩绘〈红楼梦大观园图〉二首》："情语缠绵欲化烟，海枯石烂见情天。自从阅尽兴亡恨，何处红楼不可怜。"（其一）"梅景龛前非死别，清凉赞佛岂生离。帝王情种寻常事，索隐红楼枉费词。"（其二）作者认为，曹雪芹是借缠绵情语写兴亡之恨，帝王和普通人一样也是有真情实感的，索引派的研究方法不可取。

对于时人所称之"黔学"，余达父也有所评价，由这首《丙寅三月十日郑子尹生日和聱园韵》[①]可见一斑：

> 熊今须镕皛成翁，卌年刻楮空雕虫。经术文章两无就，残编坐守真愚公。吾黔经术启毋敛，汉二千石仍发轫。后来经师寂千载，巢经巢起穿樊笼。黔学绍尹更追许，先郑后郑源宗风。文章坚卓涵唐宋，黄陈韩孟我厥躬。故知人才出荒裔，困于丘垤难龍嵷。公逢师友程与莫，荆山凤叫莹磨礲。遂使西南衍郑学，发聋振聩开颟蒙。手述五种编播志，补漏天缺天无功。晚年遗稿犹精粹，杜之秦蜀忧虞中。我今厌见旌旗影，凫雄阴羽嫌甐黗。静读公诗数甲子，沧桑往复心神通。

余达父对黔学的起源发展、代表人物、流派特点、学术贡献等问题有深刻认识，他评价了聱园先生（聂树楷，晚号聱园居士）的文章，抒发了对聱园先生的崇敬之情。"文章坚卓涵唐宋，黄陈韩孟我厥躬"两句表明余达父晚年继续学习杜甫诗歌，仍然尊崇江西诗派和韩孟诗派的信念。杜甫的"仁民爱物"情怀、韩孟诗派的"不平则鸣"精神和江西诗派的"点铁成金"手法始终是其最重要的精神和艺术追求。

---

① ［清］余达父著：《愫雅堂诗集》卷 13，贵阳：贵州人民出版社，1989 年版第 167–168 页。

文学理论是对文学创作实践的总结和升华，反过来又指导创作实践，二者构成互补关系。众所周知，中国古代的文论基本上是感悟性的散论，不少闪光的见解恰恰隐含在文学家作品或其他论著中，像《文心雕龙》这样体大思精的论著极为罕见。余氏家族不仅有诗人，而且有诗论家，尽管这种"诗论家"还不是人们所说的权威的理论家，其理论也未形成体系，但这种"两栖"身份的少数民族作家是不多的。他们将文学创作与理论思考自觉结合起来，使其诗歌创作尽可能保持传统的纯正性和民族特色，本身就是为少数民族文艺理论建设做出的贡献。中华民族是由以汉族为主体的 56 个民族构成的文化共同体，其中每一个民族对中华民族文化的形成和发展，都作出了其他民族无法替代的贡献，并在各自特殊的历史条件和文化背景下创造了独具特色的文明，其中包括文学艺术及其理论思想。在中华民族文化共同体中，我国少数民族的文学艺术理论是中华文学艺术理论的重要组成部分，缺乏这部分，就不能够完整地展现中华文艺理论思想的悠久、精深和多样风貌。近年来学术界开始注意到了少数民族文艺理论的清理和建设，出现了《中国少数民族文艺理论集成》①这样的成果。相信余氏家族的诗学观可以被吸纳进少数民族诗学体系之中。

第三节　比较视野中的余氏家族文学

一、与北方文化圈中的少数民族杰出文学家族比较

本书列举的北方文化圈中的少数民族杰出文学家族有漠北鲜卑族元氏家族、漠南蒙古族法式善家族。就认同和接受汉文化的方式、过程和程度而言，元氏家族是以国家行政手段来推动整个家族和鲜卑民族的汉化过程的，认同、接受过程趋于急风暴雨式，接受面和程度宏阔深远。而余氏家族则表现为彝族土司家族对汉文化的倾心向往和热爱，其认同、接受汉文化的自觉性超过元氏家族，接受过程往往是春风化雨式的，并以汉文化来充实彝文化，面虽小而程度深。漠北元氏家族在认同、接受汉文化过程中也曾遭到家族成员和朝廷大臣的非议、抵制，余氏家族就不存在这种情况。当然，北方游牧文化也有与中原农耕文化在碰撞中"涵化"而转型的现象。王昊在论及 11 世纪上半叶至 13 世纪上半叶西夏游牧文化时说："伴随着民族内徙、域内统治民族种属和分布范围的扩大，以及西夏经济的

① 彭书麟等：《中国少数民族文艺理论集成》，北京：北京大学出版社，2005 年版。

发展社会形态的跃迁，本以游牧为生产、生活方式的党项羌不断与中原地区的农耕文化相接触碰撞，在游牧文化与农耕文化两种文化排拒与融合的'涵化'过程中，发生了最初的文化转型，即由原先与'事畜牧'、'不耕稼'、'无法令'的生产生活方式相适应的文化模式，转型为以'蕃礼'为标榜形式而以'汉礼'为内容实质的新的文化模式。这种'外蕃内汉'的文化接受和建构模式，一方面意在强调党项羌本民族的'文化主体性'，另一方面，又以儒家文化为主体的汉文化来充实'蕃礼'、'蕃学'的内涵。"①正是这种文化的吸纳、交融和转型促进了自身的发展。元氏家族之所以出现了元结、元稹、元好问这样闻名中外的大诗人、大学问家，与其家族广博的文化胸怀有密切关系。

与法式善这样的蒙古族杰出文学家族比较，余氏家族的文化传承延续性超过了法式善家族和其他几个家族。法式善之后，其家族的文学创作人数不多，成果明显少于余氏家族，当然法式善本人的影响是超过余氏家族中任何成员的。《清史稿》中有法式善传记，法式善的书画作品在国内也产生了较大影响。就家族文化发展条件而言，法式善家族居于京城，显然优越得多，而余氏家族能够在偏僻落后的西南一隅发展而为全国杰出文学家族，实属不易。艰苦卓绝的文化创业精神，代代相传的家学传承意志，成就了余氏家族的辉煌。

二、与南方文化圈中的其他少数民族杰出文学家族比较

本书列举的南方文化圈中的少数民族杰出文学家族除了余氏家族外，还有云南丽江纳西族木氏家族、福建陈埭回族丁氏家族、湖北容美土家族田氏家族。

与木氏家族、丁氏家族比较，余氏家族的政治地位显然不如木氏和丁氏家族（尤其是奢安事变之后），其诗文集的总数也明显少于木氏家族，但是从余达父诗歌的内容看，他阅读汉语典籍的深度和广度以及与中外著名学者交往的人数之多、范围之广又是其他家族不可比拟的。文学影响有时关乎政治地位之高低，余达父的诗歌创作水平很高，但是政治地位不高，在一定程度上影响了他的诗歌传播范围和力度。他不是土司，仅仅是未能继任的土司继承人；他不是进士，仅仅是一个秀才、留学回国后才得到清廷认可的法政科举人，与木氏、丁氏家族进士举人高官比比皆是的状况相比悬殊甚大（尤其是丁氏）。丽江木氏、陈埭丁氏两大家族的文化渊源久远，文学创作活动起于明代，因此家族文学创作队伍相对庞大，超

---

① 王昊：《试论西夏文学的华儒内蕴》，北京大学学报（哲学社会科学版）2013 年第 5 期。

过了余氏家族。

　　与田氏家族相比，两个家族的政治势力基本相当，文化影响各有千秋。但田氏家族从明万历年间起就有文学创作出现，早于余氏家族，且连续六代有诗文，兴盛百余年，田氏家族除了诗歌创作，还热衷于编演、传播通俗文学——戏曲，这是其他家族所不及的。但是就文化开放意识而言，仍然不能与余氏家族相比。同为少数民族，他们都能够认同并主动接受汉文化，进而促进了本民族汉语文学的创作。文化自觉与文化开放、文化认同有很大关系，封闭的文化氛围不可能产生开放的文化意识，也不可能产生自觉的文化认同。只有高度认同了的东西，才能够自觉地学习、创造性地学习。

　　总之，就文学创作延续性来看，余氏家族从清代一直延续到了当代。唐代以后，元氏家族没有文学传人，清代以后法式善家族、木氏家族、丁氏家族、田氏家族都没有文学传人，而余氏家族在当代不仅有文学传人，还有文学传承活动，其他家族望尘莫及。就家族的文化影响面而言，余氏家族在国内的影响略次于元氏、木氏、陈氏，与田氏相当。现代早期的几位美国、法国学者曾专门介绍木氏家族，而余氏家族只是个别日本学者有过一些研究，但像余达父那样留学外国，且作为中国汉语古诗词盟主的少数民族诗人，那个时代绝无仅有。

三、比较视野中余氏家族文学的共性与个性归结

　　王钟翰先生认为，尽管到了民国时期，还有一些少数民族的社会处于原始社会、奴隶社会，但绝大多数的少数民族都已进入了封建制。当然，还有很多仍处于不很发达的封建制，与汉族相当发达的封建社会相比，仍有很多不同之处，但社会性质是基本相同的。封建制这一共性，使上层建筑、意识形态许多方面程度不同地产生了各民族的共性。很多少数民族接受了儒家思想和文化，使儒家思想和文化成为汉族与很多少数民族的一个重要的共同点。夏商周时期，"荆蛮"的楚人、东夷族的徐偃王，春秋战国时期的北狄族的中山国，都接受了儒家思想和文化，两晋南北朝时期，鲜卑族的北魏王朝、内迁的匈奴人很多接受了儒家思想和文化。后来女真族的金朝、党项族所建的西夏王朝、满族建立的清王朝都全面接受儒学，以孔子为师，以儒家思想和文化为立国处世的思想准则。当然，直到民国时期，虽然还有一部分少数民族并未接受儒家思想和文化，但大多数已经接受，这就成为这些少数民族同汉族的一大共同点。①

① 参见王钟翰：《中国民族史》（增订本），北京：中国社会科学出版社，1994年版第23—24页。

基于上述共同点考察本书涉及的 6 个少数民族家族文学的共性与个性。其共性是：

第一，在保持本民族文化主体性的同时，主动认同、接受、学习汉文化，将文学创作作为家族"三不朽"的价值追求之一；

第二，有百年以上诗、史（艺）兼修的家学传统和家学路径，长于汉语古诗词创作，代表诗人具有较强的继承与创新能力；

第三，有丰富的藏书和勤奋读书的家风，有良好的读书和文学创作环境与氛围；

第四，注重家族内部持久的文学传承，有几代文学家和多部家族诗文集流传；

第五，广泛结交文朋诗友，与外界的文学交流活动频繁，在国内或国外享有盛誉。

作为西南地区的彝族土司文学家族，余氏家族的个性则体现在以下方面：

第一，诗歌创作具有不可替代的彝族文化原色。由于彝族在生存地域、文化渊源、哲学宗教、民族心理、审美观念、语言文字等方面与其他民族相比有一定差异，表现在文学创作中也是有差异的。差异产生个性，个性存在于共性之中。余氏家族的文学个性和差异最根本的就是彝族文化原色，它体现在诗歌创作中的彝族文化情结、土司文学的民族个性、地域文学的风土特征三方面。这三方面构成了余氏家族文学的整体个性特征（其中又包含每个家族成员的创作个性）。

第二，家族文学传统从古代延续到了当代。这是其他文学家族难以企及的地方，也是余氏家族对中国家族文学的重要贡献。尽管这种当代传承已经渐行渐弱，但是恰好证明它的可贵，需要扶植。

第三，通过留学或讲学途径，将中国传统文学、民族文化魅力彰显于国外。这是其他文学家族难以企及的。当然，近代中国的留学热潮中，日本是主要接纳国，这就决定了余氏家族对异邦文化接受与传播的对象还限于东方邻国。

第四节　余氏家族的当代文化意义

文学家族的存在到底有何当代文化意义？我们曾经反复思考过这个问题。文学家族是以家族文化的存在和延续为依据的。有学者认为："家族文化作为人类存在的一种精神渴求与心理归宿，在社会的现代化转型、政治与经济强劲挤兑下仍保持旺盛的文化生命力，虽经历西化浪潮和政治运动的改造而仍未式微；二十世纪八十年代以来的中国家族文化的复兴，究其根源正是因为家族文化'可以通过家族认同、血缘关系给人们以某种心灵上的归宿和寄托'的文化理念的认同和历史情感的惯性使然。"①我们基本赞同这种观点。当代中国文化的复杂性和西方文化的强烈冲击，很容易使许多人找不到精神的归宿，文学家族恰恰可以通过家族文化认同、家族文学传承来慰藉每一个成员的心灵，从家族这一社会细胞开始认同精神家园，这个补充性的途径是有其特殊价值的。

一、余氏家族对地方民族文化的启示和引领意义

先进性、开放性和延续性，应是我们今天衡量文学家族社会价值高低的重要标准。先进性，可以从启示性和引领意义方面看。余氏家族对地方民族文化的启示性和引领意义在于：

第一，余氏家族较早在西南地区开启了少数民族知识分子认同、接受、学习汉文化的范例，具有重要的引领作用。人类学理论认为，文化是人类的根，它先于具体的个体，通过民族特性的遗传，以集体无意识形式给个体的精神建构了某种原型。个体在社会化后生活于这种原型所对应的文化情境之中，很自然地表现出一种文化上的连续性。即使这种连续性出现断裂，仍然可以通过集体无意识的支配和已化为行为举止一部分的符号对之加以认同。一般说来，认同本民族文化容易，而认同其他民族的文化则需要眼光、胸襟和勇气。余氏家族从理性的比较中选择了汉文化，并融入了彝文化成分，创造了适合家族发展的文化场域，使家族文化得以发扬光大。明清时期，西南地区尤其是贵州文化还较为落后，余氏家族中的贵州宣慰使奢香夫人主要靠行政手段引领水西地区各少数民族认同、接受和学习汉文化，史载奢香夫人曾在贵州宣慰使司辖区设置儒学，延请教授，并带头送子弟到京师入太学。在奢香夫人的带动和影响下，乌撒、乌蒙、芒布、永宁地区各土司先后送子弟进京入学。但是真正的文化引领（文学引领）是在清代康熙之后余家驹、余昭、余达父等诗人的出现，水西地区才掀起了少数民族知识分子学习汉文化、创作汉语古诗词的热潮。

正如四川诗人、诗论家万慎子所说："黔在西南数千里外，风雅闇芴，人文缺如。与吾蜀皆以边隅远州，为征文献者所摒，……余氏为毕节名族，自其先世，皆以能诗襡声黔蜀间。"（《惺雅堂诗集叙》）我国近现代国学泰斗罗振玉在读到余达父《惺雅堂诗集》后，欣喜地说："吾国求学于外邦者，十年以来，奚啻万人，其成学而归，体用兼备者，殆未多遘。若人人如君之素蓄，本数千年来固有

① 参见龙其林：《家族文化与 20 世纪中国文学的变迁——评〈家族文化与 20 世纪中国家族文学的母题形态〉》，《徐特立研究》2007 年第 3 期。

之伦理学术，取世界之新理新说扩充之，大而君国之故，细而文艺之事，靡弗研究毋通以致之用，则其有裨于政治学术，岂不伟哉？"（《悇雅堂诗集序》）这两段话高度评价了余氏家族的影响以及文化开放精神对当地民族文化的引领作用。

第二，余氏家族的文化传承经验具有重要启示意义。文化传承不仅要有坚定的文化信念、持久的内在动力，还要有切实可行的传承方式。信念是意志行为的基础，是个体动机目标与其整体长远目标的统一；信念是一种心理动能，其作用在于激发人潜在的体力、智力和创造力，以实现行为志向。文化信念是一种综合的、理性的文化精神，而文化精神恰似文化的灵魂。由于社会现实常常遏制人类的欲望，甚至制造悲剧，因此人类时时处于痛苦之中，灵魂经常需要安慰和寄托。西方以宗教为灵魂寄托之所，中国则不然。有论者认为中国人的灵魂寄托之所在文学，此说不无道理。因为文学的精神就是人类精神的象征，文学的精神就是生命的精神，文学的魅力就是生命的魅力，文学应是生命力的展示，文学应该讴歌生命礼赞生命。生命的底蕴常常是悲剧和苦闷，因此文学的生命也是悲剧和苦闷。文学用它所展示的巨大痛苦来冲淡和安慰苦难的人生，用它所宣泄的巨大孤独寂寞来冲淡人生的孤独寂寞。文学的精神是自由的精神和精神的自由，其终极指向是心灵与精神。文学用它的批判思维、浪漫想象来实现人的精神与心灵的双重解放。文学是人类高举的自由的旗帜，用它想象的自由来填充人类心灵对于自由的渴望。[①]余氏家族不仅传承了家族文学，而且传播了文化精神，也铸就了家族精神。有研究认为："清代文学世家的形成与传衍，有其内在的信念与动力，其源头在'继其统，守其业，传之无穷'（《史记·范雎蔡泽列传》）。就家族子弟而言，对家学传统常存敬畏、自豪与责任感，时时感受到祖宗的力量与目光，'诗是吾家事'是他们心态的真实写照、心志的肯定性表露。"[②]

余氏家族的文化传承经验分为两个层面：第一层面是进行精准的文化选择、树立坚定的文化信念、确立稳定的家风内涵、构建可行的家学体系、弘扬长期积淀的家族文化、扩大家族的正面影响。第二层面包括选择文学创作体式、确定学术研究方向、寻求文化交流方式、编辑家族文集等。

第三，余氏家族对桑梓文化具有促进意义。先进的家族文化能引领桑梓文化，形成桑梓文化圈，进而促进地域文化和社会的进步。我们课题组在考察大屯余氏彝族诗人家族曾经生活过的贵州毕节大屯彝族乡、四川叙永水潦彝族乡时，深切

---

① 刘戈散文集《梦哲祈神》之"何为文学"，北京：中国文联出版社 2004 年 12 月版。国学网 www.guoxue.com 转载。

② 徐雁平：《清代文学世家的家族信念与发展内动力》，《苏州大学学报》（哲学社会科学版）2012 年第 4 期。

地体会到这里的人们对余氏家族的崇敬心情。在水潦彝族乡，从中小学生到语文教师，普遍喜爱创作古诗词，一些教师还有诗文集刊行，文学社团活动热火朝天，诗教蔚然成风。这里的彝族同胞崇敬余氏家族中的革命家、诗人、学者，将其作为学习榜样。余氏家族对桑梓文化的影响显而易见："水潦，地处偏远的西南边陲，距县城足有80多千米，与贵州、云南两省相邻，雄鸡报晓，三省可闻，因此素有'鸡鸣三省'之称。水潦是余氏家族五诗人的故乡，是革命志士余达父、余健光、余景炎的桑梓之地，坛厂又是清末诗人余昭、安履贞的安葬之所。这些艺术和文化品位极高的前辈，潜移默化着后人。……从60多岁的老校长，到一二年级的小娃娃，都会吟诗作词；1000多首诗词歌赋，30多万字的读书会纪要，演绎彝乡儿女对祖国传统文化的深深热爱；他们在偏远落后的穷乡僻壤饮酒吟诗，铸就铿锵师魂；他们开设古典诗词教育课，让祖国传统文化瑰宝在彝乡生根发芽……"①作为桑梓文化的显性符号，贵州毕节大屯至今还基本完好地保存了余氏土司庄园，其中的建筑风格是富有东方特征的，它以中国传统的建筑模式为主，也有彝族土司殿堂宏伟开放的架构，体现这个家族的文化理念。园中的匾牌、楹联透射出这个家族的文化追求。余氏重道德、重文化的家族精神至今还影响着大屯，我们在考察中看到，这里山清水秀，民风淳朴，热情好客，崇尚知识，尊重学者，犹存当年古风。

　　土司时代已经过去200多年，为什么这里的人还如此津津乐道余氏家族？最根本的原因就在于这个家族深深的民族文化情结和文化影响。

二、少数民族杰出文学家族与当代民族文学的繁荣

　　"中国是统一的多民族国家，各民族在长期的历史发展中，创造了各具特色的文化，共同谱写了中华文明的壮丽篇章。少数民族文学是中华文化的瑰宝，是我国文学园地的奇葩，……繁荣少数民族文学、发展少数民族文化，是社会主义文化大发展大繁荣的题中应有之义，对于传承各民族悠久的文化传统、丰富中华文化的深厚内涵，对于守护中华民族共有精神家园、提升我国文化软实力，对于促进民族团结和谐、实现人民幸福生活，具有极为重要的意义。"②当今，繁荣少数民族文学，发展少数民族文化的意义已经不言而喻，但是，少数民族杰出文学

---

① 《怒放在贫瘠大山里的绚丽诗花》，载2008年《叙永通讯》。
② 见刘云山2012年9月20日与出席第五届全国少数民族文学创作会议代表座谈时的讲话。中宣部中国文明网 www.wenming.cn 2012-09。

家族在繁荣当代少数民族文学中的作用和意义则需要进一步认识。

作为中国少数民族杰出文学家族之一的余氏家族，其家族文化的先进性、开放性和延续性在很大程度上代表了国内少数民族的文化认知水准，展示了他们高超的汉语言文学创作水平，其文化精神追求和成功的文化传承经验可资借鉴。因为我们今天要建设的社会主义特色文化，正是以开放意识、创新精神继承的优秀传统文化、民族文化并吸收当代西方先进文化的新文化。不过，这种新文化的根还是民族传统文化，而不是别的。如果没有民族传统文化的滋养，那么当代文学就有可能成为无源之水、无本之木。

三、少数民族杰出文学家族的文学创作和文化传承经验与当代文学的发展

（一）从传统文化宝库中寻求创作素材和表现形式

中国传统文化与当代文学创作有什么关系？我们以当代小说大家金庸、莫言为例。

金庸的代表作有"飞雪连天射白鹿，笑书神侠倚碧鸳"及《越女剑》等 15 部武侠小说，这些小说继承古典武侠小说精华，开创了新派武侠小说先河，而这些小说的素材都源于传统文化，是一种有意识的行为。金庸曾认为："实际上，真正流传下来的中国艺术传统，就好像国画那样，是根据唐、宋、元、明、清一个系统流传下来，和外国画完全不同。戏剧也是如此，无论是京剧、越剧、粤剧等，和西方的歌剧都完全不同。甚至像诗，也是从古诗乐府一直延续下来，直到新诗才出现完全不同的形式风貌。……武侠小说所继承的，是中国传统小说的表现形式，就内容而言，武侠小说和《水浒传》差不了多少，当然写得好不好是另外一回事，但形式是中国的形式，是继承了中国小说的传统。……武侠小说本来就是以中国古代社会为背景，越是真实，读者越会感兴趣。既然以古代社会为背景，那就不能和历史完全脱节。"①金庸的武侠小说均为章回形式，情节曲折，充满悬念，既借鉴了中国古典小说的一些表现形式，又有新的变化。仅从回目处理看，有的小说有章无回，有的有回无章，回目句式有对偶句，也有非对偶句，有五言句、七言句，也有杂言句。如《鹿鼎记》第四回回目《无迹可寻羚挂角 忘机相对鹤梳翎》，《碧血剑》第一回回目《危邦行蜀道 乱世坏长城》，《飞狐外传》第

---

① 杜南发：《长风万里撼江湖——与金庸一席谈》，中国社会科学院文学研究所中国文学网 www.literature.org.cn 2013-05-04。

一章标题《大雨商家堡》,《连城诀》第一至四章标题《乡下人进城》、《牢狱》、《人淡如菊》、《空心菜》、《白马啸西风》,标题仅为几个中文基数词。《鹿鼎记》回目深含禅宗意趣,《碧血剑》回目寄寓儒家思想,《飞狐外传》、《连城诀》回目充满当代生活意味,连表述语言也是古雅与通俗兼而有之。

莫言以小说创作见长,迄今有长篇小说 11 部、中篇小说 25 部、短篇小说 75篇,尤其是获得诺贝尔文学奖大大提升了他在中国和世界文坛的影响力。据说,莫言小学时便经常偷看"闲书",包括《封神演义》、《三国演义》、《水浒传》、《儒林外史》等古典文学名著,这对他后来的小说创作产生了不小影响。诺贝尔文学奖评委会前主席谢尔·埃斯普马克在颁奖词中说:"我们用的词是 hallucinationary realism,而避免使用 magic realism(魔幻现实主义)这个词,因为这个词已经过时了。魔幻现实主义这个词会让人们错误地将莫言和拉美文学联系在一起。当然,我不否认莫言的写作确实受到了马尔克斯的影响,但莫言的'幻觉现实主义'(hallucinationary realism)主要是从中国古老的叙事艺术当中来的,比如中国的神话、民间传说,例如蒲松龄的作品。他将中国古老的叙事艺术与现代的现实主义结合在一起。"①

以上两例显示,越是著名的当代作家,越能从本国古代文化中吸取艺术营养,也就越能够处理好继承与创新的关系。

(二)家族式文化传承经验与魅力

家族式文化传承,是中国古代农耕社会文化传承的方式之一,今天濒临绝迹,但是我们依然可以怀想古人绛帐问学、庭院吟诗、园林雅集的情景,从清代余氏土司庄园中亦园的石雕门联"莺花日办三春课,风月天生一稚人",可见这个家族年复一年的文化传承活动。家族式文化传承的主要方式是家学传统的建立与维系,它是打破文化与学术垄断的结果。春秋时期,百家争鸣,孔子建立了儒家学派,并将教育平民化,贫民家庭的读书人越来越多,家学逐渐兴起,但是发展缓慢,尤其是战国、秦汉时期,纷乱的世相、专制的文化政策严重阻滞了家学的发展。汉帝国的崛起,需要宏大的文化、学术队伍彰显其声威,国学与家学得以兴盛、并存。至迟在西汉,家学便已鼎盛,之后家学绵延不衰,直至 1949 年前夕,极少数文学-学术家族延续到了新中国建立以后。

本书重点研究的余氏家族和所涉及的其他五个少数民族杰出文学家族都有自

---

① 高海涛:《莫言获奖的文化意义》,原载 2013 年第 5 期《鸭绿江》。

己的文化传承经验，归结起来有以下几个主要方面：

第一，精心培育和传承家族核心价值观。六大家族几乎都经历了由重武轻文到偃武修文的转化过程，这说明他们已经充分认识到文化在立国、立家中的重要作用。我国当代文学也需要以文学的方式培育和传承中华民族的核心价值观，而禁止宣扬暴力、色情、分裂、丑陋等不利于国家和民族健康发展的内容。将立德、立功、立言"三不朽"作为家族成员的人生追求目标，即使在当代社会也是有积极意义的价值观。当代文学家如果有更多不朽之作传世，既是个人的荣光，也是家族和民族的荣光。

第二，养成家族成员博学多才的素质。六大少数民族杰出文学家族都有丰富的藏书，有文、史、艺兼修的素质，知识面广博，才艺双馨。这启示我们，当代文学家除了要有厚实的生活基础，还需有多方面的文化修养，才能创作出更多好作品。

第三，注重家族的文化选择和继承创新。六大少数民族杰出文学家族都比较注重文化选择和继承创新。即以进步的文化熏陶家族成员，禁止落后或腐朽的文化影响他们。表现在倾心学习汉文化经典、努力掌握汉语古诗词创作技巧、积极与国内外名家交往等方面。对于当代作家来说，这是更为重要的启示。当代文学的发展必然要注意文化的选择，必定要走继承创新之路，这应该是能够取得共识的。

家族式文化传承有何特征和魅力？法国汉学家汪德迈在描述中国儒家文化的特征时用了 3 个词："家庭、礼仪、文官制"，并指出中国传统社会是"以家族关系为纽带的古老社会模式"，"社会的一切行为规范都从家族关系规范中演绎改造而来"①。我们认为，恰恰在这种"古老社会模式"中，亲情的纽带牢牢地维系着家族的和谐共荣，推动文化的发展。家族是亲缘关系的结合体，也是利益共同体、文化共同体，潜移默化的作用最容易在家族中看到。中国古代，家族宗法制是国家法律之外的重要补充制度，甚至是中国封建社会长期延续的重要制度之一，它至少保障了家族的教育功能和文化传承功能，使家族文化绵延为一道道亮丽的风景线。"我们欣赏梁启超家族文化学人的达观进取、博采创新的风范；也为义宁陈家诸大师的忧郁而凝重、精深而固执的气质所吸引。这里的确是一片丰富多彩的世界。具体考察这个世界的各个文化名门世家，无异于为透视和了解近代以来的学术文化发展，寻找到一个个有趣的窗口。透过这些窗口，人们可以领略文化名人与学术巨子的人生风采、文化品格、学术追求和治学方法，可以增进

---

① ［法］汪德迈著、陈彦译：《新汉文化圈》，南昌：江西人民出版社，2007 年版。

有关文化史和学术史的历史知识，可以总结学术研究和文化建设的历史经验，乃至获取关于家庭教育的有益启示。"①这段话可以说是对家族式文化传承魅力的精当总结。

四、大屯土司庄园：旅游文化的靓丽风景

以文化为载体的旅游是当今多数旅游者认同的选择。旅游者以文化的地域差异性为诱因，以对地域文化内涵进行体验为过程，从中获得某种超然的文化感受，这种文化感受最终转化为审美愉悦功能、教育启示功能和情感寄托功能，同时也给地方增加了经济收入。例如2014年7月在内蒙古自治区达茂旗办的第二届游牧文化旅游节，主办方"在继续突出'草原本真生态、游牧特色文化、大众参与体验、民生人文关怀'主题的同时，将进一步整合草原游牧文化、现代文化、民俗文化资源，提炼游牧文化主题，让游客在领略游牧文化的同时感受到草原娱乐的狂欢。"②对于一个从未去过大草原的旅游者，除了可以领略奇异的草原风光，还可感受游牧文化魅力，获得美的享受。

作为国家重点文物保护单位的贵州毕节大屯土司庄园，是余氏土司家族曾经居住过的地方，也是西南土司文化的代表，文化旅游者在这里不仅可以欣赏到黔西北旖旎的地域风光、土司庄园独特的彝族建筑风格，还可进一步了解余氏家族成员的文化活动，体验当地古朴浓郁的彝族风情。

文化是旅游产业的灵魂和驱动力。对于文化旅游产业尚不发达的贵州甚至其他地方，可以充分利用本地丰富的文化资源，打造旅游产业品牌，引领本地文化旅游业的发展。

五、当代学术研究的重要课题：文学家族传统的当代传承与复兴

文学家族作为一种历史文化现象，如果从西汉初年算起，直至1948年，它出现于中国已经有2100多年了，而最早的少数民族文学家族——北魏孝文帝拓跋宏鲜卑族文学家族的出现已有1480多年，由此漫长岁月形成的中国文化风景令人叹为观止。而今这道风景就已经濒临消逝，今天我们有必要从振兴民族文化的高度

---

① 《名门世家：迷人的文化传承现象》，《北京日报》2000-06-19。
② 《包头日报》2014年1月17日第一版文：《第二届中国游牧文化旅游节7月12日在达茂旗举行》。记者：张鹿园。

探索如何传承与复兴文学家族传统，重现文学家族的辉煌。

从家族的层面来说，在当代传承与复兴文学家族传统，并不需要像古代家族那样进行私塾教育，而可以根据现实条件探索更适合的方式。例如可以在家庭或家族中进行国学知识的学习，坚持诵读经典，学习书法或国画；奠定了坚实的基础后，可以开展文学创作或学术研究活动，进而倡导著书立说，整理出版家族文集等。从学术研究的层面来说，要在充分借鉴汉族家族文学研究成果和经验的基础上，从民族特质出发，重视少数民族家族文学材料的占有和运用，探讨少数民族家族文学产生及其与地域文学、汉族家族文学、中国古代文学的关系，以充实中国古代文学史，以呈现中国少数民族文学史，揭示少数民族家族文学对当代民族文学繁荣的意义。这样做有利于促进文化强国。

历史上的家族文化已经成为中华民族文化的一个重要组成部分，但极少有延续至今的。相对而言，家族较为稳定，古代有之，现当代有之，将来依然有之。与封建社会相比，当今中国的政体和社会结构虽然已经发生了很大变化，但近年来悄然兴起的家族崇拜之风正在蔓延，重修家谱、重建家族祠堂以及跨省的家族大聚会时有闻之。因此，与其视而不见，不如因势利导，使其健康发展。当前可以在以下方面做些工作：

（一）研究杰出文学家族的历史

杰出文学家族都有辉煌的文学创作或学术研究史，也有自身的文化传承史，可以有选择地进行一些研究，出一些成果，通过研究还原古代文学家族的本来面目，这有利于社会主义新文化建设。如中国社会科学出版社 2009 年出版的《宋代家族与文学研究》，安徽教育出版社 2009 年出版的《曹氏文学家族研究》，湖南大学出版社 2011 年出版的《湖南近代文学家族研究》，贵州人民出版社 2012 年出版的《百年家学　数世风骚——大屯余氏彝族诗人家族研究》，中华书局出版 2013 年出版的丛书《山东文化世家研究书系》（该书是山东孔府等 29 个文化世家的系列研究成果）等。近 30 年来，学界对汉族杰出文学家族（世家）的研究成果较多，而对少数民族杰出文学家族的研究成果相对较少，有必要加强。

（二）宣传一些杰出文学家族

从国家层面或各省层面宣传一些杰出文学家族或文化家族是有必要的。例如近年出现的宣传著名文化家族的著作有：中国人民大学出版社 1999 年出版的文化名门世家丛书《新会梁氏——梁启超家族的文化史》《常熟翁氏——状元门第帝师世家》《德清俞氏——俞樾、俞陛云、俞平伯》等。除了书刊式宣传，还可以有电影、电视等现代媒体宣传。宣传杰出文学家族的意义在于从不同侧面彰显文化典型的力量，使当代家族的文化认同、文化选择、文化传承有好的参照物。

（三）扶植一些尚未彻底消亡的文学家族

应弄清各地有哪些尚未彻底消亡的文学家族，是否还有发展潜力。如果还有较大的发展潜力，当然是可以扶植的。培育一道尚未消逝的风景总比让它彻底消失好，尤其是文化风景的培育要经过几代人甚至几十代人的努力，需要政府的支持、家族的参与，更需要社会的认同。扶植尚未彻底消亡的文学家族的意义在于：为当代文化百花园增添新的品种；为文学家族的再造提供冶炼炉；为文学的家族传承培育鲜活的个案。

（四）构建文学家族学或少数民族文学家族学学科

罗时进先生认为："文学家族学之成立，是基于文学与家族之间所存在的特定的、几乎是与生俱来的联系。它主要通过研究社会、历史、地域及文化风会对家族的影响，探讨各种环境因素对家族成员文学创作、对一时一地乃至更广阔时空文学发展的作用与规律。它因文学与社会学、历史学、地理学等学科相交叉而派生，是文学研究力求吸纳不同知识体的思想资源以深化本体研究的路径和方法。"[1]"文学家族学旨在将家族学、地域学、文化学、文学等贯通起来，在诸学科的多边互镜中重现文学知识生产的社会历史语境，力求揭示文学创作的基层活动状况，用家族写作的具体事实乃至细节，形成文学创作的动态过程，从而显示文学演变的真实轨迹和某种发展规律。"[2]我们赞同罗时进先生的观点，主张在较多的文科或综合性高等学校相关专业建立文学家族学或少数民族文学家族学学科，至少作为一门选修课开设，其好处是多方面的。至于构建少数民族文学家族学学科，可以在一些民族高校先行尝试，逐步推开，也可作为文学家族学的一个分支。

---

[1] 罗时进：《关于文学家族学建构的思考》，《江海学刊》2009 年第 3 期。
[2] 罗时进：《文学家族学：值得期待的研究方向》，原载《中国社会科学报》2009-09-01。

参 考 文 献

一、通史、专史、实录

[汉]司马迁. 史记[Z]. 北京：中华书局，2000.

[汉]班固. 汉书[Z]. 北京：中华书局，2000.

[刘宋]范晔. 后汉书[Z]. 北京：中华书局，2000.

[晋]陈寿. 三国志[Z]. 北京：中华书局，2000.

[晋]常璩. 华阳国志[Z]. 济南：齐鲁书社，2010.

[唐]房玄龄，等. 晋书[Z]. 北京：中华书局，2000.

[梁]沈约. 宋书[Z]. 北京：中华书局，2000.

[梁]萧子显. 南齐书[Z]. 北京：中华书局，2000.

[唐]姚思廉. 梁书[Z]. 北京：中华书局，2000.

[唐]姚思廉. 陈书[Z]. 北京：中华书局，2000.

[北齐]魏收. 魏书[Z]. 北京：中华书局，2000.

[唐]李百药. 北齐书[Z]. 北京：中华书局，2000.

[唐]令狐德棻，等. 周书[Z]. 北京：中华书局，2000.

[唐]魏徵，等. 隋书[Z]. 北京：中华书局，2000.

[唐]李延寿. 南史[Z]. 北京：中华书局，2000.

[唐]李延寿. 北史[Z]. 北京：中华书局，2000.

[晋]刘昫. 旧唐书[Z]. 北京：中华书局，2000.

[宋]欧阳修，宋祁. 新唐书[Z]. 北京：中华书局，2000.

[宋]薛居正，等. 旧五代史[Z]. 北京：中华书局，2000.

[宋]欧阳修. 新五代史[Z]. 北京：中华书局，2000.

[宋]司马光. 资治通鉴[Z]. 北京：中华书局，2011.

[宋]李焘. 续资治通鉴长编[Z]. 北京：中华书局 2004.

[元]脱脱，等. 宋史[Z]. 北京：中华书局，2000.

[明]李东阳. 申时行，等. 大明会典[Z]，北京：中华书局 2007.

[清]张廷玉，等. 明史[Z]. 北京：中华书局，2000.

[清]赵尔巽，等. 清史稿[Z]. 北京：中华书局，1977.

[清]张广泗. 贵州通志(黄永堂点校本)[Z]. 贵阳：贵州人民出版社，1989.

[清]黄宅中. 大定府志[Z]. 北京：中华书局，2000.

[清]郑珍，莫友芝. 遵义府志[Z]. 成都：四川出版集团巴蜀书社，2013.

中央研究院历史语言研究所. 明实录[Z]. 北京：中华书局，1985.

中央研究院历史语言研究所. 清实录[Z]. 北京：中华书局，1985.

章开沅，张正明，罗福惠. 湖北通史[Z]. 武汉：华中师范大学出版社，2011.

徐晓望. 福建通史[Z]. 福州：福建人民出版社，2006.

何耀华. 云南通史[Z]. 北京：中国社会科学出版社，2011.

陈世松，贾大泉. 四川通史[M]. 成都：四川人民出版社，2010.

王钟翰. 中国民族史(增订本)[Z]. 北京：中国社会科学出版社，1994.

王天玺，张鑫昌. 中国彝族通史[Z]. 昆明：云南出版集团公司、云南人民出版社，2012.

方国瑜. 彝族史稿[Z]. 成都：四川民族出版社，1983.

达力扎布. 蒙古史纲要[Z]. 北京：中央民族大学出版社，2011.

佚名. 西南彝志[Z]. 贵州：贵州民族出版社，1988.

佚名. 彝族源流[Z]. 贵阳：贵州民族出版社，1989.

王明贵，王继超. 水西简史[Z]. 贵阳：贵州民族出版社，2011.

梁启超. 中国近三百年学术史[M]. 北京：东方出版社，1996.

陈贤波. 土司政治与族群历史[M]. 北京：生活·读书·新知三联书店，2011.

尚明. 中国近代人学与文化哲学史[M]. 北京：人民出版社，2007.

袁行霈. 中国文学史[M]. 北京：高等教育出版社，1999.

马学良，梁庭望，张公瑾. 中国少数民族文学史[M]. 北京：中央民族大学出版社，2001.

赵敏俐，吴思敬. 中国诗歌通史[M]. 北京：人民文学出版社，2012.

祝注先. 中国少数民族诗歌史[M]. 北京：中央民族大学出版社，1994.

左玉堂. 彝族文学史[M]. 昆明：云南民族出版社，2006.

刘世南. 清诗流派史[M]. 北京：人民文学出版社，2004.

王鸿儒. 夜郎文化史[M]. 贵阳：贵州人民出版社，2010.

黄万机. 贵州汉文学发展史[M]. 贵阳：贵州人民出版社，1999.

段超. 土家族文化史[M]. 北京：民族出版社，2011.

和钟华，杨世光. 纳西族文学史[M]. 成都：四川民族出版社，1992.

安尚育. 20 世纪贵州诗歌史[M]. 贵阳：贵州民族出版社，2000.

母进炎. 黔西北文学史[M]. 贵阳：贵州大学出版社，2011.

二、族谱、年谱、传记

[明]木氏六公传[Z]. 崇祯刻本.

[清]弘昼，鄂尔泰，福敏，徐元梦，等. 八旗满洲氏族通谱[Z]. 沈阳：辽沈书社，1989.

[清]法式善. 重修族谱记[Z]. 沈阳：辽沈书社，19898.

[清]法式善. 先妣韩太淑人行状[Z]. 沈阳：辽沈书社，1988.

[清]余家驹，余昭，余若瑛. 等，通雍余氏宗谱[Z]. 东京：日本学习院大学东洋文化研究所，1999.

[清]余若瑛. 且兰考[Z]. 贵阳：贵州大学出版社，2011.

缪钺. 元遗山年谱汇纂[Z]. 南京：钟山书局，1935.

卞孝萱. 元稹年谱[Z]. 济南：齐鲁书社，1980.

庄景辉. 陈埭丁氏回族宗谱[Z]. 香港：绿叶教育出版社，1996.

张永康，彭晓. 木氏宦谱[Z]. 影印本. 昆明：云南美术出版社，2001.

余海波，余嘉华. 木氏历代宗谱碑[Z]拓片. 昆明：云南民族出版社，2002.

三、论著、论文集、提要、丛编、丛刻、汇编

[南齐]刘勰. 文心雕龙[M]. 北京：中华书局，1986.

[南齐]钟嵘. 诗品(陈延杰注)[M]. 北京：人民文学出版社，1980.

[南齐]举奢哲，阿买妮. 彝族古代文艺理论丛书[M]. 贵阳：贵州人民出版社，1990.

[宋]章述. 名贤氏族言行类稿[M]. 影印本. 台北：台湾商务印书馆，1986.

[明]陆应阳. 广舆记[Z]. 济南：齐鲁书社，1997.

[清]王夫之，等. 清诗话[Z]. 上海：上海古籍出版社，1963.

[清]王士祯，周维德，程千帆. 诗问四种[Z]. 济南：齐鲁书社，1985.

[清]况周颐. 蕙风词话[Z]. 北京：人民文学出版社，1960.

[清]阮元. 十三经注疏[M]. 刻本影印. 北京：中华书局，1980.

[清]何文焕. 历代诗话[Z]. 北京：中华书局，1981.

[美]洛克. 中国西南古纳西王国[M]影印本. 昆明：云南大学历史研究所，1977.

[英]马林诺斯基. 科学的文化理论[M]. 黄建波等译. 北京：中央民族大学出版社，1998.

[美]杜维明. 儒家传统与文明对话[M]. 彭国祥编译. 北京：人民出版社，2010.

[法]汪德迈. 新汉文化圈[M]. 陈彦译. 南昌：江西人民出版社，2007.

(台)黄永武. 中国诗学[M]. 台北：巨流图书公司，1977.

陈寅恪. 陈寅恪集[M]. 北京：生活·读书·新知三联书店，2001.

钱穆. 中国文化导论[M]. 上海：上海三联书店，1988.

刘师培. 刘师培史学论著选集[M]. 上海：上海古籍出版社，2006.

费孝通，等. 中华民族多元一体格局[M]. 北京：中央民族学院出版社 1989.

金开诚. 文艺心理学概论[M]. 北京：北京大学出版社，1999.

邓之诚. 清诗纪事初编[M]. 上海：上海古籍出版社，2012.

马振铎，徐远和，郑家栋. 儒家文明[M]. 北京：中国社会科学出版社，1999.

林幹. 中国古代北方民族通论[M]. 北京：人民出版社，2010.

余海波，余嘉华. 木氏土司与丽江[M]. 昆明：云南民族出版社，2002.

叶启晓. 诠释人类学[M]. 北京：北京大学出版社，2012.

吴仕民. 民族问题概论[M]. 北京：人民出版社，2011.

夏建中. 文化人类学理论学派[M]. 北京：中国人民大学出版社 1997.

宋世坤. 试论夜郎与汉文化的关系[M]. 贵阳：贵州民族出版社，2003.

杨树增. 汉代文化特色及形成[M]. 北京：人民出版社，2008.

苏简亚. 苏州文化概论——吴文化在苏州的传承和发展(导论)[M]. 南京：凤凰出版传媒集团、江苏教育出版社，2008.

王继超. 彝文文献翻译与彝族文化研究[M]. 贵阳：贵州民族出版社，2005.

王宪昭. 中国少数民族人类起源神话研究[M]. 北京：中国社会科学出版社，2012.

罗时进. 地域·家族·文学——清代江南诗文研究[M]. 上海：上海古籍出版社，2010.

曾大兴. 文学地理学研究[M]. 北京：商务印书馆，2012.

仁钦道尔吉. 蒙古口头文学论集[M]. 北京：社会科学文献出版社，2011.

王建科. 元明家庭家族叙事文学研究[M]. 北京：中国社会科学出版社，2004.

康健，何积全，王本忠. 彝族古代文论研究[M]. 贵阳：贵州人民出版社，1992.

李平凡，王明贵. 彝族传统诗歌研究[M]. 贵阳：贵州民族出版社，2008.

罗曲，曾明，杨甫旺. 彝族文献长诗研究[M]. 北京：中国社会科学出版社，2009

张寅彭，强迪艺. 梧门诗话合校[M]. 南京：凤凰出版社，2005.

母进炎. 百年家学 数世风骚——大屯余氏彝族诗人家族研究[M]. 贵阳：贵州人民出版社，2012.

曹顺庆. 东方文论选[Z]. 成都：四川人民出版社，1996.

恩华. 八旗艺文编目[Z]. 沈阳：辽宁民族出版社，2006.

袁行云. 清人诗集叙录[Z]. 北京：文化艺术出版社，1994.

丁文江. 爨文丛刻[Z]. 贵阳：贵州大学出版社，2011.

余宏模. 余宏模彝学研究论文集[C]. 贵阳：贵州大学出版社，2010.

木仕华. 丽江木司土司与滇川藏交角区域历史文化研讨会论文集[C]. 北京：中国藏学出版社 2008.

贵州省毕节地区社会科学联合会. 可乐考古与夜郎文化(论文集)[C]. 贵阳：贵州民族出版社，2003.

柯愈春. 清人诗文集总目提要[Z]. 北京：北京古籍出版社，2002.

唐圭璋. 词话丛编[Z]. 北京：中华书局，1986.

国务院人口普查办公室，国家统计局人口和就业统计司. 中国 2010 年人口普查资料[Z]. 北京：中国统计出版社，2012.

赵超. 汉魏南北朝墓志汇编[Z]. 天津：天津古籍出版社，2008.

湖北鹤峰县史志编纂办公室. 容美土司史料汇编(内部资料). 1984.

四、诗文集、注本

[明]木公. 雪山始音[M]. 刻本. 云南丽江：木氏，1523(明嘉靖二年).

[明]木公. 隐园春兴[M]. 刻本. 云南丽江：木氏，1526(明嘉靖六年).

[明]木公. 雪山庚子稿[M]. 刻本. 云南丽江：木氏，1543(明嘉靖二十二年).

[明]木公. 万松吟卷[M]. 刻本. 云南丽江：木氏，1543(明嘉靖二十二年).

[明]木公. 玉湖游录[M]. 刻本. 云南丽江：木氏，1545(明嘉靖二十四年).

[明]木公. 仙楼琼华[M]. 刻本. 云南丽江：木氏，1546(明嘉靖二十五年).

[明]木公. 雪山诗选[M]. 刻本. 云南丽江：木氏，1549(明嘉靖二十八年).

[明]木增. 芝山云薖集[M]. 刻本(残). 云南丽江：木氏，1623(明天启三年).

[明]木增. 山中逸趣[M]. 刻本. 云南丽江：木氏，1639(明崇祯十二年).

[明]木增. 云薖淡墨[M]. 刻本. 云南丽江：木氏，1639(明崇祯十二年).

[明]木增. 木生白啸月堂诗空翠居集[M]. 抄本. 云南丽江：木氏(年代不明).

[清]余家驹. 时园诗草[M]. 有我轩刻本. 贵州毕节：余氏，1881(清光绪七年).

[清]余昭. 大山诗草[M]. 愫雅堂锓板. 刻本. 贵州毕节：余氏，1898(清光绪二十四年).

[清]余昭. 大山诗草[M]. 成都：四川民族出版社，1994年版.

[清]安履贞. 圆灵阁遗草[M]. 以义堂刻本. 贵州毕节：余氏，1881(清光绪七年).

[清]余达父. 愫雅堂诗集[M]. 活字本. 贵州毕节：余氏，民国.

[清]余达父. 蠖庵拾尘录[M]. 活字本. 贵州毕节：余氏，民国.

[清]余达父. 罍石精舍文集[M]. 活字本. 贵州毕节：余氏，民国.

[清]余达父. 余达父诗文集[M]. 呼和浩特：远方出版社，2001年版.

[清]余珍. 四余诗草[M]. 亦园刻本. 贵州毕节：余氏，1881(清光绪七年).

[清]法式善. 存素堂文集[M]. 刻本. 扬州绩溪：程邦瑞. 1807(嘉庆十二年).

[清]法式善. 存素堂诗初集录存[M]. 刻本. 湖北德安：王镛. 1807(嘉庆十二年).

[清]施国祈. 元遗山诗集笺注[M]. 北京：人民文学出版社，1989.

[清]彭定求. 全唐诗[G]. 北京：中华书局，1960.

[清]董诰. 全唐文[G]. 上海：上海古籍出版社，2007.

[清]严可均. 全宋文[G]. 北京：商务印书馆，1999.

逯钦立. 先秦汉魏南北朝诗[G]. 北京：中华书局，1983.

唐圭璋. 全宋词[G]. 北京：中华书局，1965.

张宏生. 全清词[G]. 南京：南京大学出版社，2012.

赵平略，等. 田氏一家言诗评注[M]. 中央民族大学出版社，1999.

余宏模. 余达父诗文集[M]. 呼和浩特：远方出版社，2001.

余祥元. 挹梅楼诗抄[M]. 香港：天马图书有限公司，2003.

余宏模. 一泓词钞[M]. 香港：天马图书有限公司，2003.

余宏模. 一泓诗草[M]. 云南省镇雄县志办、云南镇雄诗词楹联学会内部编印，1999.

兰华夏. 草堂诗选(第二集)[Z]. 贵阳草堂诗社内部编印，2010.

五、主要论文

云峰. 1985. 法式善及其诗歌述评. 内蒙古社会科学，(06)：75-78.

陈国强. 1991. 福建陈埭回族的形成与发展. 民族研究，(04)：54-59.

王水乔. 1992. 云南丽江木氏主要事迹及其著述考. 文献，(02)：100-109.

徐亦亭. 1992. 中国古代文化区域. 中央民族学院学报，(05)：28-32.

曹毅. 1994. 容美土司田氏作家群. 民族论坛，(01)：59-63.

杨东林. 1994. 略论南朝的家族与文学. 文学评论，(03)：5-19.

庄景辉. 1997. 陈埭丁氏回族汉化原因的探讨. 学术月刊，(09)：96-102.

吴柏森. 1999. 容美田氏世系事迹述略. 湖北三峡学院学报，(01). 1-6.

陈湘锋. 1999. 文化的借采与整合——评土家族容美田氏诗人群的创作. 湖北民族学院学报(哲

社版)，(03)：35-40.

余海波，余嘉华. 2002. 明代纳西族文化的奇葩——丽江木氏土司著作. 古籍整理研究学刊，
　　(01)：19-25.

曾丽雅. 2003. 中华民族传统精神文化概述. 江西社会科学，(11)：141-145.

李真瑜. 2003. 文学世家：一种特殊的文学家群体. 文艺研究，(06)：155-156.

陈友康. 2004. 古代少数民族的家族文学现象. 民族文学研究，(03)：30-35.

杨晓斌，甄芸. 2005. 我国古代文学家族的渊源及形成轨迹. 新疆大学学报(让人文社会科学版)，
　　(01)：124-128.

余梓东. 2005. 论清朝的民族政策. 满族研究，(03)：45-51.

刘德初，韩隆福. 2006. 论隋炀帝的民族政策及影响. 湖南文理学院学报(社会科学版)，(03)：
　　108-111.

张剑，吕肖奂. 2006. 宋代的文学家族与家族文学. 文学评论，(04)：128-136.

吕肖奂，张剑. 2007. 两宋家族文学的不同风貌及其成因. 文学遗产，(02)：52-60.

刘弘. 2007. 巴蜀文化在西南地区的辐射与影响. 中华文化论坛，(4)：19-35.

罗时进. 2009. 清代江南文化家族雅集与文学创作. 文学遗产，(02)：86-95.

杨镰. 2009. 元代江浙双语文学家族研究. 江苏大学学报(社科版)，(03)：47-51.

王德明. 2009. 清代壮族文人文学家族的特点及其意义. 民族文学研究，(03)：31-41.

罗时进. 2009. 关于文学家族学建构的思考. 江海学刊(03)：185-189.

李小凤. 2009. 回族文学家族述略. 北方民族大学学报(哲学社会科学版)，(04)：62-65.

兰秋阳，邢海平. 2009. 清代文学世家及其家学考略. 河北北方学院学报(社科版)，(04)：38-42.

钱国旗，等. 2009. 中国历代文化政策的特点[J]. 青岛大学师范学院学报，(04)：113-122.

李小凤. 2010. 古代回族文学家族的兴起及创作特征初探. 民族文学研究，(01)：92-98.

许菁频. 2010. 近三十年中国古代家族文学研究综述与展望. 中州学刊，(02)：211-215.

张剑. 2010. 宋代以降家族文学研究的理论、方法及文献问题. 文学评论，(04)：32-39.

许永涛. 2010. 试论北魏政权的汉化. 黑龙江史志，(05)：13-14.

何星亮. 2010. 中国历史上民族融合的特点和类型. 中南民族大学学报，(02)：35-43.

彭福荣. 2010. 试论土司文学的特征. 民族文学，(09)：228-234.

梅新林. 2011. 文学世家的历史还原. 中国社会科学，(01)：177-224.

李小凤. 2011. 回族文学家族的文化特征及内涵. 伊斯兰文化，(01)：227-237.

米彦青. 2011. 清代中期蒙古族家族文学与文学家族. 内蒙古大学学报(哲社版)，(02)：5-8.

史成虎. 2011. 试析诸葛亮的民族政策思想——"西和诸戎，南抚夷越". 湖北民族学院学报(哲
　　学社会科学版)，(05)：100-104.

陈玲，刘运好. 2011. 论漠北文学区的"本土"文学[J]. 民族文学研究，(06)：49-56.

段红云. 2011. 论隋唐时期的民族政策与各民族的大融合. 云南行政学院学报，(6)：112-114.

方铁. 2012. 土司制度及其对南方少数民族的影响. 中南民族大学学报(人文社会科学版)，(1)：
　　56-61.

徐雁平. 2012. 清代文学世家的家族信念与发展内动力. 苏州大学学报，(4)：115-123.165-172.

赵秀丽. 2012. 论"文学世家"容美田氏家族成因. 民族文学研究，(06)：96-102.

龚萌. 2013. 关于中国土司制度渊源发展研究的十个问题. 青海民族研究, (01): 111-118.

王昊. 2013. 试论西夏文学的华儒内蕴. 北京大学学报(哲学社会科学版), (05): 96-102.

李淑岩. 2013. 法式善生平若干问题考论. 古籍整理研究学刊, (07): 90-94.

杨康贤. 2014. 论文化强国战略下推动少数民族文化传承的重要意义. 价值工程, (04): 280-281.

葛政委, 黄天一. 2014. 向心的凝聚: 容美土司国家认同研究. 广西民族研究, (05): 106-110.

李小凤. 2015. 少数民族家族文学研究的兴起与路径思考. 北方民族大学学报(哲社版), (02): 72-75.

附录一

《明史·永宁宣抚司传》

　　永宁，唐蔺州地。宋为泸州江安、合江二县境。元置永宁路，领筠连州及腾川县，后改为永宁宣抚司。

　　洪武四年平蜀，永宁内附，置永宁卫。六年，筠连州滕大寨蛮编张等叛，诈称云南兵，据湖南长宁诸州县，命成都卫指挥袁洪讨之。洪引兵至叙州庆符县，攻破清平关，擒伪千户李文质等。编张遁走，复以兵犯江安诸县。洪追及之，又败其众，焚其九寨，获编张子伪镇抚张寿。编张遁匿溪洞，余党散入云南。帝闻之，敕谕洪曰："南蛮叛服不常，不足罪。既获其俘，宜编为军。且驻境上，必以兵震之，使詟天威，无遗后患。"未几，张复聚众据滕大寨，洪移兵讨败之。追至小芒部，张遁去，遂取得花寨，擒阿普等。自是，张不敢复出，其寨悉平。遂降筠连州为县，属叙州，以九姓长官司隶永宁安抚司。

　　七年升永宁等处军民安抚司为宣抚使司，秩正三品。八年以禄照为宣抚使。十七年，永宁宣抚使禄照贡马，诏赐钞币冠服，定三年一贡如例。十八年，禄照遣弟阿居来朝，言比年赋马皆已输，惟粮不能如数。缘大军南征，蛮民惊窜，耕种失时，加以兵后疾疫死亡者多，故输纳不及。命蠲之。二十三年，永宁宣抚言，所辖地水道有一百九十滩，其江门大滩有八十二处，皆石塞其流。诏景川侯曹震往疏凿之。二十四年，震至泸州按视，有枝河通永宁，乃凿石削崖，以通漕运。

　　二十六年，以禄照子阿聂袭职。先是，禄照坐事逮至京，得直，还卒于途。其子阿聂与弟智皆在太学，遂以庶母奢尾署司事。至是，奢尾入朝，请以阿聂袭，从之。永乐四年，免永宁荒田租。

宣德八年，故宣抚阿聂妻奢苏朝贡。九年，宣抚奢苏奏："生儒皆土僚，朝廷所授官言语不通，难以训诲。永宁监生李源资厚学通，乞如云南鹤庆府例，授为儒学训导。"诏从之。景泰二年，减永宁宣抚司税课局钞，以苗贼窃发，客商路阻，从布政司请也。

成化元年，山都掌大坝等寨蛮贼分劫江安等县，兵部以闻。二年，国子学录黄明善奏："四川山都掌蛮屡岁出没，杀掠良民。景泰元年招之复叛，天顺六年抚之又反。近总兵李安令永宁宣抚奢贵赴大坝招抚，亦未效。恐开衅无已，宜及大兵之集，早为定计，毋酿边患。"三年，明善复言："宋时多刚县蛮为寇，用白艿子兵破之。白艿子者，即之之民壮；多刚县者，即今之都掌多刚寨也。前代用乡兵有明效，宜急募民壮，以助官军。都掌水稻十月熟，宜督兵先时取其田禾，则三月之内蛮必馁矣。军宜分三路：南从金鹅池攻大坝，中从戎县攻箐前，北从高县攻都掌。小寨破，大寨自拔。又大坝南百余里为芒部，西南二百里为乌蒙，令二府土官截其险要。更用火器自下而上，顺凤延爇，寨必可攻。且征调土兵，须处置得宜，招募民壮，须赏罚必信。"诏总兵官参用之。时总督尚书程信亦奏："都掌地势险要，必得土兵向道。请敕东川、芒部、乌蒙、乌撒诸府兵，并速调湖广永顺、保靖兵，以备征遣。"又请南京战马一千应用。皆报可。四年，信奏："永宁宣抚奢贵开通运道，擒获贼首，宜降玺书奖赉。"从之。

十六年，白罗罗羿子与都掌大坝蛮相攻，礼部侍郎周洪谟言："臣叙人也，知叙蛮情。戎、珙、筠、高诸县，在前代皆土官，国朝始代以流，言语性情不相习，用激变。洪、永、宣、正四朝，四命将徂征，随服随叛。景泰初，益滋蔓，至今为梗。臣向尝言仍立土官治之，为久远计。而都御史汪浩侥幸边功，诬杀所保土官及寨主二百余人，诸蛮怨入骨髓，转肆劫掠。及尚书程信统大兵，仅能克之。臣以谓及今顺蛮人之情，择其众所推服者，许为大寨主，俾世袭，庶可相安。"又言："白罗罗者，相传为广西流蛮，有众数千，无统属。景泰中，纠戎、珙苗，攻破长宁九县，今又侵扰都掌。其所居，崖险箐深，既难剪灭，亦宜立长官司治之。地近芒部，宜即隶之。羿子者，永宁宣抚所辖。而永宁乃云、贵要冲，南跨赤水、毕节六七百里，以一柔妇人制数万强梁之众，故每肆劫掠。臣以为宣抚土僚，仍令宣抚奢贵治之。其南境寨蛮近赤水、毕节要路者，宜立二长官司，仍隶永宁宣抚。夫土官有职无俸，无损国储，有益边备。"从之。二十五年，永宁宣抚司女土官奢禄献大木，给诰如例。

万历元年，四川巡抚曾省吾奏："都蛮叛逆，发兵征讨，土官奢效忠首在调，但与贵州土官安国亨有仇。请并令总兵官刘显节制，使不得藉口复仇，妄有骚动。"

从之。初，乌撒与永宁、乌蒙、水西、沾益诸土官境相连，复以世戚亲厚。既而安国亨杀安信，信兄智结永宁宣抚奢效忠报仇，彼此相攻。而安国亨部下吏目与智有亲，恐为国亨所杀，因投安路墨。墨诈称为土知府安承祖，赴京代奏。已而国亨亦令其子安民陈诉，与奢效忠俱奉命听勘于川贵巡抚。议照蛮俗罚牛赎罪，报可。效忠死，妻世统无子，妾世续有幼子崇周。世统以嫡欲夺印，相仇杀。方奏报间，总兵郭成、参将马呈文利其所有，遽发兵千余，深入落红。奢氏九世所积，搜掠一空。世续亦发兵尾其后。效忠弟沙卜出拒战，且邀水西兵报仇。成兵败绩，乃檄取沙卜于世统，统不应，复杀把总三人，聚苗兵万余，欲攻永宁泄怨。巡按劾成等邀利起衅，宜逮；而议予二土妇冠带，仍分地各管所属，其宣抚司印俟奢崇周成立，赴袭理事。报可。十四年，奢崇周代职，未几死。

奢崇明者，效忠亲弟尽忠子也。幼孤，依世统抚养一十三年。至是，送之永宁，世续遗之毡马，许出印给之。事已定，而诸奸阎宗传等自以昔从世续逐世统，杀沙卜，惧崇明立，必复前恨，遂附水西，立阿利以自固。安疆臣阴阳其间，蛮兵四出，焚劫屯堡，官兵不能禁。总督以闻，朝议命奢崇明暂管宣抚事，冀崇明蠲夙恨，以收人心。而阎宗传等攻掠永宁、普市、麾尼如故。崇明承袭几一载，世续印竟不与，且以印私安疆臣妻弟阿利。巡抚遣都司张神武执世续索印，世续言印在镇雄陇澄处。

陇澄者，水西安尧臣也。陇氏垂绝，尧臣入赘，遂冒陇姓，称陇澄。叙平播州、叙州功，澄与焉，中朝不知其为尧臣也。尧臣外怙播功，内仗水西，有据镇雄制永宁心。蜀抚按以尧臣非陇氏种，无授镇雄意。尧臣以是怀两端，阴助世续。意世续得授阿利，则已据镇雄益坚。又朝廷厌兵，宗传、阿利等方驿骚，已可卧取陇氏也。而阎宗传等每焚掠，必称镇雄兵，以怖诸部。川南道梅国楼所俘蛮丑者言，镇雄遣将鲁大功督兵五营屯大坝，水西兵已渡马铃堡，约攻永宁，普市遂溃，宗传等以空城弃去。奢崇明又言，尧臣所遣目把彭月政、鲁仲贤六大营助逆不退，声言将抵叙南，攻永宁、泸州。于是总兵侯国弼等，皆归恶于尧臣。都司张神武等所俘唤者、朗者，皆镇雄土目，尧臣亦不能解。

黔中抚按以西南多事，兵食俱诎，无意取镇雄。尧臣因以普市、摩尼诸焚掠，皆归之蜀将。议者遂以贪功起衅，为蜀将罪。四川巡抚乔璧星言："尧臣狡谋，欲篡镇雄，垂涎蔺地有年矣。宗传之背逆恃镇雄，犹镇雄之恃水西也。水西疆臣不助兵，臣已得其状，宜乘逆孽未成，令贵州抚按调兵与臣会剿。倘尧臣稔恶如故，臣即移师击之，毋使弗摧之虺复为蛇，弗窒之罅复为河也。"疏上，廷议无敢决用师者。久之，阿利死，印亦出，蜀中欲逐尧臣之论，卒不可解。时播州清疆之议方沸腾，黔、蜀各纷纷。至是，永宁议兵又如聚讼矣。时朝廷已一意休兵。三十五年，命释奢世续，赦阁宗传等罪，访求陇氏子孙为镇雄后。并令安疆臣约束尧臣归本土司，听遥授职衔，不许冒袭陇职。于是宗传降，尧臣请避去，黔督遂请撤师。

旧制，永宁卫隶黔，土司隶蜀。自水、蔺交攻，军民激变，奢崇明虽立，而行勘未报。摩尼、普市千户张大策等复请将永宁宣抚改土为流。兵部言，无故改流，置崇明何地，命速完前勘诸案。于是蜀抚拟张大策以失守城池罪，应斩，黔抚拟张神武以擅兵劫掠，罪亦应斩。策，黔人，武，蜀人也。由是两情皆不平，诸臣自相构讼，复纷结不解。会奢崇明子寅与水西已故土官妻奢社辉争地，安兵马十倍奢，而奢之兵精，两相持。蜀、黔抚按不能制，以状闻。四十八年，黔抚张鹤鸣以赤水卫白撒所屯地为永宁占据，宜清还，皆待勘未决。

天启元年，崇明请调马步兵二万援辽，从之。崇明与子寅久蓄异志，借调兵援辽，遣其婿樊龙、部党张彤等，领兵至重庆，久驻不发。巡抚徐可求移镇重庆，趣永宁兵。樊龙等以增行粮为名乘机反，杀巡抚、道、府、总兵等官二十余员，遂据重庆。分兵攻合江、纳溪，破泸州，陷遵义，兴文知县张振德死之。兴文，故九丝蛮地也。进围成都，伪号大梁，布政使朱燮元、周著，按察使林宰分门固守。石砫土司女官秦良玉遣弟民屏、侄翼明等，发兵四千，倍道兼行，潜渡重庆，营南坪关。良玉自统精兵六千，沿江上趋成都。诸援兵亦渐集。时寅攻城急，阴纳刘勋等为内应，事觉伏诛。复造云梯及旱船，昼夜薄城，城中亦以炮石击毁之。相持百日，会贼将罗乾象遣人输款，愿杀贼自效。是夜，乾象纵火焚营，贼兵乱，崇明父子仓皇奔，钱帛谷米委弃山积，穷民赖以得活。乾象因率其党胡汝高等来降。时燮元已授巡抚，率川卒追崇明，江安、新都、遵义诸郡邑皆复。时二年三月也。樊龙收余众数万，据重庆险塞。燮元督良玉等夺二郎关，总兵杜文焕破佛图关，诸将迫重庆而军。奢寅遣贼党周鼎等分道来救，鼎败走，为合江民所缚。官军与平茶、酉阳、石砫三土司合围重庆，城中乏食。燮元遂以计擒樊龙，杀之，张彤亦为乱兵所杀，生擒龙子友邦及其党张国用、石永高等三十余人，遂复重庆。

时安邦彦反于贵州，崇明遥倚为声援。三年，川师复遵义，进攻永宁，遇奢寅于土地坎，率兵搏战。大兵奋击，败之。寅被创遁，樊虎亦战死。进克其城，降贼二万。复进拔红崖、天台诸囤寨，降者日至。崇明势益蹙，求救于水西，邦彦遣十六营过河援之。罗乾象急破蔺州，焚九凤楼，覆其巢。崇明踉跄走，投水西。邦彦与合兵，分犯遵义、永宁。川师败之于芝麻塘，贼遁入青山。诸将逼渭河，鏖入龙场阵，获崇明妻安氏及奢崇辉等，斩获万计。蔺州平。总督朱燮元请以赤水河为界，河东龙场属黔，河西赤水、永宁属蜀。永宁设道、府，与遵义、建武声势联络。

未几，贵州巡抚王三善为邦彦所袭死，崇明势复张，将以逾春大举寇永宁。会奢寅为其下所杀，而燮元亦以父丧去，崇明、邦彦得稽诛。崇明称大梁王，邦彦号四裔大长老，诸称元帅者不可胜计，合兵十余万，规先犯赤水。崇祯初，起燮元总督贵、湖、云、川、广诸军务，大会师。燮元定计诱贼深入向永宁，邀之于五峰山桃红坝，令总兵侯良柱大败之，崇明、邦彦皆授首。是役也，扫荡蜀、黔数十年巨憝，前后皆燮元功云。

——节录自《明史》卷312，北京：中华书局，2000 年版第 5393–5396 页。

附录二

余氏家族世系表①

世系	姓名	住地	世系	姓名	住地
1 世	穆阿卧	易蒙作姆②	2 世	卧阿晔	
3 世	晔能伦		4 世	能伦哺	
5 世	哺兴哈		6 世	兴哈云	
7 世	云阿赫		8 世	赫阿通	迁居湖泊附近和云南沾益境内③
9 世	通贰蒲		10 世	贰蒲丰	
11 世	丰那琚		12 世	那琚赛	
13 世	赛弥纶		14 世	弥纶勒	
15 世	勒卧猛		16 世	卧猛卧叶	
17 世	卧叶哦海		18 世	哦海德赫④	
19 世（通雍 1 世）	德赫辉⑤	各姆更鲁	20 世（通雍 2 世）	辉阿哒	科洛大城（今贵州省赫章县可乐乡境内）
21 世（通雍 3 世）	哒诺武	柏雅妥洪（今四川省古蔺县境内）	22 世（通雍 4 世）	武诺伯	堵咋鲁戛
23 世（通雍 5 世）	伯俄都		24 世（通雍 6 世）	都渣渠	
25 世（通雍 7 世）	渣渠底		26 世（通雍 8 世）	底阿喜	
27 世（通雍 9 世）	喜阿碟		28 世（通雍 10 世）	碟阿穆	

① 本表参照余宏模先生所拟《通雍余氏宗谱》与《西南彝志》卷 12《扯勒珍藏》对比表（见《余宏模彝学研究文集》，贵州大学出版社 2010 年版第 355—359 页）以及《西南彝志选》相关部分编制补充。《通雍余氏宗谱》采用余家驹原著、余昭原注、余若璟续修、余宏模整理，日本学习院大学东洋文化研究所 1999年出版发行本，该谱系奢氏改汉姓为余之同宗谱牒。

② 据《西南彝志选》贵州人民出版社 1982 年版补。

③ 据《西南彝志选》贵州人民出版社 1982 年版补。

④ 自 18 世及以上为乌蒙部之祖，19 世起为扯勒鳛部通雍氏之祖。

⑤ 德赫辉为鳛部通雍奢氏（余氏）始祖，与其兄德赫隆曾为鳛部王。

续表

世系	姓名	住地	世系	姓名	住地
29世(通雍11世)	穆墨者		30世(通雍12世)	墨者扯勒	
31世(通雍13世)	扯勒莫武		32世(通雍14世)	莫武隆阿	
33世(通雍15世)	隆阿阿穆		34世(通雍16世)	阿穆阿琮	阿宗洛甫(今四川省叙永县境内)
35世(通雍17世)	阿琮思点		36世(通雍18世)	思点哔启	
37世(通雍19世)	哔启脱		38世(通雍20世)	脱麻洗	
39世(通雍21世)	洗阿琚		40世(通雍22世)	琚阿弄	
41世(通雍23世)	弄阿逢		42世(通雍24世)	阿逢那知	哪知白琪
43世(通雍25世)	那知枝伊		44世(通雍26世)	枝伊补杰	
45世(通雍27世)	补杰补德	布德塔那	46世(通雍28世)	补德补裕	阿史赫亚
47世(通雍29世)	补裕阿喜		48世(通雍30世)	阿喜更宗	阿史阿岱
49世(通雍31世)	更宗脱宜	雅美底斯	50世(通雍32世)	脱宜赫特	柏雅妥洪(今四川省古蔺县境内)
51世(通雍33世)	赫特阿额	阿额阿史	52世(通雍34世)	阿额普屈	玳巧阿糯
53世(通雍35世)	普屈兹楚	玳巧洛易	54世(通雍36世)	兹楚阿枯	巳楚法巳、巳楚法垮、巳楚益荣
55世(通雍37世)	阿枯兹起	巳更红索	56世(通雍38世)	兹起那枯	那可阿苏
57世(通雍39世)	那枯蒲衣	那可贤蒙	58世(通雍40世)	蒲衣普古	
59世(通雍41世)	普古龙迁	氽谷额戛 氽谷额直	60世(通雍42世)	龙迁龙更	陇耕启默
61世(通雍43世)	龙更龙之		62世(通雍44世)	龙之阿举	
63世(通雍45世)	阿举蒲守		64世(通雍46世)	蒲守宣乐	肥罗更知
65世(通雍47世)	宣乐兹豆		66世(通雍48世)	兹豆禄克	
67世(通雍49世)	禄克那可	那垮伯知	68世(通雍50世)	那可哺托	柏雅妥洪(今四川省古蔺县)
69世(通雍51世)	哺托龙智		70世(通雍52世)	龙智龙格	鲁走伯其、鲁走色果底(今贵州省毕节市七星关区大屯彝族乡左泥村)
71世(通雍53世)	龙格诺宗		72世(通雍54世)	诺宗阿玉(奢崇明)	益卧(今四川省叙永县水潦彝族乡)
73世(通雍55世)	阿玉位基(奢震)	今四川省叙永县石坝乡	73世(通雍55世)	阿玉阿姑(奢辰)	德垮(今贵州省毕节市七星关区大屯彝族乡)
74世(通雍56世)	张翔	果底(今贵州省毕节市七星关区大屯彝族乡左泥村)	75世(通雍57世)	杨翰桢	果底(今贵州省毕节市七星关区大屯彝族乡左泥村)
76世(通雍58世)	杨余仲	同上	77世(通雍59世)	杨廷栋	同上
78世(通雍60世)	杨人瑞	同上	79世(通雍61世)	余家驹	同上
80世(通雍62世)	余珍	同上	81世(通雍63世)	余象仪	同上
82世(通雍64世)	余若琼	同上	83世(通雍65世)	余祥河	贵州毕节大屯

注：1. 通雍55世为同辈,分两支徙居今四川叙永水潦彝族乡和贵州毕节大屯彝族乡。

2. 表内住地栏空白者为不详。

附录三

贵州毕节余氏家族大屯土司庄园考察纪实①

在巍峨苍莽的乌蒙山脉腹地、川滇黔三省交界处的赤水河畔，有一处气势恢宏、古朴典雅、富含彝族风韵的建筑群，这就是我国古代土司庄园建筑中迄今唯一保存完好、规模最大的国家级重点文物保护单位——贵州毕节大屯土司庄园。庄园的主人是清代以来赫赫有名的四川永宁彝族土司奢氏家族后裔余氏。

2013 年 8 月 25 日，通过毕节市政府官员联系，国家社科基金西部项目《中国少数民族杰出文学家族研究》项目组人员驱车百余千米，来到位于贵州省毕节市东北隅的大屯彝族乡，考察余氏家族过去居住的土司庄园，了解余氏家族在当地的文化影响。考察采用参观、座谈、问卷 3 种方式进行，座谈和问卷调查地点设在保护完好的古朴优雅的余氏土司庄园内余达父书房愫雅堂。当我们步入这里时，形同真人的余达父蜡像映入眼帘，他正在撰写文稿，凝神专注，似乎没有觉察我们的到来。愫雅堂的正面墙上挂满了名家书画作品，其中一幅是著名文学家杨慎送给余达父的，古旧斑驳中透露出高雅趣味。虽然经过岁月的烟尘熏染，我们仍然可以遥想当年土司庄园的文化氛围。

考察是从参观大屯土司庄园开始的。这座器宇和风格都不同凡响的庄园始建于清康熙年间（依余宏模先生之说），至今还保留着古代建筑风韵。庄园占地 5000余平方米，建筑面积 1200 平方米，坐东向西，依山按中轴对称三路构筑布局，逐级升高，纵深递进，呈长方形。园内主体建筑皆为三列三重殿宇，用银石铺砌墙

---

① 余氏家族大屯土司庄园的情况，主要参见大屯彝族乡政府网页 www.gzjcdj.gov.cn 2013-01-31，同时也参照余氏家族传人余宏模先生的说法。

基。又有青砖砌成高 5 米左右的围墙，沿围墙砌有 6 座高大的土碉，解放前，土碉内常年驻守保卫庄园的兵丁百余人。

庄园木制的门楼高大结实，内设瞭望孔和枪械射击孔。步走入门楼，右面是一个轿厅，可容 10 余人吃住、活动。走过轿厅是一宽敞的院落，院落正中沿半圆形、刻有精美龙虎图腾的 17 级青石台阶拾阶而上，便进入了高耸于台阶之上、恢宏、庄严、肃穆的大堂，这里是土司迎接贵宾、大型庆典和断案升堂的场所。

穿过二堂便进入天井。天井呈长方形，一色的青石铺就，宽大、平坦、气派，这里是土司习武和检阅家丁武艺的地方。历史上，永宁奢氏宣抚司所辖赤水河两岸广大地域，强盛时期分设 18 个则溪（区域），作为其政治、经济统治的基层单位，分派亲族部属任职，分别掌管钱粮兵马，统领属地。因此，在土司的生活中，军事武艺极其重要。闲时，也是土司府内女眷们日常活动的场所。天井上方是正房，即庄园的第三座殿宇，前后有回廊，庄重典雅，清爽舒适。书房、居室是土司起居、读书之地，斑驳陆离的正房室内，挂有著名诗人、学者余达父的画像，坚毅肃穆，潇洒倜傥。

殿堂后院幽深清秀。园内一条窄窄的曲径通往左侧绣楼，绣楼分两层，雕梁画栋，优雅别致，是土司家族小姐的香闺。由天井的右侧穿过月洞门，可见西花园。花园位于右侧中轴线上，园内藤蔓攀墙，佳木参天，翠竹掩映，馨香馥郁，园内建有双耳鱼池、风雨桥、飞来椅、美人靠、回廊、愫雅堂、双印斋，曲径通幽，景色宜人。花园浓荫覆盖的后角处，有座小巧别致的楼阁，这是土司家族的祠堂，供奉着历代祖先牌位。

这座庄园积淀了中国传统文化、地域文化、彝族文化和土司文化的丰富内涵，也是余氏家族进行文学创作、学术研究、文化交流、文化传承的重要场所之一。

参观结束后是座谈、问卷调查。参加座谈会的共有 14 人：罗文清（男，彝族，83 岁，退休教师，居住本地 83 年）；余国才（男，彝族，77 岁，务农，居住本地 77 年）；陈文军（男，75 岁，彝族布摩，务农，居住本地 75 年）；陈大远（男，彝族，69 岁，务农，居住本地 69 年）；陈大琰（男，彝族，52 岁，村党支部书记，居住本地 52 年）；陈祖祥（男，彝族，51 岁，乡公务员，居住本地 51 年）；王安昌（男，汉族，50 岁，大屯土司庄园文物管理所所长）；杨昌荣（男，彝族，50 岁，大屯土司庄园文物管理所管理员，居住本地 50 年）；陈大凯（男，47 岁，村委副主任，居住本地 47 年）；石岭（男，汉族，45 岁，教师，居住本地 45 年）；石礼学（男，汉族，43 岁，教师，居住本地 43 年）；胡祥松（男，彝族，38 岁，大屯乡乡长，居住本地 7 年）；范云（男，彝族，33 岁，乡政府公务员，居住本地 33 年）；陈峰（男，彝族，29 岁，乡政府公务员，居住本地 29 年）。

座谈会的中心议题是了解余氏家族的文化影响，有 10 人发言。

调查问卷统计分析：

共发放调查问卷 14 分，回收有效问卷 14 份（回收率 100%）。根据《中华人民共和国职业分类大典》，按照民族、职业和居住年限标准划分被调查对象，将调查结果统计分析如下（统计到小数点后两位，四舍五入）。

一、被访者基本信息统计

彝族 11 人，占 78.57%，汉族 3 人，占 21.43%；

从事非体力劳动人员 11 人，共占 78.57%，其中机关工作人员（公务员）7 人，占 63.64%，教师 3 人，占 27.27%；

从事农业人员 3 人，占 27.27%。

居住本地 50 年及以上者 7 人，占 50%，居住本地 30～49 年者 4 人，占 28.57%，居住本地 30 年以下者 2 人，占 14.29，居住年限未填写者 1 人，占 0.71%。

二、被访者综合情况分析

被访者绝大部分为彝族，居住或工作于本地者至少 7 年，最多 83 年。居住本地 50 年及以上者 7 人，占 50%，说明他们最早自 1930 年（民国十九年）起就熟悉余氏土司家族。就居住地来看，都是本地住户，离庄园最远的住地为 3 千米处的彝族村寨三官寨，有 1 位被访者（余国才）就住在庄园边上，对余氏家族的情况可谓耳闻目睹。建国前出生的 3 人中，1 人为毕摩，是彝族中最有文化的人、彝族最崇拜的经师。另一位为 83 岁的教师，只有一位被访者务农。其余 11 人虽为解放后出生的，但由于长期生活于此，对余氏家族 1949 年以来的情况非常了解。他们中的一些人读过余氏家族的诗文，83 岁的罗文清还举办过布摩培训班，读过余宏模的《彝族历史文化论丛》，对彝族历史了如指掌。

三、被访者回答要素统计分析

问卷共设计了 11 道题，被访者人数为 14，在合乎矛盾律的前提下，答案可以复选，第 11 题无固定答案，可自由回答。复选者累加人数。

第1题：您了解余氏家族的途径是：

A. 书本文献（8 人）；　**B.** 实地了解（7 人）；　　**C.** 听别人说（8 人）**D.** 其他途径（0 人）

分析：多数人通过书本文献和实地了解熟悉余氏家族，也有相当一部分人是听别人说的，这说明对余氏家族的宣传还要加强。

第2题：余氏家族的文学影响范围是：

A. 本县（1 人）；　**B.** 本省（3 人）；　**C.** 全国（5 人）；　　**D.** 全球（5 人）

分析：半数以上被访者认为余氏家族的影响在国内，近半数被访者认为是全球性的。

第3题：余氏家族的文学成就：

A. 很大（8 人）；　**B.** 较大（6 人）；　**C.** 一般（0 人）；　**D.** 不大（0 人）

分析：绝大多数人认为余氏家族的文学成就很大或较大。

第4题：余氏家族的文学创作长于：

A. 汉语古典诗词（7 人）；　　　　　**B.** 汉语文言散文（6 人）；

C. 彝语诗文（6 人）；　　　　　　　**D.** 所有文学体裁（1 人）

分析：余氏家族成员不可能人人擅长创作所有文学体裁，因此绝大多数被访者的选择是基本正确的。

第5题：余氏家族成员文学成就最大的作家是：

A. 余昭（0 人）；**B.** 余珍（1 人）；**C.** 余家驹（0 人）；**D.** 余达父（13 人）

分析：92.8%的答案选择 D（余达父）。

第6题：余氏家族的学术研究人才是

A. 余昭（1 人）；**B.** 余珍（1 人）；**C.** 余家驹（1 人）；**D.** 余达父（14 人）

分析：余氏家族的学术研究人才有 4 人（余昭、余家驹、余达父、余宏模），被访者还不够了解余氏家族的学术研究情况。

第7题：余氏家族的文化传承方式是：

A. 内部传承（4 人）；　　　　　　　**B.** 外部输入（0 人）；

C. 内外结合（7 人）；　　　　　　　**D.** 中外文化交流（9 人）

分析：余氏家族的文化传承方式是多样化的，以内外结合（包括中外文化交流）为主体，这和项目组的判断也基本一致。其中，中外文化交流是被访者高度认同的传承方式之一。

第8题：研究余氏家族的意义在于：

A. 弘扬家族文化（1 人）；　　　　　**B.** 弘扬地域文化（4 人）；

C. 弘扬传统文化（3人）；　　　　　**D.** 前三项之和（10人）

分析：本题可以复选，绝大多数选D，说明被访者对研究余氏家族的意义有足够的认识。

第9题：您认为"奢安之变"的性质是：

A. 两个家族的内部争斗（1人）；

B. 彝族土司家族联合反对明王朝的正义斗争（10人）；

C. 犯上作乱的行为（0人）；

D. 无法辨别其性质（3人）

分析：本题为唯一答案，不可以复选。绝大多数被访者认为"奢安之变"的性质是彝族土司家族联合反对明王朝的正义斗争。这和近年来一些学者的观点不谋而合。

第10题：您对余氏文学家族的综合评价：

A. 中国杰出的少数民族文学家族（10人）；

B. 西南地区杰出的少数民族文学家族（4人）；

C. 四川省杰出的少数民族文学家族（0人）；

D. 贵州省杰出的少数民族文学家族（0人）

分析：本题可以复选。71.4%的被访者认为余氏家族是中国杰出的少数民族文学家族，28.6%的被访者认为余氏家族是西南地区杰出的少数民族文学家族。

第11题：近年来您参加了哪些与余氏家族有关的文化、学术活动？

有10份问卷回答，此处选择不重复的答案列出：

1. 曾参加2012年土司庄园开园仪式，读过《时园诗草》、《大山诗草》、《愙雅堂诗集》；

2. 参加过关于大屯土司庄园文物收集、保护活动；

3. 举办大屯土司庄园开园仪式，开展园内陈列展览活动；

4. 举办过大屯文化传播活动；

5. 编写过校本教材（部分内容为余氏家族诗歌、历史掌故）；

6. 参加过彝族文化传播活动；

7. 曾经在2003年收集过余氏家族的奇闻轶事。

分析：集体性的活动为参加土司庄园开园仪式、参加文物保护等，个人活动主要为阅读余氏家族诗文集、编写乡土校本教材、收集余氏家族逸闻轶事等。项目组考察结束时收到大屯中心校石礼学老师今年编撰的《大屯中心校校本教材系列——地方课教材〈故乡风物记〉》（非正规出版物），该教材标明"三年级——六年级使用"。全书共 374 页,关于余氏家族的逸闻轶事、对大屯土司庄园的介绍有 117 页,占总页数的 31.28%。

结语:大屯彝族乡位于贵州省毕节市东北部,海拔 900 米,面积 56 平方千米,人口 1.66 万,其中彝、苗等民族占 27.7%。1949 年属龙场乡,1954 年析设大屯、左泥、雅木、落鸿乡,1958 年撤乡并入龙场公社,1961 年析建 4 公社,1984 年改置大屯、雅木 2 乡和烙烘、左泥 2 彝族乡,1991 年合并设置大屯彝族乡,乡人民政府驻地大屯。大屯彝族乡文化资源富集,具有独特的魅力,彝族土司文化与地域文化、民族文化交融于此地,绚丽斑斓的民族服饰、形态各异的民族歌舞、风格独特的民族建筑、三官寨卷帙浩繁的彝文经典等铸就了这里丰厚的文化内涵,它堪称藏羌彝文化走廊上的璀璨明珠。

大屯彝族乡风光旖旎,民族风情浓郁,民风朴质,热情好客,党委和政府积极支持民族文化、土司文化的研究开发,文物保护措施得力(尤其是对大屯土司庄园的保护更值得赞叹)。学校是传播民族文化的重要场所,教师在乡土教材中编进了一定比例的余氏家族逸闻轶事、诗歌,有利于传播彝族精英文化。余氏家族当年在大屯的文化影响是巨大的,直到今天还余响未尽。当然还需要充分利用大屯土司庄园这样的文物载体进一步宣传,让更多的人了解余氏家族。

附录四
四川叙永水潦彝族乡田野考察纪实

2013 年 7 月 25~26 日，国家社科基金西部项目《中国少数民族杰出文学家族研究》项目组人员翻越崇山峻岭，跋涉云贵川三省交界处，行程 200 余千米，来到余氏家族所在地之一的四川省泸州市叙永县水潦彝族乡进行田野调查。

四川省泸州市叙永县水潦彝族乡位于四川省叙永县最南端，距县城 86 千米，属赤水河流域上游地带，东与石坝乡接壤，南与贵州省毕节市团结乡隔河相望，西与云南省坡头乡接壤，北与分水镇毗邻，处于川、滇、黔三省结合部。全乡面积 83.1 平方千米，东西路径 12.3 千米，南北跨径 13.4 千米。全乡地形为两槽两岭一面坡，最低海拔 686 米，最高海拔 1684 米，平均海拔 1080 米。乡境内最高气温 40℃，最低气温-10℃，常年平均气温 14.2℃，全年无霜期 276～300 天，常年降雨量 896 毫米，主要集中在夏季，全年日照 1000～2000 小时。全乡辖 10 个村 1 个居委会、53 个经济社，聚居汉、彝、苗 3 族。水潦彝族乡政府所在地水潦场始建于明末清初，是四川、云南、贵州三省交界处的一个商品集散地。

贵州毕节大屯余氏家族与叙永水潦彝族乡有特殊关系：明天启年间因"奢安之变"，奢氏家族被朝廷追剿，为避祸改汉姓为余、杨、张等，分两支徙居于四川叙永水潦及贵州毕节大屯两地。解放前，余氏家族两地成员大多相继作为四川叙永水潦庄园和贵州毕节大屯土司庄园主继承人，而今仍可见到余氏家族中的余文、余钟奇、余子懋、余中庵、余昭、安履贞、余健光等人的坟墓葬于此地。

快到水潦时，余氏家族 77 岁的余淑俊先生搭乘一辆摩托到约 15 千米开外的赤水河边小公路上迎接我们，同时搭乘另一辆摩托迎接我们的还有 72 岁的李正仁先生和年轻的李春晓老师。余淑俊先生白发苍苍，但身板硬朗，教过 3 年书，能诗文书画创作，但留下的作品不多。我们乘车随摩托从赤水河边沿蜿蜒陡峭的山路盘旋而上好几千米，半坡中云雾缭绕、须仰视才能看见的几幢办公楼便是水潦乡政府。乡长热情接待了我们，见面会在乡政府办公室召开。通过乡长介绍，我们得知水潦乡的经济社会发展情况，尤其是乡里如何打造彝文化品牌，修建彝文化广场，排练彝族传统歌舞等，令人耳目一新，深感在水潦这样一个经济还不发达的偏远乡，温饱都还没有完全解决的情况下，如此的规划难能可贵。

短暂的见面会结束后，项目组一行在余淑俊先生等人带领下，考察余氏家族在水潦的遗迹。据介绍，解放前余家在水潦有两处院落，都修得雄伟壮观，具有彝文化风格。但经过文化大革命，这些院落遭到很大毁坏，紧靠乡政府的那一座院子早已成为废墟，只剩下几道石坎，用不规则的石头砌成，但正面修凿得整齐美观。离乡政府几里路之处有余氏家族的另一座院落"余庆居"，这栋建筑早已改为学校，但昔日的风貌依稀可见：高约5米的围墙以大石砌成，墙面先用石灰敷底，再仿青砖勾缝。院门上方墙顶呈锥形，仿佛有基督教建筑或哥特式建筑特征。门楣为青石雕花的传统图案"二龙抢宝"，门两边的石雕对联早已被人为凿坏，依稀可见"忠孝传家永守嘉善垂百世""信义接物长留正气著三边"22字，是端方谨严而又不失潇洒的楷书。

步入院中，可以见到这座两层土木建筑的大体风貌，想象其未被毁坏时的风采。前后院之间有石门，门上方是雕刻极其精致的四鱼嬉水图，姿态各尽其妙。二楼完全为木结构，栏杆、门窗无不镂花刻朵，雅致可观。遗憾的是，雕刻有余昭诗的几块精美石碑竟然用作某住户的猪圈栏板，极不和谐。总体上看，"文革"时期这里被毁坏的很多文物至今尚未修复，和余氏家族贵州毕节大屯土司庄园建筑保护完好的情况相比有很大差别。

院落背面外墙镶嵌着余氏家族的两块巨大石碑，用双钩字雕刻一幅对联：横额为"鳛部世裔"，上联为"不羡他秦楼楚馆、画栋珠帘，即此地居临三省，闲收拾蜀雨滇云赤水黔山尽归屏障"，下联为"遥溯自禹甸周圻、分茅胙土，迄于今世守一隅，慎勿忘国恩家训明勋汉迹永绍箕裘"。该联为留学日本的余霁岚撰书，当为余氏家族迁徙至四川水潦后所立的家训。尽管家族的辉煌已成为历史，但是长辈仍然告诫子孙不忘国恩，切勿贪图优越物质享受，而应从大自然的山水风光中获得美的感悟，陶冶性情，弘扬家风。

25日晚上的调研活动内容是与水潦乡坛厂读书会、水潦之声读书会的成员座谈，主题为余氏家族对水潦文化的影响。共12人参加座谈，包括退休教师李正仁（汉族，72岁，居住本地72年）、在职教师张云（彝族，47岁，居住本地47年）、在职教师李春晓（汉族，43岁，居住本地40年）、在职教师李乾波（汉族，38

岁，居住本地 36 年）、乡长熊伟（35 岁，彝族，居住本地 35 年），还有未提供详细信息的在职教师 2 人。由于是暑期，坛厂小学、水潦中心校读书会成员大多外出参加夏令营，与我们座谈的只有读书会的几位骨干成员：李正仁（笔名静秋，坛厂读书会、"水潦之声"读书会发起人之一、中华诗词学会会员），李春晓（水潦中心校教师、坛厂读书会发起人之一、"水潦之声"读书会理事、中华诗词学会会员），张云（坛厂中心校教师、泸州市诗词学会会员、"水潦之声"读书会创作研究员）等人。

座谈会后查阅资料，我们被水潦彝族乡独特的文化魅力和生动的传统文化传承深深吸引。水潦古代为永宁宣抚司辖地，地处川滇黔三省交界地带，这种特殊的地理位置很容易成为文化荒芜、匪患丛生或毒品泛滥的地带，然而恰恰相反，这里是保存中国传统文化最好的山乡之一。明代洪武年间，奢夫人（奢苏）袭永宁宣慰职，向朝廷奏请开办义学，并首开彝汉双语教学之先河。20 世纪 40 年代初期，余氏家族成员余祥铭自筹经费创办了一所新式学校——水潦乡中心小学，亲任校长，从省内外聘请资深教师任教，其目的是不让水潦人才断代、文化断代。事实上，通过余氏家族百年来的的努力，中国传统文化在水潦得到传承和延续，能创作汉语古诗词的人才层出不穷。

在水潦，早期的诗人是被称为"一门五诗人"的余氏诗人群：1801 年（清仁宗嘉庆六年），第一位诗人余昭诞生，1824 年，第二位诗人安履贞（后来的余昭之妻，也是该家族中第一位女诗人）诞生，1825 年（清宣宗道光五年），第三位诗人余珍诞生，1827 年（清宣宗道光七年），第四位诗人余昭诞生，1869 年（清穆宗同治八年），第五位诗人余达父诞生。余氏五诗人中，成就和影响重大的余昭、余达父都出生于水潦，5 诗人创作的 1400 多首汉语古诗首先在水潦广为流传，成为后代学子效法的楷模，继而逐步传播到外地（余达父诗歌还流传到日本）。虽然世易时移，但孔子时代大力提倡的诗教如同酣畅的春雨，被水潦先贤们引来，无声地滋润着这块偏僻而又贫瘠的土地，催生出无数绚烂的诗教之花。

《坛厂读书会纪要》第二集中，有一篇 2008 年发表在《叙永通讯》上、题为《怒放在贫瘠大山里的绚丽诗花》的文章这样写道："水潦，地处偏远的西南边陲，距县城足有 80 多千米，与贵州、云南两省相邻，雄鸡报晓，三省可闻，因此素有'鸡鸣三省'之称。水潦是余氏家族五诗人的故乡，是革命志士余达父、余健光、余景炎的桑梓之地，坛厂又是清末诗人余昭、安履贞的安葬之所。这些艺术和文化品位极高的前辈，潜移默化着后人。……从 60 多岁的老校长，到一二年级的小娃娃，都会吟诗作词；1000 多首诗词歌赋，30 多万字的读书会纪要，演绎彝乡儿女对祖国传统文化的深深热爱;他们在偏远落后的穷乡僻壤饮酒吟诗,铸就铿锵师魂;他们开设古典诗词教育课,让祖国传统文化瑰宝在彝乡生根发芽。"将诗教推向中小学生并取得显著效果,是水潦乡的可圈可点之处。2007年,水潦乡坛厂九校被定为叙永县第一个诗教基地;2010年,在泸州市传统诗词竞赛中,水潦乡两校学生64人次参赛,53人次获奖,并囊括了初中组全部一等奖。

看到这些原始而真实的记录,抚摸一本本厚实的活动笔记本和杂志、文集,我们被震撼了!情不自禁地采撷了几束诗教之花或者说是文化传承之花呈献于后:

2000年12月31日、2001年1月1日,水潦乡党委、政府在世纪之交专门召开水潦文化座谈会,畅谈如何为家乡的文化传承和发展出谋划策,贡献力量,会后编印了《世纪之交水潦文化座谈会专刊》。这次会议正式拉开了水潦诗教的帷幕。

2009年11月1日,"水潦之声"读书会成立,初期会员22人。其宗旨为"以诗歌为主导,兼及绘画书法篆刻。以弘扬传统文化为标准,以培养新一代文学爱好者为任务,以诗歌创作共同交流、吸取为主题。广泛吸收社会各界文化人士上至八旬老翁,下至少年儿童。坚持每个月举办一次交流活动,会员在活动期间畅所欲言,抒发各自文艺观、创作观、审美观"。(摘自《水潦之声第一至四期活动记录》)该团体成立1年时,会员发展到35人,创作诗词312首,在周边地区诗词刊物上发表122首。我们翻阅第1~4期活动纪要,基本上都为会员诗词创作与点评、理论探讨之类的记录。

2011年6月7日,坛厂读书会成立,迄今会员有50多人。开展了60次活动,每次活动都围绕传统诗、词、联、赋的创作和点评进行,并且及时编印纪要。我们到水潦考察时,《传统文化之窗——坛厂读书会纪要》已经出了第二集(之前我们看过并收藏了他们的第一集纪要),沉甸甸的两大本少说也有40来万字。翻开第一集第一页,时间是2004年10月29日,记录了坛厂读书会的发起过程、读书会活动宗旨和形式等作为前言。现摘录几段:

于是三人决定,成立诗友会(后改为读书会),每两周末一聚,发表感悟。内容为诗词联赋,形式灵活,学古而不泥古,立足继承,重在发扬……

每次活动,皆令人心潮涌动,话如流水,奔腾不止,以至于通宵达旦……

每次活动遵照以下几个环节进行。

其一,展示新作品,圈点评判,各抒己见;每逢佳句妙文,或拍案惊呼,或举杯褒奖;若乎意旨不明,则争论不休,唇枪舌战,各自陈词,以面红耳赤为度……

翻阅第一本读书活动纪要，我们还发现坛厂读书会有几次活动与余氏家族有关：

第 15 次活动纪要（2002 年 5 月 7 日）记载了读书会 3 位成员到贵阳访问贵州省民族研究所所长余宏模先生的情况。第 17 次读书活动（2002 年 6 月 22 日）是写诗赠余宏模先生（共 15 首诗歌，有律诗、绝句）；第 18 次活动记录是读书会 2002 年 10 月 1 日祭扫辛亥革命志士余健光墓的诗文专辑。足见余氏家族无论诗人、学者还是革命家都没有被水潦人忘怀。坛厂读书会以古诗词传承文化的形式得到了上级部门的大力肯定，并被《农民日报》《四川农村日报》报道，2011 年 11 月 27 日《四川日报》头版报道。坛厂九校还是叙永县永宁诗书画院诗词教育基地。

将自己创作的诗歌编印专集，传之后世，是水潦人传承诗教文化的又一方式。除了旧时代的水潦人有诗文集流传，当代水潦人罗成瑄有《西南诗稿》遗作，胡启寿有《胡启寿遗著》，李正仁有《静秋吟草》和《静秋吟草续集》，张启辉有《巴人闲吟》，桑伦荣有《桑梓呢喃》，曹世林有《北岭漫吟》。2012 年编印的《水潦彝乡诗词》共收 278 位作者的近 1500 件作品，其中余家驹、余珍、余昭、安履贞、余达父、余若煌、余霁岚的 63 首诗歌被列于全书之首。

结语：水潦彝族乡地处偏僻的川滇黔交界处，山高路陡，交通不便，但是这里的文化传承活动却欣欣向荣、连绵不断，古诗词创作水平在全乡名列前茅，这种文化现象值得深思。一方面，当然是乡党委的重视、教师的带动，更为重要的是余氏家族在这里产生了长久的影响。人们崇敬文化，崇敬乡贤，把余氏家族留存的作品作为学习典范，并大力开展古诗词创作活动和诗教活动。读李正仁、李春晓等人的作品，立意不凡、格律娴熟、用典贴切，诗歌已经被他们生活化了，格律不再是束缚手脚的桎梏。

两天的考察时间很快过去，当我们依依不舍地离开水潦时，余淑俊、李正仁、李春晓等老师依然乘坐摩托，陪同我们最后参观了正在修建中的水潦乡彝文化广场，这个尚未竣工的广场我们考察时还看不出整体效果，但四周栏杆下方已经全部镶嵌上了水潦先贤和今人的几十块石雕诗碑，壮观而高雅，足以诠释水潦人的文化品位。最后借用叙永县政协为坛厂九校"叙永县永宁诗书画院诗词教育基地"授牌时某领导的现场吟诗结束我们的水潦之行："莫道深山无彩霞，喜看坛厂有繁花。满园桃李随春茂，一院诗书逐月华。唐宋遗风催热土，白维再老育新芽。古壶要盛今时酒，醉遍神州百万家。"

后　记

　　本书为 2012 年国家社科基金西部项目《中国少数民族杰出文学家族研究》（编号：12XZW034）的最终成果《中国少数民族杰出文学家族研究——以余氏家族为个案》，出版时定名为《中国少数民族杰出文学家族研究——以余氏家族为对象》。项目主持单位为贵州工程应用技术学院（原毕节学院），主持人为人文学院三级教授母进炎。

　　选择这个项目进行研究，是我们多年来的思考。项目组成员生活于磅礴乌蒙山脉的黔西北这块富含原生态文化资源的土地，这里有古老的观音洞文化、夜郎文化、土司文化和红色文化，有汉、彝、苗、回、布依、白、蒙古、壮、侗、黎、满、瑶、土家、哈尼、傣、景颇、仡佬、京、维吾尔等 35 个民族。尤其是大山深处的彝族同胞，世世代代坚韧不拔地传承着自己的文化，留下了极其丰富而珍贵的彝文献，是全国彝学的"金矿"。

　　2010 年，本研究团队完成了母进炎教授主持的贵州省优秀科技教育人才省长资金项目"毕节大屯余氏彝族诗人家族研究"，并由贵州人民出版社出版了论著《百年家学　数世风骚——大屯余氏彝族诗人家族研究》。大家决定以此为基础冲刺国家社科基金项目，申报成功后，崇高的使命感使我们这个团队精诚团结，通力合作，即使用"焚膏继晷，废寝忘食"八个字来形容大家所付出的劳动也不过分。例如全体成员不辞辛劳，往返于几百里开外的四川省叙永县水潦彝族乡、贵州省毕节市大屯彝族乡，实地考察历史上的彝族土司家族余氏家族的状况、影响，到本省文史馆、贵阳学院等单位找熟悉情况的人了解余氏家族的有关情况和影响；多次出差到贵阳拜访、请教余氏家族文化传人余宏模先生。利用出差机会购买研究资料，甚至托人四处搜求研究资料。如福建《陈埭丁氏回族宗谱》是通过朋友找到厦门大学的庄景辉教授（该书整理者）才得到的，湖北容美土家族田氏家族诗文集是托了多个朋友才搜集到的，云南丽江木氏家族资料是托我校张晓霞老师从云南省图书馆复印的。

　　项目的实施得到四川省叙永县水潦乡政府、贵州省毕节市七星关区大屯乡政府领导的大力支持，得到贵州省社科规划办蔡中孚主任、钟西辉先生以及贵州省社会科学院史昭乐研究员的精心指导。贵州大学王晓卫教授、贵州师范学院周复刚教授、贵州工程应用技术学院卢凤鹏教授抽出时间审读初稿，提出宝贵的修改意见。本成果还吸收了多位鉴定专家的意见。

本书的出版，除了得到贵州工程应用技术学院国家社科基金项目配套经费的支持，还得到我校中国语言文学省级重点支持学科经费支持。能够在国家一级出版社科学出版社出版本书，要特别感谢该社王洪秀女士，她以责任编辑的慧眼选题，并倾注大量心血精心编辑，无疑是对我国少数民族杰出文学家族研究的有力扶持。还要特别感谢中国社会科学院民族学与人类学研究所民族语言研究室主任李云兵研究员在百忙中抽出时间为本书作序。对上述支持本项目完成和成果出版的单位和个人，课题组深表谢意！

遗憾的是，2013年3月，项目首席咨询专家、中国社会科学院文学研究所研究员、研究生院博士生导师邓绍基先生逝世；2014年4月，项目咨询专家，贵州省民族研究所前所长、党委书记，余氏家族文化传人余宏模先生逝世，他们都没有看到项目的完成和成果的出版。课题组全体成员谨以沉痛的心情竭诚感谢和深切怀念两位德高望重的长者。

本书的分工为：母进炎负责第一、二、三、五章撰写及附录、参考文献的整理编制，翟显长负责第四章撰写。

这次由科学出版社陆续出版的同一课题成果，除了这部理论性专著外，还有余氏家族的几部诗文集校注，是本课题组其他同人分别完成的，他们是：贵州工程应用技术学院教师薛景、许沙，毕节市委党校教师曾美海，毕节一中教师黄瑜华，毕节二中教师翟显长，毕节市七星关区政法委干部周敬。对他们的辛勤劳动，只有出版其成果才是最好的答谢。

贵州工程应用技术学院（原毕节学院）

国家社科基金项目"中国少数民族杰出文学家族研究"课题组

二〇一七年元月